기술신학

이 책은 2021년도 한국연구재단의 국제협력사업의 지원을 받아 연구되었음 (과제 번호: NRF-2021K2A9A1A01102076).

기술
신학

김은혜 외 8인 지음

동연

첨단 과학기술 시대, 인공지능과 포스트휴먼의 시대, 사이보그가 된 인간의 시대, 기후 변화와 생태 위기 그리고 팬데믹으로 이어지는 범지구적 위기들의 시대, 그래서 인류세로 일컬어지고 있지만, 정작 그 시대를 가리키는 명칭들을 가로지르는 '기술'에 대한 신학적 성찰이 전무하다.

이제 '기술'은 인간의 일부가 아니라, 인간과 더불어 삶을 만들어나가는 동반자가 되었다. 이는 곧 기술이 인간을 보조하거나 도구로 활용되는 어떤 것이 아니라, 인간의 본성 자체를 새롭게 하는 '다른 존재들과 더불어 삶을 만들며 창발하는 현상'이 되었다는 것을 의미한다. 기술은 신체감각의 연장(extension)이자 인간의 연장이며, 인간은 생물학적 피부라는 경계 안에 한정되지 않는다. 나와 함께 살아가는 존재들을 어떻게 대우하느냐에 따라 우리 서로가 인간이 되는 것이지, 인간과 다른 존재나 사물이 구별되는 것이 아니기 때문이다.

이 책은 기술을 인간됨(being-human)의 핵심으로 보고, 이 새로운 인간론의 관점에서 기술(technology)을 신학화하고자 한다.

인간의 연장(extension)으로서 기술을 조망하는 것은 기술 찬양론이나 우리 시대 문제들에 대한 만능 해결책으로서 기술을 제시하는 것을 결코 의미하지 않는다. 기술과 더불어 발전한 인간의 문명은 지구 온난화와 생태 재난들을 야기하는 원인이 되기도 했고, 핵에너지를 군사적으로 사용함으로써 파국적 종말을 문명 위에 드리우기도 했다. 또한 20세기 전반부에 벌어진 양차 세계대전의 수많은 사상자는 발전된 기술의 힘이 없었으면 결코 가능하지 않았을 비극들이다. 바로 이런 점에서 우리는 기술을 비판적으로 성찰해야 한다. 그동안 과학에 대한 신학적 혹은 철학적 성찰은 자주 이루어져 왔지만, 기술에 대한 성찰은 상대적으로 빈곤했다. 왜냐하면 기술을 과학의 발견이나 발명들을 응용하는 분야로서, 과학에 종속되거나 부차적인 어떤 것으로 생각해 왔기 때문이다. 그런데 오늘날 기술은 과학에 부차적인 분야가 아니라, 오히려 인간과 과학의 본성을 급진적으로 바꾸어놓을 수 있는 어떤 것이 되어가고 있다. 특별히 인공지능 및 디지털 네트워크와 더불어 '함께' 공생을 조망해야 하는 시대에, 기술에 대한 신학적 성찰은 그 어느 때보다 시급하다고 할 수 있다.

이 책은 기술을 주제로 기술의 여러 측면들과 의미에 대한 다양한 신학적·철학적 성찰을 시도하며, 특별히 한국교회의 목회적 상황과의 관련성 속에서 조망하고 있다. 이를 통해 기술적 발전을 단지 목회를 위한 도구로만 활용하려는 현재의 기술에 대한 목회적 이해가 바람직한지에 대한 비판적 성찰을 시도한다.

차 례

3부_ 디지털 기술과 한국교회

1부

기술신학
개론

첨단기술 시대, 신학의 과제와 전망*

: 인간과 기술의 공진화(co-evolution)에 대한
신학적 상상력과 기술신학 정립의 필요성[1]

김은혜 | 장로회신학대학교

I. 들어가는 말

팬데믹 3년을 겪으며 기술과학의 변화는 사회문화 전반의 변화를 넘어 오랜 기간 익숙했던 교회 활동과 신앙 방식 그리고 신앙의 정체성을 근본적으로 재고하도록 만들었다.[1] 그리스도인들의 일상이 연결된 컴퓨터와 디지털 기술의 발달에 따라 인터넷을 넘어 트위터, 페이스북, 인스타그램, 메타버스, 챗GPT 등으로 속력을 내는 기술은 인간의 필요와 의도에 따르는 도구적 기계의 수준을 넘어서 개인적이든 집단적이든 인간의 사유와 활동 전체에 본질적인 변화를 야기하고 있다.

---

* 이 글은 「기독교사회윤리」 56호(2023. 8.)에 발표된 논문을 수정 보완한 것이다.
1 여전히 논쟁 중이지만 성찬의 형식과 세례 방식에 대한 다양한 대안들이 실천되고 있고 성도의 교제와 새로운 교회론에 대한 신학적 견해들이 무성하다.

따라서 첨단기술 시대의 기독교 사회윤리는 인간이 기술을 만들지만 동시에 기술 환경이 인간성과 삶의 방식과 더 나아가 문명 전환을 가져오는 현상을 더욱 심층적으로 분석해야 한다. 첨단 과학기술 시대, 포스트휴먼의 시대, 인공지능과 사이보그의 시대는 기후 변화와 생태 위기 그리고 팬데믹으로 이어지는 범지구적 위기들과 중첩되면서 다중 위기를 겪고 있지만 정작 이 대전환의 시대를 이끌어가는 핵심 추동력으로서 '기술'에 대한 신학적 성찰이 빈곤하다. 그동안 신학과 과학의 대화는 지속적으로 수행해왔지만 기술에 대한 신학적 성찰은 상대적으로 부족하다.[2]

이 글은 첨단기술 시대에 인간중심주의와 기술만능주의를 넘어 호모 파베르(Homo Faber)로서의 인간과 그 인간이 사용하는 기술 개념, 변화된 인간과 기술의 관계에 대해 신학적으로 성찰하고 응답한 것이다. 이러한 과제를 수행하기 위해 나는 기술의 존재론적 본성과 기술과 인간의 관계를 발생적 생성의 관점에서 고찰하는 기술철학자 질베르 시몽동(Gilbert Simondon)의 기술철학과 기술이 물질과 결합되는 과정에서 얽혀 있는 횡단성(transversality)을 해석하기 위한 신학적 응답으로서 만물신학[3]과의 대화를 시도한다. 이러한 대화는 기본적으로

---

[2] 그 이유는 기술을 과학의 응용하는 분야로서 부차적인 것으로 생각했기 때문이다. 그러나 현재에 기술은 과학에 부차적인 분야들이 아니라 오히려 인간과 과학의 본성을 급진적으로 바꾸어놓을 수 있는 어떤 것이 되어가고 있다.

[3] 만물신학(theology of all things)은 내가 만든 개념으로 골로새서 1장에 나타난 그리스도와 만물에 대한 해석을 기초로 창조론과 구원론의 적극적 결합을 통해 인간중심주의적 개인구원론의 반생태적 결과들을 반성하고 피조세계와 만물이 하나님의 창조와 구원의 서사에 중요한 매개자임을 긍정하고자 하는 신학이다. 자연이 이미 인간의 기술로 매개된 것이며, 기술은 생태와 하나의 전체를 이룬다는 점에서 인간과 비인간 타자들과의 아상블라주로(Assemblage)로서 '공동의 세계'로 이해한다.

기계들과 공존하는 인간의 삶을 긍정하며, 기술적 존재자들에 대한 신학적 이해를 기초로 한다. 이를 통하여 인간과 기술의 관계를 상호 협력적 공진화의 관계로 바라보는 기술신학의 기초를 정립하고자 한다. 따라서 기술 이해의 새로운 가능성을 토대로 인간과 기술의 상호 관계성을 깊이 성찰함으로 궁극적으로 인간성에 대한 고양과 인간과 기술환경과의 공존을 추구한다. 이는 인간의 역사가 자연환경만이 아니라 기술환경과의 복잡한 상호 영향 안에서 형성되어왔다는 것을 인식하기 때문이다.

따라서 기술이란 무엇인가를 재정의하면서, 인간의 활용성에 기초한 도구적 기술 이해의 한계를 인식하고 인간과 기술의 존재론적 관계성을 밝힘으로 기술 발전에 대한 낙관과 비관이라는 이분법과 지배와 통제의 패러다임으로 바라보는 것에서 과감히 벗어나려는 시도이다. 이러한 관점을 내세우는 것은 기술의 비윤리적·비인간적 개발과 방향에 더 적극적으로 응답할 수 있으며 인간과 기술과의 협력을 통해 더욱 바람직한 사회문화를 건설함으로 하나님 나라의 실현에 헌신할 수 있다고 생각하기 때문이다.

특별히 나는 첨단기술 시대에 응답하는 만물신학의 관점에서 팬데믹 이후 속력을 내는 기술 발전을 그저 놀라움과 위협으로만 바라보지 않으려 한다. 오히려 현재 마주하는 기술문화가 신앙생활에 미치는 급진적 영향을 신학적으로 분석하고 새로운 기술에 대한 이해를 기반으로 기술신학의 기초적 내용을 제시할 수 있기를 바란다. 그것은 하나님이 창조하신 이 공동 세계를 구성하는 인간과 기술 개체[4]와 만물

---

4 기술 개체는 기술을 매개하여 대상화된 개별 기술 대상(object)을 의미한다. 본 글에서

이 함께 그 세계에 대하여 반응하고 책임질 수 있는 '윤리적-존재론적-인식론적' 역량을 증진하는 길이 될 것이다.

II. 기술 개념의 변화에 대한 신학적 성찰

현대 기술(technology)과 인간의 관계가 중요한 이유는 단지 최근의 눈부신 기술의 발전에만 기인하는 것이 아니다. (현대) 기술은 이미 그 자체가 인간의 사는 환경이요 생태계가 되었다. 즉, 현대 사회에서 기술은 미디어와의 상호작용 방식, 인간의 인식체계와 세계관, 인간 사이의 상호관계 방식, 사회문화적 차원 등에 큰 변화를 가져왔다. 이렇게 기술의 변화는 우리의 실제적인 삶뿐 아니라 정신적·정서적·영적 차원에도 영향을 미치고 있으며, 인간이 디지털 기술을 만들지만 그 기술은 문화에 영향을 주고 문화가 다시 디지털 기술 개발에 영향을 주는 복잡한 상호작용은 여전히 진행 중이다.[5]

이러한 다차원적 디지털 세계(Digital World)의 현상은 인간의 편리함을 넘어 기존의 개념적 틀을 균열시키고 더 근본적으로는 인간이란 무엇인가 그리고 어떻게 살아야 하는가에 대한 규범과 가치의 문제를 제기하며 다중 전환을 불러오고 있다. 결국 사회 안에 있는 교회는 신

는 기술 대상과 기술 개체를 호환하며 맥락에 따라 사용할 것이다.

[5] 인공지능 관련 첫 국제 회담이 드디어 열렸다. 2023년 11월 2일 영국에서 28개국이 참여한 제1회 AI 안전 정상회의인데 그것이 갖는 함의는 AI 기술이 국제적으로 공동 대응해야 할 만큼 위협적이라는 것이다. 이때 채택된 '블레츨리 선언'(The Bletchley Declaration)의 핵심은 어떻게 AI 기술의 잠재력과 안전성의 확보를 할 것인가와 이 '모든 결정의 주체는 인간'이 되어야 한다는 것이다.

앙인이 살아가는 생활세계에서 기술 발전이 가져오는 급진적 기술 현상을 어떻게 해석하고 신학적으로 응답해나갈지 진지하게 숙고해야 한다.

기술에 대한 고전적 이해는 간단하게 "목적을 위한 수단"이자 "인간적 활동"으로 규정한다.[6] 이때 인간은 도구를 만들어 자신의 쓸모에 맞게 사용하는 호모 파베르의 인간을 의미하며[7] 기술은 오랫동안 인간의 신체 활동을 돕는 도구나 연장의 형태로 수동적 역할을 하는 것으로 이해되어왔다. 즉 근대적 사유는 정신과 물질을 이원적 대립으로 인식하여 인간과 기술 그리고 사회와 자연을 서로 배타적으로 위치시키고 결과적으로 기술을 문화에서 분리하여 유용성의 차원으로 정의하였다. 이러한 기술과 문화의 분리는 도구적인 기술과 문화를 창조하는 정신적인 인간의 관계가 계층적이며 상호협력이 불가능하다는 사유에서 비롯된 것이다.

이렇게 전통적으로도 기술을 한 개인의 발명을 통한 기능과 기교로 과학이론이 필요치 않은 반복 훈련을 통해 전수되는 것으로 생각했다. 과거에는 학문으로서 과학과 수작업으로서 기술이 명백히 분리되었으나, 근대로 올수록 이 둘은 긴밀한 동맹 관계를 이루고 서로 상승작용을 한다. 오늘날에는 과학기술을 함께 사용하는 것이 일반적인 추세다. 산업사회 이후로 나타난 거대한 자동화 기계들의 출현과 기계들의 거대한 집합체인 공장의 출현은 기술적 대상들의 극적인 변화를 수반하며 인간의 삶을 근본적으로 변화시켰다. 서구에서는 산업혁

---

6 이기상, "현대 기술의 본질: 도발과 닦달," 마틴 하이데거(Martin Heidegger)/이기상 외 옮김, 『강연과 논문』(*Vorträge und Aufsätze*) (서울: 이학사, 2008), 394.

7 김진택, 『테크네 상상력』 (서울: 바른북스, 2021), 252.

명 초기에 근대과학이 기술에 적용되다가 나중에 기술과학[8]이 자율적으로 작동하게 되었고, 이는 모든 사람의 삶을 변화시키는 전 지구적인 현상이 되었다. 또한 현대의 핵 개발과 현재 진행되는 기업의 우주 개발은 국가적 방향일 뿐 아니라 거대한 기술 관계자들의 집단적 연구를 통해 확장되고 있다. 즉 과학기술과 기술과학의 결합이다. 이러한 총체적 현실은 도구적·합리적·목적적 관점에서 기술을 바라보는 시각을 수정해야 하는 시대에 살고 있다는 것을 의미한다.

근현대 기독교 역시 기술에 대한 전통적인 인식은 대체로 부정적이다. 근대 기독교는 기술을 인간성과 대립적인, 적어도 인간성과 분리되는 것으로 정의하기에 현대 기술을 바라보는 시각도 비판적인 경향을 띤다. 따라서 기술에 대한 신학적 담론도 기본적으로 비판적 담론이 주류를 이룬다. 그 배경에는 인간이 만든 기술이 절정이던 냉전시대에 핵무기에 대한 공포심과 그로 인한 인간성 상실과 소외에 바탕을 둔 기술 비판이 자리한다.[9] 그 정점에는 하이데거의 기술철학적[10] 사유가 중요한 전환을 주었다. 기술에 대한 하이데거(Martin Heidegger)나 아감벤(Giorgio Agamben)과 같은 현대적 이해는 기술의 독립적 자

---

8 현대를 흔히 과학기술의 시대라고 부른다. 이들이 가져다준 물질과 도구로 인간의 삶이 풍요롭게 되었다. 과학과 기술의 역사적 관계를 살펴보면 고대 시대에는 과학이 우위였고 중세 시대에는 기술이 우위였다. 이후 르네상스 과학혁명의 시대에는 과학과 기술의 협업이 시작되었고, 산업혁명 시대에는 기술과 과학의 더욱 밀접하게 결합함으로 근대 공학을 탄생시켰다. 이후 20세기 정보기술의 발전으로 최근 기술과 과학이 결합된 영역으로서 기술과학(Technoscience)은 과학의 중요성에 강조를 두는 과학기술과 다르게 기술의 독자적 영역을 강조하기 위한 단어이다.
9 그 대표적인 입장이 하이데거의 인식이라고 말할 수 있다.
10 '기술철학'이란 용어는 1877년 에른스트 캅(Ernst Kapp, 1808~1896)이 처음 사용한 것으로 알려져 있다.

율성을 인정하면서도 여전히 기술의 반인간화 경향에 대한 방어적이고 비판적 태도가 기본이다. 그러나 하이데거는 근대의 기술 이해의 한계를 지적하며 기술이 자연을 지배하는 도구라는 주장과 자연을 지배하는 것은 목적 지향적인 인간 행동의 하나라고 여기는 주장에 의문을 제기한다. 즉 그는 기술에 관한 도구적·인간학적 관점이 주체로서의 인간과 도구로서의 기술이란 이분법적 관계를 넘어서지 못한다고 비판하였다. 이러한 이분법적인 사유는 기술의 본질 영역을 밝혀주지는 못한다는 것이다. 이렇게 하이데거의 기술 이해는 인간 주체에 의해 사용되고 조종된다는 기술에 대한 근대적 사유를 이미 뛰어넘었다. 그는 현대 기술이 자연과 인간을 한갓 부품으로 대상화한다고 비판하였으며 이러한 현대 기술의 등장은 인간의 의지로 어찌할 수 없는 역사의 운명인 것도 깨닫지 못한 채 인간이 기술의 주체인 양 자신의 비인간화와 존재 망각에 오히려 동조하고 있는 것이 더 큰 위험이라 주장하였다.[11]

하이데거는 정신의 주체인 인간이 사물을 객체화하여 지배하게 되었다고 자만하지만, 사실 인류는 객체화의 과정에 예속되었고[12] 인류가 기술을 도구로 생각하는 한 인류는 그 기술의 본질을 간과하게 될 것이라고 지적하였다.[13] 그는 오히려 기술을 대상화하는 인간 중심의 생각을 비판하며 형상과 질료/정신과 물질의 오래된 분리적 사유의 토대와 근대 인간 이해를 근거로 뿌리내려온 도구로서의 기술 이해를 비판한다. 하이데거는 인간 중심의 편리함과 생산성에 도취되지 않고

---

11 이기상, "현대 기술의 본질: 도발과 닦달,"『강연과 논문』, 434.

12 박찬국, "하이데거와 니힐리즘의 극복,"『강연과 논문』, 486.

13 하이데거,『강연과 논문』, 44.

기술의 본질에 대해 존재론적 물음을 던지면서 과학기술에 대한 근대적 사유의 한계와 두 차례 세계대전의 핵폭탄 위력을 경험했던 기술사회의 모순과 위협을 간파하였다. 이러한 하이데거의 기술 이해는 근대 인간 중심의 도구적 기술 이해를 날카롭게 비판하며 기술의 본질이 내포하는 모순을 자기 시대의 운명으로 예리하게 꿰뚫어 본 것이다. 결론적으로 하이데거는 근대인의 기술에 대한 이러한 도구적·인간학적 정의를 거부하였다.

하이데거는 기술에서 결정적인 것이 도구 혹은 수단을 쓴 제조 행위나 조작 행위에 있는 게 아니라 오히려 탈은폐(entbergen)하는 행위라고 정의하였다. 즉 기술은 탈은폐의 행위로 그것은 밖으로 끌어내어 '앞에 놓음'으로 사물의 본질을 밝히는 진리의 영역에 관계한다는 것으로 그 자체의 모습이 고유하게 드러나는 비은폐성(Unverborgen-heit) 가운데로 데려오는 행위에 있다고 말한다.[14] 이것은 기술의 본질을 파악하고자 한 하이데거의 시도로서 인간이 기술의 노예가 되지 않는 극복 방안으로 존재 망각에 대한 부단한 반성과 본질에 대한 사유를 제시한 것이다. 그러나 나는 하이데거가 기술에 대한 본질적 사유로 도구적 기술 이해를 극복하고자 한 것은 현대 첨단기술 현상을 지나치게 단순화하는 경향이 있다고 생각한다. 즉 기술을 철학적 본질 관계로 환원하는 것만으로는 인간을 닮아가고 인간을 뛰어넘는 AI, 로봇 그리고 챗GPT 같은 생성형 인공지능의 복잡한 내적인 구조와 인간과의 관계를 해명하기 어렵기 때문이다. 동시에 그의 기술 이해

---

14 안미현, "하이데거의 기술철학에 대한 비판적 고찰 — STS와 ANT의 관점에서," 「독일언어문학」 Vol.0 No.89(2020), 76.

는 기술과 문화, 인간과 기술의 이원론적인 분리를 정당화함으로 발생시키는 환경 파괴와 인간과 물질의 복잡한 얽힘의 관계를 간과하게 만든다.

이렇게 하이데거의 시대가 여전히 근현대적(modern) 기술 문명을 문제 삼고 있다면, 20세기 후반의 기술 발전은 탈근대적(post-modern) 후기 산업사회적 양상을 보인다. 그동안의 과학기술을 둘러싼 환경이 더욱 급속하게, 더욱 복합적으로 변했기 때문에 이후의 기술은 점점 더 확대되어가는 기술 발전의 복잡성, 불확실성에 처하게 될 것이며 인공지능, 로봇공학, 유전공학 등의 급속한 발달은 지금까지와는 다른 기술의 패러다임을 가져오고 있다.[15] 즉 인간만이 가치가 있으며 기술(Technophobia)은 도구에 불과하다는 주장이든지 아니면 기술(Technophilia)을 통한 인간의 신적 영역으로의 도약을 믿든지 모두가 결국은 인간중심주의를 통한 기술에 대한 왜곡된 사고방식을 가져오는 것이다. 또한 기술이 인간의 자율성을 침해할 것이라는 기술 비판이나 기술의 자율성을 강조하는 기술중심주의도 모두 기술에 대한 과도한 평가에 기인한다. 나는 기술시대의 신학적 과제는 기술과의 연관에서 인간중심주의를 넘어서면서도 탈인간화되지 않는 방향을 모색하는 것이라고 생각한다.

생각해보면 기술은 단 한순간도 인간 역사에서 분리된 적이 없다. 이러한 의미에서 오히려 테크놀로지의 어원인 '테크네'(Tekhne)의 의미를 되새겨볼 필요가 있다. 고대의 기술은 문화와 분리되지 않았고 예술과 다르지 않았다. 고대로부터 문예부흥의 시기까지 사실 기술은

---

15 위의 글, 83.

은폐되어 있던 다양한 존재자들 간의 관계성을 만들어가는 진정한 '포이에시스'(ποίησις)이었다.[16] 그리스의 철학자들은 테크네를 매우 실천적인 성향의 지성으로 이해하였으며 '서로 다른 이질적인' 것들을 엮는 인간의 지성적 행위 모두를 포괄하는 용어로 사용하였다. 따라서 테크네의 실천은 관념적 실천이나 그 본질 파악으로 그치는 것이 아니라 인간이 비인간 '타자와 사물'을 포함하는 함께 만들어가는 세계이며 인간 몸의 감각을 통해 확장되어가는 환경이 된다.[17] 이렇게 기술의 어원적 유래를 살펴보면 인류는 항상 '테크네'의 실천적 행위로 사물과 존재들의 관계망을 형성하여왔고 인간의 역사는 이렇게 인간과 기술의 창조와 융합의 과정이라고 볼 수 있다.

특별히 최근의 2세대 기술철학[18]은 기술 개념을 노동과 사용 도구의 관점으로 파악할 수 없는 기술 개체들과의 관계를 위해 기술적 작용과 활동의 관점에서 인간과 기계의 상호협력적 관계를 강조하고 있다. 즉 이러한 기술과 인간의 관계적 이해는 셀 수 없는 네트워크로 연결된 디지털 기술문화 속에서 살아가는 인간의 삶을 이해할 새로운 가능성을 열어주고 있다. 이러한 기술 개념의 변화 속에서 우리는 진

---

16 '포이에시스'는 아리스토텔레스가 학문을 이론학, 실천학, 제작학으로 분류할 때 사용한 용어이다. 넓게는 대상의 법칙을 알고 그것에 따라 인간에게 필요한 것을 만들어내는 기술 일반을 의미하나 좁게는 대상을 있는 그대로 모방하는 것이 아니라 작가가 참되다고 느낀 세계를 표출하는 활동을 의미한다(https://wordrow.kr/의미/포이에시스).

17 김진택, 『테크네 상상력』, 20.

18 1970년대 미국에서 기술철학회가 창립되면서 기술철학은 본격적인 철학의 분과로 독립했다. 또한 1980년에는 유럽 대륙에서 과학기술연구(STS), 기술사회학, 구성주의 혹은 신물질주의, 행위자네트워크이론(ANT) 등 다양한 이론들이 등장하면서 기술과학을 둘러싼 담론은 더 활발하게 이루어지기 시작한다.

지하게 다시 물어야 한다. 현대 기술은 인간을 위협하는 대상인가? 알파고의 등장은 인간과 기계의 대결을 의미하는 것일까? 이러한 기술에 대한 이해의 변화와 상관없이 기술을 그저 선교와 예배를 위한 도구로 바라보는 한국교회의 관점은 문제가 없을까? 기술이 인간성에 대한 새로운 도전을 주고 있는 시대에 우리의 새로운 과제는 무엇일까?

이러한 도전과 질문에 응답하기 위한 기술신학의 토대를 정립하려면 무엇보다도 기술에 대한 도구적 인식의 한계를 성찰하고 인간과 기술과의 상호작용에 대한 더 깊은 이해와 다양한 해석의 가능성을 수용할 수 있는 개방적 사유가 시급하게 요구된다.[19] 나날이 복잡해지는 현대기술 문화는 초연결 사회의 기술 시스템에 관한 이야기이지만 이러한 기술이 중요한 것은 즉각적으로 인간의 삶과 밀접한 관계 속에서 그 모습이 드러나기 때문이다. 또한 4차 산업혁명의 시대 기술 발전을 추동하는 인공지능과 알고리즘 네트워크에 함몰되지 않으려면 끊임없이 일방향적 인식을 넘어 인간과 기술의 상호작용의 관계를 파악하는 신학적 상상력을 통해 고정된 경계를 넘어 하나님 나라의 확장성을 인식해야 한다. 즉 그 확장성은 자연뿐 아니라 물질과 기술 개체를 포괄하며 인간 중심의 경계를 필연적으로 넘어서는 것과 동일한 노력이 되는 것이다. 인간과 동·식물, 로봇을 비롯한 비인간 존재들이 한데 어울려 지내는 세상을 상상할 수 있을까? 이러한 다중 전환에 대한 신

---

19 시몽동 전문가인 김재희는 오늘날 기술을 다음과 같이 설명한다. "기술은 더 이상 인간의 통제 아래 야생의 자연을 다루는 단순 도구의 수준에 머무르지 않는다. 인간 신체의 안과 밖에서 인간과 접속되어 있는 기술적 기계들은 인간 자신의 물리생물학적 조건들을 변형시키면서 인간 삶의 근본적인 존재 조건으로 급부상하고" 있다. 김재희, "우리는 어떻게 포스트휴먼 주체가 될 수 있는가?,"「철학연구」제106집(2014), 216.

학적 응답을 모색하기 위하여 인간과 기술의 상호관계를 더욱 근본적으로 모색한 철학 이론을 살펴보도록 하겠다.

1. 기술과 인간의 관계에 대한 새로운 이해
: 시몽동의 철학적 도전과 신학적 응답

첨단기술의 시대에 기독교 사회윤리의 책임은 그 어느 때보다도 중요하다. 그것은 현재 진행되고 있는 삶의 기반으로서 기술이 순방향으로 발전될 수 있도록 한 사회의 규범과 미래의 삶의 방식에 대한 방향을 제시해야 할 책임이 있기 때문이다. 성경에는 바벨탑과 같은 파멸적인 기술만 있는 것이 아니다. 구원의 방주를 만드는 고도로 숙련된 기술자들과 방주가 만들어지는 과정에서 필요한 물질(나무와 역청), 복잡한 상호작용을 통해 만들어진 기술 개체(방주)는 인간 구원의 서사를 구성하는 핵심 매개자이다.

　　최근 주목받고 있는 기술에 대한 새로운 사유는 질베르 시몽동(Gilbert Simondon)[20]의 개체 발생적 생성[21]과 역동적 관계론이라는 독

---

20 질베르 시몽동(Gilbert Simondon, 1924~1989)은 파리 고등사범학교에서 조르주 캉길렘, 마르샬 게루, 모리스 메를로-퐁티, 장 이폴리트에게서 수학했다. 1958년 박사학위를 취득하고, 프와티에 문과대학 교수(1955~1963)를 거쳐 소르본-파리 4대학 교수로서 교육과 학술 활동에 전념하며 '일반심리학과 기술공학 실험실'을 설립하여 이끌어나갔다(1963~1983). 주요 저서로는 그의 박사학위 논문인 『형태와 정보 개념에 비추어 본 개체화』(주논문)와 『기술적 대상들의 존재 양식에 대하여』(부논문)가 있다. 그의 사후인 1990년대부터 그에 대한 관심이 급증하여 2000년대에는 『기술에서의 발명』, 『상상력과 발명』, 『커뮤니케이션과 정보』, 『지각에 대한 강의』, 『동물과 인간에 대한 두 강좌』 등 그의 강의와 강연 원고들을 묶은 저서들이 쏟아져 나오고 있다. 개체화를 주제로 삼은 발생적 존재론, 인식론, 자연철학 그리고 이에 근거한 독창적인 기술철학은 질 들뢰즈의 철학에 큰 영향을 끼쳤을 뿐만 아니라, 브라이언 마수미, 파올로

특한 관점에서 기술적 대상들의 존재론적 본성을 주장한다. 시몽동 철학의 핵심은 '개체화'(Individuation)[22]이다. 통상 개체는 분리할 수 없는 독립된 생물체를 말한다. 그러나 시몽동에게 그것은 생명적 개체(동물)일 수도, 기술적 개체(기계)일 수도, 심지어 심리적 개체(사유)일 수도 있다. 개체화란 이런 개체들이 발생하는 과정이다. 시몽동은 생명체와 다름없이 기계가 발명되는 과정도 개체화의 과정으로 여긴다.[23] 따라서 그에게 기술은 "결여된 인간을 강화하는 단순 보철물이

<hr />

비르노, 안토니오 네그리, 마이클 하트와 같은 현대 정치철학자들과 베르나르 스티글러, 브뤼노 라투르와 같은 현대 기술철학자들에게도 중요한 참조점을 제공하고 있다.

21 질베르 시몽동의 기본 관점은 오랫동안 서구 사상에 뿌리내린 지배적 패러다임 정신과 물질의 철학적 이원론을 비판하며 반(反)실체론적이고 반(反)질료형상론적 사유를 지향한다. 현재 프랑스와 영미권 등의 국외에서는 시몽동 기술철학의 주요 개념들이 철학과 기술과학을 넘어 이미 미디어 연구, 문화 연구, 현대 사회 이론 등으로 그 영역을 점차 확장해가면서 주요한 참조가 되고 있다.

22 질베르 시몽동의 개체화는 형성의 한 과정으로서 결정체처럼 생명이 없는 자연에서도 일어날 수 있고, 또한 명백히 식물이나 동물이 형태를 가지게 될 때 개체화가 발생하며, 그뿐만 아니라 심리적 인간이나 사회 구조의 발달에서도 일어날 수 있는 것으로 보았다. 시몽동의 예시인 염화나트륨 결정체, 즉 소금을 보면 포화 용액에서 형태를 취한다. 이 일이 일어나기 전에 양이온과 음이온 사이의 비호환성과 함께 많은 긴장으로 불안정한 순간이 있다. 그런 다음, 예를 들어 가열할 경우, 용액은 결정화가 시작되는 임계치에 도달한다. 용액이 완전히 결정화될 때까지 결정이 발생하고 확산되는 데에서, 정보가 배포되는 데에서 우리는 재구조화(restructuration)를 보게 된다. 시몽동은 이러한 긴장, 임계치 그리고 재구조화 모델이 살아 있는 존재나 심리적·사회적 과정에도 적용될 수 있다고 주장한다.

23 사람들은 인간이 독립적으로 기계를 발명한다고 생각한다. 그러나 개체화는 누군가가 일방적으로 만들어내는 과정이 아니다. 아직 개체화되지 않은 상태를 전(前)개체적인 실재(realite preindividuelle)라고 하는데, 그것은 잠재적(potential) 에너지로 가득해서 아직 현실화되지는 않았지만, 무엇인가로 바뀔 가능성으로 가득한 곳이다. 시몽동은 그곳에 내적 문제가 있을 때, 개체는 그 문제를 해결하기 위한 해(解)로서 돌연변이처럼 발생한다고 말한다. 예컨대 라디오 앰프에서 4극관은 3극관의 작동을 방해했던 발진 문제를 해결하기 위해 '스크린 그리드'를 넣으면서 발생한다. 또 5극관은 2차 전자방출 문제를 억제하기 위해 4극관에 '억제 그리드'를 넣으며 출현한다.

아니라 인간의 잠재력을 현실화하는 매체로서 인간 사회의 새로운 구조화와 존재론적 도약을 가능하게 하는 것"이라고 말한다.[24]

특별히 시몽동이 기술에 대한 이러한 독특한 시각을 전개했던 배경에는 생성철학의 영향을 받았지만 사물의 변치 않는 본질이나 사물의 생성하는 흐름이 아니라 존재를 구성하는 '불연속적' 구조를 강조하였음을 이해하는 것이 중요하다. 즉 그에게 기술적 대상은 '지금 여기' 주어져 있는 불변의 고정된 사물이 아니라, 끊임없이 발생하고 변화하는 어떤 것으로 존재론적 상호작용인 것이다.[25] 특히 각 기술 개체의 이질적 요소 사이에서 양쪽 어느 것으로도 환원 불가능한 새로운 형태가 창조되는 과정 자체를 기술적 활동으로 간주한다.[26] 그러므로 기술적 대상은 그 안에 내재된 기술적 본성을 실현하고 양립 불가능하고 불일치하는 것들 사이에서 새로운 소통을 위해 발생하는 것으로 본성상 기술과 자연, 기술과 인간 그리고 인간과 인간을 소통시키고 관계 짓는 '탁월한 매개자'가 되는 것이다.[27] 즉 기술 대상을 이해할 때 정태적인 것이 아니라 새로운 형태의 창조 과정, 곧 역동적이고 발생적인 형태-화의 과정에서 일어나는 상호작용적인 운동성의 포착이 핵심이다. 이렇게 시몽동은 너무나 간단하게 넘겨버린 수많은 기술 대상을 오로지 유용성만을 가지며 어떠한 의미작용을 가질 수 없는 물질의 집합으로 다루는 태도와 동시에 로봇과 같은 기술 대상들이 인간을

---

24 김재희, 『시몽동의 기술철학: 포스트휴먼 사회를 위한 청사진』(파주: 아카넷, 2017), 206.

25 질베르 시몽동/김재희 옮김, 『기술적 대상들의 존재양식에 대하여』(*Du Mode d'existence des Objets Techniques*)(서울: 그린비, 2011), 23.

26 김재희, 『시몽동의 기술철학: 포스트휴먼 사회를 위한 청사진』, 167.

27 위의 책, 236.

공격할 것이라는 위험을 드러내는 인간의 모순적 태도를 지적하였다.[28] 이러한 인간의 태도는 기술적 대상들에 대한 게으른 인식과 값싼 휴머니즘을 소비하는 결과이다.

바로 이 지점에서 시몽동은 하이데거나 엘륄(Jacques Ellul)과 같은 고전적 기술 철학자들과 결정적으로 관점을 달리한다. 그에게 기술적 대상들이 가지는 상대적 자율성은 인간을 지배하고 위협한다기보다는 인간과 자연, 인간과 인간을 소통시키고 관계 맺게 하는 변환적 매체[29]로 기능하는 것이다.[30] 엘륄 역시 기술의 자율적 발전을 문제 삼았다. 하지만 엘륄이 그것을 인간을 통제하고 전복시킬 위험으로 여겼던 것과 반대로 시몽동은 기술의 행위 능력을 긍정적으로 탐색하면서 이전의 기술철학과는 다른 방향을 제시한다.[31] 시몽동의 관점에서는 인간의 지능과 능력을 뛰어넘는 탁월한 기계들이 인간을 지배할지 모른다는 영화적 상상력과 기술 발전에 의한 인간 소외의 문제들은 오히려 기술적 대상들의 존재 방식에 대해 잘못된 이해와 기술적 대상들과 인간의 부적합한 관계 방식에서 비롯된 것으로 이해한다.

이러한 기술 개념을 전제로 기술과 인간의 관계를 일찍이 중요하게 여겼던 시몽동은 기술이야말로 인간과 자연의 관계를 매개하는 진정한 소통의 역량이라고 역설한다. 특히 인간을 본성상 다른 존재자들보다 특권화하고 기술을 사용 가능한 수단으로 환원시키는 인류학의 태도를 비판하며, 생태주의적 기술공포증이나 기술만능주의의 양극

---

28 김진택, 『테크네 상상력』, 218.
29 이때 매체는 단순한 매개물로 고정되지 않고 개체의 존재양식과 구조를 바꾼다.
30 김진택, 『테크네 상상력』, 235.
31 안미현, "하이데거의 기술철학에 대한 비판적 고찰 — STS와 ANT의 관점에서," 85-86.

단을 벗어나 '기술과 인간의 앙상블'을 강조하는 것에서 하이데거와의 차이가 난다.[32] 시몽동을 한국 인문학계에 소개해온 김재희는 시몽동이 "인간과 기술적 대상들 사이에 주인과 노예의 관계가 아닌 상호협력적 공진화의 적합한 관계 방식을 정립하고자 노력했다"라고 평가한다.[33]

즉 하이데거가 기술을 '세계 내 존재'라는 근원적 차원에서 존재론으로 이해했다면, 시몽동은 1950년대에 기술에 대한 근대의 오해를 해체하고 이미 기술의 핵심을 '관계론'으로 파악한다. 이러한 그의 관계론적 관점은 하이데거와 같은 과학기술의 본질에 대한 질문보다는 더 정치적이고 현실적으로 인간의 발명, 산업과 기술, 노동자 문제, 그들을 둘러싼 사회적 문제에 집중할 수 있게 된다.[34] 따라서 그는 기술에 대한 새로운 이해를 위해 인간과 기술의 상호협력적 관계성을 주목하면서 인간과 기술, 자연과 기술을 하나로 바라보게 하는 독특한 관점을 제시함으로 기술의 고유한 존재 양식을 설명하였다. 즉, 시몽동은 기술적 대상의 발생과 진화 방식은 원칙적으로 자연물의 발생 혹은 진화 방식과 동일하지 않지만 기술적 대상이 애초부터 자기 고유의 발생과 진화의 법칙을 갖는 독자적 존재성의 특징이 있다고 여긴다.[35]

이러한 관계적 관점에서 시몽동은 인간과 분리되어 작동하는 자동 기계 장치를 상정하는 사이버네틱스를 비판한다. 오히려 시몽동은 "자동화로 인해 인간과 기계 사이에 포화되어가는 갈등을 풀기 위해서는

---

32 김재희, 『시몽동의 기술철학: 포스트휴먼 사회를 위한 청사진』, 11.
33 위의 책, 11.
34 황수영, 『시몽동, 개체화 이론의 이해』 (서울: 그린비, 2017), 28.
35 김재희, 『시몽동의 기술철학: 포스트휴먼 사회를 위한 청사진』, 14.

무엇보다 기계에 대한 과도한 기대와 두려움을 바로잡고 인간 중심적인 노동 패러다임에서 벗어날 필요가 있음"을 주장하였다.[36] 따라서 "인간은 이제 로봇이 할 수 있는 '노동'으로 축소될 수 없는 '기술적 활동'을 해야 한다. 즉, 그가 이질적 요소들 사이의 관계론을 주목하는 이유는 각 개체가 애초부터 일정한 자기동일성을 가지지 않으며, 그 자기동일성은 개체들이 모여 일어나는 집단적 개체화의 과정으로 이해하기 때문이다.[37]

갈릴레오의 망원경은 그저 밤하늘을 바라보는 기구가 아니라 근대 이후 인간과의 협력을 통해 과학 발전의 핵심 역할을 하였으며 현미경 또한 과학자들과 조화로운 앙상블을 이루어 세포와 스펙트럼선의 기능을 발견하면서 근대 과학 지식의 새로운 장을 열었다. 이러한 관점은 과학자와 기술 개체와 과학 지식은 존재론적 관계 속에서 기술과 인간과의 관계성을 상호적으로 사유하게 한다. 또한 동시에 인간이 사용하는 모든 기술적 기구는 정도의 차이는 있으나 인간의 발명과 기술 본성이 결합된 결과이기에 인간의 역할을 이러한 얽힘의 과정에서 바라볼 수 있게 한다. 이러한 기술과 인간의 관계성에 집중하는 관점은 근대기술에 대한 통제와 지배의 인간중심주의를 넘어서서 현대사회 첨단기술의 역량과 더불어 인간과 기계의 조화와 인간과 비인간의 새로운 관계를 모색하는 데 유익하다.

결론적으로 인간과 기술 발전의 관계를 긍정적으로 바라보는 시몽동의 작업은 인간의 발명에 의한 기술적 대상의 자율성을 인정하기에

---

36 위의 책, 235.
37 안미현, "하이데거의 기술철학에 대한 비판적 고찰 — STS와 ANT의 관점에서," 86.

기술이 그 자체로 존재적인 양식을 지니고 있다는 그 내적 필연성의 전개를 추적하여 인간과 기술의 근본적 관계를 재조명하는 것이다. 인간과 기술을 이렇게 관계적으로 바라보는 관점은 소셜네트워크와 스마트 기기의 확산으로 인간 각각이 거대한 네트워크에 항시적으로 접속해 있는 유비쿼터스 시대, 기술적 대상 없이는 일상의 삶이 가능하지 않은 기술 의존 시대에, '기술의 존재 가치'와 '인간과 기술의 관계'에 대한 중요한 통찰을 던져주고 있으며 우리에게 기술에 대한 진지한 성찰뿐 아니라 오히려 인간의 책임을 불러일으킨다.

더욱이 시몽동의 기술과 인간을 협력적 앙상블로 바라보는 관점은 인공지능과 로봇, 챗GTP와 웨어러블(wearable) 컴퓨터가 발명되는 시대의 기술 본성이 인간과 사물/인간과 인간의 새로운 관계를 가능하게 하고, 기술 개체가 나름의 행위 능력을 지니고 인간에게 새로운 가능성을 열어주는 존재라고 사유할 수 있도록 한다. 이렇게 시몽동은 자연물과 인공물의 존재 방식을 관계론적으로 바라보면서 인간과 비인간, 즉 물질과 기술 대상의 고유한 존재 방식을 정립하였다. 기술적 대상의 존재와 발생에 대한 시몽동의 독특한 관점에서 출발하면 지구의 역사와 인간의 삶에는 기술과 생명 사이에 존재하는 심층적 관계가 있다는 것을 짐작할 수 있다. 이제 기술은 단순히 인간과 세계를 매개해주는 도구가 아니다. 인간이 처음 기술을 사용하던 시기부터 이미 인간과 기술은 긴밀히 접속되어 있었고 공진화(co-evolution)의 역사를 지니고 있었다. 즉 "물질(자연)-인간-기계(사물)가 연속적으로 맺고 있는 앙상블" 안에서 인간과 기계의 공진화를 논할 수 있다면 기술 대상들의 존재 양식을 마치 유기체와 동일한 것, 혹은 유익한 대화를 이끌어낼 수 있을 만큼 유사한 것으로 바라보며 각기 다른 뿌리와 그에 상응하는 사유를 발전시키는 것은 인간을 무시하는 것이 아니라 인간의 기술 본성을 세계와의 관계 속에서 파악하게 하는 중요한 관점을 제시한다는 것이다.

특별히 중요한 지점으로 시몽동은 기술과 인간이 함께하는 세계에서 인간은 열린 기계들의 협력과 총체적 조화를 실현하는 상설 조직자로 그리고 기계들을 서로 연결해주는 살아 있는 통역자로 그 고유한 역할을 수행해야 함을 강조한다.[38] 이처럼 시몽동은 인간과 기술의 존재론적인 관계에서 인간의 책임에 대한 강조가 인간이 자신을 강화하거나 확장하려는 방향이 아니라 오히려 인간의 특권화를 내려놓고 다양한 타자에게 개방한다는 점에서 기술신학의 정초를 위해 중요한 통찰을 제공하였다. 이렇게 인간과 기술 개체와의 관계성의 변화로 제기되는 핵심 논점은 더 이상 고전적 휴머니즘의 패러다임으로는 이해하기 어려운 단계로 접어든 첨단기술 사회가 기술적 전환의 과정에서 기술이 그저 인간에게 위협적인 것만이 아니라 새로운 휴머니즘에 대한 기회도 동시에 제공하고 있다는 것이다.

이러한 발생적 기술 본성에 대한 깊은 이해 가운데 기술적 대상들을 조화롭게 배치함으로써 세계를 형성해가는 인간의 고유한 역할을 신학화하고 신과 세계, 인간과 세계 사이의 소통의 매체로 기술 대상을 이해하면 기독교 진리 전파의 매개자로 기술을 적극적으로 사유하게 된다. 이렇게 기술의 발생적·과정적 관점은 기술의 기능과 의미의 작동 방식을 사물과 물질 그리고 물질화(materialization)의 복잡한 얽

---

[38] Simondon/김재희 옮김, 『형태와 정보 개념에 비추어 본 개체화』(L'Individuation A La Lumiere Des Notions De Forme Et D'Information) (서울: 그린비, 2011), 214.

힘의 과정으로 신학적으로 규명함으로 말씀과 물질과 인간과 기술을 어느 하나 중요하지 않는 것이 없는 관계 속에서 보게 된다.[39] 전통 신학에서는 오랫동안 물질성이나 신체성과 같은 개념이 신앙생활에 부정적 영향을 주는 것이라고 왜곡되어왔기 때문에 이원론적 신학 전통에 익숙한 한국의 교인들에게는 물질과 사물에 대한 적극적 사유가 낯설 수도 있다. 그러나 기술의 발생적·관계적 관점은 신학적 사유와 실천 역시 물질화의 과정에서 분리되어 있지 않다는 통찰을 통하여 영혼의 구원과 타락한 세계라는 이원론적인 분리를 넘어 세계와 그 세계를 형성하고 있는 만물까지도 하나님의 내재하심으로 얽혀가는 과정이라는 것을 인식하게 한다.

이렇게 디지털 전환(Digital Turn)의 시대에 인간과 기계의 관계론적 관점은 기술 개체의 행위성을 심도 있게 평가하는 최근의 인문학적 배경과 연동되고 있다. 이를 통해 인간 중심 구원론의 교리적 한계와 물질을 영혼보다 열등하게 평가하거나 기술 대상을 도구화한 것에 대한 반성적 성찰을 토대로 인간과 기술과 물질의 존재론적 관계성에 대한 신학적 해석이 가능해진다. 창조와 구원의 서사 속에서 인간과 기술의 상호협력적 관점은 정신과 물질의 이원론으로 인간과 기술의 분리를 정당화해온 인간중심주의적·도구주의적 기술 이해를 반성하고 만물을 선하게 창조하신 창조신학적 전통을 복원하며, 기술 개체는 더 이상 인간이 지배하고 통제하고 독점하는 대상이 아니라 인간과

---

39 벽돌이 만들어지는 기술 과정에서 우리는 흙이라는 물질을 생각할 수 있어야 하고 천문학이라는 과학을 망원경과 같은 기술 대상의 발전과 분리되어 생각할 수 없다. 수많은 기술 대상을 제외한 채, 마치 인간의 정신 작용이 기술 활동과 물질 환경과 상관없는 독자적인 것으로 잘못 사유하는 경향이 있다.

물질 환경 그리고 인간과 자연 사이에서 중요한 매개자 역할을 수행하는 것임을 이해할 수 있게 한다.

구약시대 광야에서 성막에 대한 하나님의 세세한 명령은 인간의 발명적 특성을 통하여 기술적이고 미학적이며 종교적 응답으로 표현된다. 성막은 인간 공동체와 기술 개체들의 결합체로서 하나님과 이스라엘 백성을 만나게 하고 소통하게 하는 거룩한 공적인 장소로 거듭난다. 기독교 공동체의 십자가도 인간 구원의 도구이거나 대상화된 사물이 아니라 인간과 기술의 결합체로서 신적인 임재를 경험하게 하는 매개자이며 신앙적 의미를 형성하는 변환적 매개자로서의 기술 개체가 되는 것이다. 이러한 기술 개체에 대한 존재론적 이해는 그 각각의 기술적 개체가 인간 그리고 다양한 환경적 요소들과 결합하는 관계적 실재임을 강조하는 것이다. 인간 홀로 할 수 있는 것은 아무것도 없다. 구원의 역사는 말씀으로만 이루어진 것이 아니다. 그 말씀의 언어가 지시하는 물리적 환경과 만물과의 관계 안에서 하나님 나라가 선포되었다는 것을 인식해야 한다. 하나님과 인간, 인간과 세계를 매개 없이 만나는 것은 불가능하다. 이 세계의 천하 만물은 계시의 초월적 진리와 사회문화적 변화 사이를 매개하는 것으로 이해할 수 있다.

2. 기술신학(techno-theology)의 토대로서 만물신학

역사적으로 살펴본 기술 개념은 그 시대의 사회문화 속에서 발전되어 왔다. 그렇기에 예술 분야와 창조성에까지 확대되는 인공지능이 만들어지는 기술의 시대에 윤리적 책임을 수행하기 위해 기술신학의 정립은 비록 기초적 단계이지만 매우 중요한 시대적 과제이다. 기술신학의 이론적 토대를 구축하고자 할 때 특별히 신학과 시몽동의 기술철학의 대화는 유기체와 비유기체, 인공물과 자연물의 전통적 이원론을 극복하고 개체보다 더 본질적인 관계 안에서 구체화하는 기술 개체의 존재 양식과 기술과 인간이 맺는 존재론적 관계를 규명하는 중요한 관점을 제공한다. 이러한 대화를 통한 신학적 구성 과정은 하나님의 구원과 창조의 서사 안에서 인간을 위한 유용성만을 강조하는 기술 이해에 대한 반성적 사유를 하고 궁극적으로 인간과 기술의 협력적 공진화 과정을 발견하는 의미 있는 작업이다.

근대 신학에 영향을 준 기술 부정 혹은 기술 비판적 관점으로는 인간 존재와 삶의 기반이 될 뿐 아니라 인간 신체와 정신의 확장과 실재와 가상의 구분이 어려워지는 디지털 시대의 기술 본성을 파악하지 못하는 한계가 있다. 그렇기에 나는 더욱 적극적이고 대안적 담론을 펼쳐갈 기술신학이 필요하다고 생각한다. 그래서 여전히 인간 중심의 세계관 안에서 인간과 기계, 자연과 사물, 유기체와 비유기체 사이의 엄격한 개념적 분리를 전제하는 근대 이원론적 개념들을 비판적으로 성찰하면서 기술의 개념적 변화에 실천적으로 응답하기 위하여 기술에 대한 새로운 존재론적, 생성적, 관계적 접근 방법으로 기술성의 본질에 대한 존재-인식론적 관계를 설명하였다.[40] 즉 이러한 존재론과 인식론의 결합을 통하여 인간 사회는 인간만의 일방적 진화가 아니라 인간 개체 자체가 만물의 얽힘의 과정 안에서 이미 집단적 개체라는 전제와 인간의 창조성과 생산성 등의 기술 본성과 기계와의 상호작용적 관계 맺음을 통해서 '더불어 세계를 형성'해온 것임을 알게 된다.

---

[40] 김재희, 『시몽동의 기술철학: 포스트휴먼 사회를 위한 청사진』, 64.

예를 들면 코로나-19 기간 동안 '인간-바이러스-마스크-진단 키트'의 긴밀한 연결은 인간과 자연과 기술과 사물들 간의 복잡한 네트워크로 인간 생명의 실질적인 존재 기반이었다. 능동적 행위자였던 인간은 이제 보이지 않는 바이러스에 의해서 그 행위를 수정해야 했다. 이러한 인간과 비인간의 존재-인식론적 관계를 인식하면 세계는 결코 인간이 중심이 아니라는 것과 역설적으로 모든 존재는 작은 미생물들이나 거대한 천체들까지 천하 만물이 신적인 세계에 참여하고 있다는 것을 깨닫게 된다. 하나님의 역사는 아무렇게나 흘러가는 것이 아니라 그분의 뜻과 방향이 있다. 이러한 점에서 첨단기술 시대에도 여전히 또 하나의 세계인 디지털 지구(Digital Earth) 한가운데서 행동하시는 하나님을 만나게 된다. 하나님의 사랑은 운동적이기 때문이다.

더 나아가 이러한 과정적 관점은 기술 개체가 물질 환경과 인간 사이의 상호작용적 관계 맺음을 통해서 그 의미를 획득해나가며 도구적 작동을 넘어 정신 작용의 과정임을 알게 한다. 우리는 중세의 세계관을 전복시킨 종교개혁의 정신이 단지 인간만으로 수행된 것이라기보다 기술 개체들, 즉 제지술과 인쇄술 그리고 잉크기술의 발전과 앙상블을 이루어 전 유럽으로 확산되었다는 것을 인식해야 한다. 그리고 그 인쇄술과 제지술은 각각의 발전 과정에서 나무와 석탄[41] 같은 물질 환경 안에서 발전된 것이다.[42] 즉 종교개혁의 가치는 새로운 미디어

---

[41] 시몽동은 기술적 개체화의 전개체적 퍼텐셜이 바로 자연이라고 설명한다. 황수영, "시몽동의 기술철학에서 규범성의 문제: 생명적 규범성과 사회적 규범성 사이에서," 「근대철학」 제18집(2021. 10.), 86.

[42] 시몽동은 기술적 개체가 자연과 기술적 대상 사이의 매개항으로 연합 환경이 존재하며 이러한 연합 환경은 기술적이며 자연적이라고 설명한다. 김재희, 『시몽동의 기술철학: 포스트휴먼 사회를 위한 청사진』, 114.

기술의 발명과 함께 확산되었다. 이렇게 새롭게 발명된 기술적 존재는 인간과 자연 사이를 매개하는 것만이 아니라 인간과 인간 사이를 매개하면서 익숙한 관계 방식을 해체하고 때로는 새로운 의미 체계와 더 나아가 사회적 관계를 창조할 수 있게 된다.

기술에 대한 과정적 이해는 인간이 기술을 다 통제할 수 있다는 태도에 대한 성찰과 기술 대상의 존재 양식이 전개하는 고유한 과정을 보게 하는 중요한 시각을 동시에 제공한다.[43] 이러한 기술적 존재 양식은 기술 대상의 발생이나 진화를 인간의 유용성 때문만이 아니라 시스템 내부에서 발생하는 장애들을 해결하려는 기술 내적 필연성으로 여긴다. 결론적으로 기술 본성의 발생적 생성을 추적해가면 인간의 지배적인 기술 이해를 넘어 인간과 기계의 존재론적 상호협력 가능성을 발견하게 된다. 이러한 기술과 인간의 관계적 이해를 통해 인간이 기술을 만드는 주체이지만 기술이 일방적인 객체가 아니며 기술 개체의 역사성과 그 자체의 추동 능력을 지니고 있기에 기술과 인간의 상호관계 안에서 기술 활동을 이해하게 된다. 이러한 기술에 대한 새로운 이해는 기술이 새로운 가치와 문화를 형성하고 인간의 지향과 관계성에서 상호 영향력을 적극적으로 숙고하도록 하며, 인간이 일방적으로

---

[43] 이미 인공지능(AI) 기술은 지능뿐 아니라 문학과 예술에서 두각을 나타내고 있다. 미국의 인공지능(AI) 개발자 스티븐 테일러 교수는 '다부스'(DABUS)라는 이름의 AI를 발명자로 표시한 발명품(제품)에 대해 국제특허를 출원했다. 그러나 한국 특허청은 지난해 9월 "자연인이 아닌 AI를 발명자로 한 특허출원은 허용되지 않는다"라는 이유로 AI가 발명했다고 주장하는 특허출원에 대해 지난 9월 28일 '무효 처분'을 내렸다. 한국의 특허법과 관련 판례는 자연인만을 발명자로 인정하고 있기 때문이다. 발명은 본디 인간의 창조적 역량으로 기계와 다른 본질적 특성으로 이해하고 있었기 때문이다. 이렇게 로봇과 AI 첨단기술의 발전은 기술의 고전적 인간 이해의 경계를 해체하고 인간과 기술의 관계성에 대해 새로운 관점을 요구하고 있다.

통제하거나 기술이 일방적으로 위협하는 왜곡된 전제들로 인해 발생하는 통제와 지배의 패러다임을 넘어서도록 하는 데 중요한 관점을 제공한다.

기술은 갑자기 우리에게 다가온 주제가 아니라 인류가 처한 위기 때마다 헤쳐 나가는 길에 없어서는 안 될 동반자였고 하나님의 창조와 구원의 서사에 늘 함께해왔다. 이러한 기술 개념의 존재론적 관계성과 발생학적 관점은 만물에 대한 성서적 해석을 통해서 온 세상의 화해를 추구하는 만물신학(theology of all things)과 만날 수 있다. 하나님이 피조세계의 창조주이심과 역사를 이끌어가시는 구원자이심을 고백하는 것은 추상적 차원이 아니라 그 대지 위에서 끊임없이 변화하는 물질 그리고 인간과 자연과의 소통적 매개인 기술적 대상을 포함하고 있다는 것을 의미한다. 골로새서 1장 16절에서는 '만물'이란 단어가 두 번 사용되었는데 이 단어는 우리가 흔히 '우주'(universe)라고 말하고 있는 '타 판타'(τὰ πάντα)를 번역한 것이다.[44] 그리스도의 구원 사역은 인간뿐 아니라 비이성적이 피조물, 물질적인 피조물, 생물, 무생물, 유기체, 무기체, 사물들(things) 등을 포함한다. 이렇게 인류의 창조와 구원의 역사에서 배제되지 않았던 만물(all things)[45]에 대한 성경적[46] 해석은 하나님과의 화해의 과정에 인간뿐 아니라 땅의 모든 것을 포괄하

---

44 피터 오브라이언(Peter T. O'Brien)/정일오 옮김, 『골로새서, 빌레몬서 — WBC 성경 주석 44』(Word Biblical Commentary V.44 Colossians, Philemon) (서울: 솔로몬), 124.
45 만물은 영어 성경에서 all things로 번역된다.
46 [15]그는 보이지 아니하는 하나님의 형상이시요 모든 피조물보다 먼저 나신 이시니 [16]만물이 그에게서 창조되되 하늘과 땅에서 보이는 것들과 보이지 않는 것들과 혹은 왕권들이나 주권들이나 통치자들이나 권세들이나 만물이 다 그로 말미암고 그를 위하여 창조되었고 [17]또한 그가 만물보다 먼저 계시고 만물이 그 안에 함께 섰느니라(골 1:15-17).

며 새 하늘과 새 땅을 실현해간다.

이러한 만물에 대한 성경적 이해는 인간의 집단적 사회가 탈물질화와 탈육체화로 분리되는 것을 재관계화하여 기술적 대상을 생명-물질-사물(life-matter-thing)과의 얽힘의 과정 안에서 이해하게 하는 중요한 관점을 제공한다. 신물질주의자[47]의 대표적 학자인 캐런 바라드(Karen Barad)는 존재를 개체(individual)가 아니라 집단적 '얽힘'(entanglement)으로 본다. 바라드는 그래서 개체가 각각의 주체와 객체의 상호작용에서 유래하는 것이 아니라, 얽힘으로부터 주체와 객체가 구별되어 보이는 것이고, 우리가 상호작용(interaction)이라고 생각하는 것이 오히려 '내적-작용'(intra-action)이라고 말한다. 그것이 얽힘 안에서 이루어지는 작용이기 때문이다.[48] 이러한 사조는 이른바 '존재론적 전회(轉回)'라고 할 수 있다. 즉 동물, 식물, 무생물, 기상 현상, 인공물 등 모든 비인간과 인간을 동등한 행위자로 봐야 한다는 방향으로 나가고 있다.

이러한 각 개체의 집단적 공존 안에서 기술성이 인간과 자연, 인간과 인간의 관계를 매개하는 소통의 역량으로 전환되는 것은 마치 예수가 제자들과 만찬을 나누실 때도 빵과 포도주와 같은 물질적 개체뿐아니라 책상과 의자, 그릇과 같은 다양한 기술 개체들을 통해서 제자들은 소통하고 그 사랑의 가치를 전달하는 것과 같다. 즉 인간의 의미

---

47 팬데믹 이후 물질의 발견은 철학적 담론의 중심을 이룬다. 21세기의 사상인 신물질주의(new Materialism)를 살펴보면 인간의 의식이라는 한계 안에서 사고를 한정 짓는 '현상학의 시대'가 저물고, 물질세계에 대한 탐구에서 사유의 토대를 마련하는 '신물질론의 시대'로 사고의 대전환이 이뤄지고 있다.
48 Karen Barad, *Meeting the Universe Halfway* (Durham: Duke University Press, 2007).

화 과정은 인간의 정신 작용이 홀로 만들어가는 것이 아니라 물질-기술-사물의 네트워크와 집단체로서 기술적 개체들(만물)과 그리스도와 관계 안에서 획득된다는 것이다. 바울은 성경의 다양한 문맥 가운데 피조세계를 통한 신적 계시는 누구나 경험할 수 있는 보편적인 것임을 분명히 한다. 또한 이렇게 만물 가운데 하나님의 현존을 경험할 수 있다는 사상은 시편이나 욥기나 선지서에서 자주 발견할 수 있다.[49] 즉 만물에 대한 신학적 이해는 기술적 존재와 발생에서 출발하는 시몽동의 독특한 관점과 대화하며 좀 더 구체적으로 자연물과 인공물 사이에 존재하는 심층적 관계를 인식할 수 있게 한다.

이러한 포괄적·과정적·관계적·신학적 관점은 인간과 물질뿐 아니라 인간과 사물 그리고 인간과 기계의 관계를 아상블라주(assemblage)[50] 관계로 이해하도록 한다.[51] 이러한 만물에 대한 성경적 해석은 존재하는 모든 개체는 이미 집단적 개체이며 항상 공존을 전제하기에 이 세계를 본질적으로 하나님과 인간과 만물의 관계적 공존으로 바라보도록 한다. 골로새서 1장 16절은 그리스도가 만물의 주체임을 말하고 17절은[52] 더 나아가 만물과 그리스도의 관계를 완성시키고 있다.

---

49 욥기 36:24-37:24, 38:1-41:34, 8:1-22; 시편 89:5-13, 97:1-6, 104:1-32, 145: 5-16에 나타난다.

50 아상블라주는 들뢰즈와 가타리의 개념으로 최근 관계적·물질적 전환이라는 거대한 흐름 속에서 현대 인문학적 사유를 이끌어가고 있다. 아상블라주 관점에서의 사유는 세계를 흐름, 연결, 생성(becomings)에 의해 특징 지워지고, 작동 논리가 선형적이기보다는 더 복잡하고, 변증법적이기보다는 더 순환적이고, 전체주의적(totalising)이보다는 더 창발적임을 강조한다.

51 앞으로의 기술시대에 인간과 기계의 관계를 새롭게 바라보기 위해 인간을 '인간-비인간의 연결'로 이어지는 인간과 기술의 조화라고 보는 라투르의 견해도 이와 맥을 같이 한다.

52 "또한 그가 만물보다 먼저 계시고 만물이 그 안에 함께 섰느니라"(골 1:17).

이러한 관점은 세계에 존재하는 모든 것이 인간과 더불어 신적 기원을 지니고 있으며 하나님의 능력과 신성을 드러내는 매개자로서 가치가 있다는 것이다. 바울은 만물이라는 철학적 언어를 사용하지만 분명한 정체성을 가지고 그리스도는 만물의 원리이며 모든 창조물의 유지자라고 말한다. 이것은 단지 그리스도가 피조된 세계의 외적 질서의 중심이 됨을 언급하는 것을 넘어 모든 만물이 그리스도를 중심으로 할 때 한 개체 한 개체가 '내재적 가치'를 지니게 된다는 뜻을 함축하고 있다. 그리스도는 모든 순간마다 피조물 안에 현존하기 때문에 그리스도의 선재성이 만물에 미치는 결과는 만물이 그분께 속해 있다는 것을 의미한다. 따라서 성육신하신 하나님은 창조적이고 생성적이며 상호성이 충만한 신적 현존이시다.

많은 현대 신학자는 예수께서 구원자이시라면 사도 바울(고전 8:6)과 에베소 서신과 골로새 서신에서 나타난 것처럼 우주적 그리스도에 대한 신앙으로 하늘과 땅 위에 있는 모든 만물의 화해(골 1:20)를 발견하고 모든 피조물을 그리스도께서 죽음을 통해 대가를 치르신 귀중한 존재로 받아들여야 함을 강조하였다.[53] 이러한 현대신학의 도전은 근대의 신학이 구원을 인간 구원과 영혼 구원으로 축소함으로 이 세계의 다른 모든 피조물을 구원이 없는 상태로 배제했으며, 이러한 신학적 전통 탓에 우주적 그리스도가 실존적으로 해석될 수 없는 하나의 신화로 여겨질 수밖에 없다고 날카롭게 비판하였다.[54] 그러나 하나님은 만

---

53 위르겐 몰트만/곽혜원 옮김, 『희망의 윤리』(Ethik der Hoffnung) (서울: 대한기독교서회, 2012), 253.

54 이러한 탈세계적 구원론은 여전히 한국교회에 큰 영향을 미치고 있다. 팬데믹이 한국교회가 기후 위기 문제를 인식하는 새로운 기회가 되었으나 기후 위기를 신앙의 문제로 여전히 고백하지 못하는 이유는 바로 이런 구원론 탓이기도 하다.

물을 그리스도를 통해 창조하셨고, 그리스도를 통해 바로 그 만물을 하나님과 화목하게 만들고 계신다. 이러한 그리스도와 만물의 존재론적 관계는 이분법적 존재론에서 관계적 존재론으로 전환을 가능하게 하였다.

더군다나 지구 위의 모든 만물은 우리의 눈에 보이든 보이지 않든 인간 인식의 가능성에 상관없이 하나님 나라가 구현되는 과정에서 사랑의 매개체가 된다. 인간이 지각할 수 없는 거대한 기후 체계나 인간이 다 파악하지 못하는 디지털 네트워크의 복잡성 역시 인간이 통제할 수 없지만[55] 실재하고 있으며 팬데믹 이후 디지털 세계 역시 하나님 사랑의 네트워크로서 더 존재하고 있다. 놀랍게도 바울은 그리스도를 통해 이루어야 할 궁극적인 화해의 대상을 '만물'이라고 규정한다.[56] 성경의 구원사에서 그 어떤 순간에도 인간은 고립되어 있지 않으며 그 역사는 항상 비인간, 즉 방주와 바다, 성막과 광야, 지팡이와 홍해 등과 같이 구원의 서사를 형성하는 다양한 협력적 존재들과 함께하였다.

기술신학의 토대로서 만물에 대한 성경적 해석은 기독교가 인간 중심이 아니며 인간만이 세계의 변화를 만들어가는 주체가 아님을 깨닫게 하며 만물이 하나님의 뜻을 수행하는 주체들임을 말한다.[57] 즉 피조

---

[55] 2022년 10월 국민 메신저로 자리 잡은 카카오톡이 데이터센터 화재 때문에 불통 사태가 일어나 거의 모든 서비스가 멈추면서 국민 생활에 큰 피해를 가져왔다.

[56] 골로새서 1장 16절 "하늘과 땅에서… 만물이 다 그로 말미암고 그를 위하여 창조되었고"와 골로새서 1장 20절 "만물 곧 땅에 있는 것들이나 하늘에 있는 것들이 그로 말미암아 자기와 화목하게 되기를 기뻐하심이라"에서 두드러진다.

[57] 시편 119장 89-91절은 인간을 넘어 만물이 주의 종이 됨을 증거하고 있다. [89]여호와여 주의 말씀은 영원히 하늘에 굳게 섰사오며 [90]주의 성실하심은 대대에 이르나이다 주께서 땅을 세우셨으므로 땅이 항상 있사오니 [91]천지가 주의 규례들대로 오늘까지 있음은 만물이 주의 종이 된 까닭이니이다.

세계와 만물은 단순히 인간만을 위한 활동 공간이나 소유 그리고 활용과 소비의 대상이 아니라 인간의 창조성과 발명 그리고 기술적 대상과의 상호작용을 통해 신적 계시의 공간이 되는 것이다. 따라서 기술신학은 이제 '유기체와 생명체를' 넘어 비유기체적 존재들과 만물의 얽힘 속에서 공생하며 공동 참여하는 하나님의 세계를 위해 만물신학적 바탕 위에 기술 대상들의 고유한 존재론적 가치가 드러나게 한다. 예수 그리스도는 이 땅 위의 피조물과 사물 그리고 기술적 대상을 고유한 존재로 유지하게 하시는 분이다. 만물신학은 그리스도가 하나의 지구와 동시에 디지털 세계 속에 우리와 함께 계실 뿐 아니라 이 지구 공동체의 일원이 되신 성육신의 신비를 다시 되새기며 만물과 공생하는 길을 모색할 수 있다. 인간이 자연에서 분리되거나 기술과의 협력을 제외한 채 홀로 할 수 있는 일은 아무것도 없다. 기술에 대한 이러한 존재론적인 상호관련성과 각각 개체들의 본래적 가치는 현대 기술개발로 인해 또 하나의 지구를 형성하고 있는 디지털 지구(digital earth) 역시도 하나님 창조와 구원의 네트워크로서 긍정적으로 인식하도록 한다.

마지막으로 인간과 기술 대상의 존재론적 관계성과 집단적 개체성을 설명하며 내가 중요하게 강조하는 부분은 인간의 고유한 역할이다. 인간 중심적이고 도구주의적인 기술 개념에 대한 비판에도 불구하고 기술적 대상은 자동으로 발생하는 것이 아니라 반드시 인간의 중재와 협력을 통해서만 발생한다는 것을 잊지 않아야 한다. 시몽동은 자신의 기술철학과 당대의 사이버네틱스 간의 차이를 강조하면서 사이버네틱스가 기술적 대상들을 생명체와의 유비 가운데 이해하는 것을 넘어서 그 자체로 곧 생명체인 것처럼 착각하고 있다고 비판하였다.[58] 시몽동은 생명체와 기술 개체의 차이를 분명하게 인식하면서 동시에 기술적 존재 안에 인간적 본성이 있다고 주장함으로 인간과 기계의 관계성을 강조한다.[59] 성육신 신학적 관점 역시 신체적 인간과 만물과의 분리를 거부하고 관계성 안에서 상호협력과 조화를 이루어가는 집단적 네트워크로서 세계를 이해하도록 하는 동시에 그 가장 중요한 인간의 책임도 기술 개체와 함께함으로써 비로소 그 인간의 기술적 본질을 발휘할 수 있게 된다. 즉 인간이 사용하는 모든 기구나 기술 개체는 정도의 차이는 있으나 모두 인간의 창조성, 생산성 그리고 발명과 같은 기술 본성이 결합된 결과이다. 즉 기계를 작동하기 위해서는 생명체로서 개입하는 인간이 필요하고 인간과 기계로 구성된 실재인 이 복잡한 기술적 개체의 핵심을 보유하고 있는 것도 여전히 인간이며, 기계와 연장들의 관계 안에서 연합 환경의 핵심에 있는 것도 여전히 인간이다.

골로새서에서 언급되는 모든 만물(all things)과 그리스도의 화해를 인간과 기술의 관계적 존재론의 토대로 바라본다면 중재자 혹은 조정자로서 인간이 기술 개체 그리고 세계와의 관계 속에서 만물을 조화롭게 배치하는 고유한 임무를 수행하게 된다. 특히 다른 피조물들은 '하나님의 흔적'(vestigia Dei)만 담고 있는 데 반해 인간은 이 땅에서 '하나님의 형상'(imago Dei)을 나타내는 중재자로 창조되었기 때문에 단지 자연의 일부분만이 아니라 하나님으로부터 발원하고 하나님께 책임을 지는 존재이다. 특히 잊지 말아야 하는 것은 성경의 전통에 따르면

---

58 시몽동, 『기술적 대상들의 존재양식에 대하여』, 71-73.
59 황수영, "시몽동의 기술철학에서 규범성의 문제: 생명적 규범성과 사회적 규범성 사이에서," 86.

이러한 인간의 특별한 존재 규정은 오직 창조 공동체 안에서만 유효하며 인간은 단지 자연의 일부로서의 인격이라는 것이다.[60] 모든 존재자는 존재자로서 예외 없이 다른 존재자의 내면과 관련되어 있다는 바로 "이 사실은 '존재를 가진 모든 것'과 일치하도록 되어 있는 어떤 존재가 실재하는 것으로서 받아들여지지 않는다면 가능하지 않다. 그런 존재가 '어떤 의미에서 모든 존재자'인 영혼이다."[61] 즉 온 세계를 하나님의 만물로 이해할 때 우리는 모든 만물에 초월적 내면이 있다는 것을 인식하게 되고, 만물에 대한 우리의 경험이 하나님에 대한 경험이 되는 것이다. 이러한 그리스도와 만물과 인간의 관계 속에서 인간-비인간의 관계 맺음을 통해서 신적인 목적을 실현해나가는 방향을 모색할 수 있게 된다.

III. 나가는 말

종교는 그 어떠한 시기에도 과학기술을 일방적으로 중지시킨 적이 없다. 왜냐하면 변치 않은 기독교 진리를 소통하기 위한 매체는 긴 역사의 흐름 속에서 기술을 통해 끊임없이 변화되어왔기 때문이다. 기독교 사회윤리의 과제는 고도 기술의 발달로 전 지구적 위기에서 출구를 찾지 못하는 인간 문명에 신학적 대안들을 제안하며, 기술과 인간의

---

[60] 위르겐 몰트만, 『희망의 윤리』, 247.
[61] 조셉 파이퍼(Josef Pieper)/김진태 옮김, 『사물들의 진리성』(*Wahrheit der Dinge: eine Untersuchung zur Anthropologie des Hochmittelalters*) (서울: 가톨릭대학교출판부, 2005), 93.

존재론적 관계성에 대한 윤리적 담론을 통해 만물의 공생의 방향을 제시하는 것이다.

첫째, 기술 개념의 변화이다. 현대 사회의 인간은 매 순간을 기술로 소통하고 있다. 우리가 도구적 기술 개념에 대한 다양한 비판을 수용하고 기술 대상을 기술과 인간, 사회와 자연, 인간과 인간을 연결하는 매체로 바라볼 때 첨단기술 시대 신앙 공동체의 의미 형성 과정과 가치생산 구조가 확연히 달라지고 있다는 것을 깨닫게 된다. 디지털 기술 시대에 현대인이 생활의 매 순간을 찾고 보고 대화하고 듣고 만들고 중계하고 구매하면서 만들어가는 연결은 끝이 없다. 이 디지털 매체가 만들어가는 연결의 기록은 네트워크를 통하여 매 순간 역동적으로 변화하는 유기체처럼 우리의 생활공간을 만들어가며 인간 중심적인 기술 개념을 넘어서고 있다.

둘째, 기술과 인간의 관계성에 대한 성찰이다. 현대 기술사회는 기술의 인간화와 인간의 기술화가 공존하여 때로는 복잡한 현상을 만들어내는데 그 복잡함 때문에 어떤 것이 우선하는 가치인지 분별이 어려울 때가 있다. 만약 우리가 '그리스도 안'에서 기술 대상들과 인간의 존재론적인 관계를 설정하게 된다면 전통적인 수동과 능동의 관계를 극복하고 각각의 존재 자체가 하나님의 창조세계 속에 뿌리내리고 있다는 것을 깨닫게 된다. 시몽동의 고유한 기술적 존재 양식의 인식은 '타락한 세상'이라는 과도한 구원론적인 개념을 극복하고 하나님의 피조세계 속에 만물을 경외와 감탄으로 바라보게 하는 성경적 관점과 연동되어 첨단기술의 시대에도 신학적 상상력을 통해 활동하는 비인간 객체들을 인간과 더불어 온 세계를 향한 창조와 구원의 서사를 이루는 매개자로 관계 맺을 수 있게 된다. 또한 그리스도 안에서 이 세계는 만물의 화해와 인간과 비인간의 역동적 협력관계 속에서 고유한 각각의 존재 방식을 토대로 조화를 이루어가는 것이다. 만물에 대한 성경적 이해는 기술과의 상호관계적 인간의 삶을 이해하고 공적 영역에서 오히려 후퇴하고 있는 신학을 반성하며, 적극적이고 문화 변혁적 기술 신학을 구성할 수 있는 성경적 토대이다. 기술신학적 구성으로서 만물신학은 만물에 깃든 그리스도의 의도를 성찰하고 매개자로서 적극적인 의미를 부여하며, 만물이 내재와 초월의 관계성 안에서 드러남을 인식하게 한다. 이때 세계의 유지자이신 그리스도와 만물과 인간의 존재론적인 관계성을 신학화함으로 인간과 기술의 공존과 상호협력적 관계를 더욱 적극적으로 모색할 수 있다.

마지막으로 이러한 과정에서 인간의 고유한 역할을 인식하는 것이 중요한 이유는 만물신학이 인간의 한계뿐 아니라 인간의 가능성에 대한 희망에 근거하고 있기 때문이다. 인간이 사용하는 모든 기술 개체는 모두 인간의 창조성, 생산성 그리고 발명과 같은 기술 본성이 결합된 결과이다. 즉 기술 개체들과의 관계에서 핵심에 있는 것은 여전히 인간이다. 인간은 '하나님의 형상'(imago Dei)을 나타내는 중재자로 창조되었기 때문에 하나님께 책임을 지는 존재이다. 그런데 인간의 특별한 존재 규정은 예외주의로 귀결되기보다 오직 창조 공동체 안에서만 유효함을 인식할 수 있어야 한다. 즉 온 세계를 하나님의 만물로 이해할 때 우리는 모든 만물에 초월적 내면이 있다는 것을 인식하게 되고 만물에 대한 우리의 경험을 하나님에 대한 경험으로 인식할 수 있게 된다. 그리고 이러한 그리스도와 만물과 인간의 관계 속에서 인간-비인간의 관계 맺음을 통해 신적인 목적을 실현해가는 방향을 모색할 수 있다.

특별히 이 글에서 기술이 가져오는 부정적 현상 분석에 내용을 할 애하지 않은 이유는 그 중요성을 간과해서가 아니다. 최근 기술 관련 신학 담론에는 인간 소외와 인간에게 위협적인 기술 혹은 인간의 사용에 따라 달라지는 가치중립적 기술에 대한 내용이 많다. 그러한 인식의 전제가 된 기술 개념의 비판적 숙고와 기술과 인간의 존재론적인 관계성에 대한 기술신학의 재정립의 필요성을 강조하기 위해 이 글에서는 크게 언급하지 않은 것이다. 그리스도인들은 기술과 인간, 세계와 하나님의 창조신학적 관계를 파악하고 그것을 판단하는 윤리적 책임과 가치들을 바르게 설정해나가야 한다. 이러한 과정은 기술과 신학의 대화만으로는 불충분하다. 다양한 공적 영역에서 기술이 가져올 엄청난 긍정적·부정적인 현상을 분석하는 담론에 참여하면서 더 좋은 미래 세계를 그려나가야 한다. 특별히 기독교 윤리학은 기술에 대한 윤리적 규범을 제시하고 기술 개발 과정에서 제기되는 다양한 윤리적 문제에 응답해야 하는 시대적 사명이 있다. 궁극적으로 인간과 기술의 관계론적 관점은 기술이 그 자체로 발전한 것이 아니라 하나님이 부여하신 인간의 창조성과 발명과의 결합을 통해서 하나님의 뜻이 이루어져왔음을 인식하도록 하며, 제아무리 빠르게 변화되는 기술이라 할지라도 그 기술이 지구와 인류를 위해 바른 방향으로 진보할 수 있도록 신학이 적극적으로 공론의 장에 참여할 책무가 있음을 강조하는 것이다.

참고문헌

김재희.『시몽동의 기술철학: 포스트휴먼 사회를 위한 청사진』. 파주: 아카넷, 2017.
_____. "우리는 어떻게 포스트휴먼 주체가 될 수 있는가?"「철학연구」(2014).
김진택.『테크네 상상력』. 서울: 바른북스, 2021.
몰트만, 위르겐/곽혜원 옮김.『희망의 윤리』(Ethik der Hoffnung). 서울: 대한기독교
서회, 2012.
시몽동, 질베르/김재희 옮김.『기술적 대상들의 존재양식에 대하여』(Du Mode
d'existence des Objets Techniques). 서울: 그린비, 2011.
_____. L'Individuation A La Lumiere Des Notions De Forme Et D'Information.
『형태와 정보 개념에 비추어 본 개체화』. 서울: 그린비, 2011.
안미현. "하이데거의 기술철학에 대한 비판적 고찰 ─ STS와 ANT의 관점에서."「독일
언어문학」(2020).
오브라이언, 피터/정일오 옮김.『골로새서, 빌레몬서 ─ WBC 성경 주석 44』(Word
Biblical Commentary V.44 Colossians, Philemon). 서울: 솔로몬, 2008.
최승현. "5개 국어로 축복해주는 '로봇 목사' 등장 ─ 기계에 대한 신학적인 논의의
목적."「뉴스앤조이」 2017년 5월 31일. https://www.newsnjoy.or.kr/news
/articleView.html?idxno=211252.
파이퍼, 조셉/김진태 옮김.『사물들의 진리성』(Wahrheit der Dinge: eine Untersuchung
zur Anthropologie des Hochmittelalters). 서울: 가톨릭대학교출판부, 2005.
하이데거, 마틴/이기상 외 옮김.『강연과 논문』(Vorträge und Aufsätze). 서울: 이학
사, 2008.
황수영. "시몽동의 기술철학에서 규범성의 문제: 생명적 규범성과 사회적 규범성 사이
에서."「근대철학」(2021. 10).
Barad, Karen. Meeting the Universe Halfway. Duke University Press, 2007.
Keller, Catherine. Cloud of the Impossible. Columbia University Press, 2014.

기술에 대한 철학적 비판
: 포스트휴먼 시대의 기술

박일준 | 원광대학교

기술은 운명이 아니다. 우리의 운명은 우리 손에 달려 있다.[1]

I. 들어가는 말: 인간과 기술의 이분화를 넘어서는 물음

기술(technology)은 인간 유기체가 자신의 삶을 구성해나가기 위해 필요로 하는 부차적인 속성이 아니라, 바로 인간 자신의 연장(extension) 혹은 인간 자신이 연장 그 자체임을 알려준다. 말하자면 인간은 기술을 통해 자신의 주변 환경을 자신의 주변 세계(Umwelt)로 재구성하며

---

[1] 에릭 브린욜프슨(Erik Brynjolfsson) & 앤드루 맥아피(Andrew McAfee)/이한음 옮김, 『제2의 기계시대: 인간과 기계의 공생이 시작되다』(*The Second Machine Age: Work, Progress, and Prosperity in a Time of Brilliant Technologies*) (서울: 청림출판, 2014), 323.

삶을 다른 존재들과 더불어 함께 만들어나간다. 베르그송은 『창조적 진화』(*Creative Evolution*)에서 인간을 호모 사피엔스보다 "호모 파베르"(homo faber)라고 규정하면서, 인간 고유의 역량이라 일컬어지기도 하는 지성을 "인공물, 특히 도구를 만들기 위한 도구를 제작하고 그 제작에 끊임없이 변화를 주는 능력"[2]이라고 정의한다. 인간이 지적 동물, 즉 '사피엔스'이기 이전에 '도구를 제작하는 동물'일 수밖에 없었던 것은 도구 제작이 인간에게는 생존과 직결되는 문제이기 때문이다. 다른 동물들에 비해서 신체적 역량이 월등히 떨어지는 인간은 그 부족한 신체적 능력을 보강할 도구를 제작하면서 생존 경쟁에서 우위를 점하기 시작한다. 바로 이런 맥락에서 '기술'(technology)은 과학을 포함하여 인간 지식을 가능케 하는 지성보다 더 인간에게 본래적인 역량이다. 인간은 자신의 신체를 연장하여(extend) 강화할 수 있는 도구 제작 역량을 지니고 있고, 이는 지성보다 더 인간에게 본연적인 것이다. 여기서 중요한 것은 이 도구 제작을 통한 신체의 '연장'(extension)을 인간의 '확장'(expansion)으로 오독하지 않는 것이다. 특별히 앤디 클라크(Andy Clark)의 "연장된 정신"(the extended mind) 개념을 번역하는 과정에서 여러 학자가 '연장'을 '확장'으로 오역한다. 하지만 extension은 인간이 비대하게 확장되어 거대화되는 것을 의미하는 것이 아니라, 물질이나 도구를 포함한 비인간 존재들과 연합하여(associate with), 새로운 존재의 네트워크를 창발시키는 것을 의미한다. 그래서 어떤 도구들과 혹은 어떤 존재들과 연합하여 자신을 연장하느냐에 따

---

[2] 앙리 베르그송(Henri Bergson)/이희영 옮김, 『웃음/창조적 진화/도덕과 종교의 두 원천』(서울: 동서문화사, 2008), 239; 손화철, 『호모 파베르의 미래: 기술의 시대, 인간의 자리는 어디인가?』(파주: 아카넷, 2020), 216에서 재인용.

라 문명의 성격이 바뀔 수 있다. 즉 연장(extension)은 '다른 존재들과 함께 연합하는 기술'(art to associate with other beings)을 가리키며, 이를 통해 인간은 공생체를 이루며, 지구라는 동산의 청지기로서 역량을 발휘한다. '공생체'(symbiont)란 '함께 살아가는 삶을 구현할 수 있는 신체적 연합'(bodily association of sympoiesis)을 뜻한다. 즉 인간은 기술과 구별되지 않으며, 오히려 인간과 기술은 서로를 본질적으로 정의한다.

인간이 도구를 포함한 기술을 통해 자신을 연장하게 될 때, 자신의 몸이 주변 환경과 관계하는 행위자-네트워크가 변화하게 되고, 이에 따라 인간은 기존의 행위자-네트워크를 새롭게 구성해야 할 상황에 놓이게 된다. 이를 베르그송은 다음과 같이 표현한다.

특히 인공적으로 만들어진 도구는 제작자의 본성에 역으로 영향을 미친다. 왜냐하면 도구는 그것을 제조한 사람에게 새로운 기능을 행사하도록 요구하면서 타고난 신체조직을 연장시켜주는, 말하자면 보다 풍부한 유기조직을 발달시켜주기 때문이다.[3]

다시 말하자면, 호모 파베르로서 인간에 대한 정의는 '무엇'(what)을 통해서가 아니라 '어떻게'(how)를 통해서만 가능하다. 왜냐하면 인간의 실체적인 모습은 기술의 발달에 따라 계속해서 변화해갈 것이기 때문이다. 종래의 인간과 오늘의 인간을 하나의 동일한 종류로 만들

---

[3] 베르그송, 『웃음/창조적 진화/도덕과 종교의 두 원천』, 240; 손화철, 『호모 파베르의 미래』, 221에서 재인용.

어주는 것은 바로 '도구를 제작하여 사용할 줄 아는 역량'이다. 그 역량을 통해 인간은 주어진 환경에 적응하기보다 오히려 자신이 살아갈 주변 세계를 만들어나간다. 이를 생물학적으로는 '적소 구성'(niche construction)이라고 말한다. 비록 '주어진 환경'에서 태어나지만, 성장하면서 유기체는 주변 환경을 자신의 '주변 세계'(Umwelt)로 바꾸어나간다. 이런 점에서 철학자 화이트헤드가 유기체는 환경에 적응할 뿐만이 아니라 오히려 만들어나간다고 표현한 바 있다. 주변 세계(Umwelt)를 만들어나가는 역량은 모든 동물 유기체가 지니고 있는 기본 능력이지만, 도구 제작자로서 인간은 특별히 이 역량이 다른 동물 유기체들보다 뛰어나다. 아마도 그의 타고난 신체적 능력이 다른 동물 유기체들보다 월등히 뒤떨어지기 때문에 더욱더 필사적으로 (생존을 위해) 발달시켰는지도 모른다.

이 글은 이렇게 연장능력(extendibility)로서 인간이라는 의미 맥락에서 기술이란 무엇인가의 물음을 비판적으로 던져보고자 한다. 특별히 기술을 다룰 수 있는 인간의 능력이 확대되면서, 아울러 그 기술이 인간과 문명에 미치는 영향력도 확장되고 있는 이 시대에 인간을 연장하고 있는 기술이 올바른 방향으로 나아가고 있는지에 대한 비판적 성찰이 더욱더 중요해지고 있다. 기술이란 무엇인가? 혹은 우리는 기술에 대해서 어떻게 비판적 성찰을 수행해나갈 수 있을 것인가? 달리 표현하자면, 우리는 기술(technology)을 어떻게 물어야 할 것인가? 물음은 대답보다 중요하다. 왜냐하면 어떤 물음을 던지느냐에 따라 대답의 범위를 사전에 결정하게 되기 때문이다.[4] 그래서 우리가 결과적으

---

4 Giles Deleuze, *Bergsonism*, trans. by Hugh Tomlinson and Barbara Haberjam

로 만들어낸 대안이 해결책이 되는 것이 아니라, 우리가 던질 물음이 어떤 대안을 만들지를 결정한다. 따라서 벌어진 사건을 정리하고 수습할 대안보다 그 사건을 향해 던질 물음들이 더 중요하다. "물음은 길을 만들어나간다"라고 하이데거는 말한다.[5] 그 길은 곧 사유의 길이고, 언어를 통해 나아간다. 기술과 관련된 물음이 기술의 본질을 열어줌으로써 기술과의 자유로운 관계로 길을 만들어준다고 하이데거는 생각했다.

혹자들은 기술이 문제라고 우려한다. 기술이 인간됨의 본성을 도구적으로 왜곡했다고 말이다. 그래서 인감됨과 인공적 기술 간의 이분법적 구별을 도입하면서, 기술을 넘어선 참된 인간성 회복이 관건이라고 주장하기도 한다. 하지만 이런 식의 인간 대 기술의 구별은 진정한 대안을 도출하기보다는 오히려 문제의 본질을 은폐하고 진정한 대안을 왜곡하는 기능을 자주 감당하기도 한다. 인간은 도구적 존재라고 말하지 않던가? 그렇다면 인간이 도구를 사용하여 기술을 발전시켜온 것은 인간의 부차적인 속성이 아니라 오히려 인간의 본질에 속하는 일이 아닐까? 본질과 속성을 구별하는 행위는 삶의 총체성 속에서 벌어지는 사건들을 '중요한 것'과 '부차적인 것'으로 구별하고, 그 구별 사이에 가치적 위계질서를 부여하면서 벌어지는 오류를 범하기 마련인데, 화이트헤드는 '이분화'(bifurcation)의 문제라고 지적하기도 하였다.[6] 즉 우리가 자연을 바라보면서 일어나는 모든 일은 자연이라

(New York: Zone Books, 1991), 16.

5 Martin Heidegger, *The Question Concerning Technology and Other Essays*, trans. by William Lovitt(New York: Harper Perennial, 1977), 3.

6 Alfred North Whitehead, *The Concept of Nature*, originally published in 1920 (New York: Cosimo, 2007), 27.

는 실재로부터 기원하지만, 그것을 직접적으로 설명할 방법을 찾지 못하면, 우리는 언표되지 않는 본질과 그의 작용이 일으키는 정신적 속성의 문제로 설명의 틀을 부여하면서, 본래의 사실로서 자연에는 존재하지 않는 추상적 이분화의 구조가 사태에 부여되는 것을 말한다. 우리는 오늘 '기술의 문제'를 제기하면서, 바로 이 이분화의 오류에 빠지는 것을 경계해야 한다. 루이스 멈포드는 '기계 안에 담지된 인간적 가치'와 "기계가 문화에 미치는 정신적 영향"[7]을 주목하면서, 그러한 이분법적 사유의 문제에 공감한다. 멈포드의 지적은 우리가 통상 전제하는 기계와 인간 정신 간의 이분법적 구별을 가로지르고 있다. 즉 도구적 존재로서 인간은 기계와 혼융된 존재로 살아가면서도 정작 기계로 인한 어떤 문제가 생기면 자신의 문제는 은폐하고 모든 책임을 기계의 책임으로 떠넘기는 무책임한 태도를 보인다. 문제가 발생하면 우리가 대처하는 모습이 늘 이렇다. 바로 이런 맥락에서 이제 인간의 모습을 인간과 기계의 "혼종적 존재"[8]로 규정하고, 인간 대 기계의 이분법을 통해 비존재로 전락한 무수한 혼종적 존재들의 외면된 함성을 대변하는 "대변인"(spokesperson)[9]의 역할을 감당해야 한다는 부르노 라투르(Bruno Latour)의 목소리가 새삼 의미 있게 들려온다.

---

[7] 루이스 멈포드(Lewis Mumford)/문종만 옮김, 『기술과 문명』(*Technics and Civilization*) (서울: 책세상, 2013), 18.

[8] Bruno Latour, *We Have Never Been Modern*, trans. by Catherine Porter(Cambridge, MA.: Harvard University Press, 1993).

[9] Bruno Latour, *Politics of Nature: How to Bring the Sciences into Democracy*, trans. by Catherine Porter(Cambridge, MA.: Harvard University Press, 2004), 64.

II. 인간과 기술 사이에서 기계와 기술은 무엇인가?

루이스 멈포드는 문명을 기술의 역사라고 진단한다. 물론 여기서 '기술'(technics)은 기계적 기술만을 의미하는 것이 전혀 아니다. 오히려 그는 기술이 본래 "예술의 표출"[10]로서, 단지 기계적 과정을 촉진하는 과정에서 인간성이 배제되었기 때문에 예술과 분리되었다고 여긴다. 이런 연장선상에서 예술이란 "인간 개성의 형태를 가장 충실하게 옮겨주는 기술의 일부"[11]이다. 문명이란 바로 이 예술과 기술의 이중운동인데, 이를 다른 말로 표현하자면 "유기적인 것과 기계적인 것의 이중운동"[12]이다. 이 유기적인 것과 기계적인 것의 이중운동 혹은 예술과 기술의 이중운동은 "역사를 세로축"[13]으로 전개되고 있으며, 이 이중성은 다름 아닌 "인간 유기체의 분리될 수 없는 두 가지 표현 양태"[14]이다. 이러한 멈포드의 사상 속에서는 유기적인 것과 기계적인 것을 이분법적으로 대립시켜놓고 사태의 원인을 반대편으로 투사하는 작용, 그래서 서로 대립적인 것들끼리 '이중구속'(double bind)되어 한 통속이 되어버리는 역설에 대한 비판과 그에 대한 극복이 핵심이 된다. 여기에 "철학자들의 유전적 결함"이 야기하는 문제가 늘 있다.

---

10 루이스 멈포드(Lewis Mumford)/김문환 옮김, 『예술과 기술』(*Art and Technics*) (서울: 민음사, 1999), 30.
11 멈포드, 『예술과 기술』, 30.
12 문종만, "역자 해제: 거대기계, 거대 도시의 신화를 넘어 새로운 질서를 향하여," 『기술과 문명』, 593.
13 위의 글, 593.
14 위의 글, 594.

철학자들의 유전적 결함 — 모든 철학자는 현대의 인간을 출발점으로 하여 그것을 분석함으로써 목표에 이르려는 공통된 오류를 범하고 있다. 무의식중에 철학자들은 인간이란 영원한 진리이며, 온갖 소용돌이 속에서 불변하는 존재, 사물의 정확한 척도라는 생각을 한다. 그러나 철학자가 인간에 대해 말하는 것은 모두 근본적으로 극히 제한된 시기의 인간에 대한 증언에 불과하다. 역사적 감각의 결여는 모든 철학자가 지닌 유전적 결함이다. … 절대적 진리가 없는 것과 마찬가지로 영원한 사실도 없다. 따라서 지금부터는 역사적으로 철학하는 일이 필요하며, 그와 동시에 겸양의 덕이 필요하다.[15]

멈포드는 기계를 인간적인 것에 반대되는 것 혹은 인간에게 단순히 종속된 존재로 보지 않는다. 오히려 우리는 "기계 속에서 생각지도 못한 인간적 가치들을 새롭게 발견"할 수 있고, 그 반대로 인간적인 활동들 속에서 "보통 경제학자들이 간단히 무시해버리는 에너지의 낭비, 손실, 왜곡된 사용의 실상"을 보면서 기계적인 인간의 모습을 보기도 한다.[16] 다시 말해서 기계가 문화와 상호작용하는 정신적 존재일 수 있으며, 이 기계가 "문화에 미친 정신적 영향이, 기계가 물리적 환경 속에서 빚어낸 방대한 물질적 변화보다 더 중요하다"[17]라고 그는 주장한다. 기술은 "인간 문화의 한 요소"[18]로서 중립적이다. 결국 기술의 "옳고 그름은 다름 아닌 그것을 사용하는 사회적 집단이 판가름"한다.[19]

---

15 프리드리히 니체(Friedrich Nietzsche)/김미기 옮김, 『인간적인 너무나 인간적인 I』 (서울: 책세상, 2001), 24-25.
16 멈포드, 『기술과 문명』, 18.
17 위의 책, 18.
18 위의 책, 26.

기계를 올바로 사용하기 위해서, 우리는 무엇보다도 "기계를 완벽하게 이해해야" 하지만 그러지 못했고, 더 나아가 우리 삶이 기계와 얼마나 "동화"[20]되었는가를 살피는 것에도 부족했다. 기계 자체는 "인간의 상상력과 노력의 산물"로서 만일 문명을 혁신하고자 한다면 "기계를 이해하는 데서 시작"해야 한다.[21] 기계와 유기체를 이분법적으로 이해하는 것이 기계를 오해하는 첫걸음이다.

우리가 생각하는 기계는 철 덩어리나 플라스틱 재질 위주로 구성되어 작동하는 물건이겠지만, 멈포드에게 기계란 오히려 "사회 자체" 혹은 더 나아가 "사회의 습관"이다.[22] 즉 고대 문명에서 시작된 사회가 가능했던 것은 인간이라는 유기체적 노동자를 기계처럼 통합할 수 있는 방식이 있었기 때문이라고 보는 것이다. 당연히 이 사회 기계는 노예제도와 계급제도를 통한 인간의 착취와 억압을 기반으로 탄생한 것이다. 고대 사회는 몰락했지만 그 억압적인 기계가 그 사회와 함께 몰락한 것은 아니었다. 오히려, 문종만에 따르면, "최초 거대 기계의 파편들인 표준화, 획일화, 규칙성, 위계적 권력, 강제 규율 등은 거대 기계의 몰락과 함께 완전히 사라진 것이 아니라 문화에서 문화를 거쳐 전수되었다."[23] 일례로 중세 수도원의 "규칙적 생활습관과 노동 규율은 시계의 필요성을 낳았고, 이 시계가 수도원 벽을 넘어 사회로 확산되면서"[24] 근대 기계가 작동할 수 있는 시공간이 창출되었다. 이 근대

---

19 위의 책, 26.
20 위의 책, 27.
21 위의 책, 27.
22 문종만, "역자 해제: 거대기계, 거대 도시의 신화를 넘어 새로운 질서를 향하여," 595.
23 위의 글, 596.
24 위의 글, 597.

기계는 근대 기계 문명을 통해 자신의 존재를 드러내었고, 이제 전쟁을 자신의 "육체와 영혼"으로 삼아 "군산복합체라는 거대 기계"로 성장하였다.[25]

하지만 이런 기술들 속에서 멈포드가 문제 삼은 것은 기계와 도시가 아니라 "그 위에 덧씌워진 거대함, 권력, 자본의 신화"[26]였다. 그에 따르면 역사와 문명은 "인간의 잠재력을 조금씩 계발하고 확대시킨 근원적 힘"이었고, 기계는 "인간을 단조로운 고역에서 해방시키고 기초 생활필수품을 넉넉하게 제공할 수 있는 생산의 토대"였으며, "넓은 지역을 포괄하고 문화적 지층이 차곡차곡 쌓여 있는 대도시는 건강한 협력과 소통을 통해서 역동적 변화를 일으킬 수 있는 터전"이었다.[27] 다시 말해서 기술이나 기계가 문제가 아니라, 그 기술과 기계를 활용하는 문명적 도식, 예를 들어 자본주의적 도식이 문제였던 것이다.

기계란 무엇인가? 기계는 적어도 인간 역사의 지난 3,000년간 "인류 기술 유산의 본질적 부분"[28]을 구성해왔다. 기계의 발전은 산업혁명 이전인 10세기부터 이미 이루어지고 있었고, 근대의 특징들 중 하나인 "질서를 향한 의지"는 공장에서 실현되기 이전 "수도원, 군대, 회계 사무소"에서 먼저 출현하였다.[29] 기계는 유기체나 인간과 전혀 다른 어떤 것이 아니다. 최초의 기계는 오히려 "인력으로 작동하는 기계"[30]로서, 기계의 발명 초기부터 인간은 기계와 동화된 형태로 기술

---

25 위의 글, 598.
26 위의 글, 603.
27 위의 글, 603.
28 멈포드, 『기술과 문명』, 31.
29 위의 책, 23.
30 위의 책, 32.

56 | 1부 _ 기술신학 개론

의 발전을 일구었다. 기술적 도구와 기계의 발전은 "환경 변화를 통해 자신의 힘을 강화하고 확대하려 했던 인간의 끈질긴 노력"[31]의 산물이다. 이런 맥락에서 멈포드는 기술을 전체적으로 가리킬 때 "기계"[32]라는 용어를 사용한다. 예를 들어, "피라미드 축조를 위해서 채찍질의 박자에 맞춰 무거운 돌을 질질 끌었던 노예와 농부들, 쇠사슬에 묶인 채 제한된 기계적 행동 외에 다른 행동은 일절 용납받지 못했던 로마 갤리선의 노예들, 마케도니아의 팔랑크스 공격대형, 편제, 체계 등"은 모두 "기계의 형식" 외에 다름 아니다.[33] 말하자면 우리가 생각하는 쇳덩어리의 기계만이 기계에 속하는 것이 아니다. 이런 맥락에서 기계 문명이란 어쩌면, 인간이 도구를 사용하는 존재인 한, 인간 문명 자체를 의미한다. 고대 사회가 "인간 노동의 기계화"에 기반한 기계 사회였다면, 근대 사회는 "기계 자체의 인간화"라고 특징지을 수 있는데, 이 기계 자체의 인간화는 "〔생명〕을 닮은 기계적 등가물인 자동인형을 만드는 것"을 의미한다.[34] 이 자동인형을 실현한 것이 바로 노동 분업을 통한 일의 자동화 공정이었다. 이제 인간이 기계로 전락한 것이다.

---

31 위의 책, 32.
32 『기술과 문명』의 역자는 멈포드가 이 책에서 "the machine"이라고 표현한 것을 "거대 기계"로 번역하였다. 위의 책, 35, 각주 3번을 참조하라.
33 위의 책, 75.
34 위의 책, 217.

III. 제1 기계시대

우리 시대는 근대로부터 비롯된 제1의 기계시대가 디지털 기술의 확산과 더불어 제2의 기계시대로 진입한다고 일컬어진다. 제1 기계시대는 인간이 기계를 문명의 도구로 활용한다는 관점으로 인간과 기계의 관계가 정의되는 시대라면, 제2 기계시대는 이제 인간과 기계가 융합하여 혼종적 존재가 되는 현상이 가시화되는 시대라고 말할 수 있다. 이런 맥락에서 앤디 클라크는 "자연적으로-태어난 사이보그"로 인간을 새롭게 정의한 바 있다.[35] 루이스 멈포드가 문명과 기계의 구별을 흐릿하게 만들고자 했어도, 우리가 통상 접하는 기계의 모습은 실상 산업혁명기에 출현한 기계들이다.

인류의 역사를 가장 급진적으로 탈바꿈시킨 것은 산업혁명이다. 바로 이 시기를 기점으로 지구상의 인구는 엄청나게 늘어나고, 문명의 변화도 엄청난 도약을 보여주었기 때문이다. 이 산업혁명의 핵심은 제임스 와트(James Watt)가 석탄 에너지의 1%밖에 활용하지 못하는 증기 엔진을 개선하여 연료 효율성을 세 배 이상으로 개선한 일이다.[36] 이 개선을 통해서 증기기관은 다른 어떤 수단보다 "인간과 가축의 근육이 지닌 한계를 넘어서서 유용한 에너지를 원하는 만큼 낼 수 있게 해주는 능력"[37]을 보여주었다. 이것이 바로 제1 기계시대의 시작이었다. 이 제1 기계시대로의 전환에서 주목할 것은 소위 '제본스의 역

---

[35] Andy Clark, *Natural-Born Cyborgs: Minds, Technologies, and the Future of Human Intellience* (Oxford: Oxford University Press, 2004); 앤디 클락/신상규 옮김, 『내추럴-본 사이보그 — 포스트휴먼총서 4』 (파주: 아카넷, 2015).

[36] 브린욜프슨 & 맥아피, 『제2의 기계시대』, 11.

[37] 위의 책, 12.

설'인데, 영국의 경제학자 윌리엄 제본스(William Stanley Jevons)가 증기기관의 발전사를 들여다보며 발견한 역설을 가리킨다. 초기 발명된 증기기관은 동력을 얻기 위해 투입되는 석탄 양에 비해 출력이 매우 떨어졌다. 그래서 산업 현장에서 효율적으로 사용하기가 어려웠다. 기관을 조립하는 과정의 기술적 완성도가 떨어져 증기가 제대로 된 압력을 만들지 못하고 새어나가는 양이 많았기 때문이다. 그런데 기술의 발전으로 이 증기기관의 효율성을 높이는 일이 가능해졌고, 이제 더 적은 석탄 양으로 더욱 높은 출력을 낼 수 있는 증기기관의 생산이 가능해졌다. 이렇게 연료 효율성이 좋아지자 개별 증기 엔진의 연료 효율성이 높아져 더 적은 양의 석탄으로 더 높은 출력을 내는 일이 가능해졌지만, 바로 그 때문에 역설적으로 영국 전체의 석탄 소비량은 기하급수적으로 늘어났다. 이를 가리켜 '제본스의 역설'이라고 한다. 자동차 연비가 개선되면 개별 자동차의 연료 소비량은 줄어들어 효율성이 높아지지만, 바로 그렇기 때문에 더 많은 소비자가 자동차를 이용하게 되고, 그래서 국가 전체의 에너지 소비량은 급격하게 늘어나게 되는 역설을 말한다.

기계의 도입은 시간과 공간의 범주를 획기적으로 전환시켰는데, 특별히 자연을 양적으로 탐구하는 방법이 적용되어 시간을 "규칙"적으로 규정한 것이다.[38] 이 새로운 기계적 시간 개념의 근원지는 바로 규칙적 생활을 준수해야 하는 수도원이었다. 베네딕트 규칙을 제정한 누르시아의 성 베네딕투스는 새벽 5시부터 하루 7번의 기도를 드려야 하는 성무일과를 제정했는데, 이를 준수하기 위해서는 "시간을 재고

---

38 멈포드, 『기술과 문명』, 36.

규칙적으로 확인할 수 있는 수단"[39]이 절대적으로 필요했다. 그것이 바로 시계였다. 수도원은 그래서 "질서의 습관화와 시간 규율"을 통해 근대 자본주의의 토대를 놓게 되는데, "노동의 가치를 숭상하고 열성적으로 토목사업을 벌였던" 수도원의 규칙적인 생활은 "전쟁에서 참호를 파고 진지를 구축하는 군대의 모습"과 너무나 닮았다.[40] "베네딕트 수도원은 기계의 규칙적이고 집단적인 박자와 리듬을 인간 경영에 이용"한 근대 이전의 최초 사례였고, 이러한 과정에서 시계는 "시간을 관리하는 수단일 뿐만 아니라 인간의 행동을 일치시키는 수단"이 되기도 했다. 이제 "규칙적 기도와 헌신을 통해 영원성 속에서 정신의 충만을 도모했던 기독교의 집단적 욕망으로 말미암아 시간 절약과 시간의 규칙성이라는 습관"[41]이 사람들의 마음속에 확고하게 자리 잡기 시작했다. 수도원의 영적 생활의 필요가 시간의 규칙성을 필요로 했고, 수도원은 이를 기계의 작동을 통해서 달성한 셈이다. 이를 통해 수도원의 삶은 엄격한 규율과 규칙적인 생활을 통해 기계처럼 굴러가는 삶의 모습을 가시적으로 보여주었고, 이는 군대 조직처럼 일사불란한 인간 조직을 필요로 하는 곳에서 영감의 원천으로 작용했다.[42]

기계식 시계가 발명되면서, 이제 시계는 "수도원 벽을 넘어 도시로 퍼져 나가 노동자와 상인들의 삶에 새로운 규칙성을 부여"하게 되었고, 멈포드의 표현을 따르자면, "이제 시계탑의 종소리가 모든 도시 생활을 규제하게" 된 것이다.[43] 소형의 가정용 시계가 보급되던 16세기

----

39 위의 책, 37.
40 위의 책, 38.
41 위의 책, 38.
42 위의 책, 66.
43 위의 책, 38.

이래 이 신기한 기계 장치를 소유할 능력이 있었던 부르주아 계층은 "시계 같은 규칙적인 삶"[44]을 자신들의 삶의 이상적 상징으로 삼았고, 시간 준수는 문명인의 핵심적 생활 규범으로 자리 잡게 된다. 그래서 이제 시계가 "잠에서 깨어나서 잠자리에 들 때까지 사람들의 일거수 일투족을 지배"[45]하게 되었다. 추상적 시간이 이제 시계를 통해 인간을 기계처럼 규칙적인 짜임새로 엮게 되면서, 근대 문명의 삶은 기계처럼 규칙적인 삶으로 점차 획일화되어간 것이다.

이러한 맥락에서 근대 산업시대를 추동한 "핵심 기계"는 증기 기관이 아니라 바로 "시계"였다.[46] 더 나아가 시계가 시간을 생산하는 기계가 되면서 인간의 경험에서 "시간을 분리해"낼 수 있게 되었고, 이를 통해 "수학적으로 측정할 수 있는 독립된 세계, 즉 특별한 과학의 세계가 존재할 수 있다는 믿음"을 잉태하게 되었다.[47] 그리고 이 기계적인 추상적 시간이 삶을 지배하게 되면서 인간은 유기적 기능을 추상적 시간에 맞추어 통제하기 시작했다. 이제는 시계가 알려주는 대로 "배고프지 않아도 밥을 먹었고 졸리지 않아도 잠자리에 들었다."[48] 시계라는 기계와 더불어 우리는 이미 '사이보그'가 된 셈이다.

이러한 과정들을 거쳐서 근대 시대에 기계는 "새로운 종교"가 되었고, 이 새로운 종교는 "기계라는 새로운 메시아를 세계"로 내려 보내 인간과 문명을 기계 문명으로 구원한 셈이다.[49] 철학적으로 이는 인간

---

44 위의 책, 41.
45 위의 책, 42.
46 위의 책, 39.
47 위의 책, 40.
48 위의 책, 42.
49 위의 책, 81.

의 경험 과정을 주관과 객관으로 나누어, 객관적 특성을 표현하는 제1성질(primary qualities)을 실재(reality)로 간주하고, 주관적 특성을 담지한 제2성질(secondary qualities)을 배제하는 방향으로 나아갔고, 그럼으로써 이제 자연을 기계로 볼 수 있는 철학적 토대가 마련된 셈이다. 그렇게 근대 지성은 인간의 주관 혹은 주체를 자연/객체와 분리하였고, 이 분리의 과정은 인간 자신의 "권력 이미지를 투영해 기계 자체를 창조"[50]하는 과정이었다.

그런데 이 기계 권력은 인간을 해방하기보다는 오히려 기계 권력에 종속시켜버리고 말았다. 점 더 정확하게 말하면, 그 기계를 조종하고 움직일 수 있는 권력을 지닌 이들에게 종속시켰다. 그 기계 권력하에서 인간 노동자는 생산품을 만들어내는 창조자가 아니라 소비에 종속된 노예가 되어야 했고, 이를 은폐하기 위해 기계 권력은 기계 문명의 찬란한 약속들을 미끼로 "기계의 형성에 관여했던 힘들인 광부의 도박, 군인의 권력욕, 금융가의 추상적인 금전적 목표, 성적 권력의 사치스러운 확대, 궁중과 고급 창녀들에 의해서 만연했던 성적 대리 만족으로"[51] 옭아매어버렸다.

멈포드에 따르면 근대 기계 문명은 역설적이다. 통상 문명과 야만은 대립적인 개념이어서, 문명 사회와 야만 사회는 다른 사회로 인식되는데, 근대 기계 문명 시대는 "자연정복과 문화 창달을 추구하는 힘과 관심이 넘쳐"나는 문명의 시대임에도, 다른 한편으로 "야만주의가 기승을 부리는 전대미문의 기현상"이 벌어지는 시대였다.[52] 실로 "'모

---

50 위의 책, 89.
51 위의 책, 163.
52 위의 책, 231.

든 인간을 수단이 아닌 목적으로 대우하라'는 칸트의 정언명령"이 선
포되던 시대에 노동자가 "오로지 더 값싼 기계적 생산을 위한 수단"으
로 전락하고, 그래서 노동력은 "착취될 수 있고, 채굴될 수 있고, 고갈
될 수 있고, 종국에는 폐기될 수 있는 자원으로 전락"했다는 것은 역설
적이다.[53] 시장경제의 경쟁 논리에 따라 기업가는 "임금을 삭감했고
노동시간을 늘렸으며 노동자가 손놀림을 더 빨리하도록 강요했고 노
동자의 휴식·유흥·교육의 기회를 박탈"[54]했다.

근대의 시장을 위한 경쟁을 철학은 "생존 투쟁"(struggle for existen-
ce)[55]이라는 이름으로 정당화했다.

임금 노동자는 최저생계비를 벌기 위해서 임금 노동자와 경쟁했다. 비숙
련 노동자는 숙련 노동자와 경쟁했고 여성과 어린이는 한 집안의 가장인
남성과 경쟁했다. 노동자 계급에 속하는 서로 다른 집단 사이에서 벌어
지는 이런 수평적 투쟁에 가진 자와 못 가진 자 사이에서 벌어지는 투쟁,
즉 계급투쟁이라는 수직적 투쟁이 교차했다.[56]

이 생존투쟁을 철학적으로 뒷받침한 것이 바로 멜서스의 『인구론』
과 다윈의 『종의 기원』이었다. 물론 두 작품 모두 당대 철학자의 작품
이 아니다. 하지만 이 이론들이 함축하는 바는 당대의 정신적 근거를
제공하고 있었고, 철학도 이 정서들을 반영할 수밖에 없었다. 이 산업

---

53 위의 책, 253.
54 위의 책, 270.
55 위의 책, 270.
56 위의 책, 270.

혁명기에는 "인간보다 기계에 더 높은 가치를 부여하는 사람들만이"[57] 다른 인간을 지배하여 더욱더 짭짤한 이득을 취할 수 있었다.

멈포드에 따르면 기계가 권력의 형상을 취득한 근대 기술문명은 1) 시간의 규칙성, 2) 효율성 그리고 3) 획일성·표준화·대체가능성의 특성을 부여하면서, 유럽을 기반으로 전 세계를 기계적으로 보편화해 갔다.

근대 기계 문명의 "첫 번째 특징은 시간의 규칙성"[58]이다. 기계처럼 틀에 박힌 시간 속에서 사람들은 정해진 시간에 일하고 정해진 시간에 식사를 하며 정해진 시간에 잠을 청해야 한다. 시계라는 기계를 통해 양화된 시간은 이제 자본주의에서 "화폐처럼 가치가 내재된 독립된 상품"[59]이 되었고, 그래서 시간을 절약한다는 것은 곧 생산 자원을 비축하여 다른 "복잡한 기능들의 협력과 상호작용의 수단"[60]을 창출해낸다는 것을 의미했다.

그런데 근대의 시간 절약은 사람으로 하여금 시간을 절약해 여가와 취미를 위해 그리고 가족을 위해 시간을 보낼 수 있도록 해주는 방향으로 진행된 것이 아니라, 오히려 더 많은 시간을 일에 소비해야 하는 방향으로 진행되었다. 아울러 시간을 절약하는 만큼 오히려 더 많은 시간을 낭비하도록 만들고 있기도 하다. 예를 들어 근대의 대표적인 시간 절약 수단인 자동차는 이제 출퇴근에 통상 한 시간 이상을 소비하게 만들어서 우리의 시간 효율이 "한 세기 전이나 지금이나 이득 없

---

57 위의 책, 271.
58 위의 책, 381.
59 위의 책, 382.
60 위의 책, 381.

는 똑같은 상태에 머물러"[61] 있다. 1850년 이전 교통과 통신이 발달하기 이전 사람들에게 지역과 거리의 장벽이 "일종의 선택적 칸막이 구실"[62]을 해서 우리가 집중해야 할 정보와 신호가 걸러졌다. 하지만 교통과 통신의 발달로 이 '선택적 칸막이'가 사라진 지금 "멀리 떨어진 외진 곳은 가까운 곳만큼 친숙해졌고, 간헐적인 것은 지속적인 것만큼 빨라졌다. 즉각적 의사소통을 통해 하루의 속도가 빨라지면서 하루의 리듬은 깨졌다."[63] 그렇게 밀려드는 정보의 자극에 사람들의 시간은 깨져버렸고 주의력은 흩어져버렸다. 그리고 이는 인터넷과 디지털 가상네트워크의 확장으로 더욱더 연장된 세계에서 여전히 발생하고 있는 일이기도 하다. 스마트폰과 SNS의 발달로 서로 간의 연결이 훨씬 용이해진 시대에 우리 삶이 더 편리해지는 대신 우리는 더욱더 일에 얽매여 살아가게 되는데, 이전에는 출근과 퇴근이라는 일의 시작과 마침표가 존재했으나 이제는 SNS를 통해 24시간 쉼 없이 일하는 시대가 도래했고, 정규직은 점점 더 소멸하고 비정규직과 프로젝트가 사람들의 삶을 지배하는 시대가 되었다.

기계시대의 두 번째 특징은 '효율성'이다. 획일화된 시간으로 인해 사람들의 협업을 좀 더 효율적으로 배치할 수 있게 된 것이다. 문제는 "완벽하게 시간이 정해져 있고 빈틈없이 일정이 관리되며 시간을 통해 전체 과정이 규율되는 기계 문명이 반드시 최고의 효율을 약속하는 것은 아니"[64]라는 사실이다. 사실 기계적 시간의 효율성은 절대적일

---

61 위의 책, 384.
62 위의 책, 384.
63 위의 책, 384.
64 위의 책, 382.

수 없다. 예를 들어, "건강, 편리함, 행복을 포기하면서까지 기계적 일상을 강요받는 사람들은 당연히 규율의 중압감 때문에 고통을 느끼고 그만큼의 보상이 뒤따르지 않는 한 이런 일상을 지속할 수 없다는 것을 절감하게 된다."[65] 게다가 우리의 효율성 개념은 "시간과 공간의 거리를 늘리고 불필요한 작업에 에너지를 쏟아 부을 뿐만 아니라 유대감이 없는 피상적인 사회적 교류에 시간을 낭비하도록 부추기는 기계적 장치들"[66]을 통해 구성되고 있으며, 이는 '생산'의 효율성을 위해 노동자들이 비효율적으로 시간을 쥐어짜내 만들어진 결과일 뿐이다. 하지만 결과만을 갖고 판단하는 기계 권력의 관점에서는 이런 사회적 낭비들은 그저 부차적인 비용이나 필연적인 희생으로 간주될 뿐이다. 그렇기에 기계는 "저비용으로 아주 간단히 처리할 수 있는 일을 복잡한 과정을 거쳐 해결"하는 낭비적인 측면을 담지하고 있으며, 이것이 대량생산과 판매를 추동하는 "상업적 착취 구조와 맞물려" 우리의 혼란을 심화하고 있다.[67]

기계시대의 세 번째 특징은 "획일성, 표준화, 대체가능성"[68]이다. 획일성은 비인간적이고 기계적이라는 통념과 달리, 기계에게 "획일화와 상품 표준화의 강화"[69]는 오히려 효율성을 높여준다. 따라서 '획일성'과 '창조성'이라는 이분법적 사고는 오히려 인간의 기계적 특성을 간과하고, 인간과 기계의 분리를 통해 기계적 획일성의 위험을 "과대평가"[70]하는 것이다. 사실 인간 유기체는 (기계적) 습관을 통해 주의력

65 위의 책, 383.
66 위의 책, 388.
67 위의 책, 389.
68 위의 책, 390.
69 위의 책, 390.

에 집중될 에너지의 낭비를 막고, 스스로의 신체적 작동을 기계화함으로써 삶의 효율성을 높인다. 이렇게 본다면 '표준화와 반복'은 인간 사회 구성의 핵심 토대들 중 하나가 된다. 이 기계적인 습관에 바탕하여 작동하는 삶의 한복판에서 우리는 "비기계적이고 개별적이며 예상 밖의 대상에 주의를 기울이고 대처할 수 있"[71]는 역량을 얻게 된다.

사실 기계시대란 단지 생산의 물질적 토대가 기계로 구성되어 있다는 단순한 진술이 아니라, 오히려 그 시대를 살아가는 사람들의 정신적 상태가 기계론적 관념에 근거하고 있다는 것을 의미한다. 그래서 기계시대의 사람들은 "목적 없는 물질주의"(purposeless materialism)[72]를 맹목적으로 전제하며 살아가고 있었다. 즉 상품의 생산이 어떤 필요나 목적에 따른 것이 아니라, 오히려 맹목적으로 생산된 상품들을 무조건 판매하여 경제적 이득과 자본을 증가시키려는 성향이 현대 사회를 지배한다. 그 와중에 이제 삶의 목적이 맹목적으로 '자본의 획득'으로 도착적으로 변용된다. 왜냐하면 돈만 있으면 필요한 모든 것을 구입할 수 있기 때문이다. 사실 우리가 '맹목적 물질주의'라고 표현하는 태도는 '맹목적 자본-중심주의' 혹은 돈이 삶의 최우선 목적과 목표가 되어버린 태도를 일컫는 말이다. 그렇게 목적과 수단이 전도되어, 이제 어떤 목적을 위해 소비하는 것이 아니라 소비 자체가 생산의 존재 이유와 목적이 된다. 그렇게 사람들은 자본 기계의 일부가 되어버린 것이다.

하지만 인간이 거대한 기계의 일부로 전락한 기계시대는 우리가 삶

---

70 위의 책, 390.
71 위의 책, 390.
72 위의 책, 385.

의 방식을 "의도적으로 기계적 방식으로 전환하려는 노력의 결과"[73]로 도래한 것이었고, 그 기계적 규칙성과 획일적 표준화를 통해 얻게 된 효율성을 바탕으로 인간은 그보다 더 높은 목표, 즉 신의 힘 혹은 신적인 권력을 추구한 것이다. 그렇게 기계 문명은 인간이 가장 욕망하는 것을 가져다주었다. 따라서 기계시대는 기계가 인간을 노예로 만든 시대가 아니라, 더 많은 권력을 가진 인간이 자본과 기계의 힘을 바탕으로 상대적으로 권력이 약한 이들을 지배하고 통제하면서 신적인 권력을 누리려는 욕망의 산물이었던 것이다. 하지만 그 와중에 우리는 기계의 약속, 즉 "신체를 불구로 만들고, 마음을 조이게 하고 정신을 병들게 하는 굴종의 노동 혹은 노예 노동"[74]을 충분히 제거하고 극복해 내지 못했다. 그래서 이제 기계 문명은 대다수 사람에게 억압의 체제로 다가오게 된다.

그런데 바로 이 지점에서 멈포드는 기계시대의 병폐를 치유하는 길을 유기적 사유로의 전환으로 보고, 더 나아가 인간이 기계를 극복하는 시대, 즉 "기계들의 사회적 실업"[75]이 실현되는 사회를 대안으로 보는 오류를 저지르고 말았다. 그는 유기적 전체성의 눈으로 사회를 재조직하면 문명을 파괴하고 생명을 살육하는 기계들이 실업을 맞이하는 사회가 도래할 것이라고 말하지만, 결국 이 기계시대의 도래를 가능케 했던 것이 인간의 욕망과 지식이라는 사실을 간과한다. 그래서 우리의 이성적 분별력으로 부적절한 기계의 사용을 분별하여, 기계를 인간의 목적에 맞게 수단으로 활용할 수 있는 시대를 꿈꾼다. 기계의

---

[73] 위의 책, 499.
[74] 위의 책, 555.
[75] 위의 책, 569.

부적절한 사용이 도래한 것은 인간의 권력 추구 욕망 때문이었고, 그 것을 가능케 했던 것은 자본주의적 경쟁이었는데, 멈포드는 이러한 욕 망과 체제가 '유기체적 위계질서'를 통해 가능하다는 생각에는 미치지 못했다. 정확히 말하면 위계적으로 상상된 유기체 개념 말이다.

IV. 제2 기계시대

브린욜프슨과 맥아피는 우리 시대를 "제2 기계시대"라고 부른다. 제1 기계시대가 "증기기관과 그 후속 기술들로 근력"[76]을 대폭 강화해주는 시대였다면, 제2 기계시대는 이제 "컴퓨터를 비롯한 디지털 기술로 우 리의 정신적 능력—뇌를 써서 환경을 이해하고 변모시키는 능력—이 대폭 강화되는 시대"[77]로 정의된다. 이렇게 디지털 기술을 통해 강화 된 정신적 능력은, 증기기관과 같은 기계 기술을 통해 강화된 근력이 인류 문화를 극적으로 발전시켰던 산업혁명에서 볼 수 있듯이, 인류 문명에 상상 이상의 변화를 초래할 것이라는 것이 브린욜프슨과 맥아 피의 예측이다. 여기서 '상상 이상'이라는 표현은 브린욜프슨과 맥아 피가 레비(Frank Levy)와 머네인(Richard Murnane)의 『새로운 노동 분 업』(*The New Division of Labor*, 2004)에서 예측된 미래 사회에 대한 상상 이 깨져버린 현실에서 더욱 실감 난다. 우선 레비와 머네인은 그 책에 서 앞으로 일어날 "인간의 노동과 디지털 노동 사이의 분업"을 예측하

---

76 브린욜프슨 & 맥아피, 『제2의 기계시대』, 13.
77 위의 책, 13.

면서, 사람들은 "컴퓨터보다 비교우위에 있는 업무와 직업에 초점을 맞추고, 컴퓨터에게는 더 적합한 일을 맡겨야 한다"라고 주장했다.[78] 그러한 주장을 논증하는 과정에서 레비와 머네인은 인간이 컴퓨터보다 뛰어난 역량을 발휘하는 분야들 중 하나가 "패턴 인지 능력"이라고 했는데, 이 패턴 인지 능력이 핵심적으로 요구되는 활동이 바로 "실제 교통상황에서의 자동차 운전"이었다.[79] 즉 레비와 머네인의 예측에 따르면, 앞으로 컴퓨터와 인간이 노동 분업을 하게 될 때 여러 분야 중 자동차 운전처럼 매우 고도의 패턴 인지 능력이 요구되는 분야는 디지털 기술이 아니라 인간의 영역일 것이라고 예측하였는데, 이는 당시나 지금이나 우리의 상식적인 디지털 기술 이해에 따르면 당연한 것이었다. 그런데 브린욜프슨과 맥아피는 레비와 머너인의 2004년 예측이 2010년 구글이 실제 교통상황에서 고속도로와 도로를 자율주행 자동차를 통해 주행하는 데 성공함으로써 깨졌다는 점을 주목한다.[80] 더 충격적인 것은 그 기간인데, 2004년의 기술적 예측이 겨우 2010년에 무너진 것이다.

레비와 머네인은 "복잡한 의사소통"도 결코 디지털 기술이 감당하지 못할 영역으로 규정했다. 하지만 2011년 애플이 아이폰4S에 설치한 음성인식 인터페이스 '시리'(Siri)는 지능적 개인 비서 역할을 수행할 수 있다는 것을 보여줌으로써, 완벽하지는 않지만 인간과 컴퓨터 간의 간격이 그다지 크지 않다는 것을 재차 확인시켜주었다. 게다가 2020년대 들어 생성형 인공지능인 챗GPT가 보급되면서, 인공지능은 빅데

---

78 위의 책, 27.
79 위의 책, 30.
80 위의 책, 31-32.

이터를 활용하여 지식을 생성하는 기계로의 가능성을 보여주었다. 이는 디지털 기술이 의사소통을 점점 인간과 소통할 수 있을 만큼 개선해나갈 뿐만 아니라, 인간의 지식정보 생산도 대치할 것이란 예감을 준다.

또한 2011년 TV 게임쇼 〈제퍼디!〉에 출연한 IBM 제작의 슈퍼컴퓨터는 2004년 이 게임쇼에 출연해 74번이나 우승했던 참가자를 2005년 최종 우승자 대회에서 물리치고 압도적으로 승리하게 된다. 이때 컴퓨터에게 패배한 퀴즈쇼 인간 챔피언 켄 제닝스는 "새로운 컴퓨터 제왕의 등장을 환영합니다"라고 말하면서, "20세기에 새 조립라인 로봇이 등장하면서 공장 일자리가 사라졌듯이, 브래드와 나는 새로운 세대의 '생각하는' 기계에 밀려난 최초의 지식 산업 노동자입니다. … 그리고 나는 내가 마지막이 아닐 것이라고 믿습니다"라고 소감을 밝혔다.[81] 이러한 현실은 2023년 초 챗GPT의 도입으로 카피라이터의 직업을 상실하고 배관공 일을 배우고 있던 사람의 인터뷰 기사가 소개되면서 점점 더 현실로 다가오고 있다는 것을 느끼게 된다.

이러한 '상상 이상'의 발전이 로보틱스 분야에서는 매우 역설적인 상황을 만들어내고 있다. 이른바 "모라벡의 역설"인데, "인공지능과 로봇공학 연구자들은 기존에 가정했던 것과 정반대로 고등한 추론에는 연산 능력이 거의 필요 없는 반면, 낮은 수준의 감각운동 기능은 엄청난 연산 자원을 필요로 한다"[82]는 역설적 상황을 가리킨다. 이를 쉽게 풀이하자면, 예를 들어 집을 청소하거나 정원을 가꾸는 일 그리

81 위의 책, 42.
82 위의 책, 44.

고 요리하는 일 등은 몸의 운동신경을 많이 활용해야 하는 일인데, 전통적으로 우리는 이런 일들이 많은 지능을 필요로 하지 않는다고 생각했고, 우리가 고등한 사무직이라 여겨지는 일들은 인간의 정신적 능력이 필요하기 때문에 앞으로 디지털 기술을 통해 대체하기가 어려울 것이라고 예측했다. 그런데 막상 그런 업무들에 도전하는 과제들을 로보틱스를 통해 시도해보니, 우리가 쉽게 로봇들로 대체할 수 있는 작업들로 간주했던 육체적 노동들은 오히려 훨씬 많은 연산기능을 필요로 해서 당분간 디지털 기술로 대체되기 어렵다고 판명된 반면, 우리가 당분간 기계에게 맡기기 어려울 것으로 판단했던 사무업무들은 오히려 쉽사리 컴퓨터로 대체되고 있다.

하지만 이제 로봇공학의 발전은 이 역설의 한계를 점차 넘어서고 있는 것으로 보인다. 2008년 아이로봇의 공동창업자인 로드니 브룩스(Rodney Brooks)는 공장에서 사람들이 맡고 있는 부정확한 업무들을 처리할 수 있는 로봇 벡스터(Baxter)를 만들었는데, 이 로봇은 공학자가 명령 프로그램을 설계하여 입력하는 것이 아니라, 공장 노동자가 로봇의 팔을 붙잡고 업무를 기계에 가르치도록 설계되었다. 벡스터는 공장에서 "움켜쥐는 것에서 컵을 빨아들이는 것까지, … '손'으로 다양한 물건들을 감지하고 조작했다."[83] 이외에 창고 선반 운반용 로봇 키바(Kiva)나 험한 지형의 군사 지역에서 네발로 무거운 짐을 운반하는 로봇 빅독(Big Dog)도 모라벡의 역설을 뒤집은 예들이다.[84]

제2 기계시대의 기술 발전은 인간이 예측이 담지한 기존의 상상력

---

83 위의 책, 47-48.
84 위의 책, 48-49.

을 속속 뛰어넘고 있다. 그 이유를 기술 발전이 담지한 고유한 속성에서 찾아볼 수 있다. 1950년대 존 폰 노이만은 기술의 발전은 "선형적(즉 상수를 반복적으로 더해서 증가하는)"이 아니라 "기하급수적(즉 상수를 반복적으로 곱해서 증가하는)"일 것이라는 사실 그리고 이 기하급수적 증가는 "최초의 예측을 뛰어넘는 속성을 지닌다"는 사실을 지적했다.[85] 이를 인텔사 회장을 역임한 무어의 예측을 따라 '무어의 법칙'으로 표현하는데, "집적 회로에 넣을 수 있는 트랜지스터의 수가 매 24개월마다 두 배로"[86] 증가한다는 예측을 가리킨다. 그러면서 용량만 증가하는 것이 아니라 가격도 내려간다. 커즈와일은 이 무어의 법칙이 트랜지스터 분야에서만이 아니라 현 시대의 거의 모든 기술 분야에서 일어나고 있는 현상이라고 주장하기도 한다. 이 배가 속도 증가의 놀라움을 설명하기 위해 브린욜프슨과 맥아피는 한 예를 인용하는데, 만일 체스판 첫 번째 칸에 쌀 한 톨을, 두 번째 칸에는 두 톨을, 세 번째 칸에는 네 톨을 놓는 식으로 기하급수적 증가 수치에 맞추어 63번째까지 쌓게 된다면 63번째 칸에 쌓을 쌀 톨의 숫자는 264-1, 즉 "1천800경" 톨이라고 한다.[87] 즉 기하급수적 증가는 인간의 상상력의 범위를 초과한다. 이 속도가 제2 기계시대의 발전 속도를 상징한다고 브린욜프슨과 맥아피는 주장한다.[88]

아울러 무어의 법칙이 적용되는 범위 또한 넓어지고 있다. 1996년 미 정부가 개발한 슈퍼컴퓨터 아스키레드는 "1테라플롭(teraflop) -

85 레이 커즈와일(Ray Kurzweil)/김명남·장시형 옮김, 『특이점이 온다: 기술이 인간을 초월하는 순간』(*The Singularity Is Near*) (파주: 김영사, 2007), 28.

86 커즈와일, 『특이점이 온다』, 88.

87 브린욜프슨 & 맥아피, 『제2의 기계시대』, 64.

88 위의 책, 67.

초당 1조 번의 부동 소수점 연산"[89]의 속도를 발휘했는데, 9년 뒤 실시간 3차원 영상의 그래픽 작업까지 수행하면서 1.8테라플롭의 연산속도를 발휘하는 컴퓨터가 개발되었다. 그 컴퓨터의 이름은 "소니의 플레이스테이션3"였다.[90] 인공지능 연구의 오랜 문제인 "동시 위치 추적 및 지도 작성(SLAM, Simultaneous Localization And Mapping)"은 인간은 보통 정상적으로 수행하는 기초 기능이지만 기계가 수행하기엔 무척 까다로운 일로 알려져 있었다. 그런데 2010년 마이크로소프트 사의 엑스박스 게임 플랫폼에 딸린 감지기기 키넥트(Kinect)는 "두 게임자의 관절을 각각 스무 개까지 포착하면서 게임자의 움직임을 추적"한다.[91]

네트워크를 기반으로 상호작용을 통해 소통을 강화하는 프로그램으로 GPS 기반의 내비게이션 앱인 웨이즈(Waze)는 기존 GPS 기능이 내장된 내비게이션을 뛰어넘는 능력을 스마트폰으로 발휘한다. 기존 내비게이션은 목적지를 입력하면 내장된 정보를 통해 가장 '스마트'한 경로를 알려주지만, 막상 도로로 나섰을 때 가장 요긴한 정보, 현재 실시간 도로 교통상황이 어떤지를 확인해주지는 않는다. 웨이즈는 이 앱이 설치된 스마트폰을 감지기로 삼아서, 웨이즈 본사에 그것이 설치된 스마트폰의 위치와 속도 정보를 전송받는다. 이 앱을 설치한 스마트폰이 늘어날수록 웨이즈 서버는 실시간 교통정보를 더욱 많이 확보하는 셈이다. 이렇게 확보된 정보를 바탕으로 다시 웨이즈 사용자에게 실시간 교통정보, 즉 이 시간에 어느 경로가 정체되고 어느 경로

---

89 위의 책, 69.
90 위의 책, 70.
91 위의 책, 73.

가 원활한지 실시간으로 알려주는 것이다.[92] 요즘 우리가 쓰고 있는 대부분의 스마트폰 앱 기반의 내비게이션 프로그램들은 거의 모두 이 기능들을 이미 탑재하고 있다. 한국에서 사람들이 많이 활용하는 T-Map도 이미 이런 기능들이 있을 뿐만 아니라 운전자의 운전 습관을 감지하여 자동차 보험에 연동하는 기능까지 탑재하고 있다.

제2 기계시대의 힘은 기본적으로 "디지털화"[93]에서 유래한다. 이는 "정보를 비트의 흐름으로 부호화하는 것"으로, 현재 우리는 "모든 정보와 매체─문자, 소리, 사진, 동영상, 기기와 감지기에서 나오는 자료 등─를" 디지털 정보로 변환하여 사용한다.[94] 이 디지털 정보의 두 가지 고유한 속성은 일단 이 정보가 "비경쟁적"이며, 둘째 "재상산의 한계비용이 제로에 가깝다는 것"이다.[95] '비경쟁적'이라는 것은 자원이 고갈될 염려가 없다는 뜻이고, 한계비용이 제로에 가깝다는 것은 디지털 정보를 복사해서 쓰는 데 별도의 복사 비용이나 시설이 거의 필요 없다는 말이다. 즉 누군가 디지털화된 음악을 듣고 있다고 해서 그 사람 때문에 다른 사람이 그 정보를 사용하기 위해 기다리거나 경쟁으로 제쳐야 할 필요가 없다는 말이다. 누가 사용하든지 간에 바로 다운로드를 받아서 사용하면 된다. 이런 의미에서 비경쟁적이다. 아울러 디지털 정보의 복사는 원본과 차이가 없고 따라서 그 사본을 만드는 데 거의 비용이 들지 않는다. 지구 반대편의 사람에게 그 정보를 보내는 데에도 인터넷만 연결되어 있다면 실시간으로 바로 전송할 수 있

---

92 위의 책, 81-82.
93 위의 책, 83, 91.
94 위의 책, 83.
95 위의 책, 84.

다. 따라서 컴퓨터와 네트워크의 시대에 "정보를 생산하는 데에는 비용이 많이 들지만, 재생산하는 데에는 저렴"[96]하다.

더 나아가 디지털 시대의 정보 생산은 많은 경우 돈을 벌기 위해 생산되는 정보가 아니다. 예를 들어 위키피디아의 정보들은 대부분 금전적 보상이나 저작권을 주장하면서 제공되는 정보가 아니라 그 사이트의 정보를 공유하고자 만들어진 정보들이다. 그들은 정보를 공유하기 위해 기꺼이 자신의 시간을 투자하며 콘텐츠를 생산한다. 브린욜프슨과 맥아피는 이렇게 표현한다.

인터넷에서 사용자 생성 콘텐츠가 급격히 증가하고 인기를 끄는 현상에 너무 놀랄 필요는 없을지도 모른다. 어쨌거나 우리 인간은 공유하고 상호작용하는 것을 좋아한다. 더욱 놀라운 점은, 우리의 기계들도 서로 대화하는 것을 몹시 좋아하는 듯이 보인다는 것이다.[97]

디지털 소통으로 인한 정보사용량은 2006년부터 2011년 사이 "고작 5년 사이에 (무려) 열두 배나 증가"[98]하였고, 이는 스마트폰의 보급 및 SNS의 보급과 활성화에 기인하는 바가 크다. 2010년 아이티에 대지진이 일어난 후 창궐한 콜레라의 확산 상황 추적시, "트윗이 공식 보고서만큼 정확"했고 더구나 공식 보고서보다 "적어도 2주 더 빨랐다"고 한다.[99]

---

96 Carl Shapiro and Hal R. Varian, *Information Rules: A Strategic Guide to the Network Economy* (Boston, MA.: Harvard Business School Press, 1998), 21.

97 브린욜프슨 & 맥아피, 『제2의 기계시대』, 89.

98 위의 책, 90.

99 위의 책, 92.

이러한 제2 기계시대의 두드러진 특징들은 "지속되는 기하급수적 성장, 엄청나게 많은 양의 디지털 정보, 재조합 혁신"[100]으로 압축된다. 제2 기계시대는 바로 웨이즈처럼 네트워크로 연결된 무수한 기계 지능들과 더 나아가 그 네트워크로 인해 소통되는 인간의 뇌 지능이 "서로 협력"[101]하여 새로운 시대를 열어갈 것이다. 제2 기계시대 들어서 여러 사람이 성장의 엔진이 멈추고 있다는 경고음을 던지는데도 브린욜프슨과 맥아피는 적어도 앞으로 수십 년간 성장이 지속될 것으로 예견한다. 왜냐하면 "제2의 기계시대의 기술은 자신의 힘을 디지털로 완벽하게 복제하고 조합 혁신을 위한 기회를 더 많이 만듦으로써, 놀라울 만큼 빠른 기하급수적 속도로 계속 개선"[102]될 것이기 때문이다.

제2 기계시대에 성장의 경고음을 울리게 되는 한 가지 이유는 경제의 디지털화를 이해하지 못하고 계속 제1 기계시대의 표준으로 경제를 측정하기 때문이기도 하다. 예를 들어 음반 판매량은 2004년 8억 곡에서 2008년 4억 곡으로 매출이 뚝 떨어졌다. 하지만 음악 판매량은 더 늘었다. 디지털 음원을 다운로드 받는 방식으로 소비가 바뀌었기 때문이다. 덩달아서 음악의 가격이 떨어졌다. 2004년과 2008년 사이 비록 음악의 소비는 증가했어도 음반 회사의 수익은 40%나 감소했다. 이를 현 경제의 지표로 환산하면, 수치상으로 음반 산업이 하락세를 겪고 있는 것으로 나온다.

또 스카이프(Skype)나 카카오톡 같은 SNS를 통해 장거리 전화나 국제전화를 이용할 때, 이 서비스는 무료이기 때문에 이런 경제의 성

---

100 위의 책, 117.
101 위의 책, 125.
102 위의 책, 139-140.

장은 GDP에 전혀 기여하지 않는 것으로 잡힌다. 하지만 이 무료 통화 서비스가 경제적으로 무익할 수는 없다.[103] 마찬가지로 위키피디아에 올려진 정보는 브리태니커 백과사전의 50배가 넘는 방대한 정보를 담고 있다. 물론 무료이다. 이것도 무료이기 때문에 경제의 공식 통계에는 전혀 잡히지 않는다.[104]

경제지표에 기여하지 않는 무료 서비스의 증가는 GDP의 하락으로 반영되겠지만, 위키피디아나 스카이프를 이용함으로써 얻어지는 각 사용자의 복지는 무익한 것이 전혀 아니다. 이는 곧 이러한 서비스들의 증가가 무익한 것을 가리키는 것이 아니라, 현재 경제를 GDP 기준으로 평가하는 것이 무용함을 알려준다. 인터넷 콘텐츠를 통한 공유는 GDP 경제에 기여하는 바가 가시적으로 나타날 순 없다. 예를 들어 구글 검색은 일상적인 궁금증이나 질문거리에 대한 답을 찾아주는 데 평균 15분을 절약해주었다는 연구가 있다.[105] 또한 페이스북이나 트위터를 통한 정보의 나눔과 공유는 사람들에게 무수한 노력들을 절약해주었을 터이다. 하지만 이 또한 현재의 경제 통계에 잡히지 않는다. 이렇게 창출되는 가치를 "소비자 잉여"[106]라고 한다.

---

[103] 위의 책, 144.

[104] 위의 책, 145.

[105] 위의 책, 151.

[106] '소비자 잉여'는 "소비자가 실제로 지불해야 하는 가격과 기꺼이 지불할 의향이 있는 가격" 간의 비교를 통해 구해진다. 예를 들어 조간신문을 읽는 데 1달러를 기꺼이 투자할 의향이 있는 사람이 인터넷을 통해 무료로 볼 수 있었다면, 그 사람은 "1달러의 소비자 잉여"를 얻은 것이다(위의 책, 149).

V. 의미와 목적을 상실한 기계시대

물리적 기계들의 동력을 바탕으로 한 제조업 기반의 제1 기계시대를 넘어, 우리 시대를 디지털 네트워크 기반의 제2 기계시대라고 구분 짓는 브린욜프슨과 맥아피의 기술시대의 구별은 제1 기계시대와 제2 기계시대를 관통하는 자본주의 체제의 진화를 너무 낭만적으로 기술하는 성향이 있다. 기술은 독자적으로 구현되는 것이 아니라 자본과 정치경제의 체제와 연동하고 있으며, 또한 휴머니즘의 역사와도 맞물려 있다. 기술이 자본과 결탁하여 정치 및 경제 체제의 도구로 이바지하는 역사의 사례들도 무수하지만, 최근 SPC 제빵 공장 노동자 사망 사고 이후 벌어지는 계열사 파리바게트 상품 불매운동은 단지 기술과 자본의 결탁사로만 기술의 역사를 서술하는 방식의 한계를 포착하게 한다. 최근 일고 있는 ESG(Environmental · Social · Governance) 경영에 대한 관심은 우리의 기술문화가 맹목적인 이익 추구의 문화를 벗어나려는 몸짓을 보이고 있다는 것을 드러낸다. 기술이 가치와 의미와 함께 공진화해갈 수 있을까? 이런 맥락에서 소위 제1 기계시대와 제2 기계시대를 비판적으로 다시 한번 성찰하는 작업이 필수적이다.

1. 기계의 왜곡

기술과 기계를 논할 때면, 우리는 언제나 잘못 놓인 구체성의 오류를 범한다. 즉 인간과 기계를 대립적으로 그래서 이분법적으로 배치하고, 비기계적인 것 속에서 인간적인 것을 찾으려는 습벽을 발휘한다. 하지만 기계화가 언제나 비인간적인 것만을 의미하는 건 아니다. 오히려 우리는 "인간을 노동 기계(work-machine)로 만드는 대신에 인간에게 부적합한 노동을 자동기계에 맡"[107]김으로써 인간과 기계의 조화를 도모할 수도 있다. 기계는 사회적 관점으로 보자면 "사람들의 집단적 노력을 북돋우고 이 영역을 넓"[108]혀준다는 장점이 있다. 즉 기계는 "가장 원시적인 사회에서조차 완벽하게 실현될 수 없었던 … 집단적 노력과 질서의 필요성을 강화"[109]해주었고, 이런 점에서 인간이 자연의 통제를 벗어나게 해준 만큼 사회에 종속시킨 면을 갖고 있다.

문제는 기술의 향상이 사회적으로 변형되는 과정에서 기계가 "왜곡"[110]되었다는 점이다. 이 왜곡은 근원적으로 "자본주의 체제에서 기계장치의 목적은 노동을 절약하는 것이 아니라, 공장을 통해서 수익을 낼 수 있는 노동을 제외한 다른 모든 노동을 제거하는 것이었기 때문"에 발생하였다. 이러한 왜곡 과정에서 명심해야 할 것은 이러한 왜곡이 "단지 소득분배의 결함, 관리의 오류, 산업계 거물들의 탐욕과 쩨쩨한 마음에만" 있는 것이 아니라, 오히려 그보다는 "새로운 기술과 발명의 토대에 대한 철학 자체의 무력함"에 더 기인한다는 사실이다.[111] 즉 우리는 기계가 "해방의 수단이자 억압의 수단이라는 양면성"[112]을 지니고 있다는 사실을 망각해서는 안 된다.

기계의 왜곡은 다름 아닌 "돈이 지배하는 사회"[113]였다. 본래 상품

---

107 멈포드, 『기술과 문명』, 392.
108 위의 책, 392.
109 위의 책, 393.
110 위의 책, 393.
111 위의 책, 395.
112 위의 책, 396.
113 위의 책, 485.

의 소유 자체가 차이를 만들어주는 것은 아니었다. 기계는 사실 "마치 비가 온 세상을 골고루 적셔주는 것처럼 정의와 부정의, 어리석음과 현명함에 치우치지 않고 평등한 질의 필수품을 생산할 수"[114] 있는 수단이 될 수 있지만, 이를 돈이 권력이 된 사회의 수단으로만 오남용하게 될 때 기계와 기술의 무심하고 공평무사한 힘이 차별을 낳는 차이로 변형 왜곡되어버린다. 이 왜곡의 힘이 바로 돈이 지배하는 사회의 정신적 힘이다.

그래서 낭만주의는 기계시대에 대한 반감을 표현하면서, 기계와 대립된 것으로 '유기체'적 생명 이미지를 통해 기계문화로 황폐화되어가는 사람들의 삶에 대한 대안을 그려내고자 했다. 하지만 낭만주의는 "기계의 도입으로 인한 냉혹한 파괴"를 강조하느라 기계의 부정적인 결과물과 영향력과 기계의 유의미한 결과물과 영향력을 구별하는 데 실패했고, 이는 낭만주의가 "사회를 움직이는 힘들"을 제대로 분별하지 못하고 있다는 것을 보여줄 뿐이었다.[115]

사실 기술은 도구적 존재로서 인간이 지닌 위대함의 한 측면이다. 즉 "인간의 위대함은 사물의 외적 구조에서 직접 주어진 것이 아닌, 자신의 목적과 표준을 창조하는 능력"에 있으며, 이는 자신의 주변 환경과의 상호작용을 통해 "자신의 본성을 실현"해나가는 인간의 고유한 역량에 속한다."[116] 주변 환경 및 다른 존재들로 자신의 고유한 역량을 '연장'(extension)하며 실현해나가는 인간 고유의 역량이라는 관점에서 보자면, 시(詩, poem)와 기계는 모두 인간 역량의 연장이다, 정작

---

114 위의 책, 485.
115 위의 책, 400.
116 위의 책, 437.

위험한 것은 자신의 협소하고 편협한 관점을 통해, 혹은 자신의 이기적인 의도와 목적에 맞추어 기계와 시를 편 가르고, 기계가 창출하는 자동화와 표준화를 '인간 대 기계'의 이분법적 대립경쟁 구도 속에 배치하며, 정말로 위험한 인간의 부정적인 욕망과 그것을 실현하기 위한 행위들을 은폐하는 것이다. '인간'은 결코 단독으로 존재하며 삶을 영위하는 존재가 아니고, 우리가 통념적으로 생각하는 벌거벗은 수준의 생명에서도 인간은 언제나 '집합체'(the collective) 혹은 '다수'(the multiple)로 존재한다. 인간은 음식물을 직접 소화해 영양분으로 흡수할 능력이 없으며, 그를 위해 장내 미생물 및 박테리아류와 함께 살아간다. 처음부터 우리는 다른 존재들과 더불어 함께 살아가면서, '공생체' 즉 공생-네트워크나 공생-아상블라주를 구현하며 살아가는 것이다. 바로 이런 의미에서 다른 존재들, 즉 기계장치들이나 인공물들을 활용하며 자신의 삶의 세계를 연장하며(extend) 살아가는 인간의 삶은 언제나 다른 존재들과 더불어 '함께-삶을-실현해나가는 삶', 즉 심포이에틱 라이프(sympoietic life)인 것이다. 그렇다면 인간의 연장능력(extendibility)으로 구현된 기계는, 멈포드가 표현하듯이, "인간의 기술보다 더 인간적인 것"[117]일지도 모른다.

이렇게 기계가 인간을 실현하는 순간이 올 수 있을까? 이런 물음을 던지게 되는 이유는 우리가 지금까지 기계를 타자화/대상화하면서 우리의 이기적인 목적을 추구하는 수단으로 기계를 종속시켜왔기 때문이다. 이는 곧 우리 인간이 인간의 고유성을 생물학적 몸의 구성에서 보기보다 인간 고유의 역량인 '연장능력'으로 보기 시작할 때 가능할

---

[117] 위의 책, 449-450.

것이다. 제1 기계시대의 기계는 외적으로 인간 신체와 물리적으로 구별되는 특성 때문에 기술을 인간의 연장능력으로 보기 어려운 측면들이 존재했으나, 제2 기계시대에는 디지털 기술의 발달로 네트워크를 더욱 직접적으로 뇌신경에 접속시키는 측면들이 강화됨으로써, 인간의 연장능력으로서 기술을 구현하는 측면들이 강화되었다. 문제는 제1 기계시대에 대다수 인간의 소외를 나았던 '기계의 왜곡이' 가상 기계기술의 발전으로 훨씬 더 심화되고 있다는 점이다.

2. 격차를 심화하는 기술: 슈퍼스타 경제체제 속 심화되는 불평등[118]

제2 기계시대에는 경제 성장의 모델이 바뀌고 있다. 이 모델의 변화를 보여주는 상징적 사건들 중 하나가 바로 인스타그램의 등장과 코닥의 파산이다. 15명의 직원을 거느린 인스타그램은 "1억3천만 명이 넘는 소비자가 약 160억 장의 사진…을 공유하는 단순한 앱"을 만들었고, 이를 기반으로 페이스북에 10억 달러가 넘는 금액에 팔렸다.[119] 그리고 몇 달 뒤 20세기 사진의 대표적 기업인 코닥은 파산 신청을 했다. 페이스북으로 공유되는 사진들은 모두 디지털이므로 "현상액과 인화지 같은 것들을 제조하던 수십만 명은 일자리를 잃었다."[120] 그래서 브린욜프슨과 맥아피는 이렇게 충고한다: "디지털 시대에 〔우리는〕 생계

---

118 이 부분은 본인의 논문 "인간/기계의 공생의 기호학: 클라크(A. Clark)의 연장된 정신 이론에 대한 비판적 성찰," 「신학논단」 제92집(2018): 111-149 중에서 "V. 인간과 기계의 공생시대에 대한 우려"(138-141) 부분을 편취하여 이 글의 취지에 맞게 수정한 것임을 일러둔다.
119 브린욜프슨 & 맥아피, 『제2의 기계시대』, 163.
120 위의 책, 163.

를 유지할 다른 길을 찾아야 한다."[121] 실제로 인스타그램이나 페이스북 같은 회사들은 코닥처럼 많은 인력을 필요로 하지 않는다. 하지만 코닥의 전성기 때보다 더 많은 수익을 내고 있으며, 그 엄청난 수익은 소수의 사람에게 배당된다. 세무대리 업무를 대치하는 "터보택스"(Tur-boTax) 소프트웨어는 수백만 명에게 더 저렴한 가격으로 세무 업무 처리를 가능케 해주었지만, 그 이면으로 세무 대리인 수만 명의 일자리와 수입을 위험에 처하게 만들었다.[122] 이미 한국에서는 세금 업무를 처리할 때 홈택스를 통해 자신의 소득 정보를 획득하여 손쉽게 웹상에서 신고하고 처리하는 일이 대중화되어 있다.

디지털 시대는 여전히 더 풍요로운 시대이지만 예전보다 소득 격차는 훨씬 더 큰 시대이다. 2012년 미국 총 소득이 절반을 상위 10%가 가져갔는데, 이는 대공황 이후 처음이었다.[123] 소득 상위 1%가 총 소득의 22%를 가져갔는데, 이는 1980년 대 초 이래 "두 배 이상 증가"한 수치이다.[124] 가장 소득 증가가 큰 계층은 소득 상위 0.01%에 속한 사람들로 그들은 총 소득의 5.5%를 가져갔다. 디지털 기술의 발달로 사람들의 삶은 나아지고 있고 엄청난 부가 창출되고 있기도 하지만, 그 반대 면으로 그렇게 창출되는 수익의 대부분이 소수의 사람에게 독점되는 현상은 꾸준히 증가하고 있다. 기술의 발달로 많은 사람의 삶이 더 불행해지는 사회문화적 역설이 심화되고 있는 것이다. 실제로 1983년과 2009년 사이 미국인들의 총 자산은 증가하고 부유해졌지만, 소

---

121 위의 책, 163.
122 위의 책, 167.
123 위의 책, 166.
124 위의 책, 166.

득분포 하위 80%에 속하는 사람들의 재산은 "실질적으로 줄어들었다."[125] 아울러 상대적으로 부유한 사람들 사이에서도 소득 격차는 점점 더 벌어지는 중이다. 1979년 이래로 중간층의 소득은 그대로이거나 사실상 줄었지만, 상위 1%의 소득은 무려 278%가 증가했다.[126]

여기서 주목할 것은 이 소득 불균형을 심화하는 주된 원인이 바로 "기술의 기하급수적 성장, 디지털화, 조합적 혁신"으로, 이는 제2 기계시대를 추동해가는 주요 동력들이라는 사실이다.[127] 제2 기계시대에 소득이 증가하는 부류의 사람들은 우선 "숙련 편향적" 기술자들로서 고학력의 사람들이다.[128] 이는 일자리의 양극화 현상을 심화하고 있는데, 말하자면 중간 소득의 일자리는 급감하고 있는 반면, "(금융 분석 같은) 비일상적 지식노동 일자리와 (머리 손질 같은) 비일상적 육체노동 일자리"[129]는 잘 유지되고 있다는 것이다. 그리고 금융 분석 같은 비일상적 지식노동자와 머리 손질 같은 비일상적 육체노동자 간의 임금 격차는 점점 더 벌이지고 있다. 이는 차례로 "고용 없는 경기 회복"과 맞물려 고용 없는 성장의 시대가 되고 있다.[130]

고등교육과 숙련된 기술을 갖춘 노동자가 우대받고 선호되며, 육체노동이나 일상적 지식에 기반한 노동자에 대한 수요가 줄어들고 있는 제2 기계시대에 일어나고 있는 가장 큰 변화는 바로 승자독식의 시장경제 구조가 유례없이 확대되고 있다는 것이다.[131] 이를 브린욜프슨

---

125 위의 책, 168.
126 위의 책, 169.
127 위의 책, 171.
128 위의 책, 173-174.
129 위의 책, 178.
130 위의 책, 179.

과 맞아떨어지는 "슈퍼스타 경제"[132]라고 부른다. 여러 경제 분야에서 1인자와 2인자가 가져가는 수익의 차이가 점점 더 벌어지고 있다는 말이다. 예를 들어, 2002년과 2007년 사이에 미국의 상위 1%는 경제 성장에 따른 이윤의 2/3를 가져갔다.[133] 그런데 그 1% 안에서 1%의 속한 이들 즉 0.01%의 상위계층이 가져가는 이익은 1%가 가져가는 이익보다 더 큰 폭으로 증가했다.[134] 이는 디지털화와 네트워크를 통해 제작비가 절감되면서 『해리 포터』의 작가 조엔 롤링 같은 슈퍼스타 작가들의 이익은 급증하는 반면, 그 외의 나머지 사람들의 수익 구조는 개선되지 않거나 악화되고 있는 것을 반영한다. 이 중 특별히 CEO의 보수가 급증하고 있는 현상도 같은 맥락이다. 디지털 기술 발달로 최고 경영자가 내리는 결정이 이제는 중간 단계를 거치지 않고 직접 관리가 가능해졌고, 따라서 결정의 중요성도 증가하게 되었다. 그에 따라 최고경영자의 결정이 무척 중요해졌고, 따라서 최고 실력을 갖춘 최고 경영자를 갖는 것이 더 적은 보수로 2인자 여러 명을 갖는 것보다 지구촌 경쟁에 훨씬 더 유리한 구조가 전개되고 있는 것이다. 또한 수많은 신제품이 쏟아지는 앱 시장에서 최고로 좋은 제품이 이류 제품 열 개혹은 백 개보다 더 많은 수익을 올리게 된다. 디지털 앱 개발자는 사실 많은 직원을 거느리고 있을 필요가 없으며, 네트워크와 디지털화 때문에 직접 전 세계 대중과 소통할 수 있는 사실상 "소형 다국적 기업"이 된다.[135] 각 지역의 무역 장벽이 철폐되고 자유무역이 확대되며, 전

---

131 위의 책, 188-189.
132 위의 책, 188.
133 위의 책, 189.
134 위의 책, 190.
135 위의 책, 196.

세계 시장이 지구촌화되는 경제 환경도 슈퍼스타 경제를 부추기는 중대한 원인이다.[136] 이 슈퍼스타 경제의 수익 구조를 극명하게 드러내는 것이 바로 "파레토 곡선"인데, 이는 "80/20 규칙"으로 불리기도 한다. 즉 파레토 법칙은 "시장 참가자의 20퍼센트가 수익의 80퍼센트를 가져간다"라고 말하는데, 사실 현실의 경제 상황은 그보다 더 극단적이다.[137]

슈퍼스타 경제하에서 단순히 상위와 하위 소득계층 간에 '격차'만 벌어지고 있는 것이 아니라는 데 문제의 심각성이 있다. 격차가 벌어져도 하위 소득계층의 수익 구조가 조금씩이라도 증가한다면 격차가 상쇄될 가능성이 있지만, 많은 연구들은 현재 하위 소득계층의 소득이 점점 더 악화되고 있음을 보여준다.[138] 이는 위험하다. 소득이 악화된 중하위 계층의 소비가 유지될 수 없다면 결국 경제는 파국으로 치달을 가능성이 높아지기 때문이다. 이를 브린욜프슨과 맥아피는 애쓰모글루와 로빈슨의 이야기를 인용하면서 지적한다.

우려할 점은 바로 이것이다. 경제적 불평등은 더한 정치적 불평등을 낳을 것이고, 정치권력을 더 많이 틀어쥐는 이들은 그 권력을 이용하여 자신에게 유리한 쪽으로 조치를 취하고 경제적 불평등을 심화시키면서 더 많은 경제적 이득을 얻을 것이다. 이것은 본질적으로 악순환이며, 지금 우리는 그 악순환의 한가운데에 있는지 모른다.[139]

---

136 위의 책, 201.

137 위의 책, 205.

138 위의 책, 213.

139 Daron Acemoglu and James A. Robinson, "The Problem with U.S. Inequality," *Huffington Post*, March 11, 2012, http://www.huffingtonpost.com/daron-ace

기술이 경제적 불평등을 심화할 뿐만 아니라 이 불평등 구조를 고착화하기 위해서 정치적 불평등이 강화되는 악순환의 구조, 이 악순환이 '기계의 왜곡'으로부터 비롯되고 있다는 것을 간과할 수 없다. 연장능력을 통한 인간됨의 확장을 창출하는 기계의 사용이 아니라, 인간과 인간을 갈라놓고, 분열된 인간들 사이에 무한경쟁과 적자생존의 구조를 견고히 유지하기 위한 공정성의 윤리를 부여하고 있는 우리시대의 구조는 기계가 비인간 존재들과 더불어 함께 '인간됨'(being-human)의 연장을 구축하는 데 사용되는 대신, 소수 특권층의 사람들의 이익을 강화하고 보장하기 위한 수단으로 왜곡되고 있는 것이다.

VI. 인간다움(being-human)의 연장으로서 기술

기술이 인간의 연장능력(extendibility)이라면, 자본으로 왜곡된 기술이 인간들 사이의 불평등을 심화하는 포스트휴먼 시대에 우리는 이제 인간다움을 다른 인간 및 다른 존재들에게로 연장하여, 행성 공생체를 구현해나갈 방법을 찾아야 할 것이다. 이 포스트휴먼 시대가 맞이한 위기들은 비인간 존재들이 인간 문명의 방식들에 나름의 응답-능력을 발휘하며, 최악으로 6번째 대멸종이라는 사건을 야기할 수도 있는 것들이기 때문이다. 인간다움을 다른 존재들로 연장하여 기술이 더욱더 공생과 공존의 구조를 구현해갈 수 있도록 전환하려 하는 것은

---

moglu/us-ineuqality_b_1338118.html(Accessed August 13, 2013); 위의 책, 218에서 재인용.

결코 인간 문명만의 생존을 연장 지속하려는 의도에 그치지 않는다. 오히려 이제는 '생명' 혹은 '삶'이 개별체(individual)가 아니라, 집합체(the collective)라는 인식으로의 전환을 통해 모든 존재는 '얽힘'(entanglement)의 상황 속에서 '내적-작용'(intra-action)을 나누어간다는 사실을 바탕으로 존재와 삶과 생명에 대한 이해를 근원적으로 변환시켜야 한다. 바로 이런 맥락에서 우리는 '공생'(symbiosis)을, 도너 해러웨이가 표현하듯이, '함께-만들어-나가기'(sympoiesis)로 전환해갈 수 있어야 한다.

인간다움의 연장으로서 기술 개념은 결코 기술을 의인화하거나 기술을 인간 중심적인 시각으로 대상화하는 것이 아니라, 기술은 인간의 연장능력을 통해 구현된 인간 본성의 일부라는 사실을 자각하는 것이다. 그리고 오늘날 맞이하고 있는 불평등, 부정의, 부조리, 불합리 등도 그 기술적 연장능력을 통한 증폭 효과라는 사실을 인식하는 것이다. 기술의 연장능력이 불합리하게 혹은 불공정하게 사용되어 오늘의 부정의한 현실을 증폭했다면, 우리는 그 기술에 '인간다움'을 입혀 증폭해나갈 수 있을까? 바로 거기에 포스트휴먼의 미래가 달려 있을 것이다.

참고문헌

니체, 프리드리히/김미기 옮김.『인간적인 너무나 인간적인 I』. 서울: 책세상, 2001.

멈포드, 루이스/문종민 옮김.『기술과 문명』. 서울: 책세상, 2013.

브린욜프슨, 에릭 & 앤드루 맥아피/이한음 옮김.『제2의 기계시대: 인간과 기계의 공생이 시작되다』. 서울: 청림출판, 2014.

베르그송, 앙리/이희영 옮김.『웃음/창조적 진화/도덕과 종교의 두 원천』. 서울: 동서 문화사, 2008.

손화철.『호모 파베르의 미래: 기술의 시대, 인간의 자리는 어디인가?』. 파주: 아카넷, 2020.

커즈와일, 레이/김명남·장시형 옮김.『특이점이 온다: 기술이 인간을 초월하는 순간』. 파주: 김영사, 2007.

Clark, Andy. *Natural-Born Cyborgs: Minds, Technologies, and the Future of Human Intellience.* Oxford: Oxford University Press, 2004. (앤디 클락/ 신상규 옮김.『내추럴-본 사이보그』 포스트휴먼총서 4. 파주: 아카넷, 2015.)

Deleuze, Giles. *Bergsonism.* trans. by Hugh Tomlinson and Barbara Haberjam. New York: Zone Books, 1991.

Ferrando, Francesca. "Posthumanism, Transhumanism, Antihumanism, Meta-humanism, and New Materialisms: Differences and Relations." *Existenz.* vol.8, no.2, 2013, 26-32.

Heidegger, Martin. *The Question Concerning Technology and Other Essays.* trans. by William Lovitt. New York: Harper Perennial, 1977.

Latour, Bruno. *We Have Never Been Modern.* trans. by Catherine Porter. Cambridge, MA.: Harvard University Press, 1993.

_____. *Politics of Nature: How to Bring the Sciences into Democracy.* trans. by Catherine Porter. Cambridge, MA.: Harvard University Press, 2004.

Shapiro, Carl, and Varian, Hal R. *Information Rules: A Strategic Guide to the Network Economy.* Boston, MA.: Harvard Business School Press, 1998.

Whitehead, Alfred North. *The Concept of Nature.* New York: Cosimo, 2007. originally published in 1920.

4차 산업혁명과 기술의 민주화 그리고 신학-윤리적 개념들의 계보학적 탐사*

황은영 | 성결대학교

I. 들어가는 말

기술에 대해 신학적으로 사고하는 것은 전통 신학의 언어를 염두에 둔다면 낯선 일이 될 수밖에 없다. 비록 기술 문제가 인간의 문화 역사와 불가분의 관계를 가져왔지만, 그것은 대개 인간이 수행하는 직접적인 행위에 긴밀하게 연관되어 있었기에 기술 자체가 아니라 그것을 활용하는 인간의 상황―죄와 구원―을 문제시했을지 모른다. 그러나 근대 이후 기술 자체의 활용의 강도와 폭 그리고 영향력이 인간의 직접적인 실행 능력을 압도하며 더 나아가서의 그의 삶을 전면적으로 바꾸어온 이래로 이러한 문제를 복음의 가치와 신학적 의미의 관점에

---

* 이 글은 전문 학술지에 게재한 본인의 논문("4차 산업혁명과 기술의 민주화 그리고 신학-윤리적 개념들의 계보학적 탐사," 「신학사상」 제201집(2023/06): 193-225)을 개론서의 취지에 맞게 다소간 수정해서 투고한 것임을 미리 밝힌다.

서 사고해야 할 필요성이 더욱더 커지고 있다.

특히 4차 산업혁명의 문제는 기술에 대한 신학적 사고를 우리를 둘러싼 사회 현실 속에서 구체적인 방식으로 생각하기를 요구한다는 점에서 기술에 대한 신학적 반성에 좋은 참조점을 줄 수 있다. 4차 산업혁명의 문제는 우리로 하여금 기술 자체만을 신학적·철학적 틀 속에서 추상적으로 사고하게 하기보다는 그러한 기술 발전에 얽힌 노동과 사회적 관계 그리고 정치적 개입의 전망 등 포괄적이고 동시에 구체적으로 사고하게 한다. 교회는 그러한 구체적 현실 속에서 자신이 문제삼는 죄라는 상황 그리고 자신이 선포할 치유와 구원의 문제가 기술의 문제에 연관하는지를 제시해야 한다.

4차 산업혁명의 독특성은 무엇인가? 클라우스 슈밥(Klaus Schwab)이 주창한 4차 산업혁명 담론은 제레미 리프킨(Jeremy Rifkin)이 3차 산업혁명에 대한 논의를 제시한 이후 6년도 지나지 않아 제시됐다.[1] 이는 연구자의 시각에 따라 달라지는 전망의 문제라기보다는 사회 구조가 빠르게 변동하는 데서 오는 문제이다. 슈밥의 관점에서 혁명이란 곧 "새로운 기술과 새로운 세계관이 경제체제와 사회 구조를 변혁시킬 때 생겨"난다.[2] 이러한 혁명적 계기들은 철도 건설과 증기 기관을 시작으로 기계 생산이 가능해진 1차 산업혁명, 전기와 생산 조립 라인을 통한 대량 생산이 가능해진 2차 산업혁명 그리고 반도체 혁명으로 가능해진 메인프레임 그리고 개인화된 컴퓨터 등의 3차 산업혁명의 계

---

1 Klaus Schwab, *The Fourth Industrial Revolution* (Geneva: World Economic Forum, 2017); Jeremy Rifkin, *The Third Industrial Revolution: How Lateral Power is Transforming Energy, The Economy, and The World* (New York: Macmillan, 2011).

2 Schwab, *The Fourth Industrial Revolution*, 11.

기들로 구성된다.[3] 4차 산업혁명은 유비쿼터스 인터넷, 초민감 센서, 인공 지능/기계 학습, 유전자 배열 기술, 나노 기술, 양자 컴퓨터 등등 전방위적 산업-기술 혁신 등을 포괄한다.[4] 슈밥이 주로 신기술과 산업, 노동과 고용 그리고 기업의 문제에 집중한다면 리프킨의 3차 산업혁명 논의는, 에너지의 근원과 이것을 전달하는 소통 기술을 포괄하는 유기체적 네트워크로서 하부구조(infrastructure)와 문명 패러다임의 변화에 초점을 맞춘다. 리프킨은 소통 기술을 경제적 유기체를 감독, 조율, 관리하는 신경계에 그리고 에너지를 전체 정치체를 통해서 순환하는 혈액에 비유하면서, 곧 이러한 하부구조 곧 사람들을 경제적-사회적 관계들 속에서 하나로 모으는 일종의 살아 있는 유기체로 정의한다.[5] N차 산업혁명의 문제는 근본적으로 기술 발전에 연관된 에너지의 전달-조절 소통 체계의 문제이며 또한 정치적 공동체의 작동 방식과 사회관계에서 전체의 경제적 이익과 공동의 향유의 문제이다.[6] 슈밥이 구체적 혁신 기술들과 그 산업적 파급력을 강조한다면, 리프킨은 유기체로서의 에너지 하부구조 속에서 에너지 순환 체계와 소

---

[3] *Ibid.*

[4] *Ibid.*

[5] Rifkin, *The Third Industrial Revolution*, 35.

[6] 리프킨에게서 1차 산업혁명은 석탄 활용 증기기관과 철도, 도심 내 공동 주택과 고층 빌딩, 인쇄술에 기반한 매체들에 의해 유지되었다. Rifkin, *The Third Industrial Revolution*, 35. 2차 산업혁명은 석유 활용 내연 기관과 화학, 자동차 산업을 중심으로 산업 단지와 잘 계획된 도로 연결망들에 연결된 교외 주택지 그리고 소형화와 이동화가 가능해진 대중 매체 기술들—전신, 전화, TV, 라디오, 전자 통신 기술 등으로 특징지어진다 (*Ibid.*, 35-36). 3차 산업혁명에서의 유기체적 하부구조는 집이나 사무실 등 다양한 장소에서 이뤄지는 자가 발전의 다중적 네트워크 속에서 재생 가능 에너지와 수소 저장 기술들을 활용하면서 인터넷 기술을 통해서 정보들과 에너지들을 공유하는 시스템으로 규정된다(*Ibid.*, 36-37).

통 기술을 통한 전달과 조율 그리고 정치 공동체 내 구성원들의 상호작용 네트워크 관계에 대한 전망에 천착한다.

3차 혹은 4차 혁명 논의의 핵심은 기술 발전이 에너지와 재화의 생산, 조율, 소통 방식을 변화시키며 정치 공동체 구성원들과 이들의 사회관계 방식을 재편한다는 것이다. 그러나 이런 접근은 기술 발전 역시 정치 공동체와 그 구성원이 공유하는 문화적·사회적 규범에 의해 영향받을 수 있다는 것을 간과한다. 앤드류 핀버그(Andrew Feenberg)에 따르면, 기술들은 단지 "그 엄밀한 기술적 토대에 의해서는 과소-결정될 뿐이며 이것들은 곧 그들 스스로의 목적과 그 본질을 해석하는 실행자들의 개입을 통해서 실현된다."[7] 이러한 개입들은 곧 "규범적인 원리와 기술적인 원리들의 결합"에 상응하면서, 즉 기술 작동 원리에 함의된 사회 공동체의 규범을 반영하면서 "기술적 인공물의 설계"를 결정하게 된다.[8] 기술이 공동체의 규범을 반영한다면, 이 규범 형성과 그에 따른 가치 판단에서 신학이 주는 기여는 무엇일까? 기술의 문제는 신앙 공동체가 위치한 더 큰 경제적 교환의 네트워크와 정치적 공동체들의 맥락 속에서 신앙적 가치관의 규명과 적용을 요구한다.

4차 산업혁명에 대한 신학적 논의는 기술신학 윤리의 문제이다. 독일어권 신학은 기술의 가치중립성과 인간의 책임성에 대한 강조로 향하거나(Trilhaas), 혹은 수단으로서 기술이 가지는 지배 가능성의 문제를 다루거나(Rendtroff), 혹은 인간 인식의 성장으로서 가지는 긍정적인 측면을 재평가하거나(Herms) 등 주로 기술과 인간의 실행성의 문

---

[7] Andrew Feenberg, *Technosystem: The Social Life of Reason* (Cambridge, MA.: Harvard University Press, 2017), 44.

[8] *Ibid.*

제에 집중해왔다.[9] 미국 신학은 지구화된 상황에서 진행하는 과잉-인간화(over-humanization) 혹은 트랜스-인간주의(trans-humanism) 그리고 포스트-인간주의(post-humanism)에 대한 가치평가의 틀에서 기술의 문제를 접근해왔다.[10] 독일과 미국에서의 기술에 대한 신학적 반성에서는 기술이 끼치는 인간의 도덕적 실행성에 대한 긍정적 혹은 부정적 영향, 지구적 차원에서 다양한 방식으로 드러나는 연관된 특정한 이슈들 그리고 신학적인 교의와의 연관성 등이 다루어졌다.

한국 신학에서 4차 산업혁명에 대한 담론은 2017년부터 활발히 이루어졌다. 특히 윤리학의 영역에서는 4차 산업기술 활용이 제기하는 윤리적 문제, 포스트-인간적 상황에서 기독교적 도덕 실행성, 트랜스

----

9 Michael Trowitzsch, "Technik II," *Theologische Realenzyklopaedie*, Bd. 33. ed. Gerhard Mueller(Berlin: Walter de Gruyter, 2002), 18-19.

10 인간의 힘과 기술의 문제가 과잉-인간화임을 지적하면서, 윌리엄 슈바이커(William Schweiker)는 지구화의 문제는 기술 문화의 극단화로 인해 "통제와 방향 설정의 역량을 넘어선⋯ 인간의 거대한 힘"이며, 이는 미래의 지속 가능성과 가치관을 형성할 과거의 도덕 유산까지 파괴한다고 진단한다. William Schweiker, *Theological Ethics and Global Dynamics: In The Time of Many Worlds* (Malden, MA.: John Wiley & Sons, 2008), 11-13. 트랜스-인간주의적인 기술을 통한 인간 진보나 혹은 포스트 휴머니즘적인 인간-기계-비인간 사이의 혼종성에 대해서 우려 혹은 긍정이 혼재한다. Franesca Ferrando, "Posthumanism, Transhumanism, Antihumanism, Metahumanism, and New Materialisms: Differences and Relations," *Existenz* 8/2(2013), 26-32. 필립 헤프너(Philip Hefner)는 기술 자체는 "생성 중인 존재"(a becoming)로서 인간의 여정 속에서 "하나의 종교적 영적 실재"이며 "전혀 새로운 것에 대한 사물과 조건에 대한 자유로움과 상상력"이란 점에서 하나님의 창조 참여의 좌소라고 말한다. Philip Hefner, *Technology and Human Becoming* (Minneapolis: Fortress Press, 2003), 6, 44. 이에 반해서 브렌트 워터스(Brent Waters)는, 종말론에 대한 관점 없이 기술을 통한 인간 변혁은 "채워질 수 없는 참신성에 대한 욕구를 만족시키기 위해서 참신한 발상만이 조작될 뿐", "개선 혹은 증강이라는 미명하에 자의적 힘만을 승인하는 얄팍한 합리화"가 될 것이라 전망한다. Brent Waters, *From Human to Posthuman Christian Theology and Technology in a Postmodern World* (New York: Rout-ledge, 2006), 140-141.

-인간주의에 대한 다차원적 고찰, 하나님-형상론의 재해석을 통한 인간 실행성의 재정의뿐 아니라,[11] 4차 산업혁명이 야기할 대량 실업의 상황에서 시민의 기본권과 노동 그리고 이전 산업혁명들에서 본 교회의 응답과 그 현재적 시사점들이 논의되었다.[12] 이전의 논의들은 기술 변화의 조건에 함의된 도덕-실행성, 개별 기술들이 제기할 윤리적 문제들, 실업과 노동과 정치적 관계에 대한 영향과 역사신학적 참

---

[11] 유경동은 포스트 휴머니즘과의 연관성 속에서 4차 산업혁명에 얽힌 인터넷의 초연결성, 생물공학, 나노공학 그리고 로보틱스 등의 기술 자체들에 함의된 윤리적 문제를 제시한다. 유경동, "'포스트-휴먼'(post-human)과 과학 기술 — 4차 산업과 기독교 윤리학의 과제,"「신학사상」183(2018): 111-135. 반면 김은혜는 비록 4차 산업혁명을 직접적으로 다루지 않지만 기술 진보로 가능해진 인간-기계-자연을 포괄하는 디지털 네트워크 속에서 지속적으로 생성의 과정 속에 있는 성육신적인 인간주의의 가능성을 타진한다. 김은혜, "포스트 휴먼 시대의 되기의 기독교윤리,"「신학과 사회」32, no. 2(2018): 211-243. 이창호는 엘륄의 논의에 의거하여 기술의 본성이 가지는 종교화의 가능성의 여러 측면을 검토하고 이를 통해 트랜스휴머니즘을 평가한다. 이창호, "과학기술에 관한 윤리적 규범 모색을 위한 철학적 사회학적 신학적 관점에서의 융합적 연구: 엘륄(Jacques Ellul)의 기술 이해에 대한 비판적 성찰과 트랜스휴머니즘에 대한 적용을 중심으로,"「선교와 신학」45(2018): 331-379. 조용훈은 하나님 형상론을 재해석하면서 포스트휴머니즘과 트랜스휴머니즘 모두 신체성과 정신성에 대한 과도한 환원이라고 비판하고 하나님 형상론을 통해서 유한성과 공동체성 그리고 존중과 청지기됨을 강조한다. 조용훈, "하나님의 형상 개념에서 본 4차 산업혁명의 도전과 기독교 신학의 과제,"「신학사상」194(2021): 101-126.

[12] 특히 4차 산업혁명이 불러올 대량 실업과 노동 환경의 신자유주의적 재편에 대해, 제네바 종교개혁의 관점에서 기본권 보편 보장의 문제가 다루어졌다. 김혜령, "제네바 종교개혁 정신에 비추어 본 제4차 산업혁명과 사회적 기본권 보편보장제도 성찰,"「신학사상」178집(2017): 155-199. 아울러 이와 연관해서 종교개혁 신학의 관점에서 노동 소명설과 노동을 통한 공동체의 유지가 강조되었다. 이봉석, "신자유주의와 과학기술 시대 노동신학의 필요성 연구,"「기독교사회윤리」34(2016): 69-102. 특히 4차 산업혁명에 대한 대안 마련을 위해서 이전 산업혁명들에서 기계로 인한 실직, 가혹한 노동 환경, 노동운동, 도시화에 대해서 어떻게 교회가 빈민 구제, 주일학교 그리고 종교 사회주의 운동 그리고 기술문명 비판을 수행하였는지 논의되었다. 조용훈, "기독교의 4차 산업혁명 대응을 위한 세 차례 산업혁명의 반성적 고찰,"「선교와 신학」51(2020): 191-224.

조점들 그리고 문화-사회사적 고찰 등을 포괄한다. 이를 따라서, 본 장은 기술 발전과 그 활용에 연관된 정치-사회적 관계들과 도덕 실행성에 주는 영향을 4차 산업혁명의 역사적인 전개의 측면에서 숙고하고 또한 다양한 역사적 지층들 속의 신학적 개념들이 주는 기여의 지점들을 고려하고자 한다.

본 장은 주제적으로는 4차 산업혁명 시기의 변화하는 기술에 얽힌 노동과 정치 공동체의 문제와 그와 연관된 기독교 전통의 다양한 지층들 속에 존재하는 신학-윤리적 개념들을 다루고자 한다. 방법론적 측면에서는 이 글은 계보학적 방법, 즉 분석되는 현상과 그것을 포착하고 규범적으로 판단하는 개념들의 발생과 기원 그리고 존속과 확산을 둘러싼 역사적 발전 과정과 그 지층들을 탐사하는 방법을 활용한다. 프라이(Carl B. Frey)의 연구가 드러내듯, 산업혁명들로 도입된 기술 발전은 정치-경제학적 문제의 역사, 즉 정치적 통치 체제가 피해를 보는 계층들의 저항에도 불구하고 지배계층들의 이해관계를 위해서 기술 도입을 의식적으로 추진하고 저항을 억압해온 역사이며, 이는 현재 상황과도 크게 다르지 않다.[13] 4차 산업혁명과 사회관계의 변화는 특정한 기원과 발전의 동력을 가진 역사적 현상이기에 그에 대한 윤리적 분석에서 철학적-신학적 개념들의 계보학적 고찰 역시 수행해야 한다. 찰스 테일러(Charles Taylor)와 요르그 라우스터(Jörg Lauster) 등이 세속성이나 혹은 기독교의 초월 경험이 문화사적으로 어떤 형성과 확산의 계기를 거쳐 왔는지 그들의 연구에서 보여준 것처럼, 계보학

---

[13] Carl Benedikt Frey, *The Technology Trap* (Princeton: Princeton University Press, 2019).

적 탐사는 최근에 인문학과 신학 전반에서 방법론으로 활용된다.[14] 이러한 계보학적 방법론은 4차 산업혁명이 서 있는 역사적 전개 과정에서 가능한 신학적 개념들을 규명하는 작업에도 유용하게 적용될 수 있다. 무엇보다도 이러한 계보학적 방법론을 통해서 4차 산업혁명의 문제와 신학적·철학적 개념들의 역사를 모색하는 시도는 거시적인 틀에서 시대의 변천 속에서 지속하고 현재에도 영향을 미치고 있는 기술에 대한 신학적 성찰에 역사적 개괄을 제시해줄 수 있을 것이다.

본 장은 4차 산업혁명이 제기하는 노동과 정치 공동체의 재편성이 역사적 발전의 궤적에 있음을 포착하면서 역시 어떻게 그에 대한 신학적·윤리학적 개념들도 역사적 발전 과정에서 기술, 노동, 정치, 종교에 관계하며 전개되어왔는지 계보학적으로 살펴보고자 한다. 신학적·윤리학적 개념들의 계보를 구성하면서, 이 글은 폴 틸리히(Paul Tillich)가 기술의 문제를 관조와 실천, 시민사회와 노동과 정치 그리고 노동운동과 실존적·역사적 전망과 연계해서 다룬 것에 착안해서, 고대적 지층에서 아리스토텔레스(Aristoteles)와 아우구스티누스(Augustinus)를 그리고 근대적 지층에서는 헤겔(G. W. F. Hegel)과 마르크스(Karl

---

14 찰스 테일러는 『세속 시대』(*A Secular Age*)에서 세속성이 어떻게 중세 후기에서 시작해서 현재에 이르기까지 지성사와 사회-문화사적으로 내재적 틀이라고 하는 근대적 제도와 개인주의 그리고 세속적 합리성이 지속적으로 영성의 개인적, 공동체적 차원들과 얽혀서 드러나는지를 살펴본다. Charles Taylor, *A Secular Age* (Cambridge, MA.: Harvard University Press, 2007). 요르그 라우스터는 『세계의 재마법화』에서 예수에서 시작된 "초월의 틈입"(Transzendenzeinbruch)이 어떻게 서구 문화사 속에서 여러 해방의 계기, 즉 교회에서부터 기독교, 기독교에서부터 종교 그리고 종교에서부터 비종교 혹은 세속의 해방들을 이루었는지 고찰한다. Jörg Lauster, *Die Verzauberung der Welt: Eine Kulturgeschichte des Christentums* (Muenchen: CH Beck, 2020).

Marx)를 참조하고, 마지막으로 틸리히 나름의 종합의 방식을 고찰한다. 산업혁명 이전의 기술과 노동, 정치, 종교에 대한 상관성을 살펴보면서, 본 장은 기술을 관조와 구분되는 정치적 삶과 그 규범에 종속되는 것으로 파악하는 아리스토텔레스적 접근과 기술의 문제를 이웃 사랑과 하나님 사랑이라는 향유할 최고 목적을 위해 사용할 수단으로 보는 아우구스티누스적 접근을 살펴본다. 그 후 근대의 1차, 2차 산업혁명기의 기술 발전과 노동, 정치적 삶과 종교의 문제를 탐사하면서, 본 장은 시민사회 속 개인들의 특수한 이익 실현과 법과 윤리라는 보편성의 조화를 강조한 헤겔적 관점과, 생산 수단과 자본을 통한 개인들의 착취, 법과 종교의 편파성을 비판한 마르크스적 관점을 살핀 후, 틸리히가 어떻게 두 관점을 그의 역사–실존적 관점으로 수용하는지 고찰한다. 그 이후에는 4차 산업혁명기 기술 혁신이 노동과 정치에 야기하는 변화를 살펴봄으로써, 이전 혁명기들의 고질적 문제인 노동의 위기와 민주주의 위기를 심화하고 있는지 살펴본다. 마지막으로 기술이 가지는 문화적·규범적 맥락을 강조하고 기술로 매개된 사회관계를 민주화하려는 핀버그의 기술의 민주화 기획이 어떤 면에서 4차 산업혁명이 가져온 위기에 해법을 줄 수 있고 또한 어떤 방식으로 전술한 신학적 개념들의 여러 역사적 지층들에 연관될 수 있는지 살펴보고자 한다.

II. 산업혁명 이전의 기술, 노동, 정치 그리고 신학

4차 산업혁명의 본질적 차원을 규명하기 위해서는 기술, 노동, 정치적 삶 그리고 종교의 문제에 대해서 고대적이고 근대적인 관점을 거쳐서 생각해볼 필요가 있다. 기술 발전의 문제는 산업혁명 이전 이미 그리스-로마 고전 시대부터 긴밀히 노동과 고용 그리고 그에 대한 정치권력의 결정과 연결되었다. 최근의 연구는 이미 그리스와 로마에서 근대 산업혁명에 필적할 기술 진보를 이루었음을 보여준다. 1세기경 최초의 자동판매기와 미약하지만 증기 터빈 엔진 그리고 풍력 오르간 등이 헤론(Heron)에 의해서 발명되었으며 안티키테라(Antikythera) 기계라고 하는 성좌, 일식 계산기가 당대에 사용되었다.[15] 이런 기술 발전이 경제적인 적용으로 나아가지 못한 이유는 노동 동원과 정치적 결정 때문이다. 노예 공급으로 인해서 기술을 통한 노동력 대체의 유인 동기가 부족하기도 했지만 대체될 노동 인력이 야기할 수 있는 사회 불안정과 그들의 생계유지 필요성에 대한 정치적 고려로 인해 기술 발전이 억압되기도 했다.[16] 티베리우스(Tiberius) 황제 시기에는 깨지지 않는 유리잔을 발명한 장인을 처형한 사례나 혹은 베스파시아누스(Vespasianus) 황제 시기 돌기둥 운반 기술을 공공사업에 도입하지 않은 사례 등은 대량 실업과 사회 불안정을 막기 위해서 도입한 기술 발전에 대한 조절과 통제의 사례들로 제시된다.[17] 기술의 문제는 곧 동원되는 노동의 형태와 연관되어서 경제적으로 매개된 사회관계를 수반

---

15 Frey, *The Technology Trap*, 39.
16 *Ibid.*, 39.
17 *Ibid.*, 41.

하며 이것을 통제하고 조율하는 정치권력에도 연관된다.

고대적 관점에서 기술은 정치 공동체의 삶에 유용성을 주는 수단일 뿐이며 그 자체로 추구할 만한 최상의 목적으로서 최고선인 정치 혹은 관조를 위해서 복무해야 한다. 아리스토텔레스적인 틀에서 기술이란 공동체 삶의 여러 측면에서의 선함을 가져다주는 것이지만 정치 공동체 안에서 최고선인 정치적인 삶, 즉 공동체의 법으로 통제받아야 한다. 반면 기술과 정치로부터 구분되는 진리의 관조가 더욱 탁월한 것으로서 추구할 만한 행복이며 진정한 최고선으로 인정받는다.[18] 아우구스티누스는 기술 자체를 다루지 않지만 시간 속에서 제작의 문제를 논의한다. 그는 시간적인 것들을 다룰 때에 그것의 유용성(uti), 즉 어떤 목적을 위하는 수단성과 그 자체로 추구되어야 할 목적인 최고선으로서 그 달성이 기쁨을 주는 향유(frui)를 구분한다.[19] 무엇인가를 제작하는 인간의 기술적 행위(homo artifex)에서, 각 개인이 가진 본성(na-

---

[18] 기술은 "이성으로 무엇을 제작할 수 있는 품성 상태"에 관한 것(아리스토텔레스, 『니코마코스 윤리학』, 1140a, 1799)이며, 다양한 활동들을 통해서 특정한 유용성 혹은 유익에 따라서 무엇인가를 제작하는 것이다. 서로 다양한 기술들―함선 건조, 의술, 경제, 병법―은 나름의 지의 체계들과 그 활동들을 수반하며 나름의 선을 추구하지만, 이러한 다양한 기술이 추구하는 다양한 선함을 포괄하면서 그것의 방향을 설정하는 더 큰 최고의 선이 있다(1094a, 1729). 즉 그것은 정치학으로서 전술한 기술들의 "해야 할 것과 하지 말아야 할 것에 관한 규칙을 제정"하는 것이고, 또한 동시에 "각 계층의 시민들에게 무엇을 얼마나 교육할 것인지를 결정"하는 것이며, 기술들의 목적을 포괄하면서도 이를 초월하는 최고의 기술(architektonike)로서 정치의 문제이다(1094a, 1729). 그리고 여가를 가진 자유 시민들에게 동물적인 쾌락도 아니고 정치적 참여와 그것을 통한 명예도 아닌 또 다른 추구해야 할 만한 최고선이 있으니 그것은 곧 진리에의 관조이다(1096a-1096b, 1732). Aristotle, "Nichomachean Ethics," in *Aristotle: Complete Works* vol.2 (Princeton: Princeton University Press, 1982), 1729-1867.

[19] Augustinus, *De Civitate Dei Contra Paganos*, 11. 25.; Saint Augustine, *The City of God Books* VIII-XVI, trans. Gerald G. Walsh(Washington D.C.: Catholic University Press, 1952), 226-227.

tura), 학습된 사안(doctrina) 그리고 욕망의 수단으로서 유용성(usus)이 잠재적 상태라면 이는 그 재능(ingenium), 지식(scientia) 그리고 욕망의 성취인 향유(fructus)라는 완성적 상태로 향하며, 후자가 곧 전자를 판별하는 기준이 된다.[20] 인간이 지상의 시간적 세계에서 만드는 여하의 것은 그 자체로 수단으로 혹은 유용한 것으로만 사용될 뿐 향유의 대상, 즉 그 자체로 욕망의 만족을 주는 것이어선 안 된다. 즉 "향유(frui)는 다른 어떤 것에 연관하지 않고 우리 자신에게 연관되어 기쁨을 주는 것(delectat)이지만 사용(uti)은 추구하는 다른 어떤 목적을 위한 수단(propter aliquid quaerimus)으로 추구될 뿐이다. 따라서 시간의 사안들은 영원의 향유를 위한 수단으로서, 향유되기보다는 사용되어야 한다."[21] 시간적 삶에서의 모든 제작의 문제를 목적 그 자체인 하나님을 즐거워하는 향유를 위한 유용한 수단으로 여기면서, 아우구스티누스는 아리스토텔레스의 사회적 책무를 위한 정치적 삶과 하나님에 대한 지적 관조를 위한 여가적 삶의 대비를 재해석한다. 고대 자유민의 두 특권인 정치와 관조가 로마 제정과 함께 붕괴한 후, 아우구스티누스는 정치의 문제를 이웃의 유용성을 증대시키는 사랑의 의무인 사목적 행정으로 그리고 철학적 관조를 하나님을 향유하는 관조의 문제로 재해석한다. 천상의 도성에서의 삶의 습속(habitus vividendi)은 여가의 삶(vita genus otiosum)과 능동적인 삶(vita genus actuosum)과 그 혼합의 삶(vita genus compositum)으로 구성된다.[22] 아리스토텔레스와

20 *Ibid.*

21 *Ibid.*

22 Augustinus, *De Civitate Dei Contra Paganos*, 19. 19.; Saint Augustine, *The City of God Books* XVII-XXII, trans. Gerald G. Walsh(Washington D.C.: Catholic University Press, 1954), 230.

달리 여가의 삶과 능동적 삶 모두 사랑의 문제여야 한다. 천상의 도성에 속한 이들에게 "진리에의 사랑"(caritas veritatis)이 곧 "성스러운 여가"를 추구하게 하고 진리를 발견하게 한다면, "사랑의 필요"(necessitas caritatis)는 자기에게 "복속된 이들의 복지"(salutem subditorum)를 위한 사안들에서 정당한 행정적 처우에 매진하게 한다.[23] 아우구스티누스는 두 축이 서로 연관되어 있음을 지적한다. "누구도 이웃이 누릴 유용성(utilitas proximi)에 대한 사고를 하지 않을 만큼 여가를 추구해서는 안 되고 또한 하나님을 관조하는 데 대한 아무 생각이 없을 만큼 능동적인 삶을 추구해서도 안 된다."[24] 아리스토텔레스와 다르게 공적인 삶에서 명예나 권력 자체는 더 이상 추구되지 않고 오로지 자기의 권한하에 있는 이들의 복지를 정당하고 유용하게(recte et utile) 증대해야 한다.

아리스토텔레스적 관점에서 기술의 문제는 정치 공동체의 선한 삶들의 여러 측면의 하나로서, 곧 관조와 별개로, 정치 공동체의 최고선인 공동체의 법과 윤리의 조율을 받아야 한다. 아우구스티누스에게 최고선은 결국 하나님 사랑으로, 기술과 그에 연관된 제작의 문제는 그 자체로서 추구되고 향유될 목적이 아닌 수단적인 가치만 있으며 유용성 자체는 궁극의 목적으로 향유될 수 없다. 제작자로서의 인간이, 그가 기술과 노동뿐 아니라 시간의 삶에서의 행위를 포괄할 때, 그 자신의 본성과 학습 그리고 수단이 가지는 유용성을 언제나 생각한다면, 그것은 그 자체로 욕망을 만족시키는 행복이 아니고 오로지 이

---

[23] *Ibid*.
[24] *Ibid*.

웃을 사랑하기 위한 수단이며 하나님을 향유하기 위한 수단이어야 한다. 관조와 사회적 책무라는 두 축 속에서, 개인이 추구할 궁극의 쾌락과 향유의 대상으로서 최고선은 오로지 하나님이며, 시간 안에서의 모든 제작-기술과 노동 그리고 행정은 타인의 복지를 위한 유용성의 문제이며 사랑의 표현일 뿐이다.

III. 4차 산업혁명 이전 기술 발전 상황에서 노동과 정치, 종교에 대한 신학적 반성

기술 발전과 그 활용을 정치 공동체의 규범적 통제하에 두면서 종교적 사랑과 이웃 사랑을 위한 수단으로 여기는 입장의 타당성에도 불구하고, 아우구스티누스의 관점은 성과 속(관조와 능동적/정치적 혹은 행정적 삶)의 이원론, 기술에 대한 소극적 견해 그리고 사회적 위계론에 따른 시혜-복종의 틀에 매여 있다. 이 점에서, 현재 4차 산업 시대의 기술과 사회관계를 둘러싼 신학적 숙고를 위해서는 역시 근대적인 지층을 살펴보아야 한다. 이를 위해서 기술·노동·정치에 대한 헤겔적 관점과 마르크스적 관점 모두를 살펴본 후, 이러한 관점이 어떻게 틸리히의 신학적 관점에 반영되는지 고찰할 것이다.

헤겔에게 자기의식을 지닌 이성적 존재로서 도덕적 자유를 누리는 개인들은, 한편에서는 시민사회 안에서 각자 전문화된 노동에 종사하고 소유를 주장하며 재화를 교환하면서 타인들과 서로 필요를 채우지만, 다른 한편에서는 국가 안에서 다른 개인들과 윤리적 규범 및 법적 체계를 공유하면서 보편적 정신을 이뤄나간다. 한 개인은 우선 자기

나름의 특수한 관심과 이해를 바탕으로 다른 개인들과 상호적으로 관계 맺는 시민사회에 편입되면서, 그 과정에서 나름의 소유물을 가짐으로써 그리고 노동을 통해서 서로 교환할 만한 재화들을 만듦으로써 자신의 필요를 채워나간다.[25] 이 과정에서 대두되는 노동의 전문화와 기술 도입이 개인을 생산 과정에서 추상화된 한 요소로 환원시키고 통제하는 경향이 있다. 노동으로 자기를 실현하는 것은 "동형화(Ein-formigkeit)를 통해서 노동의 용이성과 향상된 생산성으로" 향하게 할 뿐 아니라 한 개인을 "하나의 숙련성으로 제한시키며(Beschränkung auf eine Geschicklichkeit) 사회 체제에 대한 무조건적 의존"으로 이끈다.[26] "숙련성은 너무 기계화(mechanisch)되어서, 이제 기계(die Maschine)가 인간의 자리를 대체하게 된다."[27] 동시에 이들은 서로 법을 준수하면서 자신의 자유를 실현하는 존재로 서로 인정하는 정치 공동체에 속해 있다. 이들은 최고 목적으로서 법에 참여하고 이를 준수하는 삶을 살아가며 사적 이해를 벗어난 보편성을 지닌 존재가 되고, 법을 자신의 자유로운 의지가 그 안에서 형성되고 실현되는 어떠한 실체로 여긴다.[28] 즉 근대적 시민들은 특수한 사적 이해 추구를 위해서 전문화된 노동의 한 요소로서 기계처럼 환원되고 혹은 기계를 활용하면서 노동을 수행하고 소유를 증식하며 소비를 통해 서로의 욕구를 만족시키지만, 동시에 그들은 서로의 자유 실현을 위해서 국가의 법적 질서를 최고의 선으로 삼고 정치 공동체의 구성원이 된다. 곧 신적 기준 앞에서

---

25 Georg W. F. Hegel, *Enzyklopädie der philosophischen Wissenschaften* III, Werke. Band 10(Frankfurt am Main: Suhrkamp, 1979), 321.

26 *Ibid.*

27 *Ibid.*

28 *Ibid.*, 330.

도덕적 자유를 지닌 개인들이 윤리적·법적 공동체 안에서 그 자유를 완전히 누림으로써, 자칫 피안과 절대에 대한 집착 속에서 세계와 불화할 수 있었을 종교는 "세계성과의 완전한 화해"를 이룬다.[29]

하지만 산업혁명기 기술 발전과 함께 가속화되는 자본주의적 투자-고용-생산의 과정과 이에 얽힌 사회적 불평등과 착취와 억압, 시민 사회와 의회 민주주의라는 이상의 무력함 그리고 이를 뒷받침하는 종교적 가치관에 대한 비판이 곧 뒤따르게 된다. 이러한 비판은 당대 정치적 자유 민주주의 운동─영국에서의 보편 선거권 운동, 독일에서의 기본권 보장과 의회 민주주의 요구 등─이 중산층 시민 계급에만 국한된 것임을 문제 삼는다. 무산자들은 시민의 지위를 누리지 못하면서 기술 혁신으로 인한 산업 발전과 사회 변동 때문에 사회 주변부로 밀려나서 사회적 고통을 유발하는 조건들을 자신의 삶으로 떠안게 된다. 그렇기에 자유와 해방의 문제는 이들의 상황에서부터 시작해야 한다.[30] 이들은 "산업혁명"에 의해서 "인위적으로 생겨난 이들"로서 산업 발전이 초래한 "사회의 해체" 한복판에서 형성된 빈민 대중이다.[31] 이러한 빈민 대중을 양산하는 사회는 곧 소수의 강한 개인들의 이익 추구를 최대한 보장해주는 체제로서 그가 [자본주의적] 정치-경제학이라고 부르는 체제이다. 이 체제는 기술과 산업 그리고 정치가 맞물려 돌아가는 더 큰 기계로서 약한 개인들을 인간이 누려야 할 가치에 못 미

---

29 Georg W. F. Hegel, *Vorlesung über die Philosophie der Religion, vol 3. Die Vollendete Religion*, ed. Walter Jaeschke(Hamburg: Felix Meiner, 1984), 263-269.

30 Karl Marx, "Contribution to the Critique of Hegel's Philosophy of Right: Introduction," in *Marx-Engels Reader*, ed. Robert C. Tucker(New York: Norton, 1978), 64.

31 *Ibid.*

치는 조건으로 밀어 넣고 그 속에서 작동하는 부품으로 만든다. 현실은 도덕의 이상 속에서 이성적이고 자유로운 개인들이 만드는 윤리적 공동체가 아니다. 현실은 이상 대신에 무한한 욕망과 "변덕스러운 환상"이, 자유 대신에 "타인 위에 외적인 강제력을 세우고 이기적 필요의 만족"만이, 윤리 공동체가 아닌 "상호적 사기의 잠재성"과 "돈의 힘과 정비례하게 되는 결핍"만이 지배하는 사회이다.[32] 정치-경제 기계는 최대 이윤이라는 목적 속에서 결국 약한 개인들의 활동을 "최소한의 물리적 존재함으로 축소하고 기계적 운동으로 환원시키고", "인간적인 삶의 가장 최저의 차원을 전체 대중의 삶의 기준으로 세우게 하면서 노동자들을 필요를 느끼지 못하는 감각을 결여한 존재로 만든다."[33] 종교의 문제는 개인의 욕구를 채우는 소유와 노동 그리고 윤리적·법적 공동체를 통해서 드러난 신적인 정신의 실현 과정이 아니다. 종교의 문제는 결국 계급적 불평등과 이윤 추구를 위한 착취가 야기한 치명적인 죽음의 상태에서 짓눌려 꺼져가는 "존재의 한숨"이며 "무정한 세계에서의 감정"인 것으로 병든 세계의 증상이 된다.[34]

1차 산업혁명과 함께 가속화된 기계화는 프라이가 "거대한 분리"라고 이름 붙인 양극화 현상을 야기했다. 숙련 노동자 계층은 저임금 노동자로 몰락하는 과정에서 여러 기계에 대한 저항을 시도했지만, 자본 계급과 산업 혁신가들이 정치적 권력 역시 장악하면서 이제 이들은 더 이상 실업으로 인한 사회 불안을 두려워하기보다는 러다이트 운동

---

32 Karl Marx, "Economic and Philosophic Manuscripts of 1844." in *Marx-Engels Reader*, ed. Robert C. Tucker(New York: Norton, 1978), 95.

33 *Ibid.*

34 Marx, "Contribution to the Critique of Hegel's Philosophy of Right," 54.

(기계파괴 운동) 같은 저항들을 무력으로 진압하고 기계화와 공장화를 강요한다.[35] 도시화로 몰린 노동자들은 노동자들의 거주 공간에서 일상을 공유하며 여러 친목과 사회 활동 등을 통해 공동의 상황에 대한 정치적 의식을 공유하며 고유의 문화를 만들어내고, 더 나아가서 노동조합과 또한 정당을 결성하고 지역 자치기구 혹은 국가 의회에 진입하며 노동자 계층의 지지를 얻어낸다.[36]

틸리히는 관조와 실천, 인간성의 본질로서 노동과 기술 그리고 그것을 둘러싼 수단과 목적의 계열 등 고대적·근대적 개념들을 활용해서 마르크스주의적인 기술 비판의 층위를 자신의 역사-실존적인 신학 기획으로 흡수한다. 유기체적 차원에서 자극-반응, 자기 의식적인 차원에서 인식-반작용 그리고 정신 혹은 영의 차원에서 관조-실천(theoria-praxis)이라는 두 극 사이에서, 기술은 문화적 작업 속에서 관조가 아닌 실천에서 핵심 역할을 담당한다.[37] 실천으로서 기술은 인간 생명의 성장이라는 목적을 위한 수단 활용의 문제로서 결국 경제, 의학, 행정, 교육 등에서 각각의 기준들과 여러 과학적·물리적·인간적 관계들을 결합해서 다양한 목적에 활용되는 적합한 수단들의 문제이다.[38] 기술적 산물은 그 자체로 인간을 자유롭게 하는 만큼 제약을 가하고 인간의 목적을 위해 사용되는 수단인 만큼 인간을 수단화하며, 자연을 사물화하는 자신의 힘의 확장인 만큼 인간을 사물화하는 힘이

35 Frey, *The Technology Trap*, 137-139.
36 Geoff Eley, *Forging Democracy: The History of the Left in Europe, 1850-2000* (Oxford: Oxford University Press, 2002), 47-84.
37 Paul Tillich, *Systematic Theology, vol.3, Life and the Spirit and History and the Kingdom of God* (Chicago: The University of Chicago Press, 1957), 62.
38 *Ibid.*, 66.

기에, 실존적 애매성의 계기를 가진다.[39] 이는 인간 생명의 자기 창조에서 존재하는 근본적인 애매성으로, 그 극복을 위해 단순한 전-기술적인 낭만주의 혹은 원시주의로 회귀하는 것은 불가능하며, 그 해결은 오로지 기술 활용에서 하나님 나라를 위한 목적-수단 관계에 대한 명확한 태도를 추구하는 것에 있다.[40] 그러나 현대 문화에서 기술이 가지는 독특성이자 위기는 곧 기술이 무한한 가능성을 마련하면서 그 속에서 수단과 목적의 관계가 전도되고 진정한 의미에서 목적이 상실되며, 궁극적 목적에 의거한 저항은 어려워졌고 수단 자체의 생산이 그 자체로 목적이 되었다는 것에 있다.[41]

　목적과 수단의 문제로 기술의 본질을 규정하는 것은 곧 기술 사용에서 경제적 목적의 절대화와 그에 따른 자연과 노동의 수단화에 대한 비판 그리고 이를 조율할 수 있는 정치 공동체의 존재 목적과 그 기저의 정신적 가치에 대한 탐사를 수반하게 된다. 한편에서 틸리히는 나치나 소비에트 전체주의에서처럼 모든 정신적 가치와 목적들을 국가 이데올로기로 종속시킨 경우를 거부하면서, 다른 한편에서 그는 국가를 정신적 가치와 목적의 담지자로 승격시키는 헤겔적 관점과 동시에 국가에서 자유 외에 모든 정신적 가치를 제거하는 영-미 자유주의적 관점의 한계를 지적하며 절충안을 마련한다. 즉 국가는 그 자체로 궁극적 의미의 담지자로 자처할 수 없고, 시민사회 내의 자유로운 정신적 가치와 성스러움의 추구에 수용적이되, 동시에 국가는 국가로부터 정신적 가치와 성스러움의 지향점을 박탈하는 것에 저항해야 한다.[42]

---

39 *Ibid.*, 73.
40 *Ibid.*, 74.
41 *Ibid.*, 61.

틸리히는 시민사회의 정신적 가치에 수용적인 국가 체제를 긍정하는 동시에 경제적 차원에서 맹목적인 경제적 목적 추구를 제어할 방안을 역시 고려한다. 그는 정치적 영역이 현대의 새로운 영주들인 독점적 자본가들에 의한 침식에서 스스로 방어하면서 경제 자체의 생산성의 활력을 민간에 위탁하는 대안을 옹호한다.[43] 이 대안의 핵심은 노동 계급의 정치적 실행력이다. 현실적으로 독점자본이 사회적 책임 없이 이윤의 극대화를 목적으로 추구하고 더 나아가서 민주주의의 규범적 목적을 유명무실하게 한다면, 그 저항은 노동 과정을 담당하면서 그 것에 참여하는 이들에 의해서 이루어져야 한다. 즉 이들에 의해 추동 되는 "민주주의와 권력 보유 집단 사이의 투쟁"으로 향해야 한다.[44]

틸리히는 기술을 통해서 정신 혹은 영이 그 현실의 힘을 행사하는 방식에서 서로 다른 네 가지 태도를 기술하면서 신앙이 어떻게 기술에 대한 피상적인 낙관론이나 정치-경제적 현실주의라는 비관론 그리고 정치적 이상주의와 그에 대한 환멸 등을 모두 이겨내면서 역사 안에서 소명을 발견하고 형성해나갈 수 있는지 묘사한다. 정신-자연 결합에 대한 피상적 낙관론에서는 기술의 도움을 통해서 자연을 정신이 설정 한 목적대로 재창조하는 정신적 존재로서 인간의 완성과 확장, 즉 "인 간이 모든 존재의 본질과 맺는 근원적 연합"과 "그것을 넘어서는 고양" 이 주장된다.[45] 그러나 이는 경제적 혹은 경제적-정치적 현실주의에

42 Paul Tillich, "The State as Expectation and Demand," in *Political Expectation* (New York: Harper and Row Publishers, 1974), 103-104.

43 *Ibid.*, 108.

44 *Ibid.*, 110.

45 Paul Tillich, "Glaubiger Realismus," in *Paul Tillich Ausgewählte Texte*, ed. Christian Danz, Werner Schlüßler, Erdmann Strumm (Berlin: Walter de Gruyter,

의해서 극복된다. 경제적 권력 의지가 모든 것을 지배하고 모든 것의 잣대가 되는 상황에서, 경제적-정치적 사실주의는 단순한 낭만적인 인간의 우주적 확장이 아닌, 기술을 통해서 경제적 목적들에 따라서 사물들과 자연들 그리고 인간들을 무력화하고 재배치하는 현실을 분석한다.[46] 세 번째로, 틸리히는 이상주의적 태도가 곧 정치-경제적 분석이 드러낸 경제적인 것의 예속적 힘이 참된 존재의 힘과 그 미래의 완성이라는 역사적 운명을 향한 변증법적 발전 과정에서 극복될 것이며, 그 극복은 무산자 계급이 수행하는 바로 여기-지금의 정치적 활동 속에서 실존적으로 실현된다고 주장한다.[47] 하지만 현대인의 영혼들이 빠지는 피상적인 것들에 대한 탐닉, 현재 정치체제의 견고한 유지와 안정성 등 현실의 부조리함으로 인해 이상주의는 흔들리며 그 점에서 신앙의 현실주의가 요구된다. 기술과 경제-정치의 모순을 극복하는 역사적인 운명과 사명이 여러 현실의 난관들에 좌절될 때, 신앙의 현실주의는 무력감을 극복하게 해주는 "여기-지금에서 무조건적이면서 힘 있는 것"(das unbedingte-Maechtige im Hier und Jetzt), 즉 그 정신 스스로 도달할 수 없고 오로지 그에 의해서만 사로잡히게 되는 것으로서 하나님에 대한 신앙을 드러낸다.[48]

아직 1차 산업혁명과 2차 산업혁명의 진행기 동안에는 전-근대적인 철학과 신학이 사유할 수 없었던 개인주의, 인간성의 본질로서 노동, 인간성을 압도하는 기술, 기술 자체에 내재한 수단적 합리성의 극

---

[46] Tillich, "Glaubiger Realismus," 177.

[47] Ibid.

[48] Ibid., 179.

대화 그리고 정치적인 차원을 사유하였다. 헤겔적 관점에서 기술이 개입된 노동과 사적 소유에 매진하는 개인들의 특수한 이해 추구는 윤리적·법적인 차원에서 참여하는 개인들의 보편적 가치 추구와 서로 결합하면서, 이는 세속화된 기독교의 사회적 현실로서 종교적으로 긍정된다. 반면에 마르크스의 관점에서 결국 자본가들의 기술 혁신과 자본 투자에 얽힌 빈곤한 개인들의 노동 착취와 소외는 당대 자유주의 운동이 지향하는 윤리적·법적 체계에 내재된 계급적 편파성과 억압과 연관되며, 이는 곧 사회적·병리적 현상으로서 종교의 현실을 드러낸다. 틸리히는 기술 자체에 함의된 자유/제약, 목적/수단, 인간화/사물화를 둘러싼 애매성들을 실존적으로 이겨내는 가능성을 전망하면서, 동시에 정치적 영역이 여러 정신적 가치들에 열려 있는 정치적 영역을 구성하며 민주주의를 위협하는 독점적 자본의 지배에 대항하는 노동 계급의 지속적인 민주주의적 참여와 저항을 제시한다. 이를 위해서 신앙은 기술 낙관주의나 정치-경제적으로 비관적인 현실주의, 정치적 이상주의 그리고 역사에 대한 절망들을 넘어서 역사 안에서 운명적 사명에 매진하게 하는 무조건 자이신 하나님에 대한 신앙으로 나아가는 발전을 제시한다. 이 모든 비판적 담론과 비전은 사실 1차 산업혁명기에 생겨나서 2차 산업혁명 전반기에 이르기까지 제시된 것이다.

2차 산업혁명으로 인한 기술화와 공장 기계화가 더욱 가속화되면서 생산비용 저하로 더 많은 상품이 값싸게 제공되고, 노동자들에게는 기계공과 관리자 등 더 좋은 일자리들과 더 높은 임금 그리고 더 많은 상품 선택의 자유가 제공되면서, 노동 계급은 소위 중산 시민계층으로 편입되고 삶의 질이 향상된다.[49] 마르쿠제(Herbert Marcuse)는 1962년 이러한 "선진 산업 사회"의 외견상 자유와 풍요로운 소비와 삶의 질 향상이 사회 전체가 진정한 해방의 필요성을 고사시키고 스스로의 존속을 위해서 대중들에게 지속적인 생산과 소비를 느끼도록 부추기며 이런 방식으로 억압하며 부추긴다고 관찰한다.[50] 선진 산업 사회에서 사무직과 생산직의 구분, 숙련 노동자와 비숙련 노동자의 구분, 고용의 다양한 형태들 그리고 또한 이민의 증가에 얽힌 인종적 다양성으로 인해 더 이상 하나의 노동 계급이라는 틀 속에 연대적 인간 관계를 형성해주는 틀이 사라지고 집합적인 정치적 활동 역시 퇴조한다.[51] 1980년 이후로 3차 산업혁명으로 인한 컴퓨터의 발달과 함께 공장 기계화는 더욱 자동화되고 있다. 비록 이러한 경향은 소비 가전제품의 가격을 낮추며 상품 선택의 자유를 확장하지만 동시에 그만큼 자동화로 인한 중산 계층이 일할 직종의 전반적인 소멸과 함께 그들의 생계 조건이 위협받고 있다.[52] 1차 산업혁명기에 도입된 기술 발전이 노동 착취와 소외를 낳았고 2차 산업혁명기의 기술 발전은 노동자 처우 향상과 중산층으로의 상승을 가능하게 했다. 그러나 3차 산업혁명은 다시 자동화를 통해 중산층 노동자들의 작업을 대체하며 그들의 일자리와 토대를 붕괴시키고 있고 그 과정에서 여전히 2차 산업혁명 시대의 낙관은 아직 지속되고 있다. 이러한 상황은 4차 산업혁명으로 인해 극단화되어가고 있고, 기술의 민주화를 통해서 기술·노동·정치를 사고하는 새로운 틀이 필요하며 또한 그것을 뒷받침해주는 과거의 신학적 사고의 지층들을 재해석하고 재발굴하는 것이 필요하다.

---

49 Frey, *The Technology Trap*, 218-222.

50 Herbert Marcuse, *One Dimensional Man* (Boston: Beacon Press, 1964), 1-18.

51 Eley, *Forging Democracy*, 387-402.

52 Frey, *The Technology Trap*, 292-295.

IV. 4차 산업혁명의 기술 발전과 노동과 정치에 대한 도전

그렇다면 4차 산업혁명이 가져오는 기술 발전은 노동을 둘러싼 사회 관계와 정치에 어떠한 변화를 야기할 것인가? 슈밥이 보기에는 대다수 노동자가 싼값에 누리는 다양한 서비스의 이익에도 불구하고 대규모 실직으로 손해를 볼 것이기에, 결국 주된 수혜자들은 첨단기술들을 개발하고 상용화하는 혁신가들과 또한 투자를 통해서 더 큰 이윤을 창출할 자본가들이다.[53] 자동화를 통해서 많은 직업이 대체되는 상황에서, 오로지 소수에게만 열린 고소득 전문직과 창의성을 요구하는 직종이 늘어나고 혹은 저소득 노무직의 불안정한 직종이 늘어나는 반면, 중간 소득층은 빠르게 사라진다.[54] 그는 결국 고직능-고급여와 저직능-저급여 사이의 분리는 심화될 것으로 전망한다.[55] 특히 휴먼-클라우드 플랫폼(human cloud platform)은 정규직을 갖고 있지 못한 개인들이 자신들의 기술적 전문성에 대한 정보를 올리면 기업체가 상근 고용 없이 특수 사안에 따른 한시 고용이나 외주 인력을 이용하고 대체하는 방식을 권장하면서, 개인들은 기업들에 대해서 노동권이나 단체교섭권 등 없는 프레카리아트가 될 확률이 높다.[56] 특히 이러한 시스템은 기업체들이 노동자들에 대해 가진 책임을 회피하게 하고, 고용된 노동자들의 일자리를 더욱 불안하게 하며, 다른 노동자들과의 연대성을 파괴하면서 노동자들의 협상력 자체를 파괴한다.[57] 이러한 양극화는

---

[53] Schwab, *The Fourth Industrial Revolution*, 16-17.
[54] *Ibid.*, 39-40.
[55] *Ibid.*, 40.
[56] *Ibid.*, 49-51.
[57] Virginia L. Doellgast, "Rebalancing Worker Power in the Networked Econo-

곧 사회 전체의 양극화로 나타나며 대도시에 거주하며 사는 국제화된 "창의적 계층"과 그들의 생활에 대해서 시중을 들며 고용되는 계층들로 나뉘게 된다.[58] 4차 산업혁명은 승자독식의 체제를 더욱 심화할 것이고, 그 과정에서 사회 불안과 이주, 폭력적 극단주의 등이 발생할 확률이 높다.[59]

슈밥은 정치적 영역에서 국가 권력의 약화와 시민사회의 진입의 강화를 전망한다. 권력 자체가 국경을 초월한 "비국가 세력"들과 시민 조직들의 "느슨한 네트워크"들이 새로운 기술들과 상호 작용하면서 국가 권력을 향해서 영향력을 발휘한다.[60] 그는 정부가 정책 입안과 실행 동원에서 독점적 권력을 포기하고 이제 "다양해진 서비스를 가장 효과적이고 개별화된 방식으로 시민사회에 제공하는 능력에 의해 평가받는 공공 서비스 센터로 그 역할이 바뀌게 될 것"이라고 전망한다.[61] 정부가 시민사회의 다양한 세력들과 기민하게 상호 작용하기 위해서 더 투명한 의사 결정과 효율적인 집행을 보이고 더욱 작고 효율적인 조직이 되어야 한다고 주장한다.[62]

그러나 슈밥의 제안은 우려할 만한 소지가 크다. 국가는 혁신적 지

---

my," in *Work in the Digital Age*, ed. Max Neufeind, Jacqueline O'Reilly, and Florian Ranft (New York: Rowman and Littlefield, 2018), 199-208; Cécile Jolly, "Collective Action and Bargaining in the Digital Era," in *Work in the Digital Age*, 209-222.

[58] Bruno Palier, "The Politics of Social Risks and Social Protection in Digitalised Economies," in *Work in the Digital Age*, 247-258.

[59] Schwab, *The Fourth Industrial Revolution*, 49.

[60] *Ibid.*, 66-67.

[61] *Ibid.*, 67.

[62] *Ibid.*, 67-68.

적-물적 자본가들의 이익 추구를 제어하고 공동체 전체의 선을 추구하게 강제할 수 있는 유일한 존재이지만, 슈밥의 관점에서는 국가 권력의 법적·행정적 개입은 작아지고 약해져야 한다. 그렇다면 신기술의 도입으로 인해 실직 위기에 처하는 대다수 노동자는 지적-물적 자본을 보유한 혁신 세력들의 횡포—다른 말로 협상력의 일방적인 사용—에 대해서 과연 효율적 행정 서비스나 담당하는 작은 국가로부터 보호를 기대할 수 있을 것인가? 슈밥은 2016년 세계 위험 보고서를 인용하면서, 시민사회가 온라인 디지털 미디어의 주체가 되어서 정부와 기업과 경쟁하며 토론과 의사 결정에 참여하는 가능성이 있는 만큼 동시에 정부와 기업 그리고 기타 이익 집단에 의해서 소외될 가능성 역시 있음을 주장한다.[63] 문제는 슈밥의 전자의 시나리오가 가지는 낙관적 전제, 즉 디지털 기술을 통한 정치 참여가 정부와 기업, 이익 집단의 관심을 시민사회의 유익을 위해서 자발적으로 변화시킬 것이라는 전제이다. 하지만 기업에게 신기술의 도입과 사회관계 재편의 핵심은 이윤 추구이며, 정부와의 협력은 기술의 표준화를 위한 인프라 구축과 정책의 문제에 관한 것이지, 대개 부정적으로 영향을 받는 이들의 처우에 관한 것이 아니다.[64] 또한 시민사회 자체가 다양한 관점에 따라서 각축을 벌이며 분리되어 있다는 것을 고려할 때, 기술 발전으로 인해 발생하는 노동자 계층의 취약한 삶의 문제에 대해서 시민사회가 정부와 기업에 압박을 가해서 변화시키는 작업은 상당한 노력을 요구한다.

---

[63] *Ibid.*, 88-90.

[64] 김공회, "'4차 산업혁명', 정치경제학적 관점에서 그 실체와 의미," 「의료와 사회」 6 (2017): 18-19.

V. 대안으로서 기술의 정치적 민주화 그리고 신학 개념의 계보학적 발굴

이런 작업을 위해서 핀버그는 기술 자체의 문제가 아니라 기술을 통해서 구현된 사회-정치적 지배권력(hegemony)에 대한 비판에 초점을 두고 기술을 민주화하는 것(Democratiz[ing] technology)을 주장한다.[65] 기술을 기술 자체로만 대하는 상식적 접근에서 민주주의는 기술과 무관한 것일 뿐이다. 그러나 "만일 민주주의가 그 전통적인 한계를 넘어서 기술적으로 매개된 사회적인 삶의 영역으로 확장되지 않는다면, 그것의 사용 가치는 지속해서 퇴락할 것이고, 참여는 말라죽을 것이며, 우리가 자유 사회로 규정하는 제도는 점진적으로 사라지게 될 것이다."[66] 현재 기술을 둘러싼 자본주의적 관계 방식은 분명히 지적-물적 자본을 소유한 혁신가들과 정치권력의 협력 속에서 원자화되고 파편화된 다양한 노동 계층들에 대한 압도적인 우위를 통해서 규정된다. 휴먼 클라우드 고용 체계로 인한 만성적인 실업 위험과 또한 효율을 위한 상시적 감시와 노동력 동원에서 우리는 결코 민주적 관계를 볼 수 없다.

이를 극복하기 위해서는 기술 지배의 비민주성에 대한 비판적 의식과 이에 대한 저항의 다양한 전략들을 함양해야 한다. 이는 우선 비민주적 기술 지배를 떠받치고 있는 두 전제, 즉 1) "기술이 가지는 필연성이 곧 발전의 경로를 규정한다" 그리고 2) "효율성의 추구야말로 그

---

[65] Andrew Feenberg, "Subversive Rationalization: Technology, Power, and Democracy," *Inquiry* 35/3-4(1992): 301-322.

[66] *Ibid.*, 302.

러한 길을 규명하는 토대이다"라는 전제를 거부하는 것에서 시작한다. 즉 기술에 필연적으로 내재한 효율성이 언제나 발전을 야기하고 사회는 이에 적응해야 한다는 논리는 곧 기술 발전과 상용화를 토대로 이익을 추구하는 지적-물적 지배계층이 기술을 매개로 형성하는 질서에 사회가 적응해야 한다는 주장일 뿐이다. 그러나 기술 역시 사회 관계와 문화적 틀에서 해석된 문화적·사회적 산물임을 고려한다면, 해석의 가능성 자체가 곧 기술에 언제나 규범이 개입될 수밖에 없다는 것을 드러낸다. "기술적 객체들(technical objects)은 두 해석학적 차원을 지니며 이는 곧 내가 사회적 의미 그리고 문화적 지평이라고 명명하는 것이다."[67] 기술을 문화적·사회적 산물로 사회적 의미망과 문화적 지평으로 위치시키면서 기술로 매개된 사회적 지배 역시 민주주의라는 사회적 규범으로 종속시키는 것이 필요하다. 단순히 기술의 상용화를 통한 투자의 극대화와 비용 절감이라는 효율성을 넘어서 다양한 가치들의 영역을 조장하고 민주주의에 대한 헌신을 이 관계에서 이뤄내는 것이다. 곧 이는 기술을 민주화하는 작업으로 이 작업의 핵심은 단지 "기술에 대한 법적인 권리들에 관한 것이 아니라 이를 둘러싼 우선권과 참여의 문제이다."[68] 이러한 참여를 실현하기 위해서 법제화를 통한 기술 지배에 대한 제약과 통제의 가능성을 그에 영향을 받는 노동 계층 시민들의 경험들과 필요들 그리고 그것에서 나오는 다양한 저항 방식들에서부터 정초하는 것이다. "이러한 형식들(법적 형식들)은 만일 이것들이 특정하게 기술적 지배권에 저항하는 개인들의 경

---

67 *Ibid.*, 307.
68 *Ibid.*, 318.

험과 필요에서 생겨나지 않는다면 공허한 것이 된다."[69] 개인들은 저마다 노동의 현장과 일상의 지평에서 "새로운 종류의 기술적 네트워크들 속에 편입되면"서도 동시에 "그들을 통제하는 힘들에 영향을 끼치기 위해서 그 네트워크를 통해서 저항하게 된다."[70] 지적-물적 자본가들과 정부의 협력으로 마련된 기술적 조건들 안과 밖에서, 개인들은 통제가 주는 부정적인 경험들에 응대하면서도, 고전적인 방식인 노동조합, 사회운동, 공동체적 환경 문제 제기 등 다양한 구체적인 형식들로 이루어져야 한다. 동시에 4차 산업혁명으로 인한 기술과 소통 조건의 발전과 변화된 사회관계에서 고전적인 저항의 전략은 다양한 변주를 요구한다. "포용적 연대성"이라는 가치를 위해서 상근 고용이 되지 않은 비정규적 노동자들을 대상으로 노동조합을 결성하는 것에서부터 플랫폼 경제 등으로 노동자에 대한 책임 회피를 자행하는 기업들에 대한 제약을 가하는 법제화의 시도 역시 가능하다.[71] 디지털 환경과 그 속에 규정된 상호 작용의 방식들(예를 들어 인터넷 사이트에서 평점 매기기 등)을 활용해서 소속 없는 프레카리아트 근로자들이 기업들에 대항하는 집단 행위를 동원하는 것 역시 가능하다.[72]

고대와 근대 그리고 현대의 2차 산업혁명까지 뻗은 신학적·철학적 개념들의 지층들이 발굴되고 적용되면서, 4차 산업 시대의 기술과 그 지배관계에 대항하는 기술 민주화의 기획은 신학윤리적으로 수용·발전될 수 있다. 아리스토텔레스적인 관점에서 볼 때, 4차 산업혁명 시

69 *Ibid.*
70 *Ibid.*, 319.
71 Doellgast, "Rebalancing Worker Power in the Networked Economy," 204-207.
72 Jolly, "Collective Action and Bargaining in the Digital Era," 218.

대의 기술 혁신과 사회관계 재편은 공동체가 그 자체로 추구할 목적이 아니라, 더 큰 목적, 즉 여전히 정치 공동체 전체의 법과 시민 전체의 윤리적인 습성에 따라서 조율되어야 하며, 따라서 시민사회의 자율적 개입을 요구한다. 그리고 아우구스티누스적인 관점에서도, 기술을 둘러싼 제작 활동 그리고 그것이 주는 편리와 안락은 그 자체로 추구되어야 할 목적이 아니라, 더 상위의 목적을 위한 수단이자 유용성으로서 즉 개인들의 초월적 선의 추구는 물론 이웃을 위한 사랑을 실현하기 위한 도구일 뿐이다.

1차 산업혁명기와 2차 산업혁명의 여명기에 이르는 기간, 기술과 그에 매개된 사회관계에 대한 철학적·신학적 반성은 여전히 4차 산업혁명기에서 강조되는 기술의 민주화와 지배권력 비판 그리고 다양한 저항의 전략들과 조응한다. 헤겔의 자유주의적 관점에서 자유롭고 합리적인 개인은, 시민사회 안에서 여러 기술과 기예를 매개로 노동을 통해서 서로의 필요를 채우고 소유를 축적하며 특수한 사적 이해를 실현하지만, 동시에 서로를 인정하는 법적·윤리적 공동체에 참여하면서 역사 안에서의 신적 정신의 실현으로 긍정될 수 있는 보편적 지평을 구현한다. 이러한 개인 및 시민사회와 노동 그리고 정치적 관계와 그 종교적 시사점에 대한 자유주의적 패러다임은 4차 산업 시대에도 타당성이 있는 이상적 틀이지만, 개인 간 불평등, 지적-물적 자본에 의한 노동 착취와 소외, 정부 지배와의 협력 그리고 병리적인 증상으로서 종교에 대한 마르크스의 현실주의적 관점으로 보충될 수 있다. 4차 산업혁명의 기술 진보와 함께 진행되는 플랫폼화된 노동과 그로 인한 양극화와 파편화, 전방위적 감시와 강박적 경쟁, 그것을 보조하는 정부의 정책 그리고 종교의 상품화 등은 여전히 이상주의적 관점이 현실주의적 관점으로 보완되어야 함을 드러낸다. 이러한 두 관점을 융합하는 것은, 핀버그가 제시하는 것처럼, 민주주의라는 이상적 규범을 견지하면서, 동시에 기술을 매개로 한 지배와 예속이라는 현실의 부정적 경험에 비추어 비판하고 다양한 저항의 방식들을 활용하는 것에 있다.

틸리히의 접근은 기술 민주화의 기획을 역사-실존적 차원에서 확장하고 수용하면서 4차 산업 시대에도 의미 있는 기술 비판 신학으로 작동할 수 있을 것이다. 첫째, 핀버그가 제시하는 기술에 대한 사회-구성주의적 방법, 즉 기술의 합리성이 사회적 가치와 문화적 지평을 바탕으로 한 사회적 상호작용에 열려 있다는 점은 틸리히가 제시한 문화의 구성요소로서 기술의 문제와 그 수단과 목적의 문제를 형이상학적, 경제적, 정치적 차원 그리고 역사적-실존의 문제에서 접근한 것과 상응한다. 기술은 문화의 두 축인 관조와 실천에서 실천을 구성하면서 여러 문화 영역에서 수단으로 작용하지만, 현대의 기술 발전은 자유와 제약, 목적과 수단, 인간과 사물 관계에서 왜곡을 유발한다. 막연한 기술의 낙관론, 정치-경제적 현실주의, 정치적 이상주의, 신앙적 현실주의를 포괄하는 태도들은 모두 기술 자체가 얽혀 있는 철학적·문화적 지반, 경제를 둘러싼 사회적 상호 작용 속에서 이윤 추구라는 필연성, 기대되는 노동 계층의 정치적 실행성 그리고 그 좌절과 실존적 무의미의 극복 등에 관계한다. 둘째, 핀버그가 제시한 기술의 민주화 문제는 틸리히의 기술·노동·정치에 대한 관점에 상당히 상응한다. 핀버그에 따르면, 일반 시민들이 기술로 매개된 지배관계의 네트워크들 속에서 피할 수 없는 억압 속에 위치하더라도 그러한 네트워크들 한복판에서 기술의 활용과 생산에서 자유롭고 평등한 민주적 관계를 확보하기 위해서 다양한 저항의 방식을 활용해야 한다. 틸리히 역시, 민주주의에서 자신들의 실질적 권력을 은폐하면서 이를 부식시키는 자본가들의 정치적 영향력을 저지하고 민주적 통제를 이루기 위해서는, 노동자 계층들의 적극적인 민주주의적 참여가 필수적이라는 점을 강조한다.

틸리히가 보지 못했던 4차 산업혁명의 독특한 과제라면, 바로 플랫폼 경제나 외주화를 통한 노동자들의 파편화와 노동 없는 경제 성장 그리고 그에 얽힌 빈곤 계층의 대두일 것이다. 그러나 여전히 틸리히의 관점이 주는 시사점이라면, 기술과 인간 진보에 대한 낙관을 넘어서 정치-경제적 필연성이 모든 것을 수단화하는 상황을 비판적으로 인식하면서, 지금-여기에서 역사적 소명을 인식하고 좌절을 극복할 신앙의 힘을 강조한다는 것이다. 편만한 지배의 네트워크가 개인의 삶을 취약하게 하고 동시에 모든 삶의 조건을 미시적으로 규정하는 듯한 상황의 한복판에서도, 기술 민주화의 핵심이 주어진 연결점에서 냉소를 넘어서 다양한 저항과 참여를 시도해보는 것이라면, 틸리히는 신앙이야말로 바로 지금 여기에서 역사적 소명을 의식하게 하며 냉소와 절망을 넘어서게 한다는 점을 보여준다.

이러한 점은 교회 공동체가 가지는 역사적 소명을 달성할 구체적인 정치신학적인 전략들을 생각할 수 있게 한다. 한편에서 교회는 기술 발전과 그것이 주는 번영과 편리, 유용성에 대한 낙관주의적 열광을 무조건적으로 받아들이기를 거부하고, 궁극적인 초월적 가치와 약한 이들에 대한 사랑의 실천이라는 가치로 이를 상대화하는 종말론적·초월적 시각을 갖추고 이를 바탕으로 비판적 공동체로 사회에 대응해야 한다. 그러나 동시에 다른 한편에서 교회는 기술을 둘러싼 근대적 제도의 유산과 동시대적인 역동성 속에서, 현재 문화적 그리고 정치-경제적 조건들을 세속의 언어로 이해하고 자신의 종말론적 실존의 위치와 전략을 세속의 언어와 제도의 틀로 번역하고 재-문맥화하는 역사-실존적이고 내재적 시각을 갖추고, 이를 통해 자신의 종말론적·초월적 시각을 보완하여야 한다. 교회는 편만한 기술 활용에 얽힌 지배의 암묵적 작동을 이해하고 이를 민주적 지배와 통제 아래에 둘 수 있도록 노력해야 하며, 그 영향 속에서 파편화되고 고립되고 취약해진 삶을 사는 다수 시민들의 필요를 돌보는 것은 물론 그들의 목소리들을 모으고 정치적 공론장으로 그것을 번역하며 가시적이고 현실적인 변혁을 이뤄내는 노력을 다해야 한다. 그 과정은 개별 그리스도인들 저마다가 시민으로서 자신이 속한 사회적 네트워크들의 연결점들에서 수행하는 개별적 실천일 수도 있고 혹은 특정한 사안별로 지역 교회혹은 광역 교회가 사회적 운동의 형식으로 혹은 정당 정치나 시민사회의 네트워크들과의 협력 등의 방식으로 참여하는 것일 수도 있다. 이모든 것에 전제가 되는 것은 교회와 그리스도인 각자가 단순한 낙관이나 현 상황에 대한 냉소 그리고 맹목적인 정치적 이상주의를 넘어서서, 기술 지배에 대한 비판과 동시에 개입의 여지에 대한 희망 그리고현실의 어려움과 환멸을 넘어서는 신앙의 힘을 공동체적으로 가질 수있는가 하는 것이다.

VI. 나가는 말

4차 산업혁명은 이전의 산업혁명들이 가졌던 고질적인 문제, 즉 기술 발전에 따른 정치-경제적인 차원에서의 노동의 억압과 특정 계급을 위한 사회체제 재편 그리고 그것을 뒷받침하는 권력관계를 함의한다. 그 극복을 위해서 기술에 얽혀 있는 정치경제학적 사회관계의 역사와 그 철학적·신학적 담론의 역사적 지층들을 살펴보는 계보학적 탐사가 중요하다.

이 글에서는 4차 산업혁명 시기에 지적-물적 자본가들의 이해에 따른 사회 재편에 대한 저항의 방안을 모색하기 위해서, 어떻게 핀버그의 기술 민주화의 기획, 즉 기술 활용을 둘러싼 민주적 평등과 참여의 기획이 신학적·철학적 전통들의 지층 속에서 기술과 연관된 주요한 개념들—관조와 실천, 목적과 수단, 국가와 시민사회, 노동, 역사와 실존—에 접목될 수 있는지 살펴보았다. 4차 산업혁명은 기술을 통한 노동력의 대체와 이윤 극대화를 추구하고 다수의 노동 계층을 실업과 저임금으로 밀어 넣는다는 점에서 이전의 산업혁명들의 특징을 계승하면서도, 그 속도와 범위, 강도는 그에 영향받는 노동 계층의 미래에 비관적인 전망을 불러일으킨다.

핀버그가 제시하는 기술의 민주화는 기술 자체가 사회문화적 조건 속에서 사회적 상호작용의 산물이라는 관점을 바탕으로 정치적 민주화의 기획을 기술 활용과 생산에서까지 확장하며 지배의 네트워크들 속에서 다양한 저항을 권장한다. 이러한 기획은 기술의 문제를 관조-실천의 틀 속에서 자기 목적적인 것이 아니라 공동체의 규범에 종속시키는 아리스토텔레스적 관점과 기술을 그 자체로 향유의 대상인 목적으로 보지 않고 이웃 사랑과 하나님 사랑을 위한 수단으로 규정하는 아우구스티누스적 관점에 모순되지 않는다. 또한 핀버그의 기획은 역시 시민사회 안에서 개인의 목적 실현의 수단으로서 노동과 기술을 보편적 목적으로서 정치 공동체의 규범과 결합하려 한 헤겔의 기획과 자본가들의 목적을 위해서 기술을 활용한 인간과 자연의 수단화를 비판하고 극복하려 한 마르크스의 기획 모두에 상응한다. 마지막으로 핀버그의 기술 민주화에 대한 강조는 역시 두 근대적 패러다임을 수용한 틸리히의 관점과 상응한다. 즉 관조와 대비되는 실천이라는 문화적 상호작용의 중추로서 기술은 인간을 제약하고 수단화하며 사물화할 위험이 있음에도, 정신적 가치에 열려 있고 또한 노동 계급의 참여를 요청하는 정치는 자본 계급의 무책임한 이윤 추구와 지배를 제어함으로써 이러한 위험을 극복할 수 있다. 신앙은 바로 이 과정에서, 단순한 기술 낙관주의나 정치-경제적 비관론, 혹은 정치적 이상주의와 그 좌절을 넘어서, 취약해진 시민들로 하여금 지금-여기의 역사적 소명을 담당하게 한다. 촘촘한 지배 네트워크들을 통한 광범위한 통치와 노동 인력들의 파편화 및 정치적 실행력의 약화라는 상황 속에서, 좌절을 넘어서 여기 지금의 역사적 소명을 강조하는 틸리히의 관점은 여전히 4차 산업혁명 시대에도 시사점이 있다.

참고문헌

김공회. "'4차 산업혁명', 정치경제학적 관점에서 그 실체와 의미." 「의료와 사회」 6 (2017): 12-20.

김은혜. "포스트 휴먼 시대의 되기의 기독교윤리." 「신학과 사회」 32, no. 2(2018): 211-243.

김혜령. "제네바 종교개혁 정신에 비추어 본 제4차 산업혁명과 사회적 기본권 보편보 장제도 성찰." 「신학사상」 178(2017): 155-199.

유경동. "'포스트-휴먼'(post-human)과 과학 기술 — 4차 산업과 기독교 윤리학의 과제." 「신학사상」 183(2018): 111-135.

이봉석. "신자유주의와 과학기술 시대 노동신학의 필요성 연구." 「기독교사회윤리」 34(2016): 69-102.

이창호. "과학기술에 관한 윤리적 규범 모색을 위한 철학적 사회학적 신학적 관점에서 의 융합적 연구: 엘륄(Jacques Ellul)의 기술 이해에 대한 비판적 성찰과 트랜 스휴머니즘에 대한 적용을 중심으로." 「선교와 신학」 45(2018): 331-379.

조용훈. "하나님의 형상 개념에서 본 4차 산업혁명의 도전과 기독교 신학의 과제." 「신학사상」 194(2021): 101-126.

_____. "기독교의 4차 산업혁명 대응을 위한 세 차례 산업혁명의 반성적 고찰." 「선교 와신학」 51(2020): 191-224.

Aristotle. "Nichomachean Ethics." In *Aristotle: Complete Works* vol. 2. Princeton: Princeton University Press, 1982.

Doellgast, Virginia L. "Rebalancing Worker Power in the Networked Economy." In *Work in the Digital Age*. Edited by Max Neufeind, Jacqueline O'Reilly, and Florian Ranft. New York: Rowman and Littlefield, 2018.

Eley, Geoff. *Forging Democracy: The History of the Left in Europe, 1850-2000*. Oxford: Oxford University Press, 2002.

Feenberg, Andrew. *Technosystem: The Social Life of Reason*. Cambridge, MA.:

Harvard University Press, 2017.

_____. "Subversive Rationalization: Technology, Power, and Democracy." *Inquiry* 35/3-4(1992).

Ferrando, Francesca. "Posthumanism, Transhumanism, Antihumanism, Meta-humanism, and New Materialisms: Differences and Relations." *Existenz* 8/2(2013).

Frey, Carl Benedikt. *The Technology Trap*. Princeton: Princeton University Press, 2019.

Hegel, G. W. F. *Vorlesung über die Philosophie der Religion*, vol 3. *Die Vollendete Religion*, Edited by Walter Jaeschke. Hamburg: Felix Meiner, 1984.

_____. *Enzyklopädie der philosophischen Wissenschaften III*, Werke. Band 10. Frankfurt am Main: Suhrkamp, 1979.

Hefner, Philip. *Technology and Human Becoming*. Minneapolis: Fortress Press, 2003.

Jolly, Cécile. "Collective Action and Bargaining in the Digital Era." In *Work in the Digital Age*, Edited by Max Neufeind, Jacqueline O'Reilly, and Florian Ranft. New York: Rowman and Littlefield, 2018.

Lauster, Jörg. *Die Verzauberung der Welt: Eine Kulturgeschichte des Christentums*. Muenchen: CH Beck, 2020.

Marcuse, Herbert. *One Dimensional Man* (Boston: Beacon Press, 1964).

Marx, Karl. "Contribution to the Critique of Hegel's Philosophy of Right: Introduction." In *Marx-Engels Reader*. Edited by Robert C. Tucker. New York: Norton, 1978.

_____. "Economic and Philosophic Manuscripts of 1844." In *Marx-Engels Reader*. Edited by Robert C. Tucker. New York: Norton, 1978.

Palier, Bruno. "The Politics of Social Risks and Social Protection in Digitalised Economies." in *Work in the Digital Age*, ed. Max Neufeind, Jacqueline O'Reilly, and Florian Ranft. New York: Rowman and Littlefield, 2018.

Rifkin, Jeremy. *The Third Industrial Revolution: How Lateral Power is Trans-forming Energy, The Economy, and The World*. New York: Macmillan,

2011.

Saint Augustine. *The City of God Books VIII-XVI*. Translated by Gerald G. Walsh.
Washington D.C.: Catholic University Press, 1952.

_____. *The City of God Books XVII-XXII*, Translated by Gerald G. Walsh.
Washington D.C.: Catholic University Press, 1954.

Schwab, Klaus. *The Fourth Industrial Revolution*. Geneva: World Economic
Forum, 2017.

Schweiker, William. *Theological Ethics and Global Dynamics: In The Time of
Many Worlds*. Malden, MA.: John Wiley & Sons, 2008.

Taylor, Charles. *A Secular Age*. Cambridge, MA.: Harvard University Press,
2007.

Tillich, Paul. "Glaubiger Realismus." In *Paul Tillich Ausgewählte Texte*. Edited
by Christian Danz, Werner Schlüßler, Erdmann Strumm. Berlin: Walter
de Gruyter, 2008.

_____. "The State as Expectation and Demand." In *Political Expectation*. New
York: Harper and Row Publishers, 1974.

_____. *Systematic Theology*, vol. 3, *Life and the Spirit and History and the
Kingdom of God*. Chicago: The University of Chicago Press, 1957.

Trowitzsch, Michael. "Technik II." *Theologische Realenzyklopaedie*, Bd. 33.
Edited by Gerhard Mueller. Berlin: Walter de Gruyter, 2002.

Waters, Brent. *From Human to Posthuman Christian Theology and Technology
in a Postmodern World*. New York: Routledge, 2006.

2부

기술과 신학의
만남과 접점

기후 위기 시대의
생태신학*

: 탈식민적 생태비평과 초객체 이론의 도전

이성호 | 배재대학교

I. 들어가는 말:
기후 위기의 심각성과 딜레마 — 생태정의와 사회정의 사이에서

최근 몇 년간 전 세계 곳곳에서 피부로 체감할 수 있을 정도로 극단적인 기상 현상들(폭염, 폭우, 가뭄, 해빙 등)과 자연 재해들(홍수, 대규모 산불 등)이 발생하고 있는데 이러한 이례적인 현상들 중 다수가 지구 온난화 현상에서 비롯되었다고 한다. 지구 온난화 현상이 야기하는 기후 변화의 징후들이 포착되고 있는 것이다. '기후 변화에 관한 정부간 협의체'(Intergovernmental Panel on Climate Change, 이후로 IPCC로 약칭)는 최근 2021년과 2022년에 걸쳐 발표한 6차 평가 보고서들을 통해 "인

---

* 이 글은 필자의 논문 "기후위기 시대의 생태사유 — 탈식민적 생태비평과 초객체 이론 그리고 생태신학적 함의," 「신학사상」 통권 199호(2022 겨울): 307-347에 실린 것임을 밝힌다.

간의 영향 때문에 대기와 해양, 육지가 온난해지고 있는 것은 명백한 사실"이라고 과학적으로 분명하게 규정하였다.[1] 이는 수십 년간 지구 온난화의 실체를 부인하거나 음모론의 혐의를 씌운 일부 주장과 여론에 종지부를 낸 결론이다. 이 보고서들에서 과학적 신뢰도가 높은 항목만 나열해도 기후 변화의 부정적 영향력이 얼마나 심각한지 알 수 있다. 대표적으로 몇 가지만 언급해보겠다. 2019년 기준으로 "대기 중 이산화탄소 농도는 적어도 과거 2백만 년 중에서 가장 높았고" 지구 표면온도는 2천 년의 역사를 놓고 볼 때 "1970년 이후로 가장 빠르게 증가했다."[2] 1950년대 이후의 폭염과 같은 극한 고온 현상과 호우의 빈도 및 강도가 늘어나는 현상도 "인간에 의한 기후 변화가 주된 요인일 가능성이 높다."[3] IPCC는 온실가스의 배출이 매우 낮은 수준부터 매우 높은 수준까지 여러 가지 가능한 시나리오를 바탕으로 미래의 지구 표면온도를 예측하여 발표한다.

그런데 이번 6차 보고서가 보여주는 충격적인 사실은 현재 우리 인류가 실천하지 못하고 있는 매우 낮은 수준의 온실가스 배출이 지금 당장 현실화된다고 해도 "지구 표면온도는 적어도 21세기 중반까지 계속 상승할 것"이며 21세기 안에 지구 평균온도가 섭씨 1.5도를 상회할 가능성이 높은 것으로 나타났다는 점이다. 이렇게 지구 평균온도의

---

[1] V. Masson-Delmotte, et al., "IPCC, 2021: Summary for Policymakers," In: *Climate Change 2021: The Physical Science Basis. Contribution of Working Group I to the Sixth Assessment Report of the Intergovernmental Panel on Climate Change* (Cambridge; New York: Cambridge University Press. In Press) (기상청 기후과학국 기후정책과 편집, "기후변화 2021 과학적 근거: 정책결정자를 위한 요약본," 서울: 기상청, 2021, 5에서 재인용).

[2] 위의 글, 9.

[3] 위의 글, 10.

상승을 방치할 경우 인류를 포함한 지구의 모든 존재가 맞게 되는 결과는 파국적이다. 기후 변화의 전 세계적 영향과 취약 지점들 그리고 대응 방안을 주로 논의하는 IPCC 제2 작업그룹의 6차 보고서에 따르면, 지구 평균온도 섭씨 1.5도 상승에 3%에서 18%의 생물이 멸종될 수 있으며, 섭씨 2도 상승의 경우 3%에서 29%, 섭씨 3도 상승의 경우 3%에서 48%의 생물이 멸종될 것으로 예상했다.[4] 결국 기후 변화는 인류에게 심각한 식량 부족과 물 부족 사태를 초래할 것이며 이는 사회경제적 시스템의 불안정과 악화를 초래하고 사람들의 육체적·정신적 건강에 부정적 영향을 미칠 것이다.[5]

그래서 IPCC는 2018년에 6차 보고서 준비의 일환으로 발표한 "섭씨 1.5도의 지구 온난화에 대한 특별 보고서"에서 이미 지구 평균온도 1.5℃라는 최소한의 온도 상승을 유지하기 위해서는 인간 문명이 반드시 온실가스 배출량을 2030년까지 2010년도 대비 45%까지 줄이고 2050년까지 순제로(net zero)[6]까지 줄여야 한다는 구체적 제안을 제시하였다.[7] 이와 같은 IPCC의 시나리오대로 된다면 탄소 배출량을

---

[4] D. C. H.-O. Portner, et al., "IPCC, 2022: Summary for Policymakers," In: *Climate Change 2022: Impacts, Adaptation and Vulnerability. Contribution of Working Group II to the Sixth Assessment Report of the Intergovernmental Panel on Climate Change,* 3-.33(Cambridge, UK and New York: Cambridge University Press), 14.

[5] *Ibid.,* 10-11.

[6] 여기서 순제로(net zero)는 온실가스를 전혀 배출하지 않음을 의미하는 것이 아니라 온실가스 배출량과 지구의 온실가스 흡수량이 균형을 이루는 지점을 가리키는 것이다. 이는 현재 인류가 배출하는 온실가스가 지구 환경이 흡수하여 자정할 수 있는 양을 훨씬 초과하고 있다는 것을 보여준다.

[7] V. Masson-Delmotte, et al., "IPCC, 2018: Summary for Policymakers." In: *Global Warming of 1.5°C. An IPCC Special Report on the impacts of global warming of 1.5°C above pre-industrial levels and related global greenhouse gas emission pathways, in the context of strengthening the global response to the threat of climate*

45%까지 줄여야 할 시기인 2030년이 지금으로부터 불과 8년도 남지 않은 것이다. 매우 충격적인 결과이다. 왜냐하면 지구 환경의 문제가 단순히 자연을 보호하고 지키자는 윤리적인 당위를 넘어서 인류와 생태계 전체의 생존이 걸린 문제이기 때문이다. 더구나 최악을 막기 위한 시간조차도 얼마 남지 않아 우리 모두가 처한 상황은 정말 심각하다. 특별히 IPCC 보고서에서 주목해야 할 부분은 이러한 지구 온난화로 발생하는 재앙의 가장 큰 피해자가 "빈곤 계층과 사회적 약자"들이 될 것이며 2℃ 상승 시나리오에서 2050년까지 최대 수억 명이 기후에 따른 빈곤층과 취약층이 될 것이라는 점이다. 기후 변화의 시대에 빈익빈 부익부 현상이 더 극단화될 수 있다는 우려가 되는 지점이다.

이러한 위기를 인류 사회는 어떻게 극복할 수 있을 것인가? IPCC는 수천 명의 과학자가 주도하는 단체이니만큼 위기의 징후도 과학적 수치로 제시하지만 그 해법도 수치로 보여준다. 탄소 배출량을 2030년까지 45%, 2050년까지 0%로 줄이면 된다. 분명한 목표이다. 하지만 과학기술의 힘만으로 그 목표를 달성할 수는 없는데, 그 이유는 기후 위기의 현실이 너무 복잡하기 때문이다. 탄소 배출량 삭감에 대한 국제적 합의인 파리협약을 이끌어내는 과정에서도 복잡하게 얽힌 국제 사회의 어려운 현실이 드러났다. 바로 탄소 배출의 책임을 놓고 벌어진 제1세계와 제3세계 사이의 갈등이다. 지구 온난화의 원인인 탄소 배출의 양은 산업혁명 이후 현재까지 주로 제1세계 서구 국가들에게서 비롯되었다. 그 덕분에 발전의 혜택을 받은 제1세계가 독점하는

change, sustainable development, and efforts to eradicate poverty, 3-24(Cambridge University Press, Cambridge, UK and New York), https://doi.org/10.1017/9781009157940.001, 6.

현재의 세계경제 시스템 속에서 탄소 배출마저 동일하게 줄이게 되면 제3세계 국가들은 현재의 경제적 불평등 구조에서 벗어날 수 없을 뿐만 아니라 기후 변화로 인한 피해의 상당 부분이 제3세계 국가들, 개발도상국들에 돌아갈 것으로 예상된다.

따라서 그에 대한 대책과 국제적 지원이 필요하다는 주장들이 제기되고 있다.[8] 현재에 비해 그렇게 짧은 시기 안에 탄소 배출량을 극적으로 줄이려면 사회, 정치, 경제 구조 전체가 바뀌어야 한다. 이것이 현실화되려면 사람들이 변화해야 하고 그러려면 사람들 마음을 움직여야 하고 여론이 형성되어야 한다. 이를 위해서는 사람들의 인식과 사고체계에 영향을 줄 수 있는 담론이 필요하다. 그러므로 기후 위기의 현실에 대응하기 위한 담론 형성은 과학과 더불어 대화하고 협업하며, 때로는 상호 비판을 통해 새로운 대안을 이끌어낼 수 있는 인문학, 사회과학을 필요로 한다. 여기에 신학의 역할이 존재한다.

이를 위해 이 글에서는 기후 위기 시대의 생태정의와 사회정의 실현이 양자택일적 문제가 아니라 상호 얽혀 있고 동시적 실현을 추구해야 함을 보여줄 수 있는 이론들을 탐구할 것이다. 첫 번째 탐구 대상이 된 이론은 탈식민적 생태비평이다. 왜냐하면 탈식민주의와 생태주의를 융합한 담론인 탈식민적 생태비평이 식민주의 억압구조 비판에 소홀한 기존 생태주의와 인간 중심적 한계를 노출한 기존 탈식민주의에 대안적 담론을 제공하기 때문이다. 두 번째 이론은 객체지향 존재론이다. 특별히 객체지향 존재론을 통해 생태계와 인간(문명)의 이분법

---

[8] "Developing Countries Need Urgent Support to Adapt to Climate Change," last modified October 12, 2017, accessed Oct 3, 2022, https://unfccc.int/news/developing-countries-need-urgent-support-to-adapt-to-climate-change.

을 비판하고 대안적 존재론을 제시하는 티모시 모턴(Timothy Morton)은 "인간의 지식체계로 담아내기에는 너무 크고 인간과의 관계로만 쓰임새를 정하기에는 너무 다채로운 것"[9]이라는 '초객체'(hyperobject) 개념을 제시한다. 모턴이 지구 온난화를 일종의 초객체로 해석하는 것이 기후 변화에 대한 자연적 현상과 사회적 현상을 더 잘 이해할 수 있게 한다. 연구의 마지막 부분에 이러한 대안적 이론들의 장점과 한계를 비판적으로 분석하고 이를 바탕으로 신학적 함의와 역할을 찾아볼 것이다.

II. 생태정의와 사회정의 사이에서: 생태주의와 탈식민주의

1. 생태주의의 흐름

사실 1960년대 이후에 세계 인구의 급격한 증가와 생태계 파괴의 위험성에 대한 심각한 경고가 이루어진 뒤에 생태계 파괴를 해결하려고 노력해온 많은 인문학적 담론이 등장했다. 근본생태론, 사회생태론, 사회주의생태론, 생태여성주의 등 크게 '생태주의'라 불리는 아주 다양하고 풍성한 논의들이 존재해왔고, 담론들끼리 경쟁하면서 각기 다른 대안을 제시했다.[10] 근본생태론은 철학자 아느 네스(Anne Nass)가 제시한 만큼 환경 파괴적 문명을 지탱해온 인간중심주의로부터 반문

---

9 김환석 외, 『21세기 사상의 최전선』 (서울: 이감, 2020), 250-251.
10 문순홍, 『생태학의 담론』 (서울: 솔, 1999); 캐롤린 머천트/허남혁 옮김, 『래디컬 에콜로지』 (서울: 이후, 2007).

명적인 생태중심주의로 철저하게 세계관이 전환되어야 함을 부르짖
었다.[11] 사회생태론은 인간 사회의 위계적 구조와 불평등에서 생태계
파괴의 근본 원인을 찾고, 평등하고 비위계적 사회 건설이 생태계 위
기를 해결하는 핵심 열쇠라고 주장한다.[12] 사회주의 생태론 진영에 일
부 학자들은 칼 마르크스를 생태적으로 다시 읽고 재해석하는 연구를
하고 제임스 오코너(James O'Connor)와 같은 학자들은 마르크스의 사
회주의 도래 시나리오와 달리 자본주의가 생태적으로 파국을 맞이하
고 생태사회주의가 도래할 것으로 예측한다.[13] 생태여성주의는 가부
장제 및 남성우월주의 전통이 근대 기계론적 세계관과 자본주의와 만
나면서 여성에 대한 차별이 자연에 대한 폄하와 착취로 이어졌다고
비판한다. 한편 생태여성주의는 여성들의 독특성으로 여겨지는 관계
중시, 모성애, 돌봄 등을 차별의 근거가 아니라 생태 파괴를 치유할 수
있는 자랑스러운 유산이라고 해석한다.[14]

2. 생태신학의 담론들

기독교 신학도 과학적 생태학과 인문학적 생태주의의 담론들과 대화
하면서 생태계 위기에 대한 다양한 생태신학적 관점 및 담론을 형성해
왔다. 생태신학은 신과 세계, 기독교 전통 사이의 관계를 어떻게 해석
하느냐에 따라 다양하게 나뉜다. 생태신학의 모든 그룹을 여기서 다

---

11 캐롤린 머천트, 141-143.
12 위의 책, 224.
13 위의 책, 215, 232.
14 위의 책, 287, 297.

언급할 수는 없지만 대표적인 그룹을 다음과 같이 여섯 개의 그룹으로 나누어 생각해볼 수 있다. 첫 번째 그룹은 창조의 은총을 강조하는 매튜 폭스(Matthew Fox)와 토마스 베리(Thomas Berry) 같은 창조신학자들이다.[15] 두 번째 그룹은 종말론적 비전을 따라 생태계 회복을 강조하는 볼프하르트 판넨베르그(Wolfhart Pannenberg)와 위르겐 몰트만(Jürgen Moltmann) 같은 종말론적 생태신학자들이다.[16] 세 번째 그룹은 사회생태론을 신학적으로 수용하여 생태 회복과 사회 변혁을 함께 강조하는 레오나르도 보프(Leonardo Boff) 같은 사회생태신학자들이다.[17] 네 번째 그룹은 과정형이상학을 신학적으로 수용하여 신의 관계성 및 내재성을 강조하는 존 캅(John Cobb)과 제이 맥대니얼(Jay McDaniel) 등의 과정생태신학자들이다.[18] 다섯 번째 그룹은 생태여성주의를 신학적으로 수용하여 기독교 전통 내의 가부장제 및 남성중심주의가 생태 파괴에 원인을 제공하는 것을 비판하고 신의 생태적 육화 및 잃어버린 여성성 회복을 강조하는 로즈매리 류터(Rosemary Ruether)와 샐리 맥페이그(Sallie McFague) 등의 생태여성신학자들이다.[19] 마지막 여

---

15 Matthew Fox, *Creation Spirituality: Liberating Gifts for the Peoples of the Earth*, 1st ed. (San Francisco: HarperSanFrancisco, 1991); Thomas Berry, *The Dream of the Earth* (San Francisco: Sierra Club Books, 1988).

16 Wolfhart Pannenberg, *Systematic Theology*, trans. Geoffrey W. Bromiley, 3 vols., vol. 3(Grand Rapids MI: Eerdmans, 1998); 위르겐 몰트만/김균진 옮김,『창조 안에 계신 하나님』(서울: 대한기독교서회, 2017).

17 레오나르도 보프/김항섭 옮김,『생태신학』(서울: 가톨릭출판사, 2013).

18 Charles Birch and John B. Cobb, *The Liberation of Life: From the Cell to the Community* (Cambridge Cambridgeshire; New York: Cambridge University Press, 1981); Jay B. McDaniel, *Earth, Sky, Gods & Mortals: Developing an Ecological Spirituality* (Mystic, Conn.: Twenty-Third Publications, 1990).

19 로즈마리 류터/전현식 옮김,『가이아와 하느님』(서울: 이화여자대학교출판문화원, 2000); 샐리 맥페이그/김준우 옮김,『기후변화와 신학의 재구성』(서울: 한국기독교

섯 번째 그룹은 한국적 생태신학을 추구하는 그룹으로 동양의 유불선 및 동학 사상과 기독교 사이의 대화를 통해 생태신학을 구성하는 유영모와 함석헌[20]으로 대표되는 생명신학자들이다.[21]

3. 탈식민주의 담론들

한편 현재의 기후 위기 국면에 주요 원인이자 결과적 측면으로 얽혀 있는 요소는 앞에서 언급한 생태계 파괴뿐만 아니라 1세계와 3세계의 사이에 존재하는 불평등 문제이다. 이에 대한 역사적이고 구조적인 원인을 지목하는 대표적인 분야는 탈식민주의이다. '탈식민주의'는 제

연구소, 2008).

20 유영모 신학은 "참나" 혹은 "얼나"를 찾아 그리스도처럼 하느님과 하나가 되는 것을 강조하는 수행적 신학이다. 이정배는 유영모의 신학적 언어를 활용하여 유영모 신학을 생태신학으로 재해석한다. 즉, "몸나를 참나로" 곡해하는 인간으로 인해 생태학적 위기가 초래되었고 이에 대한 해법은 "몸나"를 벗어나 "얼나(바탈태우)"로 거듭나는 것이다. 이정배, 『없이 계신 하느님, 덜 없는 인간』(서울: 모시는사람들, 2009), 279-282. 한편 함석헌에게 자연에 존재하는 생명의 원리는 "스스로 함"이며 "더불어 사는 전체적 삶의 조화"이다. 이는 함석헌의 씨알 사상의 핵심 가운데 하나이다. 함석헌은 이러한 생명 원리가 인간 문명의 뿌리라며 인간 문명과 자연의 조화를 역설하였다. 함석헌기념사업회 엮음, 『함석헌 사상을 찾아서』(서울: 삼인, 2001), 110, 119.

21 한국 신학계 내에서 생태신학의 흐름을 파악하려면 이정배의 "생태학적 신학과 한국 신학의 과제"(1998)를 참조하면 도움이 된다. 특별히 이정배는 「신학사상」에 실린 생태신학 관련 논문들의 연구들을 요약한다. 이를 통해 세계 인문학계 및 신학계가 생태계 문제에 관심을 가진 1970년대에 한국 신학계에도 생태신학이 소개되기 시작했던 것을 알 수 있다. 이 당시에 소개된 생태적 관점에서의 새로운 구약 및 신약성서 해석은 향후 생태신학의 발전에 밑거름이 되었다. 1980년대에는 핵과 과학기술의 생태계 파괴에 대한 윤리적 측면과 신학의 인간중심주의를 극복하려는 연구들이 이어졌다. 1990년대에는 JPIC 이후 생태적 관점에서 민중신학과 토착화신학을 재구성하는 연구 논문들이 이어졌다. 이정배는 이를 통해 한국 신학계에서 생태신학이 한국적 생명신학으로 나아가고 있다고 바라본다. 이정배의 "생태학적 신학과 한국 신학의 과제," 「신학사상」 제100집(1998), 168-176, 181.

1세계와 제3세계의 인종적·민족주의적·문화적 갈등 및 정치·경제적 불평등 구조를 식민주의 시대의 유산으로 바라보거나 신식민주의로 부를 수 있는 세계경제 시스템의 구조적 모순에서 비롯되었음을 철저히 비판하고 현실의 탈식민화를 추구해왔다.[22]

탈식민주의가 등장하게 된 역사적 배경을 간략히 말하면 다음과 같다. 우선 근대 시대에 영국, 프랑스, 스페인, 포르투갈, 독일 등 유럽의 몇몇 열강에 의해 자행된 전 세계 지역들을 향한 영토적 식민화와 경제적 수탈이 식민 지배 국가들 혹은 민족들과 피지배 국가들 내지 민족들 사이의 불평등을 구조화하였다. 그런데 탈식민주의가 더욱 심각하게 비판하는 지점은 20세기 동안 영토적·정치적 식민 해방이 이루어졌음에도 사실상 오늘날까지도 피지배 국가들(혹은 민족들)이 문화적·기술적·경제적인 지배를 과거의 지배 국가들 혹은 민족들로부터 받고 있다는 것이다. 그래서 탈식민주의의 영문 표기인 post-colonialism에서 'post'는 '~이후'와 '~를 넘어서'라는 이중적 의미로 사용된다.[23] 이런 맥락에서 대표적인 탈식민주의 사상가들은 자신들만의 탈식민적 상황에 대한 해석과 극복 방안을 제시하였다.

에드워드 사이드(Edward Said)는 서구 제국주의자들이 동양인들을 —그 의미가 긍정적이든 부정적이든 상관없이—신비주의, 전체주의, 비문명, 정체성, 후진성 등의 상징적 이미지에 가두어두는 오리엔탈리즘을 지식산업을 통해 이데올로기화했다고 식민지 해방 이후의 인지적 식민화 상황을 폭로한다.[24]

---

22 박종성, 『탈식민주의에 대한 성찰』(파주: 살림, 2006); 나시카와 나가오/박미정 옮김, 『신식민지주의론』(서울: 일조각, 2009).
23 박종성, 『탈식민주의에 대한 성찰』, 7-8.

호미 바바(Homi Bhabba)는 포스트모더니즘과 정신분석학 등의 소위 고급 이론을 적극적으로 활용하여 탈식민시대는 물론이고 식민시대에서도 식민지 지역 사회와 문화가 '지배-피지배'라는 이항 대립 구조 내지 일방적 억압 구조에 놓여 있지 않다고 분석한다. 바바는 '양가성'(ambivalence)이라는 개념 아래서 피지배인에 대한 지배자의 두려움의 감정을 발견하기도 하고 '혼종성'(hybridity) 개념을 통해 지배 문화와 피지배 문화 사이의 상호 영향 및 혼합을 드러내기도 한다. 그러나 이러한 혼종성이 결코 피지배 문화가 지배 문화에 포섭되고 순응하는 것을 의미하지 않는다. 오히려 바바는 '흉내 내기'(mimicry) 개념을 통해 피지배인들의 지배 문화 따라하기가 저항의 수단으로 사용되었고 사용될 수 있음을 보여준다.[25]

마지막으로 가야트리 스피박(Gayatri Spivak)은 인도 좌파 역사가들 중심으로 진행된 하위주체(the subaltern) 연구 그룹을 비판적으로 계승하면서 현대 신자유주의적 금융자본주의를 신식민주의로 규정하고 비판한다.[26] 특별히 "하위주체는 말할 수 있는가?"(Can the Subaltern Speak Out)라는 도발적 제목의 논문에서 스피박은 식민 시대에서 인도 여성이 남성가부장제와 영국 식민주의이라는 이중 억압에 놓여 있었음을 보여주는 연구를 통해 과거 식민 및 제국주의 시대이든 현재의

---

24 에드워드 사이드/박홍규 옮김, 『오리엔탈리즘』 (서울: 교보문고, 2007), 349.

25 이경원, 『검은 역사 하얀 이론: 탈식민주의의 계보와 정체성』 (파주: 한길사, 2011), 389-431.

26 가야트리 차크라보르티 스피박, "서발턴은 말할 수 있는가?," 로절린드 C. 모리스 엮음/태혜숙 옮김, 『서발턴은 말할 수 있는가?: 서발턴 개념의 역사에 관한 성찰들』 (서울: 그린비, 2013), 139. "지구적 금융화라는 오늘날의 프로그램이 이 계주에서 바톤 터치를 한다."

신식민주의 시대이든지 하위주체가 자신의 목소리를 낼 수 없는 (혹은 목소리가 들리지 않는) 현실을 폭로한다.[27] 또 스피박은 기존 하위주체 연구를 비판하면서 하위주체를 대변하는 일이 도리어 하위주체의 목소리를 듣는 데 방해될 수 있음을 경고한다.[28] 특별히 나의 관점에서 스피박의 이러한 하위주체(the subaltern) 개념은 기후 위기 시대의 맥락에서 활용할 가치가 높아 보인다. 이 부분은 다음 절에서 논의해보기로 하겠다.

그런데 IPCC가 예측한 대로 지구 온난화가 가져오는 생태계의 위기는 세계경제 시스템의 경제적·사회적 약자들(대체로 제3세계인들)에게 더 큰 피해를 입히고 그들을 불평등한 세계로 내몰게 될 것이다. 이렇게 생태주의와 탈식민주의를 같이 놓고 보니 양자의 약점들이 노출된다. 우선 생태주의는 생태계 파괴의 원인을 근대의 기계론적 세계관과 같은 근대성에서 찾는 사상적 공헌을 하였지만, 근대성을 출현시키는 데에 결정적인 역할을 했던 서구 제국주의나 식민지 경제 구조까지 세밀하게 관심 가지고 비평하는 데에 소홀하였다. 한편 탈식민주의가 식민주의와 신식민주의의 불평등하고 억압적 구조를 비판하고 약자를 지키는 노력을 해왔음에도 그 비평이 인간중심주의적이라는 비판이 존재한다. 왜냐하면 탈식민주의는 (신)식민적 세계가 형성

---

27 위의 책, 129-130. "가부장제와 제국주의 사이에서… 여성의 형상은 본래의 무(無)가 아니라 폭력적인 왕복 운동 속을, 전통과 근대화, 문화주의와 발전 사이에 사로잡힌 '제3세계 여성'의 전위된 형상화 속으로 사라지고 만다."

28 위의 책, 136-137. "… 정확하게 장기적으로 좀 더 효과적이기 위해 이 말 없음에 우리가 공모하고 있다는 사실을 인정하는 것이 중요하다고 생각한다. … 누군가가 토론의 여지가 있는 해독을 내놓았을 때, 그 해독이 성급하게 서발턴의 '말하기'와 동일시되어서는 안 된다. 식민화된 사람들 사이에도 서로 다른 집단화가 이루어지고 거기서부터 차이가 생긴다."

되는 데에 배경이 되는 생태적 요인들을 탐구하거나 인간 외 존재, 즉 생태세계의 생명들을 불평등과 억압을 겪는 생태적 약자로 인식하는 일에서 생태주의의 노력에 비하면 소홀하였기 때문이다.

III. 탈식민적 생태비평

1. 탈식민적 생태비평이란?

앞에서 살펴보듯 기후 위기 국면에서 생태주의와 탈식민주의가 현대 사회를 비판하는 지점들이 얽혀 있고 두 사조 모두 일정 부분 한계를 지니고 있다. 서로를 보완하여 기후 변화라는 전 지구적 위기에 대응한다는 차원에서 탈식민주의와 생태주의를 융합한 담론의 필요성이 요청된다. 이런 맥락에서 2000년대 들어 양쪽 분야를 연결하는 시도들이 시작되었고 현재는 독립된 담론 내지 학문 분야로 정착되어가고 있는 분위기이다. 이를 '탈식민적 생태비평'(postcolonial eco-criticism)이라고 부른다. 탈식민적 생태비평이라는 융합적 인문 분야는 기본적으로 탈식민주의 분야에서 발전되어 나왔다고 할 수 있다. 그래서 이유혁은 탈식민적 생태비평 분야가 기존의 탈식민주의 연구자들에 의해 주도되고 있다고 지적하면서, 탈식민주의가 식민 지배자와 피지배 내지 1세계와 3세계의 관계를 연구하듯이 탈식민적 생태비평은 "인간과 비인간적인 타자 사이의 지배와 피지배적인 관계의 비정상성과 이것의 파괴적인 영향에 대해 깊은 문제의식을 가지며 다른 방식의 관계 맺기의 가능성을 모색하는" 분야라고 설명한다.[29]

2. 탈식민적 생태비평의 연구 방향

탈식민적 생태비평의 주요 연구 방향들을 간단히 살펴보면 다음과
같다.

첫째, "탈식민적 생태비평은 자원을 무분별하게 착취한 "생태학적
(혹은 환경적) 제국주의"를 비판한다.[30] '생태학적 제국주의'(ecological
imperialism)라는 용어는 영국의 탈식민적 생태비평가 알프레드 크로
스비(Alfred Crosby)가 제안했으며 이는 "생태계 파괴를 동반하는 유럽
인들의 식민주의"를 의미한다.[31] 대표적인 예들을 들어보자. 신대륙 발
견 이후 유럽인들은 아메리카 대륙을 정복하면서 원주민들을 말살했
을 뿐 아니라 신대륙의 동식물들을 마구잡이로 약탈하고 착취하면서
생태계를 파괴하였다. 식민화 이후 카리브해 지역에서는 소위 "대청
소"(great clearing) 혹은 "숲의 죽음"(death of the forest)이라 부르는 원
시림 소실과 동식물 멸종이 발생했다.[32] 동시에 "(유럽으로부터 온) 정착
민들은 작물과 가축 떼들도 함께 식민지로 들여온 것"에 반해 "신세계
로부터 유럽으로 수입된 인간, 동물, 식물 종자들은 거의 없었다."[33]

29 이유혁, "탈식민주의와 생태학의 접점에서 ― 이론적 검토와 킨케이드의 글들에 대한
생태 비평적 읽기," 공윤경 외, 『생태와 대안의 로컬리티』 (서울: 소명출판, 2017),
234, 239.

30 Graham Huggan and Helen Tiffin, *Postcolonial Ecocriticism: Literature, Animals,
Environment* (London; New York: Routledge, 2010), 7.

31 신정환, "탈식민주의 생태 비평과 라틴아메리카 문학," 「외국문학연구」 제47호(2012),
82.

32 위의 글, 81.

33 Graham Huggan and Helen Tiffin, *Postcolonial Ecocriticism: Literature, Animals,
Environment*, 7.

특별히 허간과 티핀은 세 가지 다른 형태의 생태학적 제국주의를 구분하여 보여준다. 첫 번째 형태는 호주 생태여성철학자 발 플럼우드(Val Plumwood)의 지적처럼 생태학적 파괴의 근본에 자리 잡은 "남성주의적이고 이성중심적 문화"이다. 두 번째 형태는 생명과 자연을 기계처럼 조작하거나 관리할 수 있는 대상으로 간주하는 서구 과학기술을 통해 생명정치를 추구하는 "생명식민화"(biocolonisation)이다. 세 번째 형태는 사회적으로 소외되고 경제적으로 낮은 계층에 있는 사람들, 특히 타민족을 환경적으로 차별하는 "환경적 인종차별주의"(environmental racism)이다.[34]

둘째, 탈식민적 생태비평은 기존의 생명 및 환경과 관련한 지식체계, 정책, 문서(문학 작품 포함) 등을 비판적으로 읽고 그 안에서 숨겨졌던 제국주의적이고 식민주의적인 코드들을 폭로한다. 이유혁은 엘리자베스 딜러리(Elizabeth Deloughrey)와 조지 핸들리(George Handley)의 분석을 따라 이에 대한 두 가지 사례를 제시한다. 하나는 칼 린네우스(Carl Linnaeus)가 제시한 생물학의 근대적 분류법이다. 이 분류법에 따라 동식물이 분류된 이후 역사에서 린네 분류법은 "인종, 젠더, 자연에 대한 생물학적 결정론"과 "인종의 계급화"에 지대한 영향을 끼쳤다.[35] 다른 하나는 산림보호지구의 역사이다. 산림보호지구가 선정되던 초기에는 유럽 이외 지역에서 이루어졌는데 왜냐하면 이는 원시 산

---

34 *Ibid.*, 4-5.

35 Elizabeth Deloughrey and George B. Handley, "Introduction: Toward an Aethetics of the Earth," eds. Elizabeth Deloughrey and George B. Handley, *Postcolonial Ecologies: Literatures of the Environment* (New York: Oxford University Press, 2011), 12; 이유혁, "탈식민주의와 생태학의 접점에서," 242에서 재인용.

림을 보호하는 목적이 아닌 식민 지배자들이 그 지역을 지배하고자 하는 "권력에 대한 자의식적 관심"을 보여주기 때문이다.[36]

셋째, 탈식민적 생태비평은 생태학의 논의 저변에 존재하는 서구 중심주의 및 미국중심주의를 비판하고 극복하고자 한다. 사이드가 비판한 오리엔탈리즘적 논리가 생태 분야에서도 발견된다. 다시 말해 모든 면에서 앞서 있는 제1세계나 선진국이 환경 문제에서도 제3세계나 저개발국가들을 지도해야 한다는 논리이다. 그래서 이를 "'녹색 오리엔탈리즘'(또는 환경적 오리엔탈리즘)"이라고 부른다.[37] 특별히 이유혁은 미국 중심적 녹색 오리엔탈리즘을 극복할 수 있는 두 가지 대안에 주목한다. 하나는 디페시 차크라바르티(Dipesh Chakrabarty)의 "유럽의 지방화하기"를 차용한 롭 닉슨(Rob Nixon)의 미국적 환경주의의 지방화이며 다른 하나는 딜러리와 핸들리가 제시한 "미국적 생태담론의 계보를 리좀적인 방식"으로 읽어내는 것이다. 이는 생태적 지역성(로컬리티)을 회복하고 생태 담론을 탈중심적(비-미국중심적)이고 탈경계적인(다양한 국가의 사상들이 얽힌) 시각에서 재인식하는 것이다.[38]

3. 탈식민적 생태비평과 기후 변화

이런 맥락에서 탈식민적 생태비평은 "제국주의 역사가 비인간적인 존재들—동물, 식물, 자연 환경 등을 포함하여—에게 가해진 것들에 주

---

[36] Elizabeth Deloughrey and George B. Handley, 12; 이유혁, 위의 글, 243에서 재인용.
[37] 위의 글, 245-246.
[38] 위의 글, 247-248.

목하고 그동안 숨겨지거나 소외된 … 식민의 역사에 대한 다시 쓰기와 재평가를 시도"[39]하는 것이다. 이 분야의 주요 과제는 제국의 역사와 생태비평적 사고가 "복잡하게 얽혀 있는 역사를 정확히 분석"하는 일이다.[40]

그렇다면 탈식민적 생태비평이 다차원적이고 복잡한 문제들이 얽혀 있는 기후 위기 시대에 어떻게 대안적 응답을 할 수 있을까? 기후 변화의 양상이 다차원적이고 복잡한 이유는 생태계의 네트워크가 무너지고 여섯 번째 대멸종이라고 불릴 만큼의 자연생태계의 문제일 뿐만 아니라 경제·사회적으로 연약한 국가들이나 계층들이 기후 변화의 제일 큰 피해자가 되는 인간 사회의 문제이기 때문이다. 특정한 차원만을 해결한다고 기후 위기를 온전히 극복할 수 없는 딜레마에 빠진 상황이다. 만일 극단적 형태의 생태주의를 밀고 나가면 현 기후 변화의 주된 원인으로 지목되는 인간이 사라지면 되겠다는 논리로 귀결될 수 있다. 이러한 논리는 위험한데 왜냐하면 생태적 균형을 위해 특정 인종이나 계층을 사회에서 제거해야 한다는 생태파시즘[41]에 쉽게 이용될 수 있기 때문이다.

하지만 앞에서도 본 것처럼 인간 사회 현실을 고려하지 않는 양상은 탄소 배출을 둘러싼 제1세계 국가들과 제3세계 국가들의 갈등에서도 드러난다. 지난 30년간 IPCC가 기후 변화의 원인 및 추이를 과학적으로 입증하고 지구 평균온도 상승을 막기 위한 탄소 배출 감축이 얼마만큼 되어야 하는지 정량적으로 보여준 것은 인류 사회에 큰 공헌

---

39 위의 글, 241.
40 위의 글, 249.
41 이상헌, 『생태주의』 (서울: 책세상, 2011), 70-73.

을 한 것이다. 그러나 IPCC 보고서들에 전제되어 있는 과학기술을 통한 분석과 정책 제안은 기후 위기를 가져온 제국주의 및 식민주의의 역사적 맥락과 그에 기반하여 발전된—탈식민주의자들이 신식민주의라고 부르는—강대국 중심으로 흘러가는 글로벌 금융자본주의의 모순된 구조를 드러내지도, 거기에 근본적 의문을 제기하지도 못하는 한계를 지닌다. 만일 제3세계 국가들이 생태계 파괴와 지구 온난화 문제를 전혀 고려하지 않고 자신들의 경제 발전만을 추구한다면 경제 발전이라는 목표는 고사하고 생존 자체의 위기를 맞이할 가능성이 점점 높아지고 있다. 핵심 문제는 온실가스 배출을 전제로 한 경제 발전 외의 선택지를 주지 않는 정치경제 구조에 있다.

이런 맥락에서 멜버른 대학의 영문학자 안네 맥스웰(Anne Maxwell)의 제안을 주목할 필요가 있다. 그녀는 2035년에 지구 온난화로 새로 형성된 지배 계급과 피지배 계급 사이의 갈등, 억압, 차별을 이야기하는 호주의 SF 소설가 조지 터너(George Turner)의 소설, *The Fittest* (1985)를 비평하는 자신의 논문에서 기후 변화 현실에서 탈식민적 생태비평의 필요성을 제기한다.[42] 이 논문에서 맥스웰은 생태비평과 탈식민비평이 연대할 수 있는 가능성을 다음과 같이 서술한다. "생태비평과 탈식민적 문학비평 모두 우리가 타자를 다루는 방법에 주목한다. 그 타자가 인종적 혹은 문화적 타자가 되든 혹은 역사적으로 자연으로 불려왔던 다른 생명 형태이든지 말이다."[43]

---

[42] Anne Maxwell, "Postcolonial criticism, ecocriticism and climate change: A tale of Melbourne under water in 2035," *Journal of Postcolonial Writing*, vol. 45, No. 1(2009): 15-26.

[43] *Ibid.*, 19.

만일 현재 인류가 과학기술과 정책적으로 현재의 기후 변화를 극복한다고 해도 억압과 수탈을 겪어온 인간 타자와 비인간 타자들을 고려하지 않는다면, 또한 타자들을 고려하는, 나아가 타자들이 정의롭게 참여하는 정치사회경제 시스템을 구축하지 않는다면 언제든 오늘날의 기후 위기 상황을 또다시 맞이할 것이다.

IV. 객체지향 존재론과 초객체

1. 새로운 실재론의 물결

다차원적이고 자연생태계적 요인들과 인간 사회적 요인들이 온통 얽혀 있는 지구 온난화를 새롭게 바라보게 하는 데 도움을 주는 이론으로 내가 선택한 두 번째 이론은 객체지향 존재론이다. 사실 객체지향 존재론은 21세기에 들어와서 지성계에 기존의 사상적 흐름과 다른 새로운 지적 물결 내지 운동으로 불리는 일련의 사조들 속에 포함되어 있다. 이 새로운 철학적 물결은 새로운 실재론(realism) 운동으로 '실재론적 전회'라고 불린다.[44] 실재론적 전회를 이끄는 대표적인 사조는 '사변적 실재론'(speculative realism)이다. 이 사변적 실재론 논의는 퀑탱 메이야수(Quentin Meilassoux)가 2006년도에 『유한성 이후: 우연성

---

[44] 이러한 물결을 바라보는 관점에 따라 다른 용어로 불리기도 한다. 예를 들어, 물질의 생기성을 강조하는 제인 베넷(Jane Bennett)은 신물질주의(new materialism)를 표방하고 동물과 인간 내지 동물과 기계의 공생을 강조하며 탈인간중심주의를 주장하는 로지 브라이도티(Rosi Braidotti), 도나 해러웨이(Donna Haraway) 등은 포스트휴머니즘(post-humanism)이라는 용어를 제시한다.

의 필연성에 관한 시론』⁴⁵이라는 책을 출판하면서 촉발되었다. 여기서 메이야수는 138억 년의 우주 역사에서 인류가 등장한 것은 불과 몇 천 년밖에 안 되는데 "인간이 부재하는 세계에서 벌어진 사건을 인간이 사유하는 것이 정녕 가능한 일일까?"라는 질문을 던지면서 "인간과 세계의 상관관계만을 고찰의 대상으로 삼는 칸트 이후의 철학을 '상관주의'라고 규정하고 비판"하는 작업을 통해 인간과의 관계와 상관없는 "절대적 실재"에 대한 사유를 주장하였다.⁴⁶

이 책이 출판되고 얼마 지나지 않아 이러한 메이야수의 주장에 그레이엄 하먼(Graham Harman), 이안 해밀턴 그랜트(Iain Hamilton Grant), 레이 브라시에(Ray Brassier) 같은 철학자들이 동조하고 새로운 실재론 논의에 합류하면서 '사변적 실재론'이 형성되었다. 메이야수가 근대이후 철학을 상관주의라고 규정한 대로, 근대 합리주의부터 최근의 포스트모던 철학까지 세계 및 사회는 인간의 인식 구조와 언어 구조와 분리되어 사유될 수도 구성될 수도 없다는 공동된 기반에 놓여 있었다.⁴⁷ 이러한 인간 중심적 세계관과 근대의 기계론적 자연(물질) 이해가 한편으로는 인간 예외주의를 강화했고 다른 한편으로 물질에 대한 기계적·수동적 이해를 근·현대 철학에 깊이 새겨 놓았다. 이는 불행하게도 생태계 착취 및 파괴로 이어졌고 전 인류와 비인간 존재들을 지구 온난화의 수렁에 빠지게 한 사상적 원인이 되었다.

그런데 사변적 실재론을 비롯한 '실재론적 전회'에 포함되는 신물

45 퀑탱 메이야수/정지은 옮김, 『유한성 이후: 우연성의 필연성에 관한 시론』(서울; 도서출판b, 2010).
46 김환석 외 21인, 『21세기 사상의 최전선: 전 지구적 공존을 위한 사유의 대전환』(서울: 이성과감성, 2020), 228, 233.
47 위의 책, 13.

질주의, 포스트휴머니즘과 같은 사조들은 물질 혹은 사물을 과거의 해석과 달리 행위성과 능동성을 지닌 행위자로 간주한다. 여기에는 과학이 물질세계를 이해하는 방식이 20세기 이후 뉴턴 역학 패러다임에서 양자역학 패러다임으로 완전히 바뀐 것도 하나의 중요한 배경이 되었다.[48]

2. 객체지향 존재론 ─ 그레이엄 하먼을 중심으로

이러한 물질과 사물에 대한 새로운 실재론적 이해가 기후 위기 시대에 어떤 유용한 관점을 우리에게 선사하는지 살펴볼 차례이다. 위에서 밝힌 대로 나는 새로운 실재론 운동에 속하는 많은 사조 가운데 객체지향 존재론을 선택하였는데 그 이유는 대표적인 객체지향 존재론자 중의 한 명인 티모시 모턴(Timothy Morton)이 자신의 객체지향 존재론을 가지고 지구 온난화를 설명하고 있고 여기에서 새로운 관점을 발견할 것을 기대했기 때문이다.

모턴의 지구 온난화에 대한 해석을 살펴보기 전에 객체지향 존재론 (Object-Oriented Ontology)이 무엇인지 간단히 설명하겠다. 사변적 실재론 운동에 참여했던 그레이엄 하먼은 곧이어 자신만의 형이상학인 객체지향 존재론을 제시하였다. 객체지향 존재론은 "실재를 '객체'의 형상으로 구상"하는 형이상학으로 객체를 "인식주체와 상관없이 그

---

48 캐런 버라드는 사변적 실재론과 다소 다른 방향이지만 양자물리학에 기반을 둔 "행위적 실재론"(agential realism)을 제안한다. 이 실재론은 관계론적 존재론(relational ontology)에 기초한다. 프란체스카 페란도/이지선 옮김, 『철학적 포스트휴머니즘』 (파주: 아카넷, 2021), 316.

자체의 자율성"을 지닌 존재로 규정한다.[49]

특별히 하먼의 객체지향 존재론을 효과적으로 이해하려면 21세기 과학기술 분야에 가장 영향력이 큰 학자 중의 한 사람이자 사물의 행위성을 사변적 실재론이 형성되기 훨씬 전에 '행위자-네트워크 이론' (Actor-Network Theory)을 통해 주창한 브뤼노 라투르(Bruno Latour)를 언급하지 않을 수 없다. 왜냐하면 하먼이 "1900년의 현상학 이후로 나타난 가장 중요한 철학적 방법"[50]으로 간주할 만큼 라투르에게 큰 영향을 받았기 때문이다.[51] 실제로 하먼은 라투르를 객체지향 철학으로 해석하면서『네트워크의 군주: 브뤼노 라투르와 객체지향 철학』,『브뤼노 라투르: 정치적인 것을 다시 회집하기』와 같은 라투르 사상의 다양한 측면에 대한 자신만의 해설서들을 지속적으로 출간하고 있다.[52]

그런데 하먼은 자신의 객체지향 존재론이 라투르의 행위자-네트워크 이론과 공통점이 많지만 대비되는 차별점이 있다는 점에 착안하여 비교하는 전략을 통해 자신의 형이상학을 선명하게 드러낸다. 우선 하먼은 라투르의 행위자-네트워크 이론처럼 객체가 "관계를 매개한다"는 점과 "'행위주체성'을 갖추고 있다"는 점을 적극적으로 인정한

49 박일준, "객체지향의 철학: 초객체와 네트워크 그리고 공생,"「인문논총」제55집(2021년 6월), 7.

50 그레이엄 하먼/김효진 옮김,『비유물론』(*Immaterialism*) (서울: 갈무리, 2020), 43.

51 물론 라투르의 영향도 컸지만 실상 그레이엄 하먼은 대륙철학, 특히 하이데거와 훗설이라는 현상학적 계보에서 선배 현상학자들을 비판하면서 자신의 객체지향 철학을 발전시켰음을 그의 철학적 방법론을 기술한『쿼드러플 오브젝트』에서 밝힌다. 그레이엄 하먼/주대중 옮김,『쿼드러플 오브젝트』(*The Quadruple Objects*) (서울: 현실문화연구, 2019), 11-12.

52 그레이엄 하먼/김효진 옮김,『네트워크의 군주: 브뤼노 라투르와 객체지향 철학』, (서울: 갈무리, 2019); 그레이엄 하먼/김효진 옮김,『브뤼노 라투르: 정치적인 것을 다시 회집하기』, (서울: 갈무리, 2021).

다.[53] 나아가 하먼은 행위자-네트워크 이론의 기본적인 특징이 함의하는 여러 가지 장점을 찾아 보여준다. 간단히 요약하면 다음과 같다.[54] 첫째, 모든 것이 행위자라는 행위자-네트워크 이론의 주장은 라투르의 "평평한 존재론"에 근거하는데 이는 인간만을 우위에 놓는 근대의 이원론적 존재론을 극복하는 데에 용이하다.[55] 둘째, 행위자-네트워크 이론에서 전제하는 모든 관계는 "호혜적"이고 "대칭적"이며 "동등하게 중요"한 것인데 이는 과거에 약하고 수동적인 존재로 여겨졌던 하위 계층 인간이나 비인간 존재들의 영향력과 존재성을 무시할 것이 아니라 중요하게 고려하도록 하는 장점이 있다.[56] 이러한 관점에서 역사를 바라보면 비인간 존재들이 과거부터 현재까지 인간 사회와 상호관계를 맺으며 어떻게 영향을 주었는지 새롭게 보일 것이다. 예를 들어, 세균과 바이러스와 같이 우리가 평소 무시하는 작은 존재들이 중세시대, 식민지 시대, 현재의 코로나 팬데믹까지 인류 역사에 미친 막대한 영향력을 생각한다면 역사는 더 이상 인간만이 소유할 수 없다. 그렇다면 지구 온난화 문제도 당연히 지구환경 시스템에 거주하는 수많은 인간 및 비인간 행위자의 네트워크 관점에서 바라볼 수밖에 없을 것이다.

그러나 하먼은 이러한 행위자-네트워크 이론에 부분적으로 동의

---

53 그레이엄 하먼, 『비유물론』, 47-48.
54 사실 현대 철학의 새로운 흐름을 대표한다고 할 수 있는 라투르와 하먼을 단 몇 줄로 비교한다는 것은 무리한 작업이다. 또 이 비교는 하먼의 관점에 이루어진 것이기에 라투르의 주장은 다시 들여다보아야 한다. 단지 이 글의 논의 흐름상 객체지향 존재론의 주장을 명확히 하기 위해 하먼이 자신의 철학과 라투르의 철학을 비교한 것을 간단하게 요약한 것이라는 점을 밝혀둔다.
55 그레이엄 하먼, 『비유물론』, 157-158.
56 위의 책, 160-165.

하고 그 강점들을 인정하면서도 이 이론은 객체의 중요한 특징들을 놓치고 있다고 주장한다. 그리고 그는 라투르가 놓쳤다고 주장하는 객체의 특징들이 객체지향 존재론의 핵심적 특징을 보여준다고 말한다. 우선 하먼은 객체의 행위성을 인정하면서도 행위성이 "모든 객체가 공유하는 특성"이라는 행위자-네트워크의 주장에 의문을 표한다. 또한 많은 경우에서 객체들의 관계는 "비호혜적"이고 "비대칭적"이며, 동등한 중요성을 가지지 않는다.[57] 하먼은 비호혜성을 설명하기 위해 일회용 플라스틱과 그것으로 인해 발생한 태평양의 쓰레기 섬을 예로 든다. 왜냐하면 인류와 자연의 관계에 호혜적 관계만 존재한다면 인류는 플라스틱 쓰레기를 쉽게 제거할 수 있어야 하지만 그 플라스틱 산업에 종사하는 수많은 사람이라는 객체 혹은 플라스틱 회사라는 객체의 이익 때문에 어려움을 겪고 있다.[58] 즉 객체가 처한 다른 상황, 다른 객체와의 관계에 따라 호혜적일 수도 비호혜적일 수도 있는 것이며 이러한 객체지향 존재론이 역사에 존재하는 비호혜적, 비대칭적 관계를 설명하는 데에 장점을 지닌다. 하먼은 또한 "중요한 사건과 사소한 사건을 구분하지 못하는 ANT[Actor-Network Theory: 행위자-네트워크 이론의 영어 약어]의 상대적 무능으로 인해 그 이론은 객체의 생명 주기를 전혀 조명할 수 없게 된다"라고 비판하면서, 반면에 객체지향 존재론이 객체의 역사에서 "중요한 국면과 사소한 국면"을 구분해주는 장점을 지닌다고 주장한다.[59] 그러므로 하먼은 객체를 다음과 같이 논한다. "존재자는 그저 공개된 행위자라기보다는 오히려 부분적으로 물

---

57 위의 책, 161-166.
58 위의 책, 161.
59 위의 책, 165.

러서 있는 객체"[60]이며 "객체는 그 무엇으로도 환원될 수 없으며, 객체 고유의 용어를 다루는 철학이 다루어야 한다."[61]

3. 초객체 이론

이제 또 다른 객체지향 존재론자인 티모시 모턴이 제시한 '초객체'(hyperobject) 개념을 살펴보고 모턴이 이 개념을 어떻게 지구 온난화 상황에 적용했는지 알아보자. 모턴은 하먼의 객체지향 존재론을 기본적으로 지지하지만,[62] 개별 객체의 특성만으로 설명할 수 없는, 다시 말해 "인간과 비교하여 시간과 공간에 광범위하게 분산되어 있는 사물들을(things)" 설명하기 위해 *The Ecological Thought*(2010)[63]이라는 그의 저서에서 '초객체'[64] 개념을 처음 제안하였다. 초객체의 구체적인 사례는 생태권, 태양계와 같은 자연계의 초객체들로부터 스티로폼,

---

60 위의 책, 167.

61 그레이엄 하먼, 『쿼드러플 오브젝트』, 243.

62 Timothy Morton, *Hyperobject: Philosophy and Ecology after the End of the World* (Minneapolis, MN; London: University of Minnesota Press, 2013), 13-14.

63 Timothy Morton, *The Ecological Thought* (Cambridge, MA.; London: Harvard University Press, 2010).

64 원래 '초객체'라는 용어는 다중 차원을 지닌 객체를 가리키는 것으로 컴퓨터 과학 분야에서 사용되었다. 이 용어가 모턴이 사용하는 용법과 유사하다는 점이 흥미로우며 모턴이 컴퓨터 과학 용어를 인간과 비인간 객체들로 확장 적용했다고 볼 수 있다. 참고, A. Michael Noll, "A compute technique for displaying n-dimensional hyperobjects," *Communication of the ACM*, 10/8, 1967: 470-473. 한편, 초객체에서 '초'는 영어로 hyper인데 이 접두어는 '~를 초월하여'와 '과도한'이라는 뜻이 있다. 그래서 이동신은 『21세기 사상의 최전선』 안에 모턴을 소개하는 장에서 hyperobject를 "거대사물"이라고 번역한다. 어쩌면 초객체나 거대사물이라는 용어보다 다중차원 객체라고 번역하는 것이 원뜻에 맞을지도 모른다. 하지만 이 글에서는 좀 더 보편적으로 사용하는 것으로 여겨지는 '초객체'라는 번역을 따랐다.

플라스틱, 비닐, 자본주의 등 인간 사회의 초객체들까지 다양하다.[65] 지구 온난화도 당연히 대표적인 초객체이다. 모턴은 자신의 저서 *Hyperobjects*(2013) 전체에서 수많은 사례와 분석으로 초객체들의 공통된 특징들을 다음과 같이 압축적으로 설명한다.

그들(초객체들)은 **끈적끈적**하다. 이는 초객체들이 그들과 연관된 존재들에 찰싹 붙어 있다는 의미이다. 그들은 **특정 지역에만 존재하지 않는데**(non-local), 다시 말해 초객체의 특정 '지역에 현현'은 초객체 자체와 동일한 것이 아니다. 그들은 우리가 익숙한 인간적 범위의 시간성보다 훨씬 더 **깊은 차원에서 다른 시간성에 참여**한다. 특별히, 행성들과 같은 매우 거대한 초객체들은 가우스적 시간성을 갖는다: 즉, 그들은 일반상대성 때문에 시공간의 소용돌이를 발생시킨다. 초객체들은 시간의 범위에 있어서 그들의 존재가 인간에게 보이지 않는 결과를 낳는 **고-차원적 위상 공간**(a high-dimensional phase space)을 차지한다. 그리고 그들은 **상호객체적으로**(interobjectively) 자신들의 작용을 보여준다. 다시 말해 그들은 객체들의 미학적 특성 사이에 상호관계성을 구성하는 공간에서 인지될 수 있다.[66]

모턴은 지구 온난화가 보여주는 초객체적 특성을 대중이 잘 아는 영화들을 예로 들며 흥미롭게 설명하는데 이것이 초객체를 쉽게 이해하게 해준다. "그것(지구 온난화)은 마치 스타워즈에 나오는 포스(the

---

65 Timothy Morton, *Hyperobject*, 1.
66 *Ibid.*

Force)처럼 나를 둘러싸고 있고 나를 통과한다. 내가 지구 온난화에 대하여 알면 알수록, 나는 그것이 얼마나 넓게 퍼져 있는지 깨달았다. … 내가 〔지구 온난화와 같은〕 초객체들을 이해하려고 애를 쓰면 쓸수록 나는 더욱더 그들에 붙어 있다는 사실을 발견한다. 그들은 내 전체를 감싸고 있다. 그들은 나이다. 나는 마치 매트릭스 영화에 등장하는 네오(Neo)와 같다."[67] 이러한 비유는 지구 온난화의 특성을 잘 보여주고 그것이 얼마나 해결하기 어려운 일인지도 잘 드러낸다.

실상 현대 사회에서 우리가 거주하고 이동하고 먹고 마시는 기본적인 생활의 모든 부분이 탄소 기반 에너지와 연관되어 있으며 재생하기 힘든 쓰레기를 배출한다. 작은 행동이지만 그러한 행동들이 모여 지구 온난화에 기여한다. 그러니 지구 온난화는 어디에나 존재하고 나에게 늘 붙어 있는 존재이다. 그런데 동시에 개인의 시각에서는 지구 온난화라는 객체가 잘 보이지 않는다. 만일 우리가 어떤 물건이나 책에 있는 글자를 내 눈동자 바로 앞에 놓으면 더 잘 보일까? 오히려 더 알아보기 어렵다. 지구 온난화를 인식하기 어려운 또 다른 이유는 개인의 차원에서 파악하기 힘든 기나긴 시간의 흐름과 지구 내의 다양한 객체들과의 복잡다단한 상호작용이라는 초객체의 특징들도 지니고 있기 때문이다. 지구 온난화의 위험성을 제대로 파악하려면 지난 수십억 년 동안의 지구 대기 역사를 이해하고 있어야 하고, IPCC가 지구 평균온도 1.5도 상승의 마지노선으로 잡은 2050년은 개인들에게 너무 먼 미래처럼 느껴진다. 이는 지구 온난화를 막으려는 개인의 실천을 방해하는 요인이 되기도 하고 심지어 기후 위기를 부정하는 여론을

---

[67] *Ibid.*, 28.

만드는 원인이 되기도 한다. 한편 지구 온난화와 상호작용하는 객체들이 너무도 다양하기 때문에 지구 온난화를 막는 노력이 분산되어 힘의 집중이 이루어지지 않고 탄소 기반 산업의 회사와 거기에 종사하는 객체들은 탈-지구 온난화의 장애물이 되기도 한다.

그렇다면 우리는 지구 온난화라는 초객체의 매트릭스를 영원히 벗어나지 못하는가? 이에 대한 모턴의 해답은 영화 〈매트릭스〉에서 주인공 네오가 빨간색 알약을 먹고 매트릭스의 진정한 현실을 깨닫는 것과 비슷하다. 모턴의 철학에서 빨간색 알약은 지구 온난화 같은 초객체들이 공생적 실재들이며 그들이 "비외파적인 전체론적 상호연결성"(non-explosively holist interconnectedness)의 특징이 있음을 깨닫는 것이다.[68] 여기서 비외파적 전체론 혹은 "내파적 전체론"[69]이라고 모턴이 명명한 이 개념은 모턴이 전체와 부분의 관계에 대한 기존의 해석, "전체가 부분보다 크다"를 뒤집은 것과 관련이 있다. 모턴의 관점에서 전체는 오히려 부분보다 작다. 모턴은 다음과 같이 예를 든다. "숲은 존재론적으로 하나이다. 나무들은 하나 이상이다. … 기후(climate)는 존재론적으로 날씨(weather)보다 더 작다." 왜 그런가? 숲의 부분들 또는 나무의 부분들이 숲 전체보다 훨씬 많으며 날씨 안에는 기후와 연관이 없는 다양한 요소가 존재하기 때문이다. 모턴은 이러한 논리를 인간에 적용한다. "인류는 그것을 구성하고 있는 인간들보다 존재론적으로 더 작다!"[70] 모턴은 이를 전체들이 "자신의 부분들을

---

68 티모시 모턴/김용규 옮김, 『인류: 비인간적 존재들과의 연대』, (부산: 부산대학교출판원, 2021), 68.
69 위의 책, 117.
70 위의 책, 166-167.

저월한다(subscend)"고 표현한다. 즉 전체 속의 수많은 부분 객체는 하먼의 객체지향 존재론에서 말하는 "객체의 물러남"(object withdrawal)으로 불릴 수도 혹은 모턴의 말로 "열림"으로 이야기될 수도 있다.[71]

그런데 모턴은 바로 지구 온난화 같은 초객체와 그것을 구성하는 부분 객체들 사이의 열려진 상호관계 때문에 희망을 논할 수 있다고 주장한다. 상호 개방의 관계는 특정 객체로 전체를 환원할 수 없을 뿐 아니라 전체가 부분 객체들을 식민화할 수도 없다는 것을 뜻한다. 왜냐하면 물러남(withdrawal)이란 "어떠한 접근 양식도 사물을 소진시킬 수 없다는 사실"을 의미하기 때문이다.[72] 이런 맥락에서 "세계는 본질적으로 결여적이고, 본질적으로 울퉁불퉁하며, 결함투성"이고 "구멍 뚫려 있다."[73] 다시 말해 전체로서의 초객체는 소진될 수 없는 무수한 객체들보다 존재론적으로 작고 취약하다. "전체가 그 부분들보다 항상 더 작다면, 신자유주의는 냉소적 이성이 주장해온 것보다 더 작다. … 이를 테면 독일의 작은 마을을 석유 기반의 에너지 망에서 분리하는 식으로 전복하기가 (지적 능력을 발휘하면) 아주 쉬운 어떤 것이다."[74] 지구 온난화에도 이러한 논리가 적용된다. 더불어 인간도 지구 온난화의 부분 객체이면서 동시에 인간을 구성하는 다른 객체들의 "저월적 전체"[75]이기도 하다. 이런 이유에서 모턴은 인간을 인류(humankind)라고 바꾸어 부른다. 그러므로 지구 온난화에 저항하는 방법은 우선 인간이 이미 비인간 객체들과 얽혀 있는 인류라는 사실을 깨닫고 비인

---

71 위의 책, 68.
72 위의 책, 159.
73 위의 책, 148-149.
74 위의 책, 174.
75 위의 책, 176.

간들과의 연대를 동력으로 삼아 지구 온난화와 그것의 동력인 신자유주의적 자본주의를 "흔들어"(rocking) 아래로부터 무너뜨리는 것이다.[76]

V. 두 이론에 대한 평가와 생태신학적 함의

지금까지 우리는 새로운 생태적 사조인, 탈식민적 생태비평과 객체지향 존재론 가운데 초객체 이론의 핵심적인 측면들을 살펴보았다. 이제 '들어가는 말'에서 제기한 대로 생태정의와 사회정의가 얽힌 기후 위기 시대에 두 이론이 어떠한 장점을 지니고 어떠한 한계를 지니는지 평가하고자 한다. 그런 뒤에 두 이론이 생태신학에 가지는 함의를 밝혀보겠다.

1. 기후 위기와 탈식민적 생태비평

탈식민적 생태비평은 기후 위기 시대에 필요한 몇 가지 장점을 지니고 있다.

첫째, 탈식민지적 생태비평을 다룬 앞의 절에서도 분석하였듯이 탈식민지적 생태비평은 과거 생태주의가 간과했던 부분을 정확히 지적해준다. 말하자면 탈식민지적 생태비평은 생태 파괴 및 지구 온난화의 원인을 제국주의 역사 및 신식민주의 안에서 구체화하는 역할을 한다. 생태주의가 비판했던 근대과학 시대에 발전한 기계론적 자연

---

76 위의 책, 276, 293.

이해는 제국주의 및 신자유의주의적 자본주의라는 폭력적 수단과 결합하여 인간과 비인간 모두를 착취하고 특정 국가와 계급의 이익 증대에 공헌한 것이다.

둘째, 탈식민적 생태비평은 탈식민주의의 제국주의와 신식민주의 비판을 확대한다. 이제 탈식민적 생태비평 관점에서 제국주의와 식민주의의 수탈과 착취 대상에는 비인간 존재들, 즉 식민지 자원과 자연환경 그리고 동식물들을 포함하게 된다. 이는 기존 탈식민주의가 가지고 있던 인간중심주의적 한계를 극복하게 하는 데에 기여할 뿐 아니라 제3세계 시민들과 같은 식민주의 인간 피해자가 또 다른 비인간 피해자들에 대한 연민을 느끼고 그들과 연대할 수 있는 이론적 기반을 제공하는 것이다.

셋째, 탈식민적 생태비평은 문학 분야 안에서 기존 생태비평에 기여할 수 있다. 전통적인 생태비평은 주로 서구 중심 세계에 존재하는 자연의 아름다움을 노래하였다. 이는 생태의식을 고취하는 긍정적인 기능이 있지만 탈식민적 생태비평의 관점에서는 생태 파괴의 실상과 지역에 따른 불균형의 현실을 간과하며 서구 중심적 묘사라는 비판에 직면할 수밖에 없다. 따라서 탈식민적 생태비평은 서구 중심적이고 낭만적인 생태비평 시각을 극복하는 공헌을 한다.

이러한 몇 가지 공헌에도 불구하고 탈식민적 생태비평도 몇 가지 한계점이 있다.

첫째, 탈식민적 생태비평은 식민주의의 희생자를 인간에서 비인간으로 확대하고 있지만 여전히 식민화된 지역의 자연과 동식물의 피해에 집중하는 경향이 있다. 이는 1세계의 자연과 3세계의 자연을 구분하는 것과 같은 인상을 준다. 자연이 1세계와 3세계라는 인간의 임의적인 무리지음을 갖고 있을 리는 만무하지 않은가? 따라서 나는 탈식민적 생태비평이 여전히 탈식민주의가 가지는 인간 중심적 시각을 근본적으로 극복하지 못한 한계를 노출한다고 생각한다.

둘째, 탈식민적 생태비평은 생태계 내에 비인간 존재들이 제국주의 시대 열강들과 현대 신식민주의적 자본주의에 의해 희생당하고 수탈당하는 현실을 적나라하게 고발하고 있다. 하지만 그러한 비참한 현실을 어떻게 극복할 수 있는가에 대해서는 특별한 대안을 제시하지 못하는 것처럼 보인다. 탈식민주의도 이와 유사한 비판을 받는데, 탈식민주의적 생태비평 또한 이러한 비판을 피해 가기 어려워 보인다. 더불어 비인간 존재가 희생당하고 억압받는 역사를 드러내다 보니 탈식민지적 생태비평이 비인간 존재를 약하고 수동적인 존재로만 인식하는 것은 아닌가 하는 의구심을 갖게 한다.

2. 기후 위기와 초객체 이론

내가 보기에 초객체 이론이 전제하는 객체지향 존재론의 몇 가지 요소와 초객체 이론의 몇 가지 특징은 기후 위기 시대에 필요한 장점들을 갖추고 있다. 그리고 그 장점들은 탈식민지적 생태비평의 한계들을 극복하거나 보완할 수 있는 가능성을 보여준다.

첫째, 생태주의 사조들이 지적한 대로 인간과 자연, 사회와 자연 등의 이원론적 패러다임이 근대 이후 인간 문명을 주도했고, 인간은 인간 혹은 사회가 자연보다 우위에 있다는 전제하에 자연을 소진시키고 생태계를 파괴하는 방식으로 문명을 확대해왔다. 인류세(anthropo-cene)라고 불릴 만한 이러한 패러다임은 결국 현재의 기후 위기를 낳왔다. 앞에서 살펴본 바대로 생태주의와 탈식민적 생태비평 모두 이러한 패러다임을 강력하게 비판해왔다. 그런데 객체지향 존재론이야 말로 근본적인 의미에서 인간과 자연을 분리하는 패러다임을 해체할 수 있는 사상 중의 하나라고 할 수 있다. 왜냐하면 객체지향 존재론은 우선 '모든 것이 객체'라고 말하기 때문이다. 비인간 동물과 사물만이 객체가 아니다. 인간도 객체이다. 존재론적으로 동격인 객체이기에 인간만이 예외적 주체이고 나머지가 객체라는 논리는 성립되지 않는다. 따라서 객체지향 존재론은 인간중심주의를 넘어서는 탈-인간중심적 철학이다.

둘째, 동시에 객체는 수동적인 기계적 사물이 아니다. 오히려 '객체는 모두 이해되거나 소진될 수 없다'는 객체지향 존재론의 특징 때문에 객체들은 자율적이고 독립적이다.[77] 특별히 탄소 에너지라는 객체를 착취하여 만들어내는 지구 온난화 맥락에서 생각해볼 때 산과 바다, 식물과 동물 등의 생태계 내에 존재하는 비인간 객체들은 궁극적인 의미에서 인간에 의해 결코 정복될 수 없다. 이러한 관점은 비인간 존재가 제국주의적 권력을 행사하는 인간에게 수동적으로 희생만 당한다는 탈식민적 생태비평의 자연관이 지닌 한계를 극복한다 하겠다.

셋째, 티모시 모턴의 초객체 개념은, 앞에서 살펴본 바대로, 지구 온난화가 보여주는 기후적 특성 및 온난화에 대한 사람들의 소극적이거나 부정적 반응의 이유를 설명하는 데에 도움을 준다. 지구 온난화

---

[77] 전철과 우희종은 "포스트휴먼 사회의 동물권: 인간, 동물, 인공지능의 생명 존재론"이라는 논문에서 생명체에게 "개체 고유성"이 있다고 주장하는데 나 역시 공감한다. 전철과 우희종이 생명체의 고유성 개념을 로봇이라는 사물로 확대하고 있다면, 나는 객체의 고유성이 생명의 고유성에 기반이 된다고 여긴다. 전철·우희종, "포스트휴먼 사회의 동물권: 인간, 동물, 인공지능의 생명 존재론,"「신학사상」 193(2021), 73.

라는 초객체의 부분 객체들이 보여주는 현상들이 지구촌 곳곳에서 각기 다른 모습으로 일어나고 있고 그러한 객체들이 장기간에 걸쳐 모여 지구 평균온도를 점차 올이고 있다. 하지만 인간이 지닌 전망과 시간 개념의 한계 때문에 많은 사람이 지구 온난화를 제대로 인식하지 못한다. 이는 위기를 위기로 느끼지 못하는 것이다. 일부 사람들은 지구 온난화를 조작된 사실이라고 비난하기까지 한다. 이렇듯 초객체의 부분 객체에 불과한 인간의 한계를 생각한다면 기후 위기에 대한 사람들의 반응과 실천이 미지근한 것에 대해 마냥 비판만 하기도 힘들다는 생각이 든다. 이는 지구 온난화를 애써 막아보려는 각종 단체들이 새겨볼 만한 지점이다.

이처럼 객체지향 존재론과 특별히 초객체 개념은 여러 가지 장점을 지니고 있고 또 다른 생태적 사유인 탈식민적 생태비평의 한계를 보완해주고 있다. 그럼에도 초객체론이 갖는 한계점 한 가지를 짚고 가야 겠다. 위에서 언급한 대로 모턴은 지구 온난화와 연결된 부분 객체들 사이의 상호연관과 특별히 인간과 비인간 객체들의 연대를 통해 지구 온난화를 아래로부터 해체하는 희망을 제시하였다. 그런데 내가 보기에는 그러한 제시가 구체적인 대안으로 보이기에는 추상적인 선언에 그친 것 같다. 물론 모턴이 철학적 사유를 전개하고 있기에 사회과학과 같은 구체적인 정책 제안을 하기는 어려웠을 것이다. 하지만 구체적인 인간 객체와 구체적인 비인간 객체의 사례를 들어 어떤 방식으로 연대할 수 있는지 보여주었으면 하는 아쉬움이 있다.

3. 생태신학적 함의

이제 이 글의 결론적 논의로서 생태신학적 함의를 논할 차례이다. 지금까지 살펴본 탈식민적 생태비평과 초객체 이론에 대한 탐구와 그 사유들의 장·단점들 속에서 신학과 연관될 수 있는 몇 가지 중요한 함의들이 발견된다. 다만 나는 이 생태신학적 함의들을 이 글 초반에 제기했던 문제, 즉 기후 위기를 놓고 벌이는 선진국과 개발도상국의 갈등 내지 생태정의와 사회정의 사이의 조화에 대해 신학이 어떻게 응답할 수 있는가의 관점에서 서술하고자 한다. 서술의 방식은 구원론의 일반적인 순서, 즉 죄 인식, 회개, 화해, 성화, 공동체 세우기를 따르고자 한다.

첫째는 죄악으로 가득 찬 인간 문명에 대한 깨달음이다. 이러한 지적이고 영적인 자각을 위해 탈식민적 생태비평은 생태신학의 해석학적 방법으로 활용될 수 있다. 생태신학은 생태주의의 다양한 사조들과 대화하면서 근대의 기계론적 세계관과 거기에 편승하여 자연을 이윤을 위한 수단으로 간주하는 자본주의적 체제를 생태계 파괴와 지구 온난화의 주된 원인으로 지목하였다. 이를 통해 신학은 생태계 파괴적인 현대 문명을 비판하는 예언자적 소명을 감당하였다.

탈식민적 생태비평은 생태신학으로 하여금 제국주의와 식민주의의 역사를 지구 온난화의 중요한 동인 중 하나로 고려하게 하며, 제3세계 국가와 시민들뿐만 아니라 하나님의 비인간 피조물들이 글로벌 자본주의 체제 아래 신식민주의적 파괴와 수탈의 고통 속에 있다는 것을 직시하도록 돕는 역할을 할 수 있다. 물론 생태신학자들 가운데 탈식민적 생태비평과 직접 대화하지 않았음에도 제국주의와 신식민주의가 생태계에 끼친 악영향에 대해 비판적으로 논한 학자들이 존재한다. 예를 들어, 대표적인 생태여성주의 신학자 로즈마리 류터(Rosemary Ruether)는 "서구 유럽 사회에서 자연에 대한 과학의 기술적 통제는 식민주의와 함께 나란히 진행되었다"라고 평가하면서 식민화로 인해 인간 노동 착취뿐 아니라 산림 및 열대우림 파괴와 같은 대규모 생태계 파괴를 심각하게 바라본다.[78] 과정신학자 캐서린 켈러(Catherine Keller)는 "신식민지적 경제에 대한 탈식민주의적 분석"을 수용하면서 세계화라는 허울을 쓴 신식민주의가 켈러의 지구정치신학에 큰 방해물임을 지적한다.[79] 생태해방신학자 대니얼 카스티요(Daniel P. Castillo) 또한 근대 제국주의자들이 감행한 전 세계의 식민화 과정에서 발생한 숲과 토지의 파괴를 지구의 생태적 비상사태의 주요 원인 중 하나로 설명한다.[80] 하지만 이렇게 탈식민적 관점을 수용한 신학자들도 동식물들의 수탈 등과 같은 탈식민지적 생태비평이 밝혀내는 제국주의 및 (신)식민주의로 인한 생태 파괴의 다양한 측면을 놓치고 있다. 더불어 우리는 오드리 채프먼(Audrey R. Chapman)이 평가한 대로 생태신학의 역사 중 상당 부분이 생태계 위기에 대한 기독교의 책임이라는 외부의 비판에 대한 변증 노력이었음을 간과해서는 안 된다.[81] 그러므로 탈식민적 생태비평은 신학의 관점에서 볼 때 하나님의 피조세계와 동료 피조물들을 파괴하는 인간(문명)의 죄악을 여실히 폭로하는 방법이 될

---

[78] 로즈마리 류터, 『가이아와 하느님』, 236-237.
[79] 캐서린 켈러/박일준 옮김, 『지구정치신학』, (논산: 대장간, 2022), 132-133.
[80] 대니얼 카스티요/안재형 옮김, 『생태해방신학』, (고양: 한국기독교연구소, 2021), 278- 279.
[81] 오드리 R. 채프먼, "과학, 신학, 윤리학의 생태주의화," 테드 피터스 엮음/김흡영 외 옮김, 『과학과 종교: 새로운 공명』, (서울: 동연, 2002), 361.

수 있다.

둘째는 생태적 죄에 대한 회개이다. 왜냐하면 기독교 신앙인은 죄를 인식한 이후 회개로 나아가야 하기 때문이다. 그리스도인들뿐만 아니라 기후 위기 시대를 살아가는 인류 전체에게도 생태적 회심이 필요하다. 이를 위해 생태신학은 탈식민적 생태비평과 초객체 이론과 같은 객체지향 철학을 활용하여 지구 온난화에 책임 있는 그리스도인들에게 회개를, 비그리스도인들에게는 반성을 촉구할 수 있다. 특별히 제1세계 국가들과 제3세계 국가들이 지구 온난화를 놓고 책임공방을 벌이는 동안 기후 재앙을 막을 결정적 시간을 잃어가는 현실 속에서 각 국가들의 철저한 자기반성이 절실히 필요하다. 생명세계의 총체적 위기를 맞고 있는 시기에 전 지구적 협력을 위해서라도 생태신학은 예수 그리스도가 성취하고 기독교 본연의 임무라 할 수 있는 화해와 용서 사역을 생태적으로 재해석하고 그에 참여해야 한다. 자기고백과 피해자를 향해 용서를 구하는 행위 없이 가해자와 피해자 사이의 화해는 이루어질 수 없는 것처럼 과거 식민지배 국가들은 피지배 국가들에게 정치경제적 지배뿐만 아니라 생태적 억압과 수탈에 대해 고백하고 용서를 구해야 한다.

식민 지배의 피해자 국가들도 자신을 피해자로만 규정하지 말아야 한다. 탈식민적 생태비평이 보여주듯이, 그들도 신식민주의적 (혹은 신자유주의) 경제체제에 편승하여 지구 온난화 가속에 동참하였을 뿐만 아니라 자신들의 이익을 위해 비인간 피조물들을 희생시킨 것도 사실이기 때문이다. 이렇게 상호 자백과 반성이 이루어질 때 인간과 인간 사이에, 인간과 자연 사이에 화해가 가능하다. 지구 온난화로 인한 대멸종은 인간 외 생명들의 처지에서 보면 2차 세계대전 당시의 홀로코스트와 같은 것이다. 그런데 주지하듯 유대인과 독일인의 화해는 독일 지도자들의 지속적이고 진정어린 사죄에서 비롯되었다. 이제 기후 위기 시대에 새로운 사죄가 필요하다. 생태적 식민주의의 인간 피해자와 비인간 피해자들을 향해 사죄 선언이 여기저기서 나오기를 바라본다. 단, 사죄는 언술로 그쳐서는 안 될 것이다. 독일이 나치 전범들을 처벌하고 유대인들에게 배상금을 지불한 것처럼 기후 위기 시대에 각 정부는 환경을 파괴하는 기업과 개인에게 법적·제도적 책임을 묻고 기후 난민, 멸종 위기 동식물 등의 지구 온난화 피해자들을 보호하고 지원해야 한다.

셋째는 생태적 회개 및 화해 이후 진리의 세계관으로 내면을 채우는 성화의 길이다. 이를 위해 생태신학이 객체지향 존재론 및 초객체 이론이 전해주는 새로운 생태적 사유에 귀를 기울이고 이를 신학적으로 재구성하는 노력을 기울인다면, 객체들로 가득 찬 피조세계를 새롭게 바라보는 생태적 영성을 세우는 일에 기여할 수 있다. 객체지향 존재론을 처음으로 제안한 그레이엄 하먼의 철학적 출발점이 훗설과 하이데거로 이어지는 현상학에 있었다는 사실을 상기해보자. 훗설과 하이데거가 현대 신학에도 지대한 영향을 끼쳤다는 것을 생각하면 비록 객체지향 존재론이 유신론적 철학은 아니지만 신학과 만날 수 있는 여지가 있다는 것은 분명하다. 객체의 인식 불가능성과 존재론적 물러남에 대한 논의는 폴 틸리히가 신을 존재론적 심연에 비유한 것을 떠올리게 한다.[82] 물론 객체지향 존재론은 신이 아닌 모든 객체에서

---

[82] Paul Tillich, *The Shaking of the Foundations* (Eugen, OR: Wipf & Stock, 1948), 57.

심연을 발견한다는 점에서 차이가 있다. 하지만 이를 사물을 신의 위치에 올려놓는 것이라 확대 해석할 필요는 없다. 오히려 신학적으로 전유하면 하나님이 인간을 포함한 다른 존재들을 환원할 수 없고 나아가 정복할 수 없는 심연을 지닌 객체들(피조물들)로 창조한다고 해석할 수도 있다.

특별히 객체의 자율성과 객체의 인식 및 환원 불가능성은 지구 온난화와 관련하여 생태신학에 새로운 도전을 준다. 생태신학도 생태주의처럼 인간 문명에 의해 지배당하고 수탈당하는 자연세계의 현실을 폭로하다 보니 자신도 모르게 비인간 개체들을 약한 존재, 수동적인 존재로 전제하고 논의를 전개해온 측면이 있다. 예를 들어, 생태신학의 대표적인 인간론이 청지기론인데, 여기에서 우리는 피조물을 인간의 돌봄을 받아야 하는 연약한 존재로 여기는 전제를 발견할 수 있다.[83] 최근에 지구 온난화를 인류세로 규정하는 용어도 널리 활용되고 있는데 여기에서도 주의할 점이 있다. 지구 환경 전체가 인류의 탄소 배출 행위를 기준으로 움직이고 있다는 식으로 해석될 여지가 있으며 이때 인류만이 주체이고 나머지 지구 환경은 객체가 되어버린다. 20세기 이후의 탄소 배출을 통해 지구 평균온도가 급격히 상승한 것은 사실이고 인간을 포함한 모든 생명체에 위험한 지표임에는 틀림없지만 지구 전체가 멸망한다고 착각하면 안 된다. 현대 생태학과 지구환경 시스템학은 지구 내 모든 무생물과 생물의 수없이 복잡한 상호작용과 되먹임 구조를 통해 지구 대기환경이 유지돼왔다고 말한다. 이는

이성호, "생태신학을 위한 과학 다시 생각하기 ― 공생진화론과 가이아이론을 중심으로," 전현식·김은혜 외, 『생태사물신학: 팬데믹 이후 급변하는 생태신학』 (서울: 대한기독교서회, 2022), 75.

모턴의 초객체 이론과 호응한다. 어쩌면 모턴이 과학의 언어를 자신의 철학 언어로 표현했을지도 모를 일이다. 지구에 거주하는 수많은 객체는 능동적이고 자율적이며 독립적인 존재로 상호 연관되어, 지구라는 초객체를 유지하기 위해 지구 온난화라는 초객체를 무너뜨리기 시작했는지도 모른다. 이제 신학은 피조물들을 평가절하하거나 인간 역사의 보조 수단이나 배경으로 간주하는 인간 중심적 관점에서 벗어나야 한다. 오히려 그리스도인들은 능동적이고 자유롭게 활동하는 비인간 객체들을 인간과 더불어 온 세계를 향한 하나님의 구원 역사에 동참하는 동료이자 하나님의 형제자매들로 바라볼 필요가 있다.

마지막으로 생태신학은 새로운 생태 사유들과의 대화를 통해 새로운 공동체, 새로운 교회의 모습을 구상하는 일에 기여할 수 있다. 영성의 열매는 반드시 공동체를 통한 실천에서 나오는 법이다. 신학의 궁극적 지향점이 예수 그리스도의 종말론적 하나님 나라의 완성이라는 전제 아래, 하나님 나라에 초청했던 소자, 세리, 창녀, 장애인 등의 당시에 죄인으로 불렸던 자들은 탈식민적 생태비평과 초객체 이론을 통해 확대하여 해석될 수 있다. 대표적인 탈식민주의자 스피박은 말할 권리조차 빼앗겨버린 '하위주체'(subaltern)에 주목한다.[84] 탈식민적 생태비평은 스피박의 하위주체를 자연 내 비인간 존재로 확대할 수 있는 길을 열어놓았다. 그리고 초객체 이론을 여기에 적용하면 비인간 하위주체들이 현상적으로 착취당하고 있어 보이지만 객체의 물러남이라는 특성 때문에 완전히 정복될 수 없다고 해석할 수 있다. 그런데 '하

---

[84] Gayatri C. Spivak, "Can the Subaltern Speak?," *Marxism and the Interpretation of Culture*, eds. Cary Nelson and Lawrence Grossberg (London: Macmillan Education Ltd.: 1988), 294.

위주체'는 한국 신학의 맥락에서 민중이라고 바꾸어 부를 수 있다. 그렇다면 이제 사회경제적으로 억압받는 인간 민중뿐만 아니라 지구 온난화의 복잡한 현실 속에서 고통당하는 비인간 존재들도 민중으로 해석할 수 있다. 더구나 모턴이 희망적으로 암시한 것처럼 인간 민중과 비인간 민중이 상호 연결되어 있음을 깨닫고 상호 연대하여 기후 위기를 해체하고 새로운 세상, 생태적인 하나님 나라를 세워갈 수 있다. 이는 예수를 믿고 하나님 나라를 꿈꾸는 작은 자(민중)들의 모임인 교회에 대해 다시 생각하게 한다. 교회 공동체 안에 비인간 피조물(객체)들을 어떻게 포함시켜야 하는지가 향후의 또 다른 생태신학적 과제가 될 것이다.[85]

이 글을 마무리하면서 이 글의 한계도 언급해야겠다. 이 글은 최근에 주목을 받고 있는 생태적 사유들 중에 대표적인 탈식민적 생태비평과 초객체 이론을 소개하고 그들이 지니는 생태신학적 함의를 살펴보는 일에 초점을 맞추었다. 그러다 보니 이러한 사유들을 구체적인 신학자들, 신학적 언어들 그리고 신학적 교리들과 대화하면서 좀 더 상세한 신학적 재구성으로 나아갈 수는 없었다. 향후 이 기초적 연구를 기반으로 나를 비롯하여 동료 신학자들이 후속 연구들에서 새로운 생

---

85 강현미는 "'바람, 물, 땅'의 생태여성적 삼위일체 하나님 모델: 풍수우주론으로부터 생태여성주의적 시각에서 재해석한 삼위일체론" 논문에서 바람, 물, 땅이라는 비유기체 사물을 동양적 풍수우주론 관점에서 생태적 삼위일체론으로 재해석하고 있다. 이 논문의 내용은 객체지향적 존재론과 같은 사물철학의 빛에서 해석될 여지가 많아 보인다. 후속 연구에서 생태여성주의 신학이 객체지향적 생태신학으로 나아갈 수 있는 가능성을 엿볼 수 있다. 강현미, "'바람, 물, 땅'의 생태여성적 삼위일체 하나님 모델: 풍수우주론으로부터 생태여성주의적 시각에서 재해석한 삼위일체론," 「신학사상」 제179집(2017년 겨울호): 117-154.

태신학적 논의를 수행하게 되기를 기대하며, 궁극적으로 신학이 기후 위기 시대에 유의미한 공헌을 하게 되기를 희망한다.

참고문헌

강현미. "'바람, 물, 땅'의 생태여성적 삼위일체 하나님 모델: 풍수우주론으로부터 생태
　　여성주의적 시각에서 재해석한 삼위일체론."「신학사상」179(2017): 117-
　　154.

김환석 외.『21세기 사상의 최전선』. 서울: 이감, 2020.

나시카와 나가오/박미정 옮김.『신식민지주의론』. 서울: 일조각, 2009.

류터, 로즈마리/전현식 옮김.『가이아와 하느님』. 서울: 이화여자대학교출판문화원,
　　2000.

머천트, 캐롤린/허남혁 옮김.『래디컬 에콜로지』. 서울: 이후, 2007.

메이야수, 퀭탱/정지은 옮김.『유한성 이후: 우연성의 필연성에 관한 시론』. 서울; 도서
　　출판b, 2010.

맥페이그, 샐리/김준우 옮김.『기후변화와 신학의 재구성』. 서울: 한국기독교연구소,
　　2008.

모턴, 티모시/김용규 옮김.『인류: 비인간적 존재들과의 연대』. 부산: 부산대학교출판
　　원, 2021.

몰트만, 위르겐/김균진 옮김.『창조 안에 계신 하나님』. 서울: 대한기독교서회, 2017.

문순홍.『생태학의 담론』. 서울: 솔, 1999.

박일준. "객체지향의 철학: 초객체와 네트워크 그리고 공생."「인문논총」55(2021):
　　5-30.

박종성.『탈식민주의에 대한 성찰』. 파주: 살림, 2006.

보프, 레오나르도/김항섭 옮김.『생태신학』. 서울: 가톨릭출판사, 2013.

사이드, 에드워드/박홍규 옮김.『오리엔탈리즘』. 서울: 교보문고, 2007.

스피박, 가야트리 차크라보르티. "서발턴은 말할 수 있는가?." 로절린드 C. 모리스
　　엮음/태혜숙 옮김.『서발턴은 말할 수 있는가?: 서발턴 개념의 역사에 관한
　　성찰들』. 서울: 그린비, 2013.

신정환. "탈식민주의 생태 비평과 라틴아메리카 문학."「외국문학연구」47(2012):
　　79-97.

유영모.「천부경풀이」. 박영호.『다석사상으로 본 불교, 반양심경』. 서울: 솔, 2001.

이경원.『검은 역사 하얀 이론: 탈식민주의의 계보와 정체성』. 파주: 한길사, 2011.

이유혁. "탈식민주의와 생태학의 접점에서 — 이론적 검토와 킨케이드의 글들에 대한 생태 비평적 읽기." 공윤경 외.『생태와 대안의 로컬리티』. 서울: 소명출판, 2017.

이상헌.『생태주의』. 서울: 책세상, 2011.

이성호. "생태신학을 위한 과학 다시 생각하기 — 공생진화론과 가이아이론을 중심으로." 전현식·김은혜 외.『생태사물신학: 팬데믹 이후 급변하는 생태신학』. 서울: 대한기독교서회, 2022.

이정배. "생태학적 신학과 한국 신학의 과제."「신학사상」100(1998): 156-195.

_____.『없이 계신 하느님, 덜 없는 인간』. 서울: 모시는사람들, 2009.

전철·우희종. "포스트휴먼 사회의 동물권: 인간, 동물, 인공지능의 생명 존재론."「신학사상」193(2021): 61-85.

카스티요, 대니얼/안재형 옮김.『생태해방신학』. 고양: 한국기독교연구소, 2021.

켈러, 캐서린/박일준 옮김.『지구정치신학』. 논산: 대장간, 2022.

채프먼, 오드리 R. "과학, 신학, 윤리학의 생태주의화." 테드 피터스 엮음/김흡영 외 옮김.『과학과 종교: 새로운 공명』. 서울: 동연, 2002.

페란도, 프란체스카/이지선 옮김.『철학적 포스트휴머니즘』. 파주: 아카넷, 2021.

하먼, 그레이엄/김효진 옮김.『비유물론』(*Immaterialism*). 서울: 갈무리, 2020.

_____.『브뤼노 라투르: 정치적인 것을 다시 회집하기』. 서울: 갈무리, 2021.

_____.『네트워크의 군주: 브뤼노 라투르와 객체지향 철학』. 서울: 갈무리, 2019.

_____/주대중 옮김.『쿼드러플 오브젝트』(*The Quadruple Objects*). 서울: 현실문화연구, 2019.

함석헌기념사업회 엮음.『함석헌 사상을 찾아서』. 서울: 삼인, 2001.

Berry, Thomas. *The Dream of the Earth*. San Francisco: Sierra Club Books, 1988.

Birch, Charles and John B. Cobb. *The Liberation of Life: From the Cell to the Community*. New York: Cambridge University Press, 1981.

Deloughrey, Elizabeth and George B. Handley. "Introduction: Toward an

Aethetics of the Earth." Ed. Elizabeth Deloughrey and George B. Handley, *Postcolonial Ecologies: Literatures of the Environment*. New York: Oxford University Press, 2011.

Fox, Matthew. *Creation Spirituality: Liberating Gifts for the Peoples of the Earth*. 1st ed. San Francisco: HarperSanFrancisco, 1991.

H.-O. Portner, D. C. Roberts, E. S. Poloczanska, K. Mintenbeck, M. Tignor, A. Alegria, M. Craig, S. Langsdorf, S. Loschke, V. Moller, A. Okem eds. IPCC, 2022: Summary for Policymakers. In: *Climate Change 2022: Impacts, Adaptation and Vulnerability*. Contribution of Working Group II to the Sixth Assessment Report of the Intergovernmental Panel on Climate Change. 3-33. Cambridge, UK and New York: Cambridge University Press. doi:10.1017/9781009325844.001.

Huggan, Graham and Helen Tiffin. *Postcolonial Ecocriticism: Literature, Animals, Environment*. London; New York: Routledge, 2010.

Masson-Delmotte, V., P. Zhai, H.-O. Pörtner, D. Roberts, J. Skea, P. R. Shukla, A. Pirani, W. Moufouma-Okia, C. Péan, R. Pidcock, S. Connors, J. B. R. Matthews, Y. Chen, X. Zhou, M. I. Gomis, E. Lonnoy, T. Maycock, M. Tignor, and T. Waterfield. eds. IPCC, "2018: Summary for Policymakers." In: *Global Warming of 1.5°C. An IPCC Special Report on the impacts of global warming of 1.5°C above pre-industrial levels and related global greenhouse gas emission pathways, in the context of strengthening the global response to the threat of climate change, sustainable development, and efforts to eradicate poverty*. 3-24. Cambridge, UK and New York: Cambridge University Press. https://doi.org/10.1017/9781009157940.001.

Masson-Delmotte, V., P. Zahi, A. Pirani, S. L. Connors, C. Péan, S. Berger, N. Caud, Y. Chen, L. Goldfarb, M. I. Gomis, M. Huang, K. Leitzell, E. Lonnoy, JB. R. Matthews, T. K. Maycock, T. Waterfield, O. Yelekçi, R. Yu and B. Zhou eds. "IPCC, 2021: Summary for Policymakers." In: *Climate Change 2021: The Physical Science Basis. Contribution of Working*

Group I to the Sixt Assessment Report of the Intergovernmental Panel on Climate Change. Cambridge; New York: Cambridge University Press. In Press. 기상청 기후과학국 기후정책과 편집, "기후변화 2021 과학적 근거: 정책결정자를 위한 요약본." 서울: 기상청, 2021, 5에서 재인용.

Maxwell, Anne. "Postcolonial criticism, ecocriticism and climate change: A tale of Melbourne under water in 2035." *Journal of Postcolonial Writing.* vol. 45, No. 1(2009): 15-26.

McDaniel, Jay B. *Earth, Sky, Gods & Mortals: Developing an Ecological Spirituality.* Mystic, Conn.: Twenty-Third Publications, 1990.

Morton, Timothy. *Hyperobject: Philosophy and Ecology after the End of the World.* Minneapolis, MN; London: Universiry of Minnesota Press, 2013.

_____. *The Ecological Thought.* Cambridge, MA; London: Havard University Press, 2010.

Noll, A. Michae. "A compute technique for displaing n-dimensional hyper-objects." *Communication of the ACM,* 10/8(1967): 470-473.

Pannenberg, Wolfhart. *Systematic Theology.* trans. Geoffrey W. Bromiley, 3 vols., vol. 3. Grand Rapids MI: Eerdmans, 1998.

Spivak, Gayatri C. "Can the Subaltern Speak?." *Marxism and the Interpretation of Culture.* eds. Cary Nelson and Lawrence Grossberg. London: Macmillan Education Ltd.: 1988: 271-313.

Tillich, Paul. *The Shaking of the Foundations.* Eugen, OR: Wipf & Stock, 1948.

United Nations Climate Change, "Developing Countries Need Urgent Support to Adapt to Climate Change." last modified October 12, 2017, accessed Oct 3, 2022, https://unfccc.int/news/developing-countries-need-urgent-support-to-adapt-to-climate-change.

기술시대 포스트휴먼화가 종교와 교육에 미치는 영향과 기독교교육에의 시사점*

이은경 | 감리교신학대학교

I. 들어가는 말

인간의 활동이 지구 생태계에 흔적을 남기면서 지구의 지질시대에까지 영향을 미치기 시작했다. 그로 인해 오늘날 우리는 기후 변화, 생태위기, 팬데믹 등으로 이어지는 지구행성적 위기에 직면하게 되었고 앞으로 그 영향은 더욱 증가할 것으로 예상된다. 그래서 혹자는 우리 시대를 '인류세'라 칭하기도 하며, 이러한 지구행성적 위기들의 배경에는 기계론적 세계관과 인간중심주의가 자리 잡고 있다. 하지만 오늘날 대부분의 인간 활동을 가능케 하는 것은 기하급수적으로 발전하고 있는 기술이기도 하다. 기술은 이미 우리 삶에 깊이 침투해 있으며, 이제 기술 없이 사는 것은 불가능해 보이기까지 한다. 우리는 기술과 더

---

* 이 글은 「신학과 실천」 제86호(2023)에 실렸던 것임을 밝힌다.

불어 살아가야 할 뿐만 아니라, 인간과 기술이 결합하여 새로운 존재로의 변형을 도모하는 시대가 되었다. 나날이 발전하는 NBIC 기술, 즉 나노 기술(Nanotechnology), 바이오 기술(Biotechnology), 정보학(Information technology) 그리고 인지과학(Cognitive science) 등을 통해 인간종은 포스트휴먼으로 진화하는 중이다. 이와 더불어 포스트모더니즘의 등장으로 흔들렸던 근대적 권위들이 또다시 흔들리고 있다. 포스트휴먼화(化)가 진행되면서 인간 삶의 조건들이 변하고 있고, 그에 따라 인간 존재와 그 역할에 대한 재성찰이 요구되고 있기 때문이다. 철저한 이분법과 그에 따른 위계적 체계를 근거로 그동안 절대적 권위를 누려오던 것들, 그중에 특히 종교와 교육에 대한 반성과 도전이 예상된다.

이러한 맥락에서 이 글에서는 먼저 기술 발달과 더불어 변화되고 있는 인간과 기술의 다양한 관계들을 포스트휴먼화를 통해 읽어내고자 한다. 이어서 기술 발전과 포스트휴먼화가 종교와 교육에 미치는 영향을 비판적 포스트휴머니즘과의 관계 안에서 살펴볼 것이다. 마지막으로는 포스트휴먼화가 기독교교육에 던지는 시사점으로, 모든 몸을 환대하는 '몸 중립' 개념, 기술을 통한 '인간 향상' 반대 그리고 교육의 가치와 선물로 주어지는 삶의 의미에 대해 숙고해보고자 한다.

II. 기술시대 인간과 기술의 관계

기술의 발전은 오늘날 우리의 생체리듬뿐 아니라 삶의 물리적 조건, 사유와 판단의 방식, 나아가 인간 본성 혹은 존재 자체까지 영향을 미치고 있으며, 자연과 인공의 경계가 점점 더 모호해지면서 우리는 "우리가 만든 기술의 본질적인 부분"이 되어가고 있다.[1] 이와 더불어 인간은 자연으로부터 자신을 보호해야 하는 존재에서 이제는 "자연을 보호해야 하는 (혹은 보호할 수 있는) 존재"[2]로 바뀌었다. 이러한 상황에서 기술을 단지 인간의 활동을 위한 도구로만 바라보는 기존의 윤리적 규범은 더 이상 유효하지 않으며,[3] 이로 인해 인간과 기술의 관계에 대한 재설정이 요구된다.

1. 기술시대 인간과 기술의 관계 방식

기술 발달은 우리에게 불안과 두려움의 이유가 되기도 하지만, 새로운 세상을 여는 기회가 될 수도 있다.[4] 우리가 기술을 바라보는 관점과 태도에 따라서 인간과 기계의 관계 방식은 다르게 설정되기 때문이다. 기술을 바라보는 관점은 대략적으로 다음의 네 가지, 즉 기술이상주의, 기술회의주의, 맥락주의 그리고 사회결정주의로 나눌 수 있다.[5]

먼저 '기술이상주의'를 주장하는 이들은 문명을 일으킨 것이 기술

---

[1] 일리아 델리오/맹영선 옮김, 『울트라휴머니즘: 지구 공동체 의식을 갖는 인간으로』, (서울: 대화출판사, 2021), 143.

[2] 손화철, 『호모 파베르의 미래』 (파주: 아카넷, 2020), 334; 손화철, "포스트휴먼 시대의 기술철학," 포스트휴먼연구소·한국포스트휴먼학회 편집, 『포스트휴먼 시대의 휴먼』 (파주: 아카넷, 2016), 283.

[3] 권혁남, "과학기술 사회에서의 인간과 윤리 — 결과의 윤리 vs. 질서의 윤리," 「신학과 실천」 54(2017), 623.

[4] 이은경, "포스트휴머니즘 시대 공생을 위한 교육," 「교육철학연구」 42, no. 4(2020), 121.

[5] 켄타로 토야마/전성민 옮김, 『기술중독사회: 첨단기술은 인류를 구원할 것인가』, (서울: 유아이북스, 2016), 49-59.

이며, 기술이란 본래 긍정적인 영향력을 지닌 것으로 평가하면서 대부분 좋게 여긴다. 그러므로 모든 문제는 기술 발명을 통해 해결할 수 있으며, 오늘날 거의 그 지점에 다다랐다고 믿는다. 그러나 시간이 지날수록 기술만으로 모든 문제를 해결할 수 없을 뿐 아니라, 기술적으로 풍요롭다고 해서 모든 면에서 풍요로운 것은 아니라는 것을 깨닫게 되었다. 이러한 입장을 '기술회의주의'라고 부른다. 세 번째는 '맥락주의'로 기술의 결과는 그것을 해석하는 맥락에 따라 다르게 나타난다고 보는 견해이다. 즉 기술의 결과는 어느 때에는 긍정적이지만 때로는 부정적인 영향을 끼칠 수도 있다. 이상의 세 가지 관점 사이에는 다소 차이가 있지만 모두 기술에 초점을 둔 것으로 기술이 사회적 성과를 결정한다고 보는 견해에서는 유사하다. 반면에 마지막 '사회결정주의'는 기술의 형태나 사용 목적, 기술의 결과를 결정하는 것은 결국에는 사람이라고 생각하는 주장이다. 다양한 상황과 입장들을 고려하는 맥락주의와도 비슷한 면이 있지만, 사회결정주의에서는 다른 어떤 것보다 인간적 요소를 훨씬 더 중요하게 여긴다는 점에서 차이가 있다.

그러나 미국의 기술철학자인 돈 아이디(Don Ihde)는 인간이 기술과 관계 맺는 방식을 현상학적으로 설명한다. 즉 기술과 인간의 관계를 체현 관계, 해석학적 관계, 타자 관계 그리고 배경 관계의 네 가지로 나눈다.

첫 번째, '체현 관계'(embodiment relations)는 안경이나 지팡이처럼 기술을 인간 몸의 일부로 사용하여 세상과 관계하는 것으로, 처음에는 기술을 사용하는 것이 낯설고 어색하지만, 곧 익숙해져서 마치 자기 몸의 일부처럼 느끼게 되는 것을 말한다. 장애인들이 사용하는 인공 보철이나 기술과 결합하여 새롭게 개조된 인간 혹은 사이보그가 여기에 해당한다. 두 번째는 '해석학적 관계'(hermeneutic relations)로, 기술이 온도계나 지도처럼 보이지 않는 세상의 상태를 해석할 수 있도록 한다. 세 번째는 '타자 관계'(alterity relations)로, 기술을 '유사-타자'(quasi-other)로 인식하는 것이다. 예를 들면 자동차나 오토바이에 애칭을 붙이고 각별한 애정을 쏟거나 시리(Siri)와 같은 인공지능과 의사소통하는 경우 또는 일본 노인들이 휴머노이드 로봇 '페퍼'와 이야기를 나누고 로봇에게 전통의상을 직접 만들어서 입히는 것 등이 이에 해당한다. 마지막은 '배경 관계'(background relations)로, 기술은 때로 인간이 삶을 영위하는 환경을 구성하기도 한다. 이 경우 기술이 우리 일상에 너무도 익숙하게 들어와 있어서 더 이상 관심의 대상이 되지 못하고 배경으로만 머물게 된다. 손화철은 이러한 인간과 기술의 네 가지 관계를 다음과 같이 도식화한다.[6]

〈표 1〉 인간과 기술이 관계 맺는 방식

체현 관계	(나-기술) → 세계	(예) 안경, 지팡이
해석 관계	나 → (기술-세계)	(예) 온도계, 전자현미경
타자 관계	나 → 기술(-세계)	(예) 아끼는 자동차, AI로봇
배경 관계	나(-기술/세계)	(예) 난방시스템, WIFI

인간이 기계와 맺는 관계 방식에 따라서 기계는 그저 배경이나 유용한 도구가 되기도 하고, 때로는 유사-타자가 되어 우리와 더욱더 밀접하고 친밀한 상호관계를 맺기도 한다. 또한 오늘날에는 우리 몸의

---

6 손화철, 『호모 파베르의 미래』, 123-127.

일부가 되는 것을 넘어 우리와 공생하는 '연장된 정신'(extended mind) 이 되기도 한다. 이것은 앤디 클라크와 데이비드 찰머스가 제안한 것 으로, 기계나 장치 혹은 도구들에까지 인간의 의지가 연장되는 것을 설명한 것이다.[7]

이처럼 기술과 인간의 관계 변화는 우리의 본성과 존재에까지 영향 을 미치면서 이전 시대와는 다르게 좀 더 본질적이고 근본적인 변화를 일으키고 있다. 그뿐 아니라 한편으로는 인간에 대한 새로운 이해를 요구하고, 다른 한편으로는 기술에 대한 새로운 이해를 요구하기도 한다. 그래서 기술을 '도구적 기술'과 '정체성을 구성하는 기술'로 구분 해야 한다고 주장하는 학자도 있다. 신칼뱅주의 기독교철학 전통에 서 있는 네덜란드의 기술철학자 에그버트 스휘르만(Egbert Schuurman) 이 이 입장에 서 있다.

스휘르만은 인간의 장기나 기능에 영향을 미치는 기술과 인간됨 자 체(being human itself)를 근본적으로 변화시키는, 즉 인간의 총체성에 영향을 미치는 구조적이고 기술적인 부분을 구별하지 않는 것을 지적 하면서, 인간과 기술을 융합하는 윤리학이 인간성 자체를 위협할 수 있다고 경고한다.[8] 이와 더불어 스휘르만은 기술적 제국주의로부터 등 을 돌려야 한다고 주장하면서, 이것을 기독교의 용어를 빌려 '회심'이 라고 표현한다.

---

[7] Andy Clark and David Chalmers, "The Extended Mind," in *Supersizing the Mind: Embodiment, Action, and Cognitive Extension*, by Andy Clark(Oxford: Oxford University Press, 2011), 220-232.

[8] 에그버트 스휘르만/최용준·손화철 옮김, 『기술의 불안한 미래: 엇갈린 전망과 기독교적 대안』, (파주: 비아토르, 2019), 51; 손화철, "첨단기술과 한국교회: 메타버스를 중심으 로," 「신학과 실천」 83(2023), 550.

이런 '회심'은 우리더러 기술을 전혀 사용하지 말라는 뜻은 아니다. 우리는 그 가운데에서, 그 기술을 통해 살고 있다. 솔직히 말해 우리는 기술 없이는 살 수 없다. 하지만 우리는 그 기술에 마음을 주어서는 안 되며 그것을 위해 살아서도 안 된다.[9]

물론 그가 말하는 회심은 전적으로 기술을 거부하거나 '바이오러디즘'(Bioluddism)[10]처럼 기술의 진보에 무조건 저항하는 것이 아니라, 기술에 대한 지나친 낙관주의나 테크노유토피아주의에 대한 경고라고 할 수 있을 것이다.

2. 기술의 발달과 포스트휴먼화

오늘날 우리는 이미 우리 삶 깊숙이 들어와 있는 기술과 더불어 살아가야 하는 시대에 들어섰으며, 거기서 한 걸음 더 나아가 인간과 기술이 결합하여 새로운 존재로의 변형을 도모하는 시대가 되었다. 우리는 그러한 존재를 트랜스휴먼 혹은 포스트휴먼이라 부르면서, 오늘날 시대를 트랜스휴먼 시대 혹은 포스트휴먼 시대라고 말한다. 트랜스휴머니즘과 포스트휴머니즘은 둘 다 근대적 인간 이해를 해체하면서 인간의 생물학적 한계를 극복하고자 한다는 점에서는 같은 지향점을 갖지만, 약간의 차이가 있다. '트랜스'(trans-)가 옮겨가는 또는 과도기적

---

9 스휴르만, 『기술의 불안한 미래』, 89.
10 바이오러디즘은 바이오(bio)와 러디즘(ruddism)이 합쳐진 것으로, 19세기 초 영국에서 산업혁명이 일어났을 때 실직을 두려워한 노동자들이 기계를 파괴했던 것처럼, 오늘날 기술의 진보에 저항하는 사람이나 조직을 지칭한다.

이라는 의미에서 전환이나 변환을 나타낸다면, '포스트'(post-)는 '이후'로 번역되며 탈(脫) 혹은 벗어남의 의미를 내포한다. 그래서 이 접두어들이 휴머니즘과 결합하게 될 때, 트랜스휴머니즘은 "현재적, 미래적 진행형"으로서 과도기 중에 나타나는 다양한 형태의 휴머니즘을 가리키고, 포스트휴머니즘은 결과적으로 도달하게 될 미래적 새로운 인간상, 즉 "미래완료형"의 의미를 갖게 된다.[11] 이런 맥락에서 1970년대 자신의 이름을 FM-2030[12]으로 바꾼 페레이둔 에스판디어리 (Fereidoun M. Esfandiary)는 트랜스휴먼을 휴먼과 포스트휴먼 사이의 중간 형태, 즉 "새로운 진화적 존재의 초기 형태"라고 주장한다. 그에 따르면, 우리는 지금 휴먼에서 트랜스휴먼을 지나 포스트휴먼화(化) (휴먼―트랜스휴먼―포스트휴먼)되어가는 과도기 상태에 있다.

두 개념 사이에는 이러한 차이 외에도 트랜스휴머니즘은 유전공학, 나노 기술, 로봇공학의 GNR 혁명과 생명공학 기술을 통한 유전자 조작, 노화 제거 및 수명 연장, 인체냉동보존술, 인공 보철(prosthesis)[13]

---

[11] 김건우, "포스트휴먼의 개념적, 규범학적 의의," 포스트휴먼연구소 · 한국포스트휴먼학회 편집, 『포스트휴먼 시대의 휴먼』, 31; 우정길, 『포스트휴머니즘과 인간의 교육』(서울: 박영스토리, 2019), 101.

[12] 2030년은 에스판디어리가 100세가 되는 해로, 그는 그때가 되면 모든 사람이 늙지 않고 영원히 살 것이라는 예상했고, 그런 기대 속에서 자신의 이름을 FM-2030으로 개명했다. 하지만 지난 2000년 에스판디어리는 암으로 세상을 떠났고, 지금은 '알코어 생명연장재단'의 냉동캡슐에 안치되어 있다(이은경, 『나랑 같이 놀 사람, 여기 붙어라: 인간과 기계의 공생을 위한 교육』, 서울: 길밖의길, 2016, 37-38).

[13] '프로스테시스'는 사고나 질병 등으로 신체 일부가 손상되었거나 상실되었을 때 몸에 접합하는 대체물, 즉 신체 기능을 대신하는 인공적 장치를 말하는 것으로, '제2의 신체'라 불리기도 한다. 물론 오늘날 인공 보철은 단순히 손상된 신체 기능을 대신하거나 신체 내부 또는 신체와 결합하여 신체의 일부 기능을 수행하는 것뿐만 아니라, 신체 외부에서 그 기능을 수행하기도 한다. 예를 들면, 휠체어나 보청기 등이 여기에 해당하며, 오늘날에는 스마트폰이 신체 외부에서 우리 두뇌의 기억 기능 중 일부를 대신하기도

등의 인간 향상 기술 그리고 정보 테크놀로지(information technology)와 인지과학(cognitive science) 등을 통해 현재 인류가 가진 한계를 극복하면서 휴머니티를 확대 혹은 극대화하려 한다. 이밖에도 트랜스휴먼성(transhumanity)의 징후로는 "원격통신기술의 광범위한 활용, 세계를 돌아다니는 유목적인 삶의 형태와 세계시민주의적인 생각, 시험관 아기와 같은 재생산 방식의 변화, 종교적 믿음의 결여, 전통적 가치의 거부" 등을 들 수 있다.[14] 이와 달리 포스트휴머니즘은 휴머니티 자체를 부정하거나 극복하는 데까지 나아가려 한다. 그래서 혹자는 전자를 '포스트휴먼-이즘'으로 그리고 후자는 '포스트-휴머니즘'으로 표현하기도 한다. 하지만 둘 다 인간 중심적이고 계몽주의적인 휴머니즘 전통을 극복하려는 시도이며, 결국에는 인간종(種)의 종말이라는 같은 지향점을 갖고 있다. 그러므로 본 글에서는 이 둘을 엄밀히 구분하기보다는 포스트휴먼 혹은 포스트휴머니즘으로 통일하여 사용하고자 한다.

인류가 기술공학적 수단을 이용하여 혹은 기술과 결합하여 다양한 양상으로 포스트휴먼화(化)되기까지는 아직 시간이 좀 더 걸릴 것이다. 하지만 기술의 발달은 이전에는 상상할 수 없었던 편리함과 유용함을 우리에게 선사하고 있으며, 사회적·정치적 맥락들과 연결되면서 시간이 지날수록 우리 삶과 사회 전반에서 전방위적으로 영향을 미치고 있다. 기술에 의해 인간과 자연의 관계, 인간과 기술의 관계 나아가

한다. 오늘날 인간과 기계가 더 긴밀하게 연결되면서 인공 보철의 개념도 계속해서 확장되고 있다.

14 신상규, 『호모사피엔스의 미래: 포스트휴먼과 트랜스휴머니즘』(파주: 아카넷, 2014), 74-90, 106; 박은정·이종민, "'생령'의 관점에서 본 인간 이해와 실천신학적 적용: 기독교교육과 목회상담을 중심으로," 「신학과 실천」 73(2021), 484.

인간과 인간 사이의 관계도 영향을 받고 있으며, 그 속에서 끊임없이 변화를 경험하고 있다. 그뿐만이 아니다. 기술의 발전 방향이 인간의 신체 능력뿐 아니라 정신적·지적 능력을 향상시키고 질병과 노화를 극복하면서 인간의 생물학적인 한계들을 넘어 죽음이 아닌 불멸을 향해 가고 있다면, 그렇게 변모한 인간을 여전히 휴먼이라 할 수 있을지 아니면 그러한 존재를 포스트휴먼이라 부를 것인지에 대한 논의를 포함하여, 이 새로운 존재를 뭐라 부르든 상관없이 이 존재와 함께 더불어 살아가야 하는 것은 자명한 일이다.

III. 포스트휴먼 시대의 종교와 교육

1. 포스트휴먼 시대의 종교

기술을 통해 우리의 신체와 물리적 삶뿐만 아니라 본성까지 바꾸려고 하는 포스트휴먼 시대에 기술은 이제 종교와 신앙의 영역에까지 영향을 미치기 시작했다. 특히 인간 조건의 지속적인 확장을 추구하는 '생명무한확장론'(Extropianism), 기술을 활용하여 인간이 지구에 미치는 환경적 영향을 줄이면서 지구 환경을 회복하고자 하는 '테크노가이아니즘'(Technogaianism), 인간 신체에 사이버네틱 장치를 이식하는 바디-해킹(body-hacking)까지도 감행하면서 수명을 연장하고자 하는 '불멸주의'(Immortalism) 등이 종교와 관련된 주제들에 해당할 것이다. 여기에 덧붙여 생명공학과 보조생식기술 등을 활용하여 인간종의 임의적 성별 제거를 옹호하는 '포스트젠더리즘'(Postgenderism)은 양성론에 따른 성 구별의 범주적 경계를 모호하게 만드는 '젠더-초월'(beyond gender) 또는 '포스트젠더'(postgender)로의 진화를 예견하고 있다.[15]

이러한 변화는 오늘날 한국 사회와 교회에서 뜨거운 감자로 떠오른 동성애 문제와도 맞물려 상당한 논란이 예상되며, 기술을 통해 모든 것을 조작할 수 있다고 여기는 기술적 사고방식이 오늘날 끊임없이 확장되고 있다. 그로 인해 또 다른 우려와 걱정이 생겨나기도 한다. 인간 향상 기술을 통하여 포스트휴먼으로 진화하고, 기술을 이용하여 영생불멸의 호모 데우스가 되기를 꿈꾸지만, 상당수는 실제로 자신의 신체를 기계와 결합한 후 기계에 대한 의존도가 높아지는 것을 두려워하기도 한다. 그리고 그러한 존재를 인간이라 부를 수 있을까 하는 존재론적 물음에서부터 인간성 혹은 인간이라는 정체성 자체에 대한 물음도 생겨난다.

포스트휴머니즘 논의에서 특히 종교와 관련해서 중시해야 할 질문으로 정형철은 다음의 네 가지를 꼽는다. 첫째는 기술과 비인간화의 문제, 둘째는 죽음의 문제, 셋째는 미래의 테크놀로지로 인한 인간 멸절의 위험 그리고 마지막은 포스트휴먼이 되지 못한 평범한 인간들의 생존 문제이다.[16] 두 번째부터 네 번째까지의 문제는 인간의 실존적 위험과 관련된 문제로, 이에 대한 응답은 그동안 종교가 행해오던 주된 역할이기도 하다. 과학시대가 도래하기 전 종교는 우리 주변에서 일어나는 현상들 특히 위기의 본질을 설명하고, 인간 삶에 의미를 제

---

15 정형철, 『종교와 트랜스휴머니즘: 트랜스휴먼 존재 양식과 비판적 포스트휴머니즘』 (서울: 한국학술정보, 2022), 15, 37-38.

16 위의 책, 11.

공했을 뿐 아니라, 우리가 살아가는 세계를 구성해주었기 때문이다. 그러나 기술이 기하급수적으로 발전하면서 종교의 기능과 역할은 그에 비례해서 급속도로 줄어들고 있으며, 오히려 기술이 그 자리를 대신하고 있다. 독일의 문화철학자인 오스발트 슈펭글러(Oswald Spengler)는 이것을 다음과 같이 표현했다.

> 기술은 성부 하나님처럼 영원하고 불멸합니다.
> 기술은 성자처럼 인류를 구원합니다.
> 성령 하나님처럼 기술이 인류를 깨우칩니다.[17]

기독교의 주요 교리인 삼위일체에 빗대어 기술을 표현한 이것을 '기술의 삼위일체 교리'라 부를 수 있을 것이다. 급속한 기술 발달과 코로나 팬데믹으로 인해 변화된 정치적, 경제적, 사회적 환경은 종교와 신앙의 영역에서도 끊임없이 변화를 요구하고 있다. 이러한 상황에서 2008년 미국의 종교학회(AAR, American Academy of Religion)는 '트랜스휴머니즘과 종교' 분과를 만들어 지속적으로 연구 모임과 학술대회를 개최하고 있으며, 2013년에는 마이카 레딩(Micah Redding)의 주도로 '기독교트랜스휴머니스트협회'(Christian Transhumanist Association)가 만들어졌다.

우리나라에서는 2010년 이후 이화인문과학원과 한국포스트휴먼학회 등을 통해 이와 관련된 학문적 연구가 활발히 진행되고 있지만, 아직 종교 일반이나 기독교 안에서의 연구 작업은 미미한 실정이다.

---

17 Oswald Spengler, *Der Mensch und Technik* (München: Beck, 1931), 71.

그러나 다행히도 2022년에 개신교 신학자와 기독교교육학자, 기술철학자들이 모여 "인류와 생태 문명의 미래를 위한 기술과 과학의 진보"라는 기치를 내걸고, '인간기술공생네트워크'(Human-Technology-Symbiosis Network)가 출범한 것은 매우 고무적인 일이다. 인간기술공생네트워크(HTSN)가 추구하는 목적은 크게 두 가지로, 하나는 '더 나은 미래'를 위한 인류 문명의 공통 비전을 수립하고, 기술과 과학으로 인한 사회 변화와 새로운 문명의 전환을 예측하여 응답하는 것이다. 다른 하나는 생태와 생명, 정치와 사회 등의 영역에서 과학과 기술의 발전으로 인한 변화의 긍정적·부정적 영향들을 사유하고, 동시에 이에 대한 인문학적 성찰과 기술적 실천을 통해 인류 사회의 건강한 발전과 성숙, 공동의 번영을 도모하는 것이라고 밝히고 있다.[18] 개신교 신학자들이 주축이 되어 모인 인간기술공생네트워크는 산하에 '신학기술공생목회연구소'(KTTN, Korean Theology and Technology Network)를 두고, 인류와 생태문명의 미래를 위한 종교의 역할을 신학적·기술철학적으로 성찰하면서, 기술시대 미래 교회의 대안을 찾기 위해 노력하고 있다.[19]

---

[18] 인간기술공생네트워크(HTSN)는 다음의 5가지를 핵심과제로 삼고 있다(〈인간기술공생네트워크〉에 대한 소개는 자체 제작한 안내 책자를 참조하였다).
① 포스트휴먼 시대 인공지능 및 네트워크와 공생하는 인간 연구
② 디지털 시대 연결된 존재들의 윤리 연구
③ 기술과 문화의 공생을 위한 한국적 모델 모색
④ 탈인간중심주의를 넘어서는 비생명·얽힘·공생의 문화 캠페인
⑤ 과학·기술·철학 분야 젊은 전문인 역량 지원 교육
[19] '신학기술공생목회연구소'(KTTN)에서는 2022년 5월 미국 맨해튼칼리지 종교학부의 로버트 제라시(Robert M. Geraci) 교수를 초청하여 "인공지능과 가상현실 시대의 종교"라는 주제로 학술대회를 개최하였으며, 11월에는 미국 드류 대학교의 구성신학 교수인 캐서린 켈러(Catherine Keller)를 초청해 "권력과 묵시종말론 그리고 사랑의 하

2. 비판적 포스트휴머니즘과 교육

기술의 발달과 포스트휴먼화를 마주하면서 그동안 종교와 함께 절대적 권위와 위계적 체계로 유지되어오던 근대적 교육이 또다시 흔들리고 있다. 인간과 동물을 구별하여 인간에게만 주체성과 자율성을 부여하는 근대적 휴머니즘의 인간상은 아리스토텔레스로부터 유래한 인간 이성의 합리성을 그 근거로 삼아왔다. 그러나 이것은 어디까지나 이상적 인간상에 근거한 잠재적 가능성으로서, 모든 인간이 저절로 이러한 자율적 주체가 되는 것은 아니다. 그래서 근대적 휴머니즘 전통에서는 합리적 판단에 근거하여 인간의 능력을 계발하고 훈련시키는 교육을 중요하게 여겨왔으며, 그 중심에는 이성을 인간의 본성으로 간주하면서 이성에 기초하여 인간을 계몽하려는 '이성중심주의'가 있었다.[20]

이와 더불어 우리는 그동안 실체로서의 주체관에 근거한 이분법을 따라 철저하게 주체와 객체를 나누면서, 교사는 언제나 가르치는 이로, 학생은 미성숙한 존재로서 배우는 과정에 있는 이로 규정해왔다. 이러한 생각의 배후에는 오직 인간만이 행위자로서 모든 활동의 시작과 끝을 완성한다는 '인간중심주의'가 깔려 있다. 그러나 20세기 말 이미 많은 한계를 노출했던 근대적 교육은 포스트모더니즘의 등장 이후 길들이기식의 일방향적 교육이 아닌 의사소통을 통한 상호주관성에 근거한 형태로 바뀌었다. 그리고 오늘날에는 포스트휴먼화로 인해 변

나님"이라는 주제로 생태사물신학과 관련한 국제 컨퍼런스를 개최하였다.
20 정윤경, 『교사를 위한 교육철학』 (파주: 교육과학사, 2010), 70.

화된 상황 속에서 인간의 위치에 대한 재탐색과 인간의 새로운 역할에 대한 성찰이 다시 한번 요구되고 있다. 그러나 포스트휴먼과 포스트휴머니즘에 대한 논의는 아직 진행 중이며, 포스트휴먼에 대한 정의나 분류도 학자들마다 조금씩 차이가 있다.

현대 철학자이자 페미니스트 이론가인 로지 브라이도티(Rosi Braidotti)는 포스트휴먼에 대한 사유를 세 가지로, 즉 반동적, 분석적, 비판적 접근으로 분류한다. 첫 번째는 '반동적' 접근으로 포스트휴머니즘이 가진 급진적인 반휴머니즘의 통찰을 거부하면서, 근대 휴머니즘을 철저하게 옹호한다. 마사 너스바움(Martha Nussbaum)이 대표적이며, 이들은 도덕철학에서 출발하여 '반동적인 포스트휴먼' 형태를 발전시켰고, 인간 존엄성과 관련해서 휴머니즘의 위기 자체를 부인한다. 두 번째는 '분석적 포스트휴머니즘'으로 기술 연구에서 출발하여 포스트휴먼의 형태를 강화한다. 다시 말해 인간/자연, 자연/문화, 인간/기계 사이의 경계를 허물고, 이들 사이의 상호연계성을 강조한다. 그러나 분석적 포스트휴머니즘은 기술로 인한 사회적 불평등을 간과하고, 행위자로서 기술의 도덕적 지향성을 지나치게 자신하는 경향을 보인다.[21] 마지막 세 번째는 브라이도티 자신이 속한 반(反)휴머니즘적 주체성 철학 전통에서 나온 '비판적 포스트휴머니즘'이다.[22] 비판적 포스트휴머니즘은 기술의 위험성을 강조하는 테크노포비아(technophobia)뿐만 아니라, 이와는 정반대로 기술 수용에 긍정적인 테크노필리아(technophilia)에 대해서도 비판적으로 접근한다.[23]

21 전현식, "포스트휴먼 시대와 환경운동의 좌표," 한국교회환경연구소 기획, 『포스트휴먼 시대, 생명·신학·교회를 돌아보다』 (서울: 동연, 2017), 131-132.
22 로지 브라이도티/이경란 옮김, 『포스트휴먼』, (파주: 아카넷, 2015), 54-68.

포스트휴먼에 대한 이러한 분류에 근거하여 정윤경은 교육학 안에서 포스트휴머니즘의 수용에 관한 한, 기술을 통해 인간의 신체적·지적·정의적 능력을 증강하려는 인간향상론자들의 논의는 수용하기 어려울 거라고 진단한다. 그러나 휴머니즘의 한계를 비판하는 데 초점을 둔 비판적 포스트휴머니즘은 받아들일 수 있을 것으로 예상한다.[24] 왜냐하면 비판적 포스트휴머니즘은 "계시적인 신화나 새로운 정신 또는 초월성이라는 형식에 빠져들지 않"으면서, 자신이 비판하는 인류 종말 이후의 인간을 염두에 두고 있고, '비판적'이라는 용어에는 이중의 의미가 함축되어 있기 때문이다. 즉 비판적 포스트휴머니즘은 한편으로는 급진적으로 변해가는 기술문화에 대한 개방성을 강조하고 휴머니즘에 대해 비판하지만, 부분적으로는 휴머니즘 전통에 따른 사고 방식의 연속성을 강조하고 있기 때문이다.[25]

특히 생태학과 환경운동의 영향을 많이 받은 비판적 포스트휴머니즘은 인간들 사이의 관계뿐 아니라, 비인간 존재들과의 상호 연계에도 관심을 두면서 자아 중심의 개인주의와 개체주의를 거부하고, 환경적 상호 연계에 기반한 새로운 관계 방식을 지향한다.[26] 그러므로 이제는 우리 앞에 성큼 다가온 기술의 새로운 도전을 적극적으로 살펴볼 뿐 아니라, 이와 더불어 급진적인 비판도 함께 읽어내려는 기독교교육적인 노력이 필요하다.

---

23 정형철, 『종교와 트랜스휴머니즘』, 270.

24 정윤경, "교육학의 포스트휴머니즘 수용과 포스트휴먼 감응교육 탐색," 우정길 편집, 『포스트휴머니즘과 교육학』 (서울: 학지사, 2021), 125.

25 슈테판 헤어브레히터/김연순·김응준 옮김, 『포스트휴머니즘: 인간 이후의-인간에 관한-문화철학적 담론』, (서울: 성균관대학교출판부, 2012), 14.

26 브라이도티, 『포스트휴먼』, 65.

IV. 포스트휴먼화가 던지는 기독교교육에의 시사점

기술의 발달과 그에 기반한 포스트휴먼화로 인해 인간 삶의 중요한 두 축인 종교와 교육에 대한 재성찰이 요구되는 가운데, 하나님의 형상을 지니고 태어난 인간을 하나님의 백성으로 기르는 것을 목적으로 하는 기독교교육에서도 포스트휴먼화에 대해 신앙적으로, 종교적으로 응답해야 할 필요성이 제기되고 있다. 이 글에서는 포스트휴먼화와 함께 제기되는 인간의 신체성과 본성의 문제, 기술을 통한 인간 향상과 훈련을 통한 교육 그리고 하나님의 선물로서 주어지는 생명과 삶에 대해 생각해보고자 한다.

1. 기독교교육의 인간상 — 저마다 제 자신으로 존재하는 '자기 몸 중립'

"혼종성(hybridity), 이질성(heterogeneity), 차이(difference)"[27]를 그 특징으로 삼는 포스트휴먼의 육체는 그동안 우리가 당연시해왔던 모든 경계와 구분, 즉 이원론의 경계, 관습적인 육체의 경계, 자아와 타자의 구분에 전제된 모든 것을 뒤흔들어 새로운 주체성을 꿈꾸고 있다. 그뿐 아니라 비인간 존재인 기계와 사물까지도 행위의 주체이자 의사소통의 대상으로 확장하면서 이것들과의 새로운 관계 설정을 요구하고 있다.

이런 맥락에서 스스로가 지체장애인으로 전동휠체어를 사용하고 있는 김원영은 포스트휴먼의 조건으로 기술로 인한 자유가 아니라,

---

27 마정미, 『포스트휴먼과 탈근대적 주체』(서울: 커뮤니케이션북스, 2014), 30.

'기술에 대한 지배'를 꼽는다. 그동안 기술을 이용할 자격은 그가 기술을 통해 자신의 신체적 장애를 극복함으로써, 기술을 압도할 만큼 감동을 주는 스토리의 주인공이거나 또는 기술과 관련된 직업을 가지고 있거나 그도 아니면 그에 상응하는 지적·기술적 역량을 가졌을 때야 주어지고 비로소 주체성을 인정받을 수 있었기 때문이다.

이런 휠체어는 지나치게 고가이고, 크기가 커서 면적을 상당히 차지하며, 각종 기능들까지 더해져 존재감이 크다. 내 몸을 더 자유롭고 편리하게 만들어줄지 몰라도, 사실상 다른 사람들의 시선이나 태도와 무관하게 나의 자유와 독립성이 증진될 리 없다. 어떤 테크놀로지와 만난 인간의 주체성은 이를 통해 기능적인 자유를 얼마나 획득하느냐가 아니라, 그 테크놀로지를 '지배할 자격'이 있느냐에 달려 있다.[28]

그동안 포스트휴머니즘이 주창해온 것은 기술을 통해 인간이 생물학적 한계를 뛰어넘어 얼마나 자유로워질 수 있는지, 그 능력을 얼마나 증강할 수 있는지에 초점이 맞춰져 있었고, 그렇게 탄생하게 될 포스트휴먼을 이상적 존재로 묘사하고 있다. 그러나 현실은 아직 그렇지 않다. 기술이 우리 삶을 더 편리하게 만들었을지는 모르지만 더 인간적으로 만드는 것은 아니기 때문이다. 정상성 규범이 지배하고 있는 사회에서 기술과 융합된 〔포스트〕휴먼은 여전히 그리고 아직은 낯선 타자에 불과하며, 인간이 기계와 매끄럽게 결합하기에는 현실적으로 한계가 있다. 그래서 현실 사이보그의 삶은 "기계와의 불완전한 동거,

---

28 김초엽·김원영, 『사이보그가 되다』 (파주: 사계절, 2021), 100.

즉 불화"[29]에 가깝다.

물론 기술이 우리 삶의 많은 부분을 유지해주고 있는 것은 사실이다. 하지만 기술이 언제나 더 나은 삶과 행복을 보장하는 것은 아니며, 더 인간적인 삶을 위한 것이라고 단정할 수도 없다. 그러므로 기술이 좋은 것이냐 나쁜 것이냐 또는 기술을 받아들일 것이냐 말 것이냐 중에서 무조건 취사선택하는 것이 아니라, 상황과 맥락 속에서 그리고 저마다의 세계관에 따라 기술과 어떤 관계를 맺고 어떻게 상호작용할 것인가를 살피고 물어야 한다. 또한 종교의 영역에서도 기술을 통해 장애를 극복함으로써 신체적 결함을 제거하고, 생물학적이고 신체적인 한계를 넘어 영생불멸하는 미래가 정말 행복한 미래인가라는 물음에서부터 원하는 이들은 모두 그러한 미래에 다다를 수 있을까 그리고 그것이 하나님의 형상을 지닌 인간의 새로운 인간상인가에 대한 물음까지 아직 답을 찾지 못한 것들도 많다.

이런 상황에서 여성 자연과학 연구자이자 청각장애인인 김초엽은 기술을 통해 인간의 신체적 한계를 뛰어넘은 호모 데우스가 지배하는 미래 세계보다는 몸의 위계나 능력의 위계가 존재하지 않는 세계가 모든 인간, 즉 장애인과 비장애인뿐 아니라 기계와 결합한 사이보그까지 포함하여 모두에게 더 좋은 세계, 더 해방적인 세계일 거라고 말한다.

몸의 위계, 능력의 위계가 사라진 세계를 상상하는 것은 쉽지 않다. 부적절한 신체를 가진 사람들이 차별에서 자유로운 세계를 그려보는 것조차

---

29 위의 책, 138.

막연하고 어렵다. 차라리 인간이 죽음, 노화, 질병으로부터 자유로워진 세계를 묘사하는 것이 더 쉬울지도 모르겠다. 그렇지만 설령 그것이 아주 어려운 상상이라고 해도 나는 모든 사람이 '유능한' 세계보다 취약한 사람들이 편안하게 제 자신으로 존재하는 미래가 더 해방적이라고 믿는다. 어떤 손상도 존재하지 않는 것처럼 보이는 미래보다는 고통받는 몸, 손상된 몸, 무언가를 할 수 있는 몸들을 세계의 구성원으로 환대하는 미래가 더 열려 있다고 믿는다.[30]

몸의 위계나 능력에 따른 위계 없이 '모든 몸들을 환대하는 미래'를 김초엽은 "자기 몸 중립"(body neutrality) 혹은 "사이보그 중립"(cyborg neutrality)이라 부르면서, 서로의 불완전함과 연약함을 기꺼이 받아들이고, 상호 의존하는 미래 세계가 더 나은 미래가 아닐까 반문한다.

그 미래는 건강하고 독립적인 존재들만의 세계가 아니라 아프고 노화하고 취약한 존재들의 자리가 마련된 시공간이다. 그리고 서로의 불완전함, 서로의 연약함, 서로의 의존성을 기꺼이 받아들이는 세계이다. 그곳에서는 삐걱대는 로봇도, 허술한 기계 부품을 드러낸 사이보그도 완전한 타자가 아닐 것이다. 그들은 이미 미래의 일부일 것이다.[31]

김원영과 김초엽 같은 장애인뿐 아니라, 비장애인, 남자, 여자, 어린아이, 노인, 이성애자, 양성애자, 부자, 빈자 등과 같은 모든 구분과

---

30 위의 책, 281-282.
31 위의 책, 283.

분류, 위계가 사라져 저마다 "제 자신으로 존재하는 미래", "서로의 불완전함, 서로의 연약함, 서로의 의존성을 기꺼이 받아들이는 세계", 이런 세상이 바로 모든 종교가 이상으로 꼽는 그리고 기독교의 성서가 말하는 하나님 나라가 아닐까. 그렇다면 포스트휴먼화에 직면해서 기독교가 추구하는 인간상은 자신의 본래 모습 그대로를 받아들이고 인정하는 것, 나아가 그 모습을 존중하는 것이며, 이와 더불어 기독교교육의 측면에서도 기술을 통한 인간 향상에 어떻게 접근해야 하는가에 대해 숙고해야 할 필요가 있다.

2. 기술을 통한 인간 향상 반대

기술을 통해 인간의 능력을 증강시켜 포스트휴먼화하는 것을 일반적으로 '향상'이라 부른다. 다시 말해서 '인간 향상'(human enhancement)은 "다양한 기술공학적 수단을 통해 인간의 인지적, 정서적, 신체적 능력을 통상적 범위를 넘어서는 수준까지 향상시키는 것"을 의미하며, 현재의 인간을 초월하는 것을 그 목적으로 삼고 있다. 인간 향상을 긍정하는 대표적 트랜스휴머니스트인 닉 보스트롬(Nick Bostrom)은 우리가 다른 모습, 즉 포스트휴먼으로 변하는 데 아무런 문제가 없을 뿐만 아니라 변화된 모습이 현재의 모습보다 더 낫다면 바꾸지 않을 이유가 없다고 주장한다.[32] 그러나 트랜스휴머니스트들은 이러한 변화가 우리의 정체성에 어떠한 영향을 미칠지에 대해서는 진지하게 고민하지 않는 듯 보인다.

---

32 줄리언 바지니/강혜정 옮김, 『에고 트릭』, (서울: 미래인, 2012), 295.

또한 인간 향상과 치료 사이에는 유사점이 많다. 치료의 목적 또한 기술공학적 수단을 이용하여 질병을 예방하거나 제거하여 '정상적인' 혹은 '자연적인' 몸 상태를 지속하거나 복원하는 것이기 때문이다. 그러나 치료가 "종(種)으로서의 인간이 지닌 표준적, 전형적 기능을 회복"하는 것에 초점을 둔 것이라면, 향상은 그것을 더욱 강화하는 것이라고 할 수 있다.[33] 경우에 따라서는 인간 향상과 치료를 엄격하게 구분하기 어려운 지점도 분명히 존재하지만, 치료와 달리 기술을 통한 인간 향상이나 신체 증강과 관련해서는 저항도 만만치 않다.

영화 〈가타카〉(Gattaca, 1997)에서처럼, 유전자 조작으로 인해 태어나는 아이들이나 제2의 신체라 불리는 '프로스테시스'를 착용한 인간들이 오늘날에는 더 이상 SF영화에만 존재하는 것은 아니다. 2002년에는 청각장애인 동성애 부부가 청각장애가 있는 남자의 정자를 기증받아 인공수정을 통해 청각장애가 있는 아이를 출산했다. 2018년 중국에서는 허젠쿠이 박사가 이끄는 연구팀이 HIV 보균자인 남성의 정자와 비보균자 여성의 난자로 수정란을 만들었다. 연구팀은 유전자 가위를 통해 HIV를 받아들이는 특정 유전자를 제거한 배아를 자궁에 착상시켰으며, 이후 에이즈에 면역력을 갖도록 유전자를 교정한 쌍둥이가 태어났다고 발표했다. 이 소식은 과학계뿐 아니라 전 세계에 큰 충격을 주었다. 의학적으로 긴급한 사항이 아님에도 불구하고,[34] 유전

---

[33] Norman Daniel, *Just Health: Meeting Health Needs Fairly* (England: Cambridge University Press, 2008), 김초엽 · 김원영, 『사이보그가 되다』, 229에서 재인용; 장보철, "트랜스휴머니즘의 인간 이해에 대한 비판적 고찰: 이야기 목회상담의 인간 이해를 중심으로," 「신학과 실천」 78(2022): 743-744.

[34] 에이즈 감염자라 할지라도 정자 자체에는 HIV가 없어서 태아가 에이즈에 걸릴 가능성이 없기 때문이다.

자 조작을 통해 맞춤형 아기 출산을 시도한 것으로 인해 큰 파장이 일었고, 허젠쿠이 박사는 징역 3년 형을 선고받았다. 또한 선천성 색맹인 영국의 예술가 닐 하비슨(Neil Harbisson)은 2003년 색을 소리로 바꾸는 안테나를 머리뼈에 이식한 후, '인류 최초의 사이보그'라 불리게되었다. 하비슨은 이 특수 센서를 부착하고 여권 사진을 촬영하였고, 사이보그로서 최초의 시민권을 인정받았다.[35]

이러한 인간 향상 기술을 개발하고 적용하는 것에 반대하는 이유는 매우 다양하다. 생명보수주의자(Bio-conservative)들은 공통적으로 인간 본성 개념에 호소하면서 인간 향상을 반대하고 있으며, 그들의 논리는 다음과 같다.

- 기술을 통한 인위적인 인간 향상은 인간 본성을 거스르거나 인간 본성을 개조한다.
- 인간 본성의 변경은 인간의 존엄성이나 인권, 자율성, 도덕 판단 능력 등 우리가 가치 있게 여기는 것들을 훼손한다.
- 따라서 인간 향상을 시도해서는 안 된다.[36]

물론 인간 본성 개념 자체에 대한 도전들도 있다. 인간 본성 개념이

---

35 하비슨은 이 안테나를 통해 머릿속에서 들리는 진동으로 눈에 보이지 않는 적외선과 자외선을 비롯하여 색깔을 느끼고 들을 수 있으며, "시각도, 청각도 아닌 제6의 감각을 가진 것처럼 느낀다"라고 전했다(MBN Y포럼, "'제6의 감각' 만들어낸 사이보그 예술가 닐 하비슨," 2018년 1월 6일에 최종 수정, 2023년 8월 10일에 접속, https://www.mbn.co.kr/news/economy/3443820).
36 천현득, "인간향상 기술을 통한 포스트휴먼 되기: 인간 본성은 여전히 쓸모 있는 개념인가?," 한국포스트휴먼연구소 · 한국포스트휴먼학회 편집, 『포스트휴먼 시대의 휴먼』, 102.

존재하지 않는다거나 또는 그것이 존재하더라고 인간 향상과 관련된 윤리적 논쟁에 어떠한 역할도 하지 않을 것이라는 의견이다. 하지만 인간 본성의 일차적인 역할이 인간의 "여러 특성들 가운데 어떤 것이 변경하기 어려운지, 어떤 인지적·신체적 능력이 향상 기술에 의해 더 손쉽게 변화할 수 있는지" 등을 알려주는 것이라면, 기술을 통해 특정한 인간 본성을 향상시키려는 시도는 잠재적 유익과 위험을 동시에 드러낼 것이며,[37] 기독교교육의 측면에서도 하나님의 형상을 지닌 인간 본성에 대한 중대한 도전이 될 것이다.

3. 교육의 가치와 선물로서 주어진 삶에 대한 감사

인간 향상을 반대하는 또 다른 이유로는 사회정의 문제, 종교적 이유 그리고 공동체 윤리의 차원 등이 있다. 사회정의 차원에서 유발 하라리는 결국 인간 향상 기술을 사용할 수 있는 이들은 특정 계층에 속한 이들일 것이고, 그렇게 되면 미래 사회는 "업그레이드된 상위 계급과 사회의 나머지 구성원들 사이에 육체적·인지적 능력 차이가 실제로 벌어지는" 사회가 될 것으로 예측한다. 그러므로 장애인과 병든 사람을 치료하기 위해 기술공학적 수단을 이용하는 것이 "평등주의적 목표"라면, 기술공학적 수단을 통해 건강한 사람을 업그레이드하는 것은 "엘리트주의적 목표"라고 할 수 있다.[38]

교육의 차원에서도 교육과 향상은 전혀 다르다. 보스트롬은 철학

---

37 위의 책, 103-125.
38 유발 하라리/김명주 옮김, 『호모 데우스: 미래의 역사』(파주: 김영사, 2017), 476-477.

적 숙고와 도덕적 자기 성찰을 포함하여 교육도 "기술적으로 낮은 수단"(low-tech means)으로 취급하면서, 과학과 기술 및 그 밖의 합리적인 수단을 이용하여 "현재의 인간보다 훨씬 더 큰 능력을 가진 포스트휴먼"으로 향상되기를 희망한다. 그러나 이렇게 증강되고 향상된 인간이 "육체적, 정신적으로 충분한 힘을 가지고 수백 년 혹은 수천 년동안 살 수 있는 기회"를 얻는다고 해서 보스트롬이 상상하듯이, "현재 인간보다 훨씬 더 높은 수준의 개인적 발달과 성숙에 도달"[39]했다고 할 수는 없으며, 그것이 곧 행복한 삶이라고 말할 수는 더더욱 없을 것이다.

더욱이 우리는 이것을 교육이라 부르지 않는다. 교육에는 고유한 역할이 있기 때문이다. 교육의 본래 역할은 바로 "인간이 충분히 인간적일 수 있도록 인도하고 가르치고 돕는"[40] 것이다. 그리고 교육이 지향하는 인간상은 향상된 인간 혹은 초지능(super-intelligence)을 지닌 포스트휴먼이 아니라, 저마다 자기의 본래 모습을 그대로 인정받으면서 자신의 역량을 펼칠 수 있는 인간이기 때문이며, 이것은 기독교교육이 지향하는 인간상이기도 하다. 그러므로 우리에게 더욱 필요한 것은 김초엽의 말처럼, 인간 향상 기술이 아니라 "전환하는 기술"일 것이다. 예를 들면, 청각장애인을 위한 문자통역 서비스 앱이나 음성을 문자로 전환하는 앱 그리고 진동을 통해 시간을 알려주는 진동시계처럼, "미래가 아닌 지금 이곳에서 조금 더 잘 살아갈 가능성"[41]을 제공할 수

39 Nick Bostrom, Human Genetic Enhancements: A Transhumanist Perspective, *Journal of Value Inquiry* 37, no. 4(2003): 496-498.
40 우정길, 『포스트휴머니즘과 인간의 교육』, 228.
41 김초엽·김원영, 『사이보그가 되다』, 34-38.

있는 기술을 더욱더 적극적으로 개발할 필요가 있으며, 그것의 가치를 가르치는 것이 교육의 본래 목적일 것이다.

또한 신의 영역에 도전하는 것과 같은 종교적 불편함을 호소하면서 유전적 향상을 반대하는 대표적 인물로는 마이클 샌델(Michael Sandel)이 있다. 샌델은 향상이 한편으로는 특정한 인간적 성향, 즉 "정복하고 통제하려는 태도"를 확고히 하면서 동시에 이런 성향을 소유하지 못한 이들에 대한 차별, 무시, 소외 등을 강화하므로, 향상에 대해 "도덕적 거부감"을 표출하면서 '선물의 논리'를 주장한다. 이것은 "모든 것을 통제하고 정복하려는 충동을 억제하고 삶을 주어진 선물로 받아들이는 관점"으로, 세상의 모든 것을 우리가 원하는 방식으로 사용할 수 있는 것은 아니라는 걸 인정한다는 의미이다. 샌델의 이러한 생각은 생명에 대한 종교적 관점, 특히 기독교의 견해와도 일치한다.[42]

인간 향상을 찬성하는 이들은 교육을 통해 인간의 능력을 향상하는 것과 기술공학적 수단을 통해 향상하는 것 사이에 아무런 차이가 없다고 주장한다. 그러나 유전자 조작을 통해 어린이의 능력을 강화하려는 시도는 우생학을 현대적으로 재연하는 것이며, 과잉 양육의 문제점들을 드러내고 있다.

생명공학 기술로 아이의 능력을 강화하는 것이 과도한 간섭과 관리가 수반된 요즘의 양육 방식과 정신적으로 비슷하다는 주장에는 일리가 있다. 그러나 그 둘이 유사하다 해도 아이의 유전적 조작을 찬성해야 하는 근거가 되지는 못한다. 오히려 우리가 흔히 받아들이는, 부모가 지나치게 관

---

42 마이클 샌델/이수경 옮김, 『완벽에 대한 반론: 생명공학 시대, 인간의 욕망과 생명윤리』, (서울: 와이즈베리, 2016), 107, 68, 45.

리하는 양육 관행에 물음표를 던져봐야 할 이유가 된다. 오늘날 자주 목격되는 과잉 양육은 삶을 선물로 바라보는 관점을 놓친 채 과도하게 통제하고 지배하려는 심리를 보여주는 징후다. 이것은 우생학에 가까워지는 불안한 징조이기도 하다.[43]

우정길은 샌델이 향상을 반대하는 이유를 교육학적으로 조목조목 밝히고 있다. 우선 교육학적으로 볼 때, 향상은 정당한 경쟁을 오염시켜 공정성을 훼손할 우려가 있다. 부모의 사회경제적 계급이 자녀에게 그대로 대물림되는 세습사회에 접어든 오늘날, 유전공학적 향상은 출신 계층에 따라 출발선이 정해지는 불공정한 경주를 더욱 강화하는 역할을 하게 될 것이기 때문이다. 또한 향상은 자율성과 평등성을 훼손한다. 부모나 다른 사람에 의해 "유전적으로 프로그래밍된 사람"을 자율성을 지닌 자기 삶의 온전한 주체로 볼 수 없으며, 향상은 세대 간에 그리고 또래집단 사이의 자유롭고 평등한 균형 관계를 파괴한다.[44] 그렇다면 공정성, 자율성, 평등성을 훼손하는 것까지 감수하면서 계획하고, 지배하고, 틀에 맞춰 만들어내려는 향상의 윤리와 달리 샌델의 '선물의 윤리'가 추구하는 덕목은 무엇인가? 샌델은 "겸손과 책임과 연대"라고 답한다.

정복과 통제를 높이 평가하는 사회적 세계에서 부모가 된다는 것은 겸손을 배울 수 있는 학교를 만나는 것이다. 우리가 자녀에게 깊은 관심을 가

---

43 위의 책, 83.
44 우정길,『포스트휴머니즘과 인간의 교육』, 276-282; 샌델,『완벽에 대한 반론』, 47, 104.

지고 있지만 원하는 대로 자녀를 고를 수는 없다는 사실은 예상치 못한 것을 열린 마음으로 받아들여야 한다는 점을 부모에게 가르쳐 준다. … 그런 태도는 예상치 못한 것을 감내하고, 불협화음을 수용하고, 통제하려는 충동을 자제하게 만든다.[45]

향상을 통해 획득한 능력을 선물이 아닌 성취로 간주하게 될 때, 모든 것을 "자신만의 힘으로 이뤄낸 결과물로 여기는 관점이 팽배"해질 것이다. 그리고 부모가 자녀를 위해 적절한 유전공학적 선택을 했을 때뿐만 아니라, 그러지 않았을 때도 부모에게 무거운 책임이 지워지게 될 것이다. 모든 것이 개인의 선택 문제가 되면서 자기 자신에 대한 책임감뿐 아니라 자녀의 운명에 대한 책임감도 늘어나지만, "자신보다 못한 사람들과의 연대감은 줄어들"게 될 것이다.[46] 그러나 선물로 주어진 재능의 우연성, 즉 그것이 전적으로 자기 행동의 결과만이 아니라는 사실을 인식하게 된다면, 특히 교육의 영역에서 승자독식과 능력주의의 오류에 빠지는 것을 막을 수 있을 것이다. 그리고 이것은 하나님께서 인간에게 자유의지를 주셨지만, 모든 것을 다 허락하신 것은 아니라는 전제하에 하나님의 백성을 길러내는 기독교교육에도 많은 시사점을 준다.

45 위의 책, 112.
46 위의 책, 113-118.

V. 나가는 말: 종말론적 기대 안에서 도래하는 미래

포스트휴먼화를 꿈꾸는 기술시대에 기술 발달이 종교와 교육에 미치는 영향을 간략하게 살펴보았다. 그동안의 계몽주의적 휴머니즘 전통에서는 교육과 훈련을 통해 인간을 개선하고자 했다면, 포스트휴머니즘 시대에는 NBIC, 즉 나노 기술, 생명공학 기술, 정보기술, 인지과학 등의 기술을 통해 극적인 인간 향상을 꿈꾼다. 그러므로 기술시대에는 생물학적, 인체공학적 향상을 통해 인간의 유한성뿐만 아니라, 신체의 한계와 제약으로부터도 자유로워질 것이고, 마치 레고처럼 자기 몸을 자기 마음대로 디자인할 수 있는 '레고인간'의 시대가 도래할 것으로 예상된다.[47]

그러나 우리 몸은 아무런 의미 없는 빈껍데기 혹은 포스트휴먼이 되기 위해 언제든 버릴 수 있고, 심지어 갈아 끼울 수도 있는 어떤 것이 아니다. 더욱이 교육은 물질적 몸을 가진 인간을 대상으로 이루어지는 활동이다. 인간과 기술이 결합하는 포스트휴먼화로 인해 몸에 대한 인식이 달라지고 있지만, 교육학 안에서뿐만 아니라 기독교교육의 영역에서도 "몸적(embodied) 존재로서 살아가야 하는"[48] 인간에 대해 끊임없는 다시쓰기가 요구되고 있다. 특히 기독교의 성육신 전통에서는 한계를 지닌 인간의 신체를 선하다고 여길 뿐 아니라, 우리 몸은 '하나님의 성전'이며, 그 안에 하나님의 성령이 계신다고 고백하고 있기 때문이다(고전 3:16).

---

47 몸문화연구소 편집, 『포스트바디: 레고인간이 온다』 (서울: 필로소픽, 2019), 8-9.
48 김은혜, "포스트 바디시대에 대한 신학적 응답: 성육신적 몸(body)과 신체(flesh)의 개념을 중심으로," 「신학과 실천」 68(2020), 62.

또한 교육은 기독교교육이건 일반교육이건 전적으로 미래지향적 활동이다. 하지만 분명한 현재적 행위 안에서 그 미래성을 구현하고 자 하며, 그래야만 한다. 이와 더불어 기독교교육의 영역에서는 기술을 이용하여 내가 계획하고 만들어가는 미래로서의 '푸투룸'(futurum)이 아니라, 하나님의 종말론적 개입에 의해 도래하는 미래, 즉 '아드벤투스'(adventus)[49]로서의 미래에 대한 소망도 포기하지 않아야 한다. 온 인류가 포스트휴먼화되는 때가 올지라도 인간과 교육에 대한 도구적 이해에서 물러나, "인간과 교육 그 자체의 의미에 대해 성찰"하는 것은 여전히 필요하고 의미 있는 작업이 될 것이며,[50] 이제는 종교와 기독교 교육의 영역에서도 기술의 문제를 좀 더 세밀하게 다루는 것이 요구되고 있다.

---

[49] 라틴어 futurum에서 파생된 것이 영어의 future이며, adventus에서 아기 예수의 탄생을 기다리는 강림절, 대강절을 의미하는 advent가 유래했다(정형철, 『종교와 트랜스휴머니즘』, 107).
[50] 우정길, 『포스트휴머니즘과 인간의 교육』, 297.

참고문헌

권혁남. "과학기술 사회에서의 인간과 윤리 — 결과의 윤리 vs. 질서의 윤리."「신학과 실천」54(2017): 621-640.

김건우. "포스트휴먼의 개념적, 규범학적 의의." 포스트휴먼연구소, 한국포스트휴먼학회 편집.『포스트휴먼 시대의 휴먼』. 파주: 아카넷, 2016.

김은혜. "포스트 바디시대에 대한 신학적 응답: 성육신적 몸(body)과 신체(flesh)의 개념을 중심으로."「신학과 실천」68(2020): 759-784.

김초엽 · 김원영.『사이보그가 되다』. 파주: 사계절, 2021.

델리오, 일리아/맹영선 옮김.『울트라휴머니즘: 지구 공동체 의식을 갖는 인간으로』. 서울: 대화출판사, 2021.

마정미.『포스트휴먼과 탈근대적 주체』. 서울: 커뮤니케이션북스, 2014.

몸문화연구소 편집.『포스트바디: 레고인간이 온다』. 서울: 필로소픽, 2019.

바지니, 줄리언/강혜정 옮김.『에고 트릭』. 서울: 미래인, 2012.

박은정 · 이종민. "'생령'의 관점에서 본 인간 이해와 실천신학적 적용 : 기독교교육과 목회상담을 중심으로."「신학과 실천」73(2021): 473-502.

브라이도티, 로지/이경란 옮김.『포스트휴먼』. 파주: 아카넷, 2015.

샌델, 마이클/이수경 옮김.『완벽에 대한 반론: 생명공학 시대, 인간의 욕망과 생명윤리』. 서울: 와이즈베리, 2016.

손화철. "첨단기술과 한국교회: 메타버스를 중심으로."「신학과 실천」83(2023): 545-569.

_____.『호모 파베르의 미래』. 파주: 아카넷, 2020.

_____. "포스트휴먼 시대의 기술철학." 포스트휴먼연구소 · 한국포스트휴먼학회 편집.『포스트휴먼 시대의 휴먼』. 파주: 아카넷, 2016.

스휴르만, 에그버트/최용준 · 손화철 옮김.『기술의 불안한 미래: 엇갈린 전망과 기독교적 대안』. 파주: 비아토르, 2019.

신상규.『호모사피엔스의 미래: 포스트휴먼과 트랜스휴머니즘』. 파주: 아카넷, 2014.

우정길.『포스트휴머니즘과 인간의 교육』. 서울: 박영스토리, 2019.

이은경. "포스트휴머니즘 시대 공생을 위한 교육."『교육철학연구』42. no. 4(2020): 117-136.

_____.『나랑 같이 놀 사람, 여기 붙어라: 인간과 기계의 공생을 위한 교육』. 서울: 길밖의길, 2016.

장보철. "트랜스휴머니즘의 인간 이해에 대한 비판적 고찰: 이야기 목회상담의 인간이해를 중심으로."「신학과 실천」78(2022): 739-761.

전현식. "포스트휴먼 시대와 환경운동의 좌표." 한국교회환경연구소 기획.『포스트휴먼 시대, 생명·신학·교회를 돌아보다』. 서울: 동연, 2017.

정윤경. "교육학의 포스트휴머니즘 수용과 포스트휴먼 감응교육 탐색." 우정길 편집. 『포스트휴머니즘과 교육학』. 서울: 학지사, 2021.

_____.『교사를 위한 교육철학』. 파주: 교육과학사, 2010.

정형철.『종교와 트랜스휴머니즘: 트랜스휴먼 존재 양식과 비판적 포스트휴머니즘』. 서울: 한국학술정보, 2022.

천현득. "인간향상 기술을 통한 포스트휴먼 되기: 인간 본성은 여전히 쓸모 있는 개념인가?." 한국포스트휴먼연구소·한국포스트휴먼학회 편집.『포스트휴먼 시대의 휴먼』. 파주: 아카넷, 2016.

토야마, 켄타로/전성민 옮김.『기술중독사회: 첨단기술은 인류를 구원할 것인가』. 서울: 유아이북스, 2016.

하라리, 유발/김명주 옮김.『호모 데우스: 미래의 역사』. 파주: 김영사, 2017.

헤어브레히터, 슈테판/김연순·김응준 옮김.『포스트휴머니즘: 인간 이후의-인간에 관한-문화철학적 담론』. 서울: 성균관대학교 출판부, 2012.

Bostrom, Nick. Human Genetic Enhancements: A Transhumanist Perspective. *Journal of Value Inquiry* 37, no. 4(2003), 493-506.

Clark, Andy and David Chalmers. "The Extended Mind." in *Supersizing the Mind: Embodiment, Action, and Cognitive Extension*. by Andy Clark. 220-232. Oxford: Oxford University Press, 2011.

Daniel, Norman. *Just Health: Meeting Health Needs Fairly*. England: Cambridge University Press, 2008.

Spengler, Oswald. *Der Mensch und Technik*. München: Beck, 1931.

MBN Y포럼. "'제6의 감각' 만들어낸 사이보그 예술가 닐 하비슨." 2018년 1월 6일에 최종 수정. 2023년 8월 10일에 접속. https://www.mbn.co.kr/news/economy/3443820.

인간의 연장능력으로서 기술

― 손화철의 '목적이 이끄는 기술'에 대한 비판적 성찰

박일준 | 원광대학교

기술은 운명이 아니다. 우리의 운명은 우리 손에 달려 있다.[1]

I. 기술이란 무엇인가?: 하이데거의 기술론과
인간의 본질로서 연장능력(extendibility)

하이데거는 기술의 본질과 연관하여 우리에게 '기술이란 무엇인가?'라는 물음을 통해 사유의 길을 열어준다. 그에 따르면, 기술은 기술의 본질과 동의어가 아니다.[2] 기술의 본질은 결코 기술적(technolo-

---

[1] 에릭 브린욜프슨(Erik Brynjolfsson) & 앤드루 맥아피(Andrew McAfee)/이한음 옮김, 『제2의 기계시대: 인간과 기계의 공생이 시작되다』(*The Second Machine Age: Work, Progress, and Prosperity in a Time of Brilliant Technologies*) (서울: 청림출판, 2014), 323.

[2] Martin Heidegger, *The Question Concerning Technology and Other Essays*, trans.

gical)이지 않다. 그래서 우리가 기술에 매여서 자유롭지 못한 상태에서는 결과적으로 기술의 본질과 자유로운 관계를 경험할 수 없다. 기술의 본질은 기술을 비록 숭고한 목적을 위해서라고 할지라도 도구적으로 활용하는 인간의 활동으로 결코 도출되지 않는다. 왜냐하면 아무리 고매한 목적을 위해 기술을 활용한다고 하더라도 결국 기술을 활용한다는 것은 곧 기술을 "지배한다" 혹은 "통달한다"(master)[3]는 것을 의미하며, 이는 다른 말로 기술을 인간의 힘으로 통제한다는 것을 뜻하기 때문이다. 하지만 그러한 지배적 통제의 의지가 강해질수록 기술은 인간의 손아귀를 빠져나가 더욱더 인간의 삶의 본질을 위협하기 마련이다. 기술의 본질은 그 '도구성'에 있지 않기 때문에 우리가 기술을 도구성으로 규정하면 할수록 기술은 우리의 손아귀를 벗어나 우리가 구축한 세계를 위협하는 존재가 되고 만다.

하지만 그렇다고 기술의 도구성이 기술의 본질과 전혀 무관한 것은 아니다. 왜냐하면 도구성은 어떤 본질적인 것을 현존으로 도래케 하기 위한 것이기 때문이다. 그리고 바로 그 '현존으로 도래케 하는 작용 사건' 속에 기술의 본질성이 담겨 있다고 할 수 있다. 그런데 바로 그렇기 때문에 우리는 이 기술의 도구성을 기술의 본질과 혼동하여, 이 비본래적인 도구성을 기술의 본질로 정의하고 도구적으로 남용한다. 그리고 기술을 도구적으로 남용하는 가운데 우리 인간은 '도구를 통해 남용되는 상태'로 전락한다. 말하자면, 기술의 본질은 '동사로서의 존재성'인데, 우리는 그 동사를 명사화하여 도구화하고, 그를 통해 우리

William Lovitt (New York: Harper Perennial, 1977), 4.
3 *Ibid.*, 5.

자신 또한 도구화된 존재로 전락시킨다.[4]

달리 표현하자면, 기술의 본질은 본질적인 것을 현존으로 도래케 한다는 것이고, 이는 곧 은폐되었던 것 혹은 가려져 있던 것을 드러낸다는 것(revealing)이다.[5] 하이데거는 기술이 본질적으로 바로 이 '드러남'의 방식이라고 말한다.[6] 이 드러남이 일어나는 곳이 진리가 일어나는 자리이고, 기술(technology)은 바로 그 드러남의 자리를 가능케 하는 기술(art) 혹은 기예이다. 이런 맥락에서 기술은 인간에게 존재자들을 "탈은폐"(Entbergen)하고, 그것들과 관계하며 새로운 계기와 의미와 목적들을 만들어내는 것이다.[7]

그런데 현대 기술은 탈은폐의 방식을 "진리가 작품 가운데 자신을" 내보이도록 하는 예술과 방식을 달리한다.[8] 현대 기술의 탈은폐 즉 드러냄의 방식은 "틀짓기"(Enframing, Gestell)[9] 혹은 '틀에 끼워 맞추기'이다. 이는 어떤 기술적인 것을 가리키는 것이 아니라, 실재가 스스로를 즉시 활용 가능한 것으로 드러내는 방식을 가리킨다. 말하자면 예술은 "작품의 창조와 함께 역사적인 사건으로" 진리가 "생기"하도록 하는 반면, 현대 기술은 "인간을 포함한 모든 존재자들을 부품으로 드러

---

4 손화철, 『호모 파베르의 미래: 기술의 시대, 인간의 자리는 어디인가』 (파주: 아카넷, 2020), 61.

5 Heidegger, *The Question Concerning Technology and Other Essays*, 11.

6 *Ibid.*, 12.

7 손화철, 『호모 파베르의 미래』, 64.

8 위의 책, 64.

9 Heidegger, *The Question Concerning Technology and Other Essays*, 19. Gestell의 번역과 관련하여, 국내 하이데거 연구자들 중 이기상과 손화철은 이를 "닦달"이라고 번역하였다. 하지만 영어 번역은 enframing이며, 이는 틀을 짜놓고 거기에다 실재를 닦달하여 몰아붙이는 측면도 있지만, 다른 한편으로는 포착할 수 없는 실재를 인식의 한계가 갖는 틀 안에서 표현한다는 의미를 갖기도 한다.

나게 하는 '닦달[몰아세움, Gestell]'이라는 것이다.[10] 이를 하이데거는 존재의 '파송'(destining), 즉 그렇게 열려지도록 운명지워진 질서라고 표현하기도 한다.[11] 하지만 이 '운명적 파송'은 결코 결정론적 전개를 의미하는 것이 아니다. 오히려 그것은 어떤 본질적인 자유의 열림을 의미한다. 즉 기술의 본질은 틀의 구성에 있고, 그 틀의 구성은 곧 드러냄의 운명에 귀속된다. 바로 그 삶의 틀 구성을 통한 드러냄의 운명이 존재를 자신의 운명적 길을 열어가는 일시체류자(sojourner)로 만든다. 즉 그 운명은 일시적 신분을 가지고 삶의 길을 개척해나갈 용기를 주는 것이지 결코 삶의 모든 행보를 고정시키는 어떤 것이 아니다. 하지만 이 "틀짓기"(Gestell, Enframing)가 "닦달"하는 힘으로 행사될 경우 이는 "신과 인간, 하늘과 땅을 한데 모으고 함께 드러나게 만들었던 과거의 기술들"과는 달리 "모든 존재자들을 대체가능한 부품(Bestand)이 되도록 도발적으로 요청한다(Herausfordern)."[12]

따라서 기술의 본질로서 이 틀짓기는 우리에게 진리의 길을 열어주는 것뿐만 아니라, 오히려 존재의 추락을 유발할 벼랑 끝으로 몰아 위험에 처하게도 한다. 즉 본질은 우리를 자유로 열어주는 기회이기도 하지만 동시에 우리를 정해진 틀 속에 가두어 위험에 처하게 하고, 그리하여 우리로 하여금 존재의 본질을 망각(oblivion)하게도 한다. 기술을 손에 잡은 존재로서 인간은 만물을 조작해낼 수 있는 땅의 주인의 자리를 취할 수도 있다. 혹은 자신의 운명적 파송을 하나의 명령적 지배구조 체제로 변질시킬 수도 있다. 어떤 방식으로든 본질을 드러내

---

10 손화철, 『호모 파베르의 미래』, 64.
11 Heidegger, *The Question Concerning Technology and Other Essays*, 24.
12 손화철, 위의 책, 65.

는 길을 열어가는 활동으로서 기술은 그 스스로 주인이 되어 인간이 만물을 조작하는 존재로 착각하게 하거나 세계를 지배하는 존재로 오해하게 함으로써, 존재와 삶을 향한 위험을 초래케 할 수도 있다.

그럼에도 하이데거는 "위험이 자라나는 자리에 바로 구원하는 힘이 있다"는 횔더린의 시를 인용하면서, 기술의 본질이 가져오는 위험을 우리 삶과 존재를 구원하는 힘으로 전환코자 한다.[13] 구원이란 곧 '풀어서, 해방하여, 여유롭게 하고, 지키고, 보살피는 것'을 의미한다.[14] 그 존재의 힘은 바로 이 틀짓기의 힘을 '도전해나가는 힘'으로 이해하는 것이다. 즉 주어진 조건들을 숙명으로 받아들이고 그 조건들 안에 안주한다면, 기술의 본질로서 틀짓기는 곧 우리를 조작적 구조의 틀 안에서 조작되고 조작하는 존재로 살아가게 만들 뿐이다. 하지만 사유하고 행위하는 틀을 구성하여 살아간다는 것이 그러한 위험들을 담지하고 있음에도, 그러한 틀짓기의 행위를 기존의 조건에 도전하고 새로운 삶의 구조와 영토를 창출해나가는 운명적 발걸음으로 이해한다면, 바로 그 기존에 저항하는 몸짓으로서 틀짓기는 존재의 새로운 길들을 열어나가는 운명의 몸짓이 되기도 한다. 그리고 바로 그것이 우리를 구원하는 힘(the saving power)인 것이다. 이를 하이데거는 "전환"(turning)이라는 말로 표현한다.[15] 위기의 전환, 즉 위기를 기회로 전환하는 것을 가리킨다. 이 전환은 망각된 기술의 본질의 측면에 비추는 섬광의 번쩍임을 통해 일어난다. 그 망각되었던 본질의 측면은 '전환'을 통해 새롭게 구성되거나 창조되는 것이 아니라, 애초부터 거

---

[13] Heidegger, *The Question Concerning Technology and Other Essays*, 28.
[14] *Ibid.*, 42.
[15] *Ibid.*, 44.

기에 있었지만 조작된 존재임에도 스스로 모든 것을 조작하는 존재로 착각하는 사유의 왜곡을 통해 은폐되어 있던 것이다. 그것을 일견(glance)할 수 있는 여지는 바로 우리 생활세계의 모든 시점에 놓여 있었다. 그리고 그 여지는 바로 그 일견을 통해 존재의 전일성을 드러내며, 우리가 바라보는 모든 것을 바꾸어놓기 시작한다. 그것은 우리가 반복적으로 보는 일상의 전복일 것이다. 어떤 정치적 이상을 통한 의도적인 전복이 아니라, 아주 오랫동안 익숙해왔던 구면의 얼굴들 속에서 지금까지 주목하지 못했던 새로운 존재적 측면들에 대한 일견, 이것은 일상의 전복 혹은 전복의 일상화이다.

바로 이 저항적이며 창조적인 몸짓의 예증을 우리는 예술(art)에서 보게 되는데, 기술을 의미하는 희랍어 'techne'의 본래적 의미 중 하나가 바로 '예술'이었다.[16] 그렇다면 기술은 본래 인간의 삶을 하나의 삶의 예술로 만들어가는 기술(art)이 아닐까? 기술이 예술적 본질을 회복하여 우리를 구원할 수 있는지는 "신만이" 결정할 일이지만, 그동안 우리는 "우리 시대의 역운인 현대 기술 앞에서 … 잠잠히 존재의 드러냄을 준비해야 한다"라고 하이데거는 말한다.[17]

이러한 하이데거 기술론의 핵심적 전복은 바로 기술이 "중립적인 도구이기 때문에 사용자에 따라 선용될 수도 있고 악용될 수도 있다는 상식적인 이해"[18]의 전복이다. 하이데거는 기술이 오히려 "존재가 스스로를 드러내는 통로"[19]로서 자신만의 힘과 영향력을 갖고 있음을 통

---

17 손화철, 『호모 파베르의 미래』, 68.
18 위의 책, 68.
19 위의 책, 69.

찰한 것이다. 존재란 무엇인가? 이를 어떤 한 개념이나 단어로 표현하기는 어렵지만, 적어도 여기서 우리는 존재가 '거기-있는-존재'의 모습으로 자신을 구현하는 모습, 즉 존재의 '연장능력'(extendibility) 개념을 볼 수 있다. 왜냐하면 존재란 스스로를 드러내는 방식과 구별된 어떤 것이 아니라, 그 방식을 통해 드러나는 것이며, 바로 그런 의미에서 존재는 그 자체와 다른 존재 즉 '거기-있음'(being-there)으로 스스로를 연장해서 드러나는 것이라 할 수 있다. 인간이 기계와 디지털 장비로 스스로를 연장해나가는 포스트휴먼의 모습 속에서 우리는 이 존재의 본질이 이 '연장능력'으로 나타나고 있음을 보게 된다. 그렇기에 우리는 다른 존재 혹은 장비로 우리의 '인간됨'(being-human)을 연장하며, 행위자-네트워크로 삶을 구현해나갈 수 있는 것이다.

II. 기계와 유기체의 결합 그리고 인간과 기계의 결합, 그 가능성과 우려

하이데거의 말을 적용하자면, 기술을 통해 창출된 기계 문명은 존재의 진리를 드러낼 수도 있고 그 기술적 조작을 통해 우리를 도구적 존재로 전락시킬 수도 있다. 멈포드는 자신의 시대를 "유기체가 기계 자체를 지배하기 시작한 기술의 발전 단계"[20]라고 평한다. 유기체에 대한 새로운 이해가 이제 "삶을 파괴하는 기계에 대항해 거칠게 반항하

---

[20] 루이스 멈포드(Lewis Mumford)/문종민 옮김, 『기술과 문명』(*Technics and Civilizations*) (서울: 책세상, 2013), 503.

거나 분개하는 대신, ⋯ 직접 기계 자체의 본성에 영향을 미치고, 더 효과적으로 환경과 삶을 윤택하게 하는 또 다른 기계를 창조하는 데까지 이르"[21]렀다고 본다. 여기서 유기체란 단지 생물학적으로 살아 있는 것만을 다루는 것이 아니다. 유기체란 인간과 기계, 생물과 무생물이 일구어가는 생명공통체[22]를 말한다.

멈포드가 꿈꾸던 유기체 시대는 사실 제2 기계시대를 통해 더 구체적으로 모습을 드러내고 있다. 그것은 바로 인간과 기계가 공존하는 세계이다. 1997년 IBM의 슈퍼컴퓨터 딥블루가 세계 체스 챔피언 게리 카스파로프를 이겼다. 이후 컴퓨터와 인간 간의 체스 대결은 기계의 일방적인 승리로 이어졌다. 그런데 2005년 열린 "프리스타일 체스 대회"에서는 새로운 가능성을 보여주었다. 즉 인간과 컴퓨터가 한 팀이 될 때, 그 어떤 슈퍼컴퓨터도 이 인간-기계의 혼성팀을 이기지 못했다. 인간과 결합하는 컴퓨터는 슈퍼컴퓨터일 필요가 없었다. "상대적으로 성능이 떨어지는 노트북"[23] 정도의 컴퓨터면 충분했다. 이는 인간과 기계가 서로 다른 방식으로 과제를 수행하기 때문에 혼성팀을 이룰 경우, 컴퓨터가 못하는 것을 가능하게 하기 때문에 나타난 결과

---

21 위의 책, 508.
22 통상 공동체라고 표현하지만, 이는 메이지 유신 시절 일본의 지식인들이 community를 번역하는 과정에서 탄생한 용어이다. 당대의 일본 사회를 배경으로 그들은 com-munity를 共同體로 번역하였는데, 한자어의 의미가—현재 우리가 쓰는 공동체의 의미 맥락과는 달리—'동일한 것'을 공유하는 무리 및 집단을 의미한다. 즉 차이와 다양성이 소거된 획일적 집단을 가리키는 의미가 더 강하다. 우리가 지향하는 community는 차이와 다양성을 존중하면서, 서로 간의 공통적인 것(the common)을 지향한다는 의미에서 '공통체'(共通體)라는 용어를 제안한다. 이미 안토니오 네그리와 마이클 하트의 책 *Commonwealth*(2011)를 번역하는 과정에서 사용이 제안된 용어이지만, 이 글에서는 community의 대안적 번역어로 '공통체'를 제안하는 바이다.
23 브린욜프슨 & 맥아피, 『제2의 기계시대』, 239.

이다. 인간은 기존 사유 구조에서 생각할 수 없었던 새로운 아이디어나 개념을 만들어내는 역량을 갖고 있다. 하지만 컴퓨터와 로봇은 "프로그래밍된 틀 바깥"에 놓인 착상이나 아이디어를 가져오지 못한다.[24] 그래서 컴퓨터는 체스 게임에서 기존의 프로그램된 틀 안에서 정보를 검색하고 추론하는 일에는 무척 능하지만, 새로운 각도에서 상대방의 수를 읽고 전개하는 능력은 떨어진다. 그렇기에 만일 인간이 성능이 신통찮은 노트북 정도의 컴퓨터로 기존의 경우의 수를 검색할 조건만 주어져도 인간-기계 혼성팀은 능히 슈퍼컴퓨터에 맞설 만큼의 창조성을 발휘하는 것이다. 그렇다면 앞으로 제2 기계시대를 살아가는 사람들에게 필요한 지식은 바로 기계와 더불어 공생하면서, 기계가 할 수 없는 "아이디어 떠올리기, 큰 틀의 패턴 인식, 복잡한 의사소통의 기능들"을 발휘할 수 있는 지식과 교육이다.[25] 요즘 점차 확산되고 있는 공유경제의 아이디어가 바로 이런 발상의 예일 수 있을 것이다.[26] 그래서 이러한 제2 기계시대에는, 제1 기계시대에 물질세계가 담지한 에너지를 해방시켜 문명의 발전을 촉진했듯이, "인간의 창의성"에 담지된 힘을 해방해 문명을 발전시킬 것이라고 브린욜프슨과 맥아피는 예견한다.[27]

인간과 기계 공동체가 나아갈 길이 인간이 담지한 창조성에 있다는 것을 우리는 "놀라울 만큼 다양한 소프트웨어를 작동시키면서 네트워크에 연결되는 디지털 기기 덕분에 가능해진 마음과 기계의 새로운 공

---

24 위의 책, 243.
25 위의 책, 249.
26 위의 책, 307-309.
27 위의 책, 323.

〔통〕체"[28]를 통해 확인한다. 이 공통체로 인해 이제 성장은 새로운 물건이나 기술의 발명보다는 기존 기술과 정보의 재조합을 통해 창출된다고 주장한다. 예를 들어 웨이즈는 사용되는 어떤 기술도 새로이 발명하지 않았다. 그 앱은 그저 기존 기술들을 "새로운 방식으로 재조합했을 뿐이다."[29] 디지털 혁명은 바로 이러한 "재조합 혁신"의 근원적 바탕이 되었다. 왜냐하면 디지털화는 "거의 모든 상황에 적용되는 대량의 자료 집합을 이용할 수 있게 해주며, 이 정보는 비경쟁적이므로 무한정 재생산하고 재사용할 수 있"[30]기 때문이다.

그런데 이러한 수준을 넘어서서, 레이 커즈와일은 새로운 인간-기계 시대를 그려주고 있기도 하다. 커즈와일은 인간의 "생물학적 유산과 생물학을 초월한 미래가 밀접하게 협력할 때"[31]가 임박했다고 여긴다. 현재 인간의 지능은 "무한한 창조력의 세계로 현재의 능력을 끌어올리기에 필요한 임계점을 충분히 넘어서 있다."[32] 커즈와일은 특이점의 시기를 "2045년" 정도로 내다본다.[33] 그때가 되면 비생물학적 지능이 세상을 지배하겠지만, 그것은 인간을 배제하는 기계 문명이 아니라 오히려 비생물학적 인간 문명일 것이라고 예상한다.

커즈와일이 말하는 "특이점"이란 "미래에 기술 변화의 속도가 매우 빨라지고 그 영향이 매우 깊어서 인간의 생활이 되돌릴 수 없도록 변

---

28 위의 책, 105.

29 위의 책, 106.

30 위의 책, 107.

31 레이 커즈와일(Ray Kurzweil)/김명남·장시형 옮김, 『특이점이 온다: 기술이 인간을 초월하는 순간』(*The Singularity Is Near: When Humans Transcend Biology*) (파주: 김영사, 2007), 19.

32 위의 책, 20.

33 위의 책, 183.

화되는 시기"[34]를 가리킨다. 이 '특이점의 도래'를 예견하는 이면에는 "인간이 창조한 기술의 변화 속도가 가속되고, 기술의 힘이 기하급수적으로 확대되고 있다는 인식"이 놓여 있는데, 커즈와일은 이를 "수확 가속의 법칙"이라 부른다.[35] 구체적으로 이 특이점은 인간이 "생물학적 몸과 뇌의 한계를 극복할 수 있"는 시대를 의미하는데, 이로써 인간은 "운명을 지배할 수 있는 힘을 얻게 될 것"이라고 커즈와일은 말한다.[36] 즉 죽음을 제어하고 원하는 만큼 살 수 있는 시대를 가리키는 것이다.

커즈와일은 특이점 이후에는 "인간과 기계 사이에, 또는 물리적 현실과 가상현실 사이에 구분이 사라질 것"[37]이라고 내다보았다. 특이점의 시대를 가져올 기술혁명을 커즈와일은 GNR 혁명이라 부른다. 유전학(Genetics), 나노 기술(Nano technology), 로봇공학(Robotics)에서 일어날 기술혁명들을 머리글자로 표시한 것이다. 유전학이 가져올 기술혁명은 "생명이 간직한 정보 처리 과정을 이해함으로써 인체의 생물학을 재편" 가능토록 해주어 "질병을 근절하고, 인간의 잠재력을 극적으로 넓히고, 수명을 놀랍도록 연장하는 법"을 제공할 것으로 기대된다.[38] 나노 기술 혁명은 "우리 몸과 뇌, 우리가 사는 세상을 분자 수준으로 정교하게 재설계하고 재조립하게 해줄 것"이며, 로봇공학은 "인간의 지능을 본받았지만 그보다 한층 강력하게 재설계될 인간 수준 로봇들이 등장"하도록 해줄 것으로 커즈와일은 예견한다.[39] 최근

---

34 위의 책, 23.
35 위의 책, 24.
36 위의 책, 26.
37 위의 책, 27.
38 위의 책, 278.

미국의 인공지능 연구개발 회사인 오픈에이아이(OpenAI)가 개발한 챗봇 'ChatGPT'가 연일 화제다. 인간이 사용하는 말의 빅데이터들을 연산하여 의미 있는 방식으로 말들을 연결하여, 거의 인간 수준의 혹은 인간보다 뛰어난 대답들을 제시해주어 세간에 화제가 되고 있다. 디지털 네트워크에 올라와 있는 방대한 양의 언어 데이터들을 검색하여, 요청받은 명령에 맞게 엮어 답을 제시해주는 챗GPT는 이미 의사 면허시험에서 합격 성적을 받거나 경영학 석사 시험도 통과했다고 한다. 그래서 많은 대학이 이 챗GPT를 과제 작성에 활용하는 상황을 우려해서, 챗봇이 작성한 결과물을 걸러내는 프로그램 개발에 착수하기도 하고, 이 챗봇을 활용하여 작성한 과제물을 금지하는 규정들을 신설하기도 했다.[40]

이런 상황에서 기술 발전에 어떻게 대응해야 하는지에 대한 우려가 높아지고 있다. 현재 기술은 보통 사람들의 상상력을 넘어서고 있는 듯이 보이며, 이러한 기술들이 특별히 전쟁의 위기가 고조되는 시대에 무기화할 수 있다는 우려를 염려하지 않을 수 없다. 또한 이러한 기술들을 통해 감시와 통제 체제를 구축하여 권력을 강화하는 수단으로 활용할 경우에 대한 우려와 불안이 고조되고 있으며, 실제로 이런 일들이 이미 벌어지고 있는 현실이다. 우리는 기술을 우리 인간 문명이 원하는 바람직한 방향으로 예인해갈 수 있을 것인가?

39 위의 책, 278.
40 "ChatGPT: AI 챗봇 '챗GPT'에 커지는 표절우려," 〈BBC News 코리아〉, 2023년 2월 3일, https://www.bbc.com/korean/news-64509969.

III. 목적이 이끄는 기술

기술철학자 손화철은 "목적이 이끄는 기술 발전"이라는 개념을 제안한다. 이는 "기술적으로 가능한 것을 개발하기보다는, 우리가 목적하는 바를 이루기 위한 기술을 개발"하는 방향으로 현재의 기술 발전을 유도해나가야 한다는 제안이다.[41] 현대 기술은 어떤 "미리 주어진 목적에 따라 수단이 적용되는 것이 아니라 목적이 사라진 상태에서 개발되고 급속히 전파되는 특징"[42]이 있다. 이렇게 현대 기술의 맹목적성을 추동하는 근원적 동인들 중 하나가 "진보"[43]라는 개념이다. 어떤 의미나 구체적인 목적과 목표보다는 추상적인 '진보'라는 이데올로기에 기반하여 현대 기술은 끊임없는 개발을 추구하는데, 그 이면에는 기술 발전을 통한 경제 발전이라는 경제성장 이데올로기가 자리 잡고 있다. 이런 맹목적 진보를 향해 달려가는 기술 발전을 고전적 기술철학자들, 예를 들어 하이데거나 자크 엘룰, 허버트 마르쿠제 같은 이들은 비판적으로 성찰하였지만, 이들의 비판은 기술 발전에 대한 구체적인 안목을 결여한 채 이루어졌다고 손화철은 평가한다. 그럼에도 이들 고전적 기술철학자들의 비판, 즉 "인간은 기술의 창조자이자 주인이고 기술은 도구로서 인간의 목적을 위해 사용되며, 인간은 전적인 자율성과 주체성을 가지고 기술을 다루어야 한다는 생각"[44]은 손화철이 주장하는 '목적이 이끄는 기술 발전'이 지향하는 방향과 맥을 같이한다.

---

41 손화철, 『호모 파베르의 미래』, 271.
42 위의 책, 57.
43 위의 책, 57.
44 위의 책, 60.

오히려 손화철의 고전 기술철학자들에 대한 비판은 소위 '악마는 구체적인 사항들 속에 있다'는 맥락에 맞닿아 있다. 즉 그들의 기술 비판은 기술 발전이 이루어지는 구체적인 과정들에 대한 정확한 이해를 결여한 채 기술 발전은 진보라는 거대한 맥락과 흐름 속에서 두리뭉실하게 조망했다는 것이다.

그래서 손화철은 첨단기술 시대에 "호모 파베르의 역설"을 더욱 진지하게 성찰해야 한다고 주장한다. 호모 파베르의 역설이란 인간은 인공물을 만들어 사용하는 자연스런 능력을 지니고 있고, 그래서 "기술을 만들지만 기술 또한 인간을 만든다"는 것을 가리키는 말이다.[45] 이는 '인간은 도구를 만들고, 도구는 우리를 만든다'고 주장했던 마샬 맥루한(Marshall McLuhan)의 사상을 핵심적으로 포착하여 자신의 언어로 개념화한 것이기도 하다. 월터 옹(Walter Ong)의 말을 요약하면서 손화철은 "도구를 만들어 쓰는 것, 인공성을 창출하는 능력은 인간의 삶의 조건뿐 아니라 인간의 의식을 바꾸는 것"[46]이라고 주장한다. 예를 들어, 인간이 문자를 사용하게 되면서 문자 이전 구술문화의 사람들과 생활방식이나 사고방식에서 큰 변화가 있었듯이, 우리가 도구로 사용하는 미디어와 그 환경이 변화하게 되면 인간의 사고하는 방식에 큰 변화가 도래하게 된다. 이런 맥락에서 호모 사피엔스는 호모 파베르의 출현 이후에 도래한다고 말할 수 있다. 그리고 이런 사고의 전환을 염두에 두고 손화철은 기술철학의 역할과 대안을 묻는다.

손화철이 호모 파베르의 역설을 제안하는 이유는 사람이 기술을 통

---

45 위의 책, 232.
46 위의 책, 236.

해 도구를 만들고 환경을 변화시키는 것은 인간의 "본성"인데, 여기서 말하는 '본성'은 고정되거나 결정론적인 것이 아니라 자신이 바꾼 도구와 환경에 의해 변화될 수 있는 본성을 가리킨다. 그래서 '본성'이라는 용어를 여기서 고집할 이유가 없을 수도 있다. 선천적으로 주어지는 본성에 대한 우리의 이미지는 변하지 않고 대대로 물려받는 어떤 것을 가리키기 때문이다. 하지만 손화철의 요점은 우리는 사람이 기술을 만든다는 측면에 대해서는 여러 철학적 상상력을 발휘해왔지만, 정작 '기술이 사람을 만든다'는 측면, 즉 "만들어진 도구가 인간의 인간 됨에 미친 실질적인 영향력"에 대해서는 깊이 있는 성찰을 진행하지 못해왔다는 것이다.[47] 특별히 제2 기계시대에 들어오면서 인간과 기계의 거리감이 소멸해가는 즈음, 이 호모 파베르의 역설이 담지한 두 번째 측면에 대한 성찰의 중요성이 점차 높아지고 있다.

호모 파베르의 역설이 담지한 두 번째 측면, 즉 기술 발전으로 인해 변화하는 인간됨(being-human)의 모습이 중요한 이유는, 예를 들어 특정 의료기술의 발전이 "삶과 죽음, 병과 고통에 대한 기본적인 이해를 바꾸어버리는 성격을 지녔다면, 그 기술의 개발을 허용할 것인가? 그때 그 결정의 기준은 무엇이어야 하는가?"[48]와 같은 물음들에 대한 답이나 대안을 제시해야 할 때 특별히 중요해진다. 말하자면 기술의 발전으로 인간의 본성 자체가 바뀔 때, 기술에 대한 우리의 물음의 준거점이 바뀌는 문제 말이다. 예를 들어, 구술문화로부터 문자문화로의 기술적 전환이 없었다면 철학적 사유는 불가능했을 것이고 반성적 사

---

47 위의 책, 241.
48 위의 책, 250.

유도 가능하지 않았을 것이다. 그런데 이제 활자체 문자가 아니라 디지털 문자로의 기술적 전환이 이루어지고 있다면, 우리가 생각한 인간이란 어떻게 변화해가고 있는 것인지 물을 수 있다. 문제는, 손화철이 지적하듯이, 속도이다. 예전의 기술들의 발전 속도는 지금처럼 급격하지는 않아서 대전환이 이루어지고 나면 오랜 동안의 안정적 발전기가 뒤따르곤 했지만, 지금의 기술은 우리가 어떤 변화가 이루어졌는지 인식하기도 전에 또 다른 거대한 발전이 이어지곤 한다. 이 속도가 이렇게 인간이 제어 불가능할 수준으로 전개되어가는 것이 옳은 것인가? 아니면 더 늦기 전에 인간이 개입해야 할 여지를 가져야 하는 것인가?

손화철의 핵심은 인간이 개입해야 할 여지를 갖는 윤리적 여지를 고려하는 과정에서 "상상 속의 미래에 적용되어야 할 새로운 윤리를 고려하는 것이 아니라, 그 상상 속의 미래를 오늘의 윤리적 기준으로 일차 평가하는 단계를 거쳐야 한다"[49]는 것이다. 기술 발전의 속도가 빠르다보니, 미래의 기술 발달을 상상하고 그 상상 속의 현실을 바탕으로 윤리적 문제를 성찰하는 방식이 아니라, 오늘의 현실을 기준으로 미래적 상상의 현실에 대한 윤리적 판단을 먼저 내릴 수 있어야 한다는 제안이다. 이를 손화철은 "상상력을 제어하는 윤리"[50]라고 부른다. 이는 포스트휴머니즘이나 트랜스휴머니즘의 논의들에 대한 비판을 염두에 둔 것인데, 이 사조들은 '기술은 인간의 손아귀를 벗어나 제 갈 길을 간다'는 생각을 전제로 논의를 시작하고 있기 때문이다. 만약

---

49 위의 책, 259.
50 위의 책, 259.

기술이 인간의 제어 능력을 벗어나 자기의 나아갈 길을 스스로 개척하는 것이라고 전제한다면, 이에 대한 철학적, 윤리적 혹은 신학적 성찰은 그 기술 발전에 대한 추후적 사유에 불과할 것이고, 이는 기술 및 기술철학과의 올바른 대화가 될 수 없기 때문이다.

그래서 손화철은 "오늘의 윤리적 기준"을 통해 미래적 현실에 대한 판단을 내려야 하는 상황을 고려한다. 왜냐하면 첨단기술의 발전에 따른 그 모든 잠재적 가능성을 고려하고 판단하는 것은 불가능하기 때문이다. 만일 첨단기술이 인간의 의도에 따라서만 발전해나간다면 그러한 일이 가능하겠지만, 이 경우 우리의 기술철학적 고민을 많이 필요로 하지 않을 것이다. 왜냐하면 우리가 의도하고 예측했던 범위 내에서만 발전이 이루어질 것이고, 그렇기에 기술 개발의 사전 단계에서 예상되는 문제들에 대한 대안을 마련하면 되기 때문이다. 하지만 문제는 이미 언급했듯이 오늘날의 기술 발전이 우리가 의도하는 수준을 넘어 전혀 생각지도 못했던 방향으로 나아갈 가능성들이 너무 많다는 것이다. 의도하지 않았기 때문에 미래에 어떻게 변해갈지도 가늠하기 어렵다. 바로 이 지점에서 많은 철학자는 기술이 제 갈 길을 간다고 전제하고, 기술 발전으로 야기되는 변화들을 어떻게 따라잡을 것인가를 고려한다. 하지만 이는 철학의 역할이 겨우 첨단기술의 뒤꽁무니를 따라다니며 의미 분석과 해설을 해주는 꼴밖에 되지 않을 것이다. 그렇기에 손화철은 "현재 통용되고 있는 윤리적 규범의 기준"으로 "미래 기술에 대한 평가와 정책 수립"에 참여해야 한다고 주장한다.[51] 왜냐하면 그 미래 기술을 설계하는 것은 바로 "오늘 기획하는" 기술이기 때문

---

51 위의 책, 259.

이다.[52] 물론 이를 통해 손화철이 미래에 발생할 모든 문제를 해결할 수 있다는 순진한 주장을 하는 것은 아니다. 다만 기술이 자기 스스로의 주도권을 가지고 진화해나갈 것이라고 가정할 경우, 현재 우리 인간 문명이 기술의 발전에 더욱 적극적으로 대처하고 개입할 여지가 없게 되는 상황을 그는 더욱 심각하게 인지하고 있는 것이다.

그렇기에 손화철이 주장하는 "호모 파베르의 역설"은 "인간의 능동적 개입 가능성"[53]을 전제하는 것이다. 예를 들어, 인공지능과 이를 장착한 로봇의 설계에서 인간의 역할은 어떤 것이어야 할 것인지 우리는 철학적으로 그리고 윤리적으로 물을 수 있고, 그럴 수 있어야 한다. 만약 인공지능이 인간에 버금가는 수준의 자의식과 결정력을 갖게 만들어질 수 있다면, 우리는 이런 존재를 기존의 기계와 동일한 수준으로 평가할 수 없다. 실제로 인공지능이 장착된 군사용 로봇들이 연구·개발되고 있으며, 이것들이 실전에 배치되어 전투에 직접적으로 참여하는 경우에 우리는 로봇의 윤리적 역량을 고려하지 않을 수 없다. 그렇기에 손화철에 따르면, "제기되어야 할 물음은 '인공지능 로봇을 개발하고 그것을 인격적으로 대할 것이냐 말 것이냐'만이 아니"라, 오히려 "윤리적 주체의 지위를 가질 수 있는 인공지능을 개발할 것인가"를 물어야 한다고 주장한다.[54] 여기서 손화철의 요지는 이런 인공지능 로봇들이 개발되어 배치되었을 때의 모든 상황을 예측하면서 인간이 개입의 여지를 만들기는 불가능하다는 것이다. 왜냐하면 그런 상황이 아직 현실적으로 도래한 것이 아니기 때문이다. 그렇다면 우리가 할 수

---

52 위의 책, 259.
53 위의 책, 259.
54 위의 책, 261.

있는 최선은 "과학기술 발전의 미래 가능성에 대한 상상(을) 현재의 윤리적 판단(기준)으로 제어"하는 것이다.[55] 다시 말해서, 비록 현재의 기준이 절대적일 수는 없지만 현재로서 할 수 있는 최선으로서 "현재 우리가 견지하고 있는 윤리적 기준에 크게 도전이 될 것이 명확한 진보는 실현이 가능해 보이더라도 일단 유보"[56]하자는 것이다. 즉 그 미래가 현실이 되기 전에 우리가 우려하는 상상의 문제들에 대한 해결책을 만들 수 있을 때까지 개발을 늦추자는 것이다.

IV. 진보에 대한 새로운 인식을 위한 기술철학과 공학설계 간의 만남

이러한 '목적이 이끄는 기술'이란 손화철의 철학적 이상을 구현하는 데에는 명백한 현실적 장애가 존재한다. 바로 첨단기술들이 철학자들이나 시민사회의 개입 논의 이전에 많은 분야에서 이미 현장에 적용되고 있다는 것이다. 손화철이 언급하듯, 군사용 킬러로봇은 이미 개발 진행 중인데다, 최근 우크라이나 전쟁의 와중에 드론을 활용한 로봇 기술들이 등장하고 있는 형편이다. 이런 상황에서 인간의 개입 논의는 언제나 이미 기술이 개발되어 현장에 적용되고 난 다음의 뒷북이 되고 말 것이다. 자율주행도 마찬가지이다. 얼마 전 테슬라 자동차가 자율주행 중 8중 추돌사고를 일으킨 적이 있는데, 우리는 자율주행에

---

55 위의 책, 262.
56 위의 책, 262.

대한 인문학적·철학적·신학적 논의를 제대로 시작한 바가 없다. 따라서 매우 합리적인 손화철의 제안은 비합리적으로 굴러가는 현대 자본/군사 시장에서 그저 낭만적 제안에 머무르게 되지 않을까 우려된다.

그렇다면 우리는 어떻게 "기술을 통해 더 나은 미래를 개척"해나갈 수 있을까?[57] 여기서 손화철은 호모 파베르의 역설 중 첫 번째 역설로 돌아간다. 즉 인간이 기술을 만들어간다는 사실 말이다. 그래서 기술 발전을 당연하게 주어진 것으로 받아들이지 말고 "인간이 기술을 만드는 주체라는 사실"을 진지하게 받아들여 "기술의 궁극적인 영향력에 대해 책임을 질 수 있는 주체"로 서도록 하자는 것이다.[58] 이를 통해 "미래는 오늘의 기획"[59]을 통해 나올 수 있도록 하는 것이다.

이 제안이 현실적이 되도록 하기 위해서 손화철은 기술철학이 공학설계에 적극적으로 참여할 방법을 찾아야 한다고 제안한다. 공학설계란 "필요한 것을 만들기 위해 시스템, 요소, 프로세스를 고안하는 과정"으로, "기초과학, 수학, 공학을 적용해 자원을 목표에 부합하도록 가공하는 의사결정 과정"을 가리키거나 "고객이 요구하는 기능을 갖춘 제품의 형태를 결정해가는 일련의 의사결정 과정이자 활동"을 의미한다.[60] 좀 더 간단하게 표현하자면, 공학설계란 "공학자가 해결해야 할 문제와 고려해야 할 조건들을 결정하고, 그에 따라 가장 효과적인 해결방안을 계획"하는 것을 가리키는데, 여기에는 "이미 확인된 여러 가지 제약조건들, 즉 비용, 안전 및 환경 관련 법규, 시간, 원료와

---

57 위의 책, 265.
58 위의 책, 266.
59 위의 책, 266.
60 위의 책, 276.

재료, 설비, 인력 등을 감안하여 주어진 문제를 가장 효율적으로 해결하려는 방법"이 포함된다.[61] 문제는 "장기적이고 간접적인 결과들"이 현재 "공학설계에서 고려가 되지 않거나, 설사 반영된다 하더라도 뒤늦게 이루어지는 것"이다.[62] 바로 이 지점에서 철학과 인문학과 신학이 참여하여 잠재적인 문제들을 제기할 여지를 갖는다. 포스트휴머니즘이나 트랜스휴머니즘의 상상력이 오히려 힘을 발휘하게 되는 것은 바로 이 지점이다. 달라질 미래 현실에서 달라질 윤리적 기준을 상상하여 기술에 대한 성찰을 진행하기보다, 오히려 그 미래적 현실에 대한 상상력을 오늘의 윤리적 기준으로 꼼꼼하게 성찰할 때, 기술 발전의 목적성과 방향성에 대한 제어가 가능하다는 것이다.

기술철학이 공학설계에 참여하게 될 경우, 경계가 불명확한 기술보다 훨씬 구체적인 범위의 공학 작업에 참여할 수 있으며, 기술에 대한 철학적 성찰이 외부자의 시선으로 구성된 비판의 수준을 넘어 훨씬 더 내부 참여자의 시선을 공유하게 될 것이고, 이를 통해 함께 대안을 모색해나가는 과정이 더욱 구체적이 될 수 있을 것이다. 이 과정에서 공학자들이 갖는 시선과 안목의 한계를 철학자들이 보정하고, 좀 더 넓은 눈으로 문제를 바라볼 수 있게 만들어줄 수 있다고 손화철은 제안한다.[63] 이를 핀버그의 용어를 적용하여 "특정한 목적을 기술코드에 반영하려는 노력"[64]으로 표현하는데, 여기서 기술코드(technical code)란 "어떤 인공물이나 기술이 정의되고 활용되는 방식"[65]을 가리킨다.

---

61 위의 책, 276.
62 위의 책, 277.
63 위의 책, 278.
64 위의 책, 281.
65 위의 책, 279.

이는 손화철이 말하는 '목적이 이끄는 기술 발전'에 대한 핀버그식 해석이라고 할 수 있다. 더 나아가 손화철은 이 기술코드에 '장애인 이동권'이나 '안전에 대한 고려들' 혹은 '기후 변화와 생태 위기를 고려하는 노력들'이 반영되도록 한다면, 아울러 "노약자, 장애인, 제3세계 사람들"을 고려하여 "모두를 위한 디자인"을 설계하도록 한다면, 기술 발전을 훨씬 인간적 기획에 맞추어나갈 수 있으리라는 기대를 담는다.

그 구체적인 실례로 손화철은 기술 격차를 해소하기 위해 "접근성"(accessibility)을 고려하는 기술코드를 제안한다.

> 어떤 기술이나 기술체계는, 그 개발 및 생산이나 사용에 있어서 더 많은 사람들에게 접근이 용이할수록, 또는 그 개발 및 생산과 사용을 통해 궁극적으로 기술격차를 줄일 가능성이 클수록 더 바람직하고 우월하다.[66]

현대 첨단 과학기술 발달의 시대로 접어들면서, 빈부의 격차만큼이나 기술의 격차 문제가 심각해지고 있다. 따라서 현대 과학기술 발전에서 핵심은 신기술 개발을 통해 격차를 늘려나가는 것을 진보로 보는 것이 아니라 오히려 "기술격차를 얼마나 효과적으로 줄이는가를 중심으로 진보를 이해"[67]해야 한다는 철학적 통찰이 이 관점 속에 담겨 있다. 기술 격차를 줄이기 위한 접근성 향상기술 개발에 첨단기술이 동원되어야 하는 것은 아니다. 예를 들어 노약자나 장애인의 버스 이용을 용이하게 하기 위해 계단을 낮추거나 승강기를 설치하는 것 등도

---

66 위의 책, 287.
67 위의 책, 287.

기술을 접근성을 높이는 데 활용한 사례가 된다. 접근성을 해소하기 위한 노력들의 일환으로 손화철은 "오픈소스(open source) 운동"도 소개하는데, 예를 들어 리눅스의 보급이나 특정 제품의 설계도를 일반 대중에게 공개하여 3D 프린터를 이용해 사용할 수 있게 하는 것도 한 예가 된다.[68] 손화철의 이러한 제안들은 최근 경영학 분야에서 ESG (Environmental, Social and Governance) 경영을 도입하는 모습의 형태로 호응을 얻고 있기도 하다.

이는 결국 "진보에 대한 새로운 인식"[69]을 요청하는 일이다. 첨단기술의 개발과 발전을 통해 자본을 축적해나가는 길을 독점하는 것을 진보의 잣대로 삼았던 과거의 기술 개발 관행을 지양하고, 기술의 발달과 축적으로 생긴 이득과 유용성을 공유하면서 '서로 함께 잘 살아갈 수 있는 길'을 모색하자는 것이다. 이는 곧 기술 개발의 속도를 철학적으로 성찰해야 한다는 인식이자 제안이기도 하다. 문제는 기술 개발의 속도를 모두를 위해서 늦추는 일이 가능할 것인가이다. 그런데 손화철에 따르면, 인류는 이미 핵기술 개발에서 이런 자세를 부분적으로나마 갖추고 있고, 또한 기후 변화와 생태계 위기에 대처하기 위해 "온실가스 배출을 줄이기 위한 국제적 협력의 노력"[70]에서도 이런 모습을 일부 볼 수 있다. 우리가 진보에 대한 새로운 생각을 가지고 기술 발전에 공학적으로 참여할 수 있는 더욱 적극적인 길의 모색이 긴급한 이유는 "인공지능이나 유전자 재조합" 혹은 나노공학과 로봇공학의 결합으로 야기될 변화들에서 심각한 우려들이 계속 제기되고 있기 때

---

[68] 위의 책, 289.
[69] 위의 책, 291.
[70] 위의 책, 295.

문이다.[71] 그리고 그 우려에 그치는 것이 아니라, 지구 온난화나 기후 변화 및 생태 위기 등을 대처하는 국제 사회의 무능력한 모습들이 보여준 실패들이 있더라도, 중요한 것은 우리가 그러한 우려에 윤리적, 철학적, 인문학적 그리고 신학적으로 대처하려는 노력을 경주해가고 있다는 것이다.

V. 과학기술의 민주화

결국 '목적이 이끄는 기술'이란 "좋은 삶"을 어떻게 추구할 것인가의 문제이며, 그것을 실현할 수 있는 "좋은 세상"을 어떻게 만들어나갈 수 있겠는가의 문제이다.[72]

사실 이런 이상적 세계를 구현하고자 할 때 제일 먼저 착수해야 하는 문제는 좋은 삶이나 좋은 세상을 무작정 상상하는 것보다, 현재 세계가 좋은 세계가 되는 데 장애가 되는 문제들을 고려해보는 것이 길을 찾아 나아가는 데 훨씬 도움이 된다. 손화철은 이 문제의 핵심으로 "관료화된 전문가주의"[73]를 든다. 지식이 전문가들의 울타리 안에서만 유통되고, 그들만의 독점적 권력으로 구성되다 보니, 소위 '원전 마피아'라든지 '황우석 사태'라든지 하는 일들이 벌어지곤 하는 것이다. 이 전문가주의의 핵심 문제점은 바로 '과학기술의 민주화 문제'와도 맞물려 있다. 과학기술에 시민사회가 더욱 적극적으로 참여할 수 있는 길

---

71 위의 책, 294.
72 위의 책, 296.
73 위의 책, 305.

이 지식의 전문가주의 장벽에 막혀 있는 것이다. 전문가주의라는 독점적 지위의 울타리 안에서 권력과 이익을 누리는 데 익숙해져, 과학기술이 시민사회로 널리 유통되어 대중화되고, 그것을 통해 과학기술의 민주화가 이루어지는 것을 그다지 장려하지 않게 되는 풍토가 생긴다. 사실 바로 그렇기 때문에 역설적으로 과학기술의 민주화 문제가 시급한 것이다.

여기서 손화철은 과학기술의 민주화를 '정치적 민주화'와 혼동하여 동일시하는 오류를 저질러서는 안 된다고 경고한다. 과학기술과 연관하여 내리는 결정들은 "기능적"[74]이어서, 전문성 없이는 판단이 어려운 문제들인 경우가 많다. 따라서 전문적 지식을 갖추지 못한 시민사회의 참여가 상당히 제한적일 수밖에 없다. 하지만 이와 같은 견해가 공학자를 "기술 민주화의 객체"[75]로 보는 관점의 한계로 인한 오류임을 지적하면서, 손화철은 공학자를 기술 민주화의 주체로 볼 수 있어야 한다고 주장한다. 문제는 공학자가 기술 민주화의 주체가 되려면, 공학자라는 '행위자'(agent)를 가로지르는 정치적·경제적·사회적·윤리적·철학적·신학적 주제들을 주체적으로 엮어낼 수 있는 역량이 필요하다. 문제는 우리의 전문가 중심의 교육이 공학자들에게 그런 안목을 제공하는 교육 시스템을 갖추고 있지 못하다는 것이다.

이런 한계를 극복하려면 공학자들 스스로 "비전문가들과의 소통"을 통해 다양한 관점과 인식의 교류를 가져야 한다고 손화철은 제안한다. 이는 곧 "과학기술의 사회적 영향"[76]을 고려할 수 있는 공학자여야

---

74 위의 책, 309.
75 위의 책, 310.
76 위의 책, 311.

한다는 말이다. 공학자들이 소통의 책임을 분명히 질 수 있어야 한다는 것이다. 과학기술의 언어가 일반인들과 소통 가능한 언어로 "번역"되어 소통될 수 있을 때 비공학자들과의 소통이 가능하기 때문이다. 이를 위해 손화철은 비공학도들에 대한 공학윤리 교육이 확장되어, "과학기술정책"이 공학자들과 비공학자들 간의 활발한 소통과 대화를 통해 이루어질 수 있는 현실과 저변을 만들어야 한다고 강조한다.[77]

아울러 공학자들과 비공학자들 간의 공동 작업, 예를 들면 철학자들과의 공동 작업이 요구된다. 현재 공학윤리 교육은 공학자 개인의 정직과 신실함 등을 주제로 이루어지고 있어서 공학자의 사회적 영향력이나 윤리적 문제의식의 공유를 충족시키지 못하고 있기 때문이다. 아울러 전혀 다른 관점을 갖고 있는 철학자와의 공동 작업은 공학자가 갖추지 못한 다른 관점과의 교류를 수행할 것이기 때문이다. 예를 들어 철학자는 인간과 사회에 대한 좀 더 거시적 관점을 보충하면서, "문제의 해결이 아닌 문제의 의미를 묻는 철학자들의 고민"[78]을 통해 이 기술 발전을 통해 전개될 미래 사회의 가치에 대한 문제를 공유하고 공감할 여지를 만들어갈 수 있다.

이와 병행하여 "전문가들 사이의 자유롭고 공개적인 토론"[79]도 활발해져야 함을 손화철은 강조한다. 이런 토론들을 통해 기술 개발의 정당성을 제시할 책임이 시민사회나 비전문가 집단에 있는 것이 아니라 공학자 혹은 전문가 집단에 있음을 손화철은 분명히 한다. 그러려면 "공학자들은 자신이 개발하는 기술이 어디에 사용될지를 생각하

---

77 위의 책, 325.
78 위의 책, 325.
79 위의 책, 312.

고, 그 사용의 결과가 적정할 것인지를 판단해야 한다."[80] 손화철은 "기술사회에서 공학자의 자리는 도구적인 것이어서는 안 되"며, 오히려 기술 개발을 통해 인간 자체를 변화시키고 있는 상황에 대한 공학자의 사회적 책임을 더욱 무겁고 신중하게 받아들여야 함을 공조한다.[81] 따라서 현대 기술 비판에서 주로 비판의 대상으로 공학자를 설정하고 진행된 기술의 민주화 논의는 공학자의 역할을 지나치게 수동적이고 객체적인 것으로 간주하고 말았다는 것이다. 이러한 인식 전환의 중요성을 보여주는 것으로 손화철은 2018년 전 세계 인공지능 분야 공학자들이 카이스트 총장에게 보낸 항의 서한을 한 예로 들고 있다. 이들은 카이스트가 한화시스템과 설립한 "국방 인공지능 융합연구센터"에 대한 우려를 표현하면서, "카이스트가 인공지능을 이용한 자율무기를 개발하지 않겠다고 확약하지 않으면 카이스트와의 공동 연구를 거부하겠다고 밝혔다."[82]

결국 손화철의 주장은 공학자의 주체적 역할과 사회적 책임을 더욱 확장해야 한다는 것인데, 이는 "기술 개발을 직접 수행하지 않는 시민이 기술 발전의 방향성을 고민하고 제시하는 것보다, 공학자가 직접 그 고민에 뛰어들어 현장에서 그 고민을 구체화하는 것이 더 효율적"[83]이기 때문이다. 공학자가 공학 설계의 초기 단계에서 기술 개발을 통한 사회적 영향력과 변화의 범위를 예측하고 이를 설계에 반영하여 기술코드로 삽입한다면, 문제를 "전적으로 대중에게 맡기거나 정치적

---

80 위의 책, 313.
81 위의 책, 314.
82 위의 책, 317.
83 위의 책, 319.

으로 해결하는 것보다 더 직접적이고 효과적"일 것이라고 손화철은 말한다.[84]

　손화철은 기술철학자로서 공학자와 철학자들이 공동으로 고민할 문제를 "철학적으로 중요한 기술"(philosophically significant technology)이라고 제안하는데, 이는 그 기술의 "개발을 통해 인간과 자연, 혹은 인간과 인간 사이의 상호작용에서 이전과는 질적으로 다른 변화를 일으켜 인간과 자연의 존재와 그에 대한 인식을 크게 바꾼 기술활동, 공학이론, 인공물"을 가리키는데, 예를 들어 "문자, 시계, 전기, 플라스틱, 핵폭탄, 인공지능 등"이 있다.[85] 우리 시대 이러한 기술의 또 다른 예로 유전자 가위와 빅데이터 기술도 있다. 유전자 가위란 "특정한 단백질과 이를 염색체 상의 특정 위치로 이끄는 gRNA를 투여하여 세포 내 DNA의 특정 부분을 잘라내는 기술"[86]을 가리키는데, 특정 질병이나 장애의 원인이 되는 특정 유전자를 잘라내어 질병이나 장애의 원인을 제거하거나 치유를 시도하는 것이다. 지금까지 치유 불가능한 것으로 여겨졌던 질병이나 장애를 극복할 수 있는 희망을 가질 수 있다는 점에서 이는 획기적인 기술 개발이다. 하지만 이를 통해 인간 개체의 영구적인 변화뿐만 아니라 그 변화가 다음 세대로의 유전까지 야기한다는 점에서 이 기술이 실제로 적용될 경우 매우 심각한 문제를 일으킬 수 있다는 것을 예상할 수 있다. 이는 우생학적인 우려를 낳을 뿐만 아니라, 사실 우리가 유전자의 기능과 영향력을 온전히 다 이해하고 파악했다고 볼 수 없는 시점에 있기 때문이다. 하나의 유전자가 하

---

[84] 위의 책, 320.
[85] 위의 책, 333.
[86] 위의 책, 335.

나의 기능을 갖는 것이 아니라, 하나의 유전자가 여러 가지 (외견상으로는) 관련 없어 보이는 여러 다른 기능을 중복적으로 수행하고 있어서, 특정 질병의 치유나 해소를 위해 특정 유전자를 제거할 경우 야기되는 문제들을 지금의 지식으로는 정확하고 온전히 예측할 수 없는 상황에 있다. 이런 기술들의 개발에 '철학적·인문학적·신학적 중요성과 의미'를 고려하지 않는다면, 기술 개발 자체가 우리 문명이 현재 안고 있는 문제들을 증폭하는 진앙지가 될 것이다.

VI. 포스트휴먼의 인간의 의미
   : 연장능력(extendibility)으로서 인간

'목적이 이끄는 기술 발전'의 구상이 현실적으로 작동하려면, 현재 이루어지고 있는 기술 발전의 상황 속에서 이 개념이 작동할 수 있는지 생각해보는 작업을 시도해야 할 것이다. 손화철 스스로 인정하고 있듯이, 현재 우리 앞에서 이루어지고 있는 기술 발전들은 우리의 상상력과 예상을 초과한 발전들이다. 그래서 손화철은 지금 현재 우리가 갖고 있는 윤리적 판단 기준으로 미래의 기술 발전들을 제어할 수 있어야 하며, 이를 위해서는 인문학자들 중심의 기술에 대한 철학적·인문학적·신학적 비판에 중점을 두기보다 오히려 공학자들이 윤리적 판단의 주체로서 서야 하고, 이 공학자들이 올바른 윤리적 판단을 내릴 수 있는 사유를 제공하고 기초 교육을 제공하는 방향으로 기술과 인문학의 대화가 방향 전환되어야 한다고 여긴다. 현재 진행되고 있는 기술 발전들이 우리가 역사적·문화적·인문학적으로 발휘해왔던 상상력의 범위들을 능가하고 있기 때문이다. 그런데 바로 여기에 문제의 핵심이 여전히 놓여 있다.

손화철의 구상이 갖는 문제는 바로 그가 제시한 해법의 핵심에 놓여 있는 역설이다. 즉 현재 진행되고 있는 기술 발전들은 우리의 사유가 발휘하는 상상력의 범위를 초과하는 경우가 많다. 그렇기 때문에 그 기술 발전들을 뒤쫓아 인문학적 상상력을 발휘하는 것보다는 오히려 우리가 기존에 갖고 있는 윤리적 잣대로 윤리적 안전성이 검증될 때까지 기술 발전을 지연 내지는 유보할 수 있는 정책적 장치가 필요하다는 것이 손화철의 제안의 핵심이다. 그런데 우리의 상상력을 초과하는 기술 발전이란 이미 기존의 윤리적 판단 기준으로 올바른 판단을 내릴 수 없는 발전이라는 것을 의미한다. 그렇다면 기존의 윤리적 판단 기준으로 판단할 수 없는 문제들에 대해서—현실적으로 그 방법 밖에 없다는 사실을 수긍해주더라도—어떻게 다시 지금의 윤리적 판단 기준으로 '잣대'를 들이댈 수 있다는 것인가? 바로 여기서 손화철의 '호모 파베르의 이중적 역설'이 오작동한다. 인간이 기술을 창조한다는 첫 번째 역설은 기술이 이제 인간에 대한 이해와 개념을 송두리째 전환시켜주고 있다는 두 번째 역설을 낳는데, 이 첫 번째 측면과 두 번째 측면은 동일한 것이 아니라는 것이 손화철이 말하는 호모 파베르의 역설이다. 즉 손화철은 이 역설을 내파(內破, implosion)하여 다시 인간중심주의의 시각으로 대안을 제시하는 셈이다.

이러한 방식이 근본적으로 우리 시대 기술 발전에 적용되지 않는다는 사실을 위에서 인용한 커즈와일의 논증을 따라 검토해보자. 커즈와일에 따르면, 한 존재의 정체성을 가져다주는 것은 역사성의 축적을 가능케 하는 '패턴의 활동'이고, 이를 '정보'라고 보았다. 그에 따르면 인간은 "정보 이상 아무것도 아니다."[87] 세계는 "정보의 패턴"으로서, 예를 들어 "내 뇌와 몸을 구성하는 입자들은 수주 안에 교체되지만, 이들이 만들어내는 패턴에는 연속성이 있다. 이야기는 정보의 의미 있는 패턴이라 할 수 있다."[88] 2030년경이 되면 우리 몸이 "생물학적 부분보다 비생물학적 부분이 많게 될 것"[89]이라고 예상하며, 심지어 이 "비생물학적 사고 존재에로의 이행은 억압할 수 없는 과정"[90]이라고까지 커즈와일은 표현한다. 그때가 되면 인간은 생물학적 몸을 넘어서서 기계와 혼종적 존재를 구성할 것이다. 즉 기계의 몸에 인간의 정신을 업로드해서 살아갈 수 있다는 말이다.

하지만 커즈와일은 이 인간-기계의 혼종적 존재의 출현을 그저 낙관하는 데 머물지는 않는다. 오히려 묻는다: 정신을 업로드한 상태로 살아가는 존재는 인간인가? 커즈와일에 따르면, 인간이란 "끊임없이 제 경계를 넓혀가려는 문명에 속한 존재"로, 현재 인간은 "생물학을 재편하고 보강하는 기술을 동원해 생물학의 한계를 넘어서고 있다."[91] 인간과 기계가 결합한 세계 속에서 살아갈 때, 우리는 인간의 경계를 어떻게 그을 것인가? "기계심장을 이식한 사람", "인공신경을 삽입한 사람", "뇌 속에 나노봇을 삽입한 사람" 등은 생물학적 인간의 경계를 넘어섰지만, 비인간으로 규정할 방법도 없다. 그렇게 우리는 결국 "사이보그가 될 것이고, 뇌 속에 자리 잡은 비생물학적 지능은 능력을 기하급수적으로 늘려갈 것"[92]이다. 이럴 경우 우리는 '인간'에 대한 정의

---

87 커즈와일, 『특이점이 온다』, 21.
88 위의 책, 22.
89 위의 책, 425.
90 위의 책, 447.
91 위의 책, 518.

를 새롭게 구성해야 한다. 그리고 그 새로운 정의에 따른 사이보그적 인간은 기존의 윤리적 판단 기준으로 잣대를 들이댈 수 없는 측면들을 담지하게 될 것이다.

그러면 물어보자. 사이보그의 기계적 몸에 정신 혹은 마음을 업로드해가면서 살아갈 때, '나'라는 주체는 무엇일까? 생물학적 몸을 넘어선 존재의 자기-정체성은 무엇일까? 생물학 수준에서도 우리의 몸을 구성하는 세포들은 빠르면 며칠 혹은 몇 주 간격으로 교체되는데, 몸을 구성하는 대부분의 조직이 그렇게 계속 교체된다. 하지만 그러한 생물학적 교체는 시간제한을 갖고 있다. 이를 우리는 수명이라 부른다. 물질적으로 보자면 "나는 한 달 전의 나와는 완전히 다른 물질"[93]이다. 따라서 동일한 '나'로 보지 않을 수도 있다. 그런데 이렇게 계속 변화하고 교체되는 삶의 과정을 관통하며 일정한 규칙성 혹은 정체성을 구성해주는 것이 있는데, 그것은 바로 그 물질들을 동일하게 배치하면서 동일한 정체성을 엮어주는 어떤 정보의 패턴이다. 물론 이 패턴은 고정된 것이 아니며, 인간을 포함한 유기체가 삶의 변화 과정을 거치면서 느리지만 함께 변해간다. 그렇게 본다면 '나'라는 현상은 "강물이 바위를 스쳐가며 일으키는 물살의 패턴"과 같은 것으로, 비록 "물을 이루는 분자가 매초마다 달라져도 물살의 패턴은 몇 시간, 심지어 몇 년 유지되는 것"과 같은 것, 바로 그것이 "우리가 경험하는 자아인 셈이다."[94]

그런데 만일 이 물질적 패턴을 복사해서 다른 기계에 업로드한다

92 위의 책, 523.
93 위의 책, 533.
94 위의 책, 533.

면? 그는 '나'인가? 생물학적인 세포들과 조직들의 주기를 가로질러 동일성의 정보 패턴을 연출하며 정체성을 구성해주는 그 '패턴'의 힘이 과연 기계의 몸과 결합되어서도 동일하게 작동할 수 있을 것인가? 이는 생물학적 교체와는 비교할 수 없는 큰 차이이다. 이미 커즈와일은 그런 정보적 복사본이 물리적으로는 동일하다 하더라도 결코 '나'와 동일할 수는 없을 것이라고 주장한다.

복사본이 아무리 나를 닮았고 나처럼 행동하더라도 그는 내가 아니다. 나는 복사본이 생겼다는 사실조차 모를 수 있는 것이다. 복사본은 내 모든 기억을 갖고 있을 테고 나였던 시절을 회상할 수 있겠지만, 그가 제2의 레이로 탄생한 순간 이후부터는 자신만의 독특한 체험을 쌓아갈 것이다. 그의 실체가 나와는 다른 무언가로 변해가기 시작하는 것이다.[95]

실제로 우리는 물리적으로 동일한 복사본 같은 상태의 유기체들을 이미 알고 있다. 예를 들어 '일란성 쌍둥이'의 경우가 그렇다. 일란성 쌍둥이는 유전적으로 동일한 정보를 갖고 있지만 그 둘은 결코 동일한 존재가 아니다. 같은 방에서 같은 가정과 부모 밑에서 아무리 동일한 환경과 방법으로 양육한다 해도, 그 둘의 발달 과정에서 생기는 미세한 차이들이 축적되고 쌓여서 별개의 인격을 갖는 두 사람으로 발달해 나가도록 만든다. 그렇기에 우리는 인간을 규정하는 방식을 재고해보아야 한다. 전통적으로 우리는 하나의 개체 그리고 그의 생물학적 몸을 따라 '인격'을 정의했지만, 이 사례들을 통해 보게 되는 것은 결코

---

95 위의 책, 534.

인간이란 독립적으로 구별된 유전적 조건이나 환경적 조건으로 결정되는 것이 아니며, 오히려 유전자-유기체-환경이 서로 간에 상호작용하면서 하나의 인격이라는 사건을 구성해가는 것임을 보게 된다.

그렇기에 기계의 몸에다 정신적 정보를 복사하여 업로딩하고, 그 원본인 '나'를 없앤다면 그것은 곧 그 '나'라는 존재의 "끝"을 의미하며, 아무리 많은 복사본을 만들 수 있다고 하더라도 그 복사본은 결코 '나'를 의미하지는 않는다. 그렇다면 '나'라는 존재는 무엇인가? 그것은 유전적으로 주어진 물리적 조건들과 유기체로서 상호작용하며 살아가는 환경 그리고 그 사이에서 끊임없이 자신의 주관적 경험들을 축적하며 '나'라는 정체성을 구성해나가는 과정들을 의미할 것이다. 여기서 존재를 바라보는 우리의 시각을 과정 자체로 전환해보자. 즉 우리는 존재를 유전자나 환경 혹은 유기체 등의 명사적 존재로 환원하면서, 그의 역량을 그 개별 존재의 속성으로 환원하려는 성향이 있다. 어쩌면 하이데거가 기술론에서 보여주듯이 존재란 어떤 개체나 실체가 아니라 바로 이 역량, 즉 존재의 역량인지도 모른다. 그리고 그 존재의 역량은 우선적으로 다른 존재로 자신의 역량을 연장해서, 그 다른 존재와 더불어 새로운 네트워크적 행위자 존재를 형성하는 것에 더 가깝다. 나라는 존재는 그렇기에 우리가 소위 물질의 관점에서 조망하는 유전자나 혹은 환경에 의해 결정되지 않으며, 아울러 유기체라는 개별 존재로 환원되지도 않는다. 나는 바로 그러한 인자들이 존재의 '얽힘' 안에서, 카렌 바라드(Karen Barad)의 표현을 따르자면, "내적-작용"(intra-action)[96]을 하며 일구어나가는 역사일 것이다. 그리고 그 역

---

[96] Karen Barad, *Meeting the Universe Halfway: Quantum Physics and the Entangle-*

사는 역사의 과정을 함께해온 물질적 조건들과 상황들과 구별된 정신적인 현상이 아니라 언제나 그 물질(적 조건들)과 함께하는 역사이며, 바로 이런 의미에서 우리는 유기체를 "심포이에시스"(sympoiesis), 즉 "함께-만들기"[97]로 조망하게 된다.

존재를 '함께-만들기'로 이해한다는 것은 곧 존재란 서로 다른 존재들의 연합체 혹은 아상블라주로서, 결코 의식이 전체를 통제하는 통제센터(control center)가 되어 전체를 조율하는 식의 존재가 아니라, 다양한 존재들이 함께 모여 비인간적인(nonhuman) 방법으로 소통하며 새로운 존재의 네트워크를 결성해가는 것을 의미한다. 예를 들어, 첨단기술의 발전을 통해 노화가 진행되는 과정에서 점진적으로 생물학적 부분을 비생물학적 부분으로 교체한다면 어떤 일이 일어날 것인가? '나'라는 존재는 어떻게 존재할 수 있는가? 아마도 '나'라는 존재는 생물학적인 몸과 기계적인 몸 사이의 결합체를 '나'로 인식하며 살아갈 것이다. 그런데 커즈와일은 "이 경우 옛날의 나와 새로운 내가 동시에 존재하는 시점"이 존재하지 않는다고 주장하면서, 비인간적 장비들로 나의 일부를 교체했을 때 이전의 나는 사라지고 "새로운 나"가 존재하는 것이라고 말한다.[98] 문제는 그렇다면 도대체 "어느 시점에서 내 몸과 뇌가 다른 사람으로 바뀌었단 말인가?"[99]라는 물음이다.

우리는 '사이보그 인간'에게 어떤 윤리적 기준을 적용할 수 있을 것인가? 현재의 기준으로 판단을 내릴 수 있을 때까지 기술 발전을 늦추

---

ment of Matter and Meaning (Durham: Duke University Press, 2007), 178.

[97] Donna Haraway, *Staying with the Trouble: Making Kin in the Chthulucene* (Durham: Duke University Press, 2016), 58.

[98] 커즈와일, 『특이점이 온다』, 535.

[99] 위의 책, 535.

고 기다리자는 제안이 작용할까? 그럴 것 같진 않다. 오히려 이러한 미래적 변화들을 상상하면서, 다양한 윤리적 시나리오들을 고려해보는 것이 닥쳐올 문제들에 대비할 준비를 하는 것이 아닐까? 예를 들어 커즈와일에 따르면, 몸의 세포들과 기관들이 자연스럽게 복제되어 바뀌는 과정에서 영속하는 것은 "물질과 에너지의 특정 시공간적 패턴뿐"인데, 이제 이 생물학적 교체, 즉 발달과 노화 단계를 넘어 인공기관들이나 기계의 몸을 설치하면 이때는 나라는 현상의 물질적 ·에너지적 패턴이 유지된다고 해도 "결국 교체된 나는 내가 아니"[100]다. 그렇다면 기계의 몸으로 교체된 나는 정신적으로 닮았지만 엄밀히 말해서 다른 사람이 된 것인가? 그렇다면 우리는 '나'를 무엇이라 말할 수 있는 것인가? 바로 이런 물음들에 대한 답을 사변적으로 상상(speculation)하는 작업이 필요하지 않을까?

2023년 넷플릭스에서 개봉한 영화 〈정이〉는 이 문제를 정면으로 다룬다. 2194년 지구 온난화로 인한 해수면 상승과 자원 고갈로 폐허가 된 지구를 떠나 인류는 우주에 쉘터라는 인공 공간들을 만들어 피난하지만, 쉘터들 간에 발발한 전쟁으로 인류는 다시 위기에 봉착한다. 끝없이 이어지는 전투들 속에서 연합군을 승리로 이끌던 용병 '정이'는 마지막 작전에서 부상을 입고 식물인간이 되는데, 몸의 일부와 머리 부분만 살아서 생명을 유지하는 수준이었다. 크로노이드 연구소는 이 정이의 뇌 정보를 복제해 전투로봇용병 AI 정이를 개발하는 연구 프로젝트를 진행하는데, 이 복제한 두뇌의 정보가 인권 보호를 받으려면 비싼 돈을 지불해야 하고, 그렇지 못하면 이 정보의 저작권을

---

100 위의 책, 535.

크로노이드 연구소가 구입하는 대신 남은 가족의 생계를 책임질 만한 보상을 지급한다. 희귀병을 앓고 있는 딸의 병원비를 마련하느라 전투용병이 되었던 정이는 죽어가면서도 딸을 위해 자신의 두뇌 정보를 팔아야만 했다. 그 뇌 정보를 복사해 만들어진 AI 전투로봇으로 깨어난 정이는 자신이 복제된 사이보그인줄 모른다. 그녀는 여전히 생물학적으로 '정이'로 살아남은 것으로 자신을 생각하는데, 실상은 크로노이드 연구소의 전투 시험에서 죽음을 당하더라도, 이미 정보의 소유권을 연구소에 넘긴 상태여서 인권의 보호를 전혀 받지 못하는 장면이 나온다. 전투용병 AI 개발 프로젝트 책임자였던 정이의 딸 '서현'은 결국 정이의 뇌 정보에서 '엄마였다는 기억'을 삭제한 채 다른 기계 몸에 정이의 뇌 정보를 업로딩하여 연구소 밖으로 탈출시켜 자신만의 삶을 살아가도록 해주는 것으로 영화는 끝을 맺는다. 인간의 기억을 다운로드해서 복제하였기에 자신이 인간이라고 생각하는 AI는 인간일까 기계일까? 애초 인간의 경험적 기억들이 담긴 정보를 이렇게 사용해도 윤리적으로 문제가 없을까? 바로 이런 문제에 대해 영화는 묵직한 질문을 던진다.

인간을 규정할 때, 가장 문제가 되는 것은 인간 주체가 경험하는 "주관적 체험"이다. 그런데 아무리 과학이 발전해도 이 주관적 체험은 과학적 언어나 서술로 재현될 수 없는 성질의 것으로, 여전히 철학의 문제가 될 것이다. 철학적으로 '너는 누구인가?'를 묻는 것은 잘못된 질문이다. 왜냐하면 그것을 물을 수 있는 존재는 결국 "너라는 당신뿐"이기 때문이다.[101] 한 개체가 주체로서 의식을 갖고 있느냐의 문제는

---

101 위의 책, 535.

결국 자기 자신만이 확고하게 판단할 수 있는 것이다. 여기서 우리는 "의식을 드러내는 신경학적 현상(가령 지적 행동)과 의식의 존재론적 실체 사이에〔존재하는〕객관적 현실과 주관적 현실"[102]의 거대한 간격을 목격하게 된다. 여기서 인간 자신에 대한 어떤 설명이나 개념도 결국 철학적 담론이 될 수밖에 없다. 이러한 맥락에서 우리는 결국 "가상현실에 살고 있고, 주변 사람들 모두 가상"[103]에 가깝다. 왜냐하면 존재를 확인할 수 있는 것은 오직 "내가 갖고 있는 기억뿐"[104]이고, 그렇기 때문에 도대체 무엇이 '실재계'(the Real)인지 혹은 실재(the reality)인지 도무지 확신할 수 없다.

커즈와일은 이보다 더 나아가 나라는 존재는 "기억이 떠오른다는 감각만을 느끼고 있을 뿐, 경험은 물론이고 기억조차도 존재하지 않는 것인지 모른다"[105]라고까지 주장하기도 한다. 오히려 나라는 존재는 "기본적으로 하나의 영속하는 패턴", 즉 "진화하는 패턴"으로서 자기 "스스로의 패턴 진화 과정에 영향력을 갖는"[106] 존재일 따름이다. 정보로서 인간 혹은 정보의 역사적으로 축적된 패턴으로서 인간은 그 자체로 정보이다. 하지만 이 정보가 역사적으로 축적되지 않는다면 지식이 되지 못한다. 따라서 인간이라는 정보 패턴으로서의 존재는 이 세계에 지식을 가능케 해주는 토대이다. 그러므로 "사람이 죽는다는 건 궁극의, 최고의 손실"[107]이라고 커즈와일은 말한다.

---

102 위의 책, 536.
103 위의 책, 536.
104 위의 책, 536.
105 위의 책, 536.
106 위의 책, 536.
107 위의 책, 536.

바로 이 지점에서 다시금 우리는 '인간이란 누구이고 무엇인가'에 대한 묵직한 윤리적 질문에 당면한다. 과연 손화철의 주장대로, 우리의 상상력을 넘어선 기술 발전에 대해서 우리가 현재 갖고 있는 윤리적 판단 기준으로 발전의 제어 기준을 설정할 수 있을 것인가? 여기서 커즈와일은 인간 주체의 관점으로 인간을 정의해왔던 서구의 윤리적 기준을 '초월'하여, 오히려 정보의 역사적 패턴이 우리를 형성하는 초월적 지평이라고 주장[108]할 뿐만 아니라, 이 패턴의 초월적 지평으로 인해 우리는 신에게로 다가간다고까지 말한다.[109] 물론 커즈와일의 논의를 무조건 옳다고 받아들일 필요는 없다. 하지만 기술 발전이 인간의 진화를 이 수준까지 이끌어간다면 우리는 지금의 기준이 아니라 이 변화를 반영하는 새로운 윤리적 기준이 필요한 것이다. 호모 파베르의 역설은 인간이 기술을 만들고 기술이 인간을 만든다는 역설을 가리키지만, 첫 문장의 인간과 두 번째 문장의 인간은 결코 동일한 인간일 수 없다. 달라진 인간에게는 달라진 윤리적 기술이 필요하지 않을까? 그리고 그것이 바로 철학적 사변(philosophical speculation)의 필요성을 역설하지 않는가?

VII. 기술은 인간의 본성이다: 하나님의 형상에 대한 재해석

하이데거로 돌아가자면, 기술이 탈은폐하고 있는 것은 무엇인가? 존

---

[108] 위의 책, 540.
[109] 위의 책, 542.

재는 존재자를 통해 모습을 드러내지만, 존재자는 존재가 아니다. 오히려 존재자들이 자신이 터한 자리(da)에서 처한 환경과 더불어 스스로를 실현해가는 운동의 패턴, 바로 그것이 커즈와일이 말하는 정보의 초월적 패턴 아닐까? 그렇다면 우리는 이 하이데거의 기술론을 적용하여, 존재(Sein)는 현존재(Dasein)를 우회하여 현시되지 않는다고 말할 수 있을 것이다. 즉 우리가 기술을 통해 실현해나가는 것에는 바로 존재의 진리 혹은 진실이 담겨 있는 것이다. 그 담겨 있는 진실이란 무엇인가? 바로 '존재'라는 초월적 운동이 자신과 다른 '거기'(da)로 내려가, '함께 삶을 만들어나가는 것'(sympoiesis), 바로 그것이 존재의 진실 아니겠는가? 초월은 우리가 살아가는 현실을 넘어서, 별도의 독립된 초월적 시공간으로 존재하는 것이 아니라, 오히려 이 현실 안에서 우리가 유전적으로든 문화적으로든 혹은 개인의 습관을 통해서든 물려받은 기존의 사유와 행동의 반복들을 넘어 새로운 '현존재'를 구성해나가는 것, 그 초월의 영속적인 패턴이 존재의 진실일 것이다. 여기서 핵심은 존재가 현존재로 연장(extend)되어 함께 삶을 구성한다는 것이다. 이 연장능력(extendibility)이 존재의 힘이면서 존재 자체가 아닐까?

지금까지 신학은 하나님의 형상을 '인간' 자체라고 해석해오면서, 인간 중심적인 여러 문명의 폐해를 초래해왔다. 모든 존재와 사물이 창조의 면류관인 인간을 위해 존재하는 듯이 남용하면서 말이다. 기후 변화와 생태 위기 그리고 팬데믹 같은 위기들은 인간의 삶이란 인간 혼자만의 삶이 아니라, 우리와 더불어 함께 살아가는 수많은 다른 존재와 함께 만들어가는 삶이란 진실을 우리에게 적나라하게 범지구적 재난들을 통해 알려주고 있다. 삼위일체적 하나님을 증거하는 본문이라 일컬어지는 창세기 1장 26절은 "우리의 형상을 따라 우리의 모양대로 우리가 사람을 만들고"라고 기술되어 있는데, 이 하나님의 자기 형상은 곧 '우리의 형상'이었다. 그 우리의 형상은 나와 다른 존재로 연장하여 새로운 존재의 삶을 만들어가는 힘 바로 그것이 아니었을까? 인간이 자신의 역량을 기계의 몸으로 연장하여, 이제 새로운 혼종적 존재로 삶을 열어나가는 시대에 우리는 여전히 근대에 형성된 '개체' 혹은 '개인'의 개념을 통해 인간을 정의하고 바라보는 데 너무나 익숙해져 있지만, 하이데거의 현존재 혹은 '거기-있는-존재'(Dasein)는 거기에 있는 다른 존재들과 더불어 살아가는 '함께-거기 있는-존재'(Mitdasein)이기도 하다. 하이데거가 제안한 '존재로부터 현존재로의 전환'을 많은 이가 초월적 존재론으로부터 내재적 존재론으로의 전환으로도 읽어낼 수 있기는 하지만, 오히려 우리는 이 현존재로의 전환 속에서 인간을 개체의 몸을 중심으로 읽어내기보다는 오히려 '존재의 연장능력(extendibility)'의 개념으로 읽어보기를 제안한다. 그 존재의 연장능력이 바로 하나님의 '우리의 형상'이고, 그렇기에 하나님은 절대적 존재인 자신과 전혀 다른 인간 존재에게로 내려와, 우리를 구원하시기 위해 우리 인간 가운데 거하신 것 아닐까? 그리고 그것이 바로 하나님의 '형상의 실현'으로서 '존재의 연장능력'이라고 말할 수도 있다.

호모 파베르의 역설 속에는 여전히 인간 중심으로 첨단기술 시대의 문제를 해결하려는 계몽기적 정신이 살아 있다. 인간이 기술을 만들고 그 기술이 다시 인간을 변화시킨다는 호모 파베르의 역설은 다른 한편으로 첨단기술 시대로 접어들면서, 기술이 인간의 손을 벗어날 수 있는 가능성을 나름 예감하고 있는 것 아닐까? 그런 일이 벌어질 것을 우려하면서, 다시 인간이 기술을 만든다는 측면을 부각시켜, 공학 설계에 철학자와 인문학자들이 참여하여 전문 기술과학자들이 더욱 책임 있는 기술 개발로 나아갈 수 있도록 한다는 제안의 취지는 공감이 가지만, 커즈와일의 서술에서 보이듯이 이 기술 개발을 진척시켜나가는 데에는 비단 인간 행위자의 행위만 있는 것이 아니라 비인간 존재들 혹은 인공물적인 존재들의 행위주체성이 함께 발휘되고 있음을 읽어내야 하지 않을까? 그리고 그 비인간 존재들의 행위주체성에 귀를 기울일 때, 우리가 미래를 위한 올바른 방향성을 찾아낼 수 있지 않을까?

우리 시대 기술은 인간이 살아가는 환경을 변화시키는 정도를 넘어서서 이미 인간의 본성을 변화시키고 있다. 하지만 이는 단지 우리 시대에 국한된 이야기가 아니다. 이미 계몽기 시대에 접어들면서 우리는 인간 이성의 힘으로 세계를 자원화해 개발해왔고, 다른 세계를 식민지화해왔으며, 그렇게 초래된 것이 결국 '인류세'(Anthropocene)라고 일컬어지는 오늘의 현실이다. 우리는 지금 '진보의 종말' 시대를 살고 있다.[110] 즉 계몽기적 지식인의 이상이 더는 작동하지 않는다는 말이다. 따라서 합리적 이성을 갖춘 전문 지식인 그래서 "스스로의 사회적 책임을 인식하고 담당"[111]하는 지식인의 역할이 그리 효율적으로 작동되지 않는다는 말이다. 이는 기술과학자들의 한계나 오류라기보다는 기술 발전이 합리적 이성의 예측 범위를 빈번히 빗나가기 때문에

---

110 제레미 리프킨(Jeremy Rifkin)/안진환 옮김, 『회복력 시대: 재야생화되는 지구에서 생존을 다시 상상하다』(*The Age of Resilience: Reimagining Existence on a Rewilding Earth*) (서울: 민음사, 2022), 11.
111 손화철, 『호모 파베르의 미래』, 310.

가중되는 오류이다. 그렇기에 이제는 비인간 존재들의 '행위주체성' (agency)을 고려해야 한다고 철학자들이 지적하고 있지 않은가? 그래서 제인 베넷은 "사물-권력"(thing-power)[112]이라는 개념을 제안하기도 한다. 사물의 행위주체성은 더는 정치적으로 부차적인 개념이 아니라, 기후 변화와 생태 위기 시대에 진지하게 고려해야 하는 적극적인 정치권력이 되고 있다는 말이다. 따라서 커즈와일의 트랜스휴머니즘적 사유를 그대로 받아들일 수는 없더라도, 적어도 그가 진화의 주체를 이제 인간이 아니라 '정보의 패턴'으로 전환하자고 하는 제안에는 비인간 존재의 행위주체성으로의 전환이 담겨 있다. 문제는 커즈와일이 마치 리처드 도킨스의 유전자중심주의가 안고 있는 한계처럼 진화를 매우 일의적인 진화로 그려주고 있어서, 마치 헤겔이 정신현상학에서 말하는 절대정신의 자기 전개를 트랜스휴머니즘적 사고로 번역하고 있다는 느낌이 들기까지 한다. 우리의 진화와 삶을 엮어 만들어가는 것은 어떤 하나의 개체나 정신 혹은 동인이 아니라, 바라드가 말하듯이, 모든 존재의 얽힘 속에서 이루어지는 내적-작용 그 자체인지도 모른다. 그것은 어느 누구 하나의 작용이 아니라 서로가 얽혀 있는 복잡한 작용 그 자체를 말한다.

그렇다면 우리는 기술의 전개 속에 담겨 있는 물(物)의 행위주체성을 고려하면서, 인간이 거기에 어떻게 책임 있게 응답할 수 있을지 고민하는 방향으로 윤리의 틀을 새롭게 구성해야 하지 않을까? 이미 손화철은 기술의 자율성을 말하고 있는데, 손화철에 따르면 기술의

---

112 Jane Bennett, *Vibrant Matter: A Political Ecology of Things* (Durham: Duke University Press, 2010), 2.

자율성이란 "기술이 스스로 자율성을 가지고 날뛴다는 의미가 아니라 기술의 발전과 진보를 통제할 인간 주체가 불투명해져버린 상태"[113]를 가리킨다. 이는 첨단기술 시대에 '인간의 모습'이 연장-능력을 통해 개체가 아니라 네트워크 혹은 아상블라주의 형태로 드러나기 때문일 것이다. 인간을 조망하는 관점의 변화에 따라 우리가 어떻게 윤리적 '응답-능력'을 발휘해나갈 수 있을 것이냐의 문제가 첨단기술 시대 윤리의 핵심일 것이다. 불행히도 우리는 이제 인간의 행위주체성이 발휘하는 전개와 발전에 전적으로 '책임'(responsibility)을 발휘할 수 있는 시대를 살아가고 있기 때문이다.

---

113 손화철, 『호모 파베르의 미래』, 323.

참고문헌

리프킨, 제레미(Jeremy Rifkin)/안진환 옮김.『회복력 시대: 재야생화되는 지구에서 생존을 다시 상상하다』(*The Age of Resilience: Reimagining Existence on a Rewilding Earth*). 서울: 민음사, 2022.

멈포드, 루이스(Lewis Mumford)/문종민 옮김.『기술과 문명』(*Technics and Civilization*). 서울: 책세상, 2013.

브린욜프슨, 에릭(Erik Brynjolfsson) & 앤드루 맥아피(Andrew McAfee)/이한음 옮김.『제2의 기계시대: 인간과 기계의 공생이 시작되다』(*The Second Machine Age: Work, Progress, and Prosperity in a Time of Brilliant Technologies*). 서울: 청림출판, 2014.

커즈와일, 레이(Ray Kurzweil)/김명남 ㅁ장시형 옮김.『특이점이 온다: 기술이 인간을 초월하는 순간』(*The Singularity Is Near*). 파주: 김영사, 2007.

Barad, Karen. *Meeting the Universe Halfway: Quantum Physics and the Entanglement of Matter and Meaning*. Durham: Duke University Press, 2007.

Bennett, Jane. *Vibrant Matter: A Political Ecology of Things*. Durham: Duke University Press, 2010.

Haraway, Donna. *Staying with the Trouble: Making Kin in the Chthulucene*. Durham: Duke University Press, 2016.

Heidegger, Martin. *The Question Concerning Technology and Other Essays*. trans. by William Lovitt. New York: Harper Perennial, 1977.

신학과 과학과 기술 사이
협업을 위한 방법론

— 로버트 J. 러셀의 CMI 방법론을 중심으로

정대경 | 숭실대학교

I. 들어가는 말

일본 교토에 위치한 고다이지 사찰에 가면 조금은 독특한 로봇을 만날 수 있다. 바로 로봇 승려 민다르이다. 민다르는 관세음보살 '칸논'의 형상을 토대로 만들어진 휴머노이드 로봇으로 '심경'(Heart Sutra)이라는 불교 경전에 나오는 이야기와 다소 난해하게 들릴 수 있는 철학 이야기 등을 바탕으로 찾아온 이들과 대화한다. 일본의 이러한 로봇공학 기술 개발과 결과는 일본이라는 사회가 공유해온 일련의 형이상학적 혹은 종교적 신념에서 기인한다. 일본의 전통사상에 따르면 자연물뿐만 아니라 인공물 안에도 일종의 정령 혹은 '카미'가 깃들어 있다. 물론 일본의 공학자들이 정령사상을 의식적 차원에서 가지고 있다고 보기는 힘들 것이다. 그럼에도 이러한 사상이 일본 문화의 기저에 영향을 미치고, 이는 다시 로봇 공학기술의 발전 방향에 영향을 주는 방식으로 작동해온 것은 사실인 듯 보인다. 저명한 로봇 공학자 다카니시 아츠오(高西淳夫) 교수는 자신이 휴머노이드 로봇 개발에 열중하게 된 이면에는 어린 시절 즐겨보았던 만화 '아톰'의 영향이 컸다고 고백한다. 아톰은 인간형 로봇으로 인간과 함께 공존하며, 인간의 감정과 행동 등을 그대로 보여주는데, 이는 로봇을 인간과 크게 다르지 않게 여기는 정서에서 기인하는 것이다. 다시 말해, 일본의 로봇 공학기술의 발전 방향에는 일본 특유의 로봇과 인간을 구별하지 않는 형이상학적 정서가 깔려 있다.[1]

일본의 이러한 휴머노이드 로봇 공학의 분위기와 달리 유대교와 기독교의 영향 안에서 문화를 구성한 서구권은 자연물과 인공물을 다소 날카롭게 구분한다. 그 때문인 걸까? 서구권에서 제작된 로봇과 인공지능에 관한 이야기들, 곧 〈2001 스페이스 오디세이〉, 〈터미네이터〉, 〈프로메테우스〉, 〈나의 마더〉 등은 인간과 로봇, 인간과 기계 사이 대립을 부각하는 방식으로 휴머노이드 로봇에 대해 부정적인 이미지들을 보여준다. 이러한 정서는 서구권의 로봇 공학 기술이나 인공지능 기술 개발의 방향(예를 들어, 구글의 람다, 나사의 퍼시비런스)에도 영향을 끼친 것으로 보인다. 다시 말해, 서구권에서는 주로 로봇이나 인공지

---

1 아모스 지버그, "일본, 로봇과 함께하는 사회를 꿈꾸다," 〈BBC 뉴스코리아〉 2021년 8월 29일자 기사, https://www.bbc.com/korean/international-58369471; "AI: 인공지능이 종교의 모습도 바꿀까?" 〈BBC 뉴스코리아〉, 2021년 10월 26일 기사 https://www.bbc.com/korean/international-59046333; The Science Times(2004년 3월 26일에 최종 수정, 2022년 10월 10일에 접속), "일본 아톰 덕분에 로봇공학 발달: 아츠오 다카니시 와세다대 기계공학부 교수," https://www.sciencetimes.co.kr/news/%EC%9D%BC%EB%B3%B8-%EC%95%84%ED%86%A0-%EB%8D%95%EB%B6%84%EC%97%90-%EB%A1%9C%EB%B4%87%EA%B3%B5%ED%95%99-%EB%B0%9C%EB%8B%AC.

능은 인간과 구별된, 인간을 위한 하나의 보조 도구로 인식되고, 그런 방향으로 로봇 공학과 인공지능 연구가 흘러가는 것 같다는 말이다. 물론 요즘 같은 시대에 서양과 동양을 이런 식으로 구분하는 것이 맞는 해석일리는 만무하지만, 그럼에도 이를 통해 내가 지적하고 싶은 것은 소위 과학 연구와 기술 개발이라는 것이 진공상태에서 이뤄지는 것이 아니라 해당 연구와 개발을 수행하는 사람들과 그 사람들이 처한 사회적·문화적 환경 속에서 주관적 영향을 받아가며 이뤄진다는 점이다. 과학 연구와 기술 개발 및 적용은 그것이 수행되는 사회적·문화적, 나아가 종교적 영향을 받으며 이뤄진다.

　나는 과학과 기술과 신학 사이 상호작용이 가능하며 나아가 필요하다고 역설한다. 앞서 지적했듯 과학과 기술은 해당 연구와 개발을 추진하는 사람과 공동체의 사회적·문화적·종교적 환경, 곧 주관적 영향 아래에서 이뤄지기 때문이다. 만약 그렇다면 우리는 자연과학과 기술의 연구·개발에 영향을 끼치고 있는 이면의 철학적·종교적 신념 등을 비판적으로 검토해볼 필요가 있다. 왜냐하면 오늘날 과학기술은 해당 기술을 연구·개발하는 사람들에게만 지엽적인 영향을 끼치는 것이 아니라, 시공간을 초월해 먼 거리와 먼 시간에 위치하고 있는 사람들과 다음 세대에까지도 그 파급력이 미치기 때문이다. 만약 기독교신학이 이러한 상황에 기여할 수 있는 바가 있다면 하나의 비판 학문으로서 다른 형이상학적 체계들을 밝혀내고, 해당 체계들이 지니고 있는 형이상학적, 인식론적 전제들의 건전성을 판단하는 것일 터이다. 물론 기독교신학 또한 하나의 형이상학적 체계이기 때문에 모든 종류의 형이상학적 체계를 메타적인 방법과 관점으로 살펴볼 수 있는 절대적인 기준은 될 수 없다. 그럼에도 동일한 수준에서 작동하는 형이상학적 체계, 종교적 신념 등이 특정한 과학기술 연구와 개발에 결부되어 있지 않은지를 밝혀내고, 그것을 공적인 담론장에서 지적하고 공론화시키는 데까지는 기여할 수 있을 것이다. 더 나아가 이러한 방식의 과학과 기술과 신학 사이 대화와 협업은 사회의 일부를 구성하고 있는 기독교인들로 하여금 자신들이 몸담고 있는 사회가 추구하는 기술 개발과 적용의 방향성을 비판적으로 숙고하게 만듦으로써 기독교적 신앙이 공적인 차원에서 기여할 수 있는 바를 모색하게 하는 기독교 신앙의 공공성 또한 숙고하고 강화하는 데 기여할 것이다.

이를 위해 나는 로버트 J. 러셀의 '창조적인 상호작용'(CMI, Creative Mutual Interaction) 방법론을 통해 과학과 기술과 신학 사이 협업을 모색해보려 한다. 러셀의 CMI 방법론은 과학과 신학 사이 상호작용이 어떻게 일어나는지 규명하고, 두 학문 사이 학제 간 연구가 건설적인 방향으로 발전할 수 있는 길을 모색하게 한다. 하지만 러셀은 신학과 과학의 학제 간 연구를 넘어 기술까지는 대화의 파트너나 상호작용의 한 축으로 제시하지는 않았다. 만약 이 졸고가 기존 학제 간 연구나 방법론 관련 논의에 기여할 수 있는 바가 있다면 CMI 방법론을 수정해서 기술 연구 프로그램 또한 상정하고, 이를 토대로 신학과 과학과 기술 사이 협업과 상호작용의 가능성을 탐색해본다는 데 있을 것이다. 이러한 시도가 어느 정도 결실을 맺을 수 있다면, 우리는 향후 과학과 기술과 신학이 서로 대화할 수 있는 지점들을 밝혀낼 수 있을 것이며, 주요한 과학기술 개발 및 적용을 공적인 차원에서 논의하고 비판적으로 검토하는 데 기여할 수 있을 것이다. 이를 위해 이 글에서는 먼저 러셀의 CMI 방법론을 살펴보고, 이후 기술 연구 프로그램을 추가한 확장된 CMI 방법론을 제시해볼 것이다.

II. 로버트 J. 러셀의 CMI 방법론[2]

러셀은 자신의 신학과 과학 사이 학제 간 연구를 위한 방법론을 '창조적 상호작용 방법론'으로 명명하고, 이를 제안한다. 러셀의 CMI 방법론은 과학철학자 임레 라카토슈의 '과학 연구 프로그램(Scientific Research Program) 방법론'을 토대로 고안한 것이다. 라카토슈는 과학 연구가 개별 데이터들과 이론으로 느슨하게 구성되어 수행되는 것이 아니라 연구 프로그램 단위로 수행된다고 주장한다. 하나의 연구 프로그램은 견고한 핵인 '핵심 가설'(core proposal)과 그것을 둘러싼 '주변부 가설들'(auxiliary hypothesis)로 이루어진다. 예를 들어, 진화이론은 핵심 가설인 "모든 생명체는 진화한다"를 견고한 핵으로 지니고 있고, 이를 구체적으로 설명해주는 "생명체는 유전 변이를 통해 기존 생명체와 다른 생물학적 특성을 지닌다", "같은 종 내 상이한 생물학적 특성은 개체들 간 상이한 생존력 차이를 발생시킨다", "특수한 환경 e 안에서 개별 생명체들은 생존에 유리한 특질 p를 가질 때 생존에 유리하다", "생물학적 특질 p를 가진 개체들이 많아지면 기존 생명체들과 다른 종으로 종분화된 것으로 볼 수 있다" 등의 명제들을 주변부 가설로 가진다.

실제 과학 이론은 칼 포퍼의 독단적 반증주의처럼 반증 데이터 하나만으로 폐기되지도 않지만, 토마스 쿤의 주장처럼 정상 과학들과 그것들을 지지하는 집단들 사이 이데올로기적 투쟁으로만 정립되지

---

2 이 부분은 나의 다음 논문을 수정, 보완한 것이다. 정대경, "통전적인 실재 이해를 향하여: 로버트 J. 러셀의 과학 신학 방법론을 중심으로," 「장신논단」 50, no. 2(2018): 145-171.

도 않는다. 라카토슈는 포퍼와 쿤의 주장을 종합하면서 진리는 파악 가능하고(독단적 반증주의 비판), 또한 진리에 대한 지식은 진보한다(쿤의 정상 과학 패러다임 비판)고 주장한다. 그는 다음과 같이 말한다.

> 모든 과학적 연구 프로그램들은 그것들의 "견고한 핵"에 의해 특징지어질 수 있다. 프로그램의 부정적 발견법은 이 "견고한 핵"에 대해 후건 부정식을 적용하는 것을 금지한다. 대신에 우리는 "보조가설"을 명확하게 하거나 발명하기 위해 창의력을 이용해야만 한다. "보조가설"은 견고한 핵 주위에서 보호대를 형성하며, 우리는 이 보호대에 후건 부정식을 향하게 해야만 한다. 이러한 견고한 핵을 보호하기 위해서, 테스트에 정면으로 맞서거나, 조정하거나 재조정하거나, 완전히 대치되어야 하는 것은 보조 가설이다. 만일 이러한 모든 것이 전진적인 문제 이동을 가져오면 그 연구 프로그램은 성공적인 프로그램이고, 퇴행적인 문제 이동을 가져오면 성공적인 프로그램이 되지 못한다.[3]

다시 말해, 과학자들은 반증 데이터라고 이해될 수 있는 자료를 통해 즉각적으로 자신들의 핵심 가설을 수정하거나 폐기하는 것이 아니라, 그 핵심 가설을 설명하고 있는 보조 가설들을 수정하거나 폐기하는 방식으로 대처한다는 것이다. 하지만 이들의 작업은 계속 임의적으로 주변부 가설들만을 수정할 수 없다. 왜냐하면 모든 과학 연구 프로그램은 두 가지 기준을 토대로 그것의 적절성을 판단 받기 때문이다.

---

3 임레 라카토슈(Imre Lakatos)/신중섭 옮김, 『과학적 연구프로그램의 방법론』(*The Methodology of Scientific Research Programmes*) (서울: 아카넷, 2002), 86.

그 첫 번째 판단 기준은 프로그램이 가진 설명 가능 범주이고, 두 번째 기준은 그 프로그램이 가진 예측 능력이다.[4]

특정한 연구 프로그램의 핵심 가설을 반증하는 듯 보이는 데이터를 핵심 가설이 아닌 주변부 가설들이 수용함으로써 이론을 반증할 것처럼 보이던 부정적 발견은 도리어 해당 연구 프로그램의 설명 가능 범위를 확대해주는 긍정적 발견으로 변용된다. 관련된 예로 신다윈주의 진화론에서 "중간 단계 화석의 부재"라는 데이터가 어떻게 처리되었는지를 보면 라카토슈식 프로그램 진보를 이해할 수 있다. 중간 단계 화석의 부재는 진화론 자체를 반증하는 듯한 사례로 제기되었으나, 고생물학자 스티븐 J. 굴드는 "모든 생명체는 진화한다"라는 핵심 가설을 보호하는 주변부 가설들 중 하나, "모든 생명체의 진화는 점진적으로 일어난다"를 수정하여 "단속 평형 이론"(punctuated equilibrium)을 제시한다.[5] 단속 평형 이론은 생명체의 진화가 상당 기간 동안 변이가 크게 나타나지 않는 안정기를 지나다가, 급작스러운 환경의 변화가 일어나면 단기간 내 종 분화를 포함한 변이와 자연선택이 일어나고 그로부터 생명체의 진화가 발생한다고 보는 이론이다.[6] 부정적 발견

---

4 위의 책, 86.
5 Niles Eldredge and Stephen Jay Gould, "Punctuated Equilibria: An Alternative to Phyletic Gradualism," in *Models in Paleobiology*, ed. Thomas J. M. Schopf(San Francisco: Freeman Cooper & Co, 1972), 82-115.
6 '스트레스 유도성 돌연변이'(Stress-Induced Mutagenesis) 등의 관찰 사례를 단속 평형 이론을 지지하는 데이터로 사용할 수 있을 듯하다. 스트레스 유도성 돌연변이에 관하여는 다음을 참조하라. Abu Amar M. Al Mamun et al., "Identity and Function of a Large Gene Network Underlying Mutagenic Repair of DNA Breaks," *Science* 338, no. 6112(2012), 1344-1348; R. Craig MacLean, Clara Torres-Barcelo, and Richard Moxon, "Evaluating Evolutionary Models of Stress — Induced Mutagenesis in Bacteria," *Nature Reviews Genetics* 14, no. 3(2013): 221-227.

(즉, 중간 단계 화석의 부재)은 핵심 가설(즉, 모든 생명체는 진화한다)을 반증하지 않고, 주변부 가설들 중 하나(즉, 모든 생명체의 진화는 점진적으로 일어난다)를 수정하는 결과를 가져왔다. 이를 통해 신다윈주의 진화론의 설명 가능 범위는 확장된 것이다. 과학 연구 프로그램의 진보성은 얼마나 많은 양의 데이터를 그 프로그램이 자체적으로 처리할 수 있는가에 달려 있다. 기존 뉴턴물리학은 거시적인 영역의 운동에 대해서만 수학적으로 기술할 수 있었던 반면에, 양자역학은 거시적인 영역뿐만 아니라 미시적인 영역의 운동에 대해서도 기술 가능하다. 이러한 맥락에서 라카토슈에게 양자역학은 뉴턴물리학보다 더욱 진일보한 과학 연구 프로그램인 것이다.

나아가 앞서 지적한 것처럼 라카토슈는 전진적인(progressive) 과학 연구 프로그램과 퇴행적인(degenerating) 과학 연구 프로그램을 구분하는 판단 기준으로 각 프로그램이 지닌 "예측 능력"을 제시한다. 다시 말해, 새롭게 구성된 과학 연구 프로그램의 예측 능력으로 기존 과학 연구 프로그램이 발견하지 못한 새로운 사실들이 발견되면 새롭게 구성된 프로그램은 기존보다 진일보한 프로그램으로 이해될 수 있다. 왜냐하면, 새롭게 제안된 프로그램으로 인해 과학적 지식은 이전보다 더욱 축적되었기 때문이다. 반면에 예측 능력이 떨어지는 과학 연구 프로그램은 퇴행하는 프로그램이다. 라카토슈는 다음과 같이 이야기한다.

하나의 프로그램을 거절할 수 있는, 말하자면 그것의 견고한 핵과 보호대를 형성하는 프로그램을 제거할 수 있는 (사회심리적 이유와는 다른) 어떤 객관적 이유가 있을 수 있는가? … 그 프로그램이 (이전의 프로그램이)

성공한 것을 설명하고 나아가 발견 능력을 과시함으로써 프로그램의 지위를 빼앗은 대립 관계에 있는 연구 프로그램이 제공한다.[7]

라카토슈는 1686년 혜성의 운동에 관한 두 가지 이론이 경쟁하던 상황을 예로 든다. 당시 혜성의 운동을 기술하는 이론에는 크게 종교적인 해석인 신의 재앙과 그로 인해 혜성이 불규칙적인 운동을 한다는 주장과 케플러의 이론인 혜성이 직선 운동을 하므로 같은 혜성을 두 번 다시 관찰할 수 없다는 이론이 경쟁하고 있었음을 지적한다. 라카토슈에 따르면, 이 상황에서 뉴턴은 혜성이 쌍곡선 운동이나 포물선 운동을 한다고 제시하였고, 그의 이론은 정확하게 핼리 혜성의 출현 시점을 예측하고 맞춤으로써 이론의 지위를 얻게 되었다.[8] 그러므로 라카토슈에게 전진적인 과학 연구 프로그램과 퇴행적인 과학 연구 프로그램의 구분은 자연현상을 설명하는 범위와 예측 능력에 달려 있다.

러셀은 이를 바탕으로 라카토슈식 연구 프로그램을 도식화하여 신학과 과학 각각의 연구 프로그램이 독자적으로 진행됨을 보여준다.[9] 기존의 이론체계는 실재에 대한 경험과 해석, 관찰 데이터 선택과 주변부 가설 형성에 영향을 미치고, 그로부터 파생된 모델들과 비유들로 이어진 후 기존의 이론들은 수정되거나 재구성된다. 이러한 반복적인 작업은 신학과 과학 각각의 고유 프로그램을 통해서 수행된다(〔그림 1〕 참조).[10]

---

[7] 라카토슈, 『과학적 연구프로그램의 방법론』, 123.

[8] Lakatos, *The Methodology of Scientific Research Programmes*, 5.

[9] Robert J. Russell, *Cosmology: From Alpha to Omega*, ed. Amazon Kindle(Minneapolis: Fortress Press, 2008), Kindle Locations, 505.

[10] 위의 책, 505.

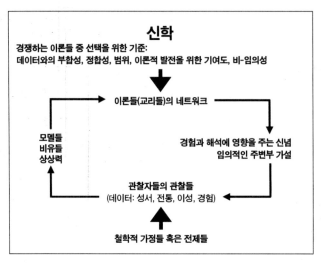

신학

경쟁하는 이론들 중 선택을 위한 기준:
데이터와의 부합성, 정합성, 범위, 이론적 발전을 위한 기여도, 비-임의성

이론들(교리들)의 네트워크

모델들
비유들
상상력

경험과 해석에 영향을 주는 신념
임의적인 주변부 가설

관찰자들의 관찰들
(데이터: 성서, 전통, 이성, 경험)

철학적 가정들 혹은 전제들

[그림 1] 핵심 가설과 주변부 가설들로 구성된 이론들의 네트워크는 새로운 계
시 경험과 그 해석에 영향을 미치고, 그로부터 창출된 주변부 가설 형성 혹은
기존 가설의 수정에도 영향을 미친다. 이후, 새롭게 제기된 주변부 가설은 성
서, 전통, 이성, 경험 등의 신학 데이터들을 토대로 하나의 신학적 모델, 비유,
사고 등을 형성한 후 기존 이론 네트워크에 편입된다.

　　신학과 과학은 각각 위의 과정(그림 1)을 통해 연구가 수행되며, 이
때 주변부 가설들은 수정될 수 있다. 러셀은 해당 과정 내 주변부 가설
의 수정 가능성을 지목하며, 신학과 과학의 상호작용이 가능함을 피력
한다. 다시 말해 러셀에 따르면, 신학의 이론은 과학 연구 프로그램 내
새로운 관찰 데이터를 해석하거나 새로운 모델을 구성하는 데 영향을
미칠 수 있고, 역으로 과학의 이론은 신학 연구 프로그램 내 기존 신학
이론을 재구성하거나 새로운 종교적 경험을 해석하고 이해하는 데 영
향을 줄 수 있다.

　　이렇듯 러셀이 제시하는 CMI 방법론은 신학과 과학 각각의 독립적
인 영역을 인정하면서 학제 간 상호작용을 추구한다. 하나의 연구 프

로그램(예를 들어, 신학 연구 프로그램) 내 이론은 또 다른 연구 프로그램(예를 들어, 과학 연구 프로그램)의 데이터 선택, 관찰 데이터를 해석하는 철학적 이해, 혹은 관찰 데이터를 토대로 구성되는 특정 모델 형성 등에 간접적인 영향을 미칠 뿐이다. 하나의 연구 프로그램 내 이론은 또 다른 연구 프로그램의 주변부 가설에 영향을 미치고, 그 후에는 해당 연구 프로그램에서 자체적으로 그 영향을 소화한다(〔그림 2〕 참조). 만약 다른 연구 프로그램으로부터 주입된 것이 반증 데이터처럼 보인다면, 그것은 반증 그 자체로 남는 것이 아니라 주변부 가설들 중 하나의 수정을 요청하고, 그렇게 신학과 과학의 학제 간 연구 프로그램은 라카토슈식 이론적 진보를 가져오게 된다.[11]

러셀은 이러한 방식으로 수행되는 과학과 신학 학제 간 상호작용이 두 학문 사이의 관계에 있어 "공명"(consonance)과 "비공명"(dissonance) 모두를 발생시킨다고 지적한다. 공명은 과학과 신학 사이의 유비를, 비공명은 둘 사이의 차이를 가리키는 것이다. 우리는 암암리에 후자인 비공명이 신학과 과학 사이의 거리를 넓히고 상호작용을 불가능하게 만든다고 생각하기 쉬운데, 러셀은 그렇지 않다고 주장한다. 라카토슈식 "부정적 발견" 혹은 비공명은 도리어 각 프로그램 내 이론적 진보를 가져온다.[12] 이것이 가능한 이유는 두 연구 프로그램이 학제 간 연구를 통해 직접적으로 상호작용하는 것이 아니라, 각 학제 프로그램 내 완충 지역인 주변부 가설들을 통해 상호작용하고, 학제 간 직접적인 상호작용은 각각의 연구 프로그램 내 주변부 가설에 데이터로

---

11 라카토슈, 『과학적 연구프로그램의 방법론』, 458-95. 이것을 라카토슈식의 "progressive problem shift"라고 부른다.

12 위의 책, 322.

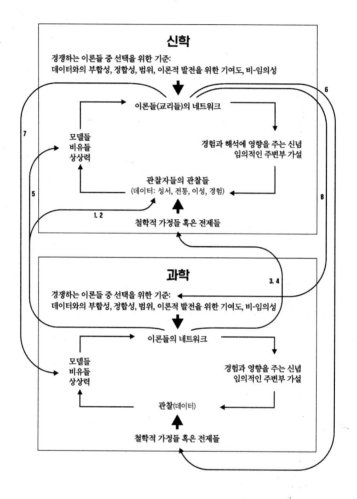

[그림 2] 과학 이론은 신학의 데이터들을 재해석하는 데 직접적으로 영향을 미치거나(1번과 2번), 해당 데이터들을 해석하는 철학적 이해나(3번과 4번) 관련된 신학적 모델, 비유, 혹은 사고력에 영향을 미친다(5번). 반대로 신학 이론은 과학의 관찰 데이터 선택에 영향을 미치는 철학적 가정들 혹은 전제들(6번), 자연과학 모델 형성(7번), 경쟁 이론들 중 하나의 이론 선택(8번) 등에 영향을 미칠 수 있다.

작용하며, 그로부터 해당 연구 프로그램이 자체적으로 비공명 데이터들을 처리하기 때문이다.[13]

러셀은 빅뱅이론을 그 예로 든다. 1980년대 t=0이 "불명확한"(un-decideable) 인플레이션 빅뱅 모델, 곧 현 우주는 그 이전의 메가 우주들로부터 시작되었을 수 있다는 함의를 가진 이론이 제시되었다. 이러한 과학 이론은 마치 신학의 "무로부터의 창조" 교리를 위협하는 것 같았고, 그로 인해 해당 이론은 과학과 신학이 충돌하는 지점으로 오해되기도 했다. 하지만 러셀은 이러한 비공명 데이터가 신학 내 이론적 진보를 가져왔다고 지적한다. 다시 말해, 우주의 시작이 없을 수 있다는 과학의 인플레이션 빅뱅 모델이 신학의 창조 이해의 발전을 가능케 했다는 것이다. 구체적으로 그는 기존의 창조 이해가 현 우주의 시공간적 시작으로 좁게 이해되어왔으나, 인플레이션 모델을 신학의 간접 데이터로 사용하여 신학은 내적으로 창조 교리를 시간의 시작만으로 이해하는 것을 넘어 세계의 하나님에 대한 존재론적인 의존을 포함하는 차원으로 그 이해의 폭을 넓혔다고 주장한다.

러셀에 따르면, 신학과 과학의 상호작용을 통해 신학 내 창조 교리는 시간의 시작이라는 함의만을 가지는 것이 아닌, 피조물들의 창조자에 대한 존재론적인 의존 또한 포함하는 교리로 이해되기 시작했다. 나아가 생명의 기원과 진화를 가능케 하는 "우주 상수" 같은 요소들 또한 창조 교리와 연관되어 이해될 수 있는 결과 또한 가져왔다.[14] 이러한 종류의 신학 내 이론적 진보는 만약 현생 우주가 무한한 우주의

---

13 위의 책, 505.
14 위의 책, 325-334.

생성과 소멸 과정 중 탄생한 하나의 우주라고 판명되더라도, 해당 과학 이론이 신학의 창조 교리에 위기를 가져올 수 없음을 피력할 수 있는 근거를 마련한다.

마지막 예는 우주 종말에 대한 과학적인 예측과 신학적인 예측 사이 차이에 관한 것이다. 빅뱅 우주론에 따르면 현생 우주의 종말은 빅 크런치 또는 빅 프리즈로 예견되는데, 이는 기독교 종말론 곧 세계의 변혁과 일반 부활이라는 예측과 대치되는 듯 보인다. 러셀은 이러한 예측의 차이, 곧 비공명을 불러일으키는 요소가 자연과학에 대한 신학의 기여를 가능케 해줄는지도 모른다고 주장한다. 다시 말해, 자연과학자들은 현 우주의 종말이 필연적인 결말이라고 생각한다. 이러한 예측은 그들이 가지고 있는 철학적인 전제, 곧 '자연법칙'이 고정불변한 하나의 실재라는 인식에서 출발한다. 러셀은 이 지점을 지적하면서 자연법칙이 특정한 인과력을 일으키는 하나의 개체적 존재인가, 아니면 실재계에서 일어나고 있는 물질-에너지들의 운동을 기술하는 묘사인가에 대해 묻는다. 만약 자연법칙이라는 것이 하나의 고정불변한 개체적 존재가 아니라 세계 내에서 행위하시는 하나님의 행위 결과와 그로부터 발생되는 실재계 내 일관성이나 법칙성에 대한 묘사라면, 현 우주론이 제시하는 우주의 종말은 필연적이지 않을 수 있다. 만약 그렇다면 자연법칙에 대한 신학적 이해와 종말에 관한 신학적 이해가 어떠한 방식으로든 자연과학 연구 프로그램의 철학적 전제에 영향을 미쳐서 새로운 방식의 우주 종말에 대한 모델을 만들 수 있지 않을까 하고 러셀은 주장한다.

III. 신학과 과학과 기술 사이 협업을 위한 방법론
─ 러셀의 CMI 방법론을 바탕으로

우리는 러셀의 CMI 방법론을 통해 신학과 과학이 어떻게 건설적인 상호작용을 하고, 협력할 수 있을지 살펴보았다. 여기서 더 나아가 기술 연구 프로그램을 추가로 상정하고, CMI 방법론을 바탕으로 신학과 과학과 기술 사이 대화와 상호작용 또한 모색해볼 수 있을 것이다. 구체적으로, 만약 〔그림 3〕과 같이, 기술 연구 프로그램의 과정을 기술해볼 수 있다면 이를 토대로 우리는 신학과 과학과 기술 사이 협업 또한 구상해볼 수 있는 것이다. 나는 트랜스휴머니즘을 예로 들어가며 과학과 신학과 기술 사이 연구 프로그램들이 서로 공조할 수 있으며, 비판적 상호작용을 통해 각각의 연구 프로그램이 건설적인 방향으로 학문적·기술적 진보를 이끌어낼 수 있을 것이라고 제안한다.

트랜스휴머니즘은 자연과학, 과학기술, 철학, 신학이 복잡하게 얽혀서 탄생한 일종의 인간 해방운동이다. 철학적(혹은 신학적) 신념으로서 트랜스휴머니즘은 종종 줄리안 헉슬리의 다음과 같은 제안에서 시작된 것으로 알려졌다.

인간 종은 그들이 원하면 그들 자신을 초월할 수 있다. … 우리는 이러한 믿음에 대한 이름이 필요하다. 아마도 '트랜스휴머니즘'이 적합할 것이다. 인간은 인간으로 남아 있는 동시에 인간으로서의 본성의 새로운 가능성들을 실현하기 위해 자신을 초월하려고 한다. "나는 트랜스휴머니즘을 믿는다(I believe in transhumanism)": 일단 다음과 같은 고백을 진실되게 할 수 있는 사람들이 모인다면 인간 종은 새로운 종류의 존재로 도

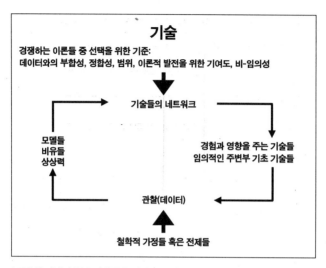

[그림 3] 러셀의 CMI 방법론을 바탕으로 기술 연구 프로그램 또한 상정해볼 수 있다. 하지만 이 때 기술은 순수학문적 성격보다는 응용과학의 성격이 짙기 때문에 그대로 차용할 수는 없고, 경쟁하는 이론들 대신 경쟁하는 기술들로 바꾸고, 이론이 아닌 기존 기술들이 기술자들의 경험과 기술자들이 해결하고자 하는 문제를 풀 수 있는 기초 기술들(의 개발, 선택 등)에 영향을 미치고, 이후 기술자들의 관찰(현 상황에서 무엇이 문제인지를 파악하고, 해당 문제를 풀기 위해 적절한 기초 기술은 무엇인지 그리고 어떤 기술을 개발해야 할지 판단)에 영향을 미치는 방식으로 재구성해볼 수 있으며, 이를 토대로 새로운 기술 개발과 구성, 종합을 위한 모델, 유비, 상상력에 영향을 미치는 기술 연구 과정을 그려볼 수 있다.

약할 지점에 서 있게 될 것이다.[15]

트랜스휴머니스트들은 인간이 필연적으로 직면할 수밖에 없는 생물학적 사슬들(즉, 질병과 노화, 죽음)로부터 인간을 해방함으로써 인간 삶은 더욱 나은 상태로 진일보할 것이라고 낙관한다. 이를 실현하기

---

[15] Julian Huxley, "Transhumanism," *Journal of Humanistic Psychology* 8, no. 1 (1968), 76.

위해 추구되는 대표적인 트랜스휴먼 기술은 마인드 업로딩, 뇌-컴퓨터 인터페이스, 뉴럴 임플란트, 웨어러블 로봇, 냉동보존술, 맞춤아기 등이 있고, 이를 근원적으로 가능케 하는 기초 기술들은 나노(Nano)공학기술, 생명(Bio)공학기술, 정보(Info)공학기술, 인지(Cognitive)과학 등이 있다. 그래서 종종 트랜스휴먼 기술은 NBIC 기술들의 융합이라고 불리기도 한다. 지금까지 살펴본 것만 잘 생각해보더라도 트랜스휴머니즘이 과학과 철학(혹은 신학)과 기술 사이 상호작용을 바탕으로 진행되고 있다는 것을 알 수 있다.

조금 더 구체적으로 들어가서 살펴보면 이를 금방 알아차릴 수 있다. 예를 들어, 트랜스휴머니스트들이 궁극적으로 개발하고자 하는 마인드-업로딩 기술은 인간 실존에 대한 철학적 이해를 바탕으로 추구된다. 그들에게 한 인간의 본질 혹은 정체성은 그/녀의 의식적 주체성과 동일시된다. 저명한 트랜스휴머니스트인 한스 모라벡은 인간을 구성하는 요소를 크게 패턴과 물질로 구분하면서 한 사람의 정체성과 본질은 물질이 아닌 패턴에 있다고 주장한다.[16] 여기서 그가 이야기하는 패턴은 신경학적 패턴으로서 한 사람의 의식을 결정하는 신경회로이다. 다시 말해, 한 사람의 본질 혹은 정체성은 그/녀가 지닌 신경학적 패턴과 그로부터 산출되는 그/녀의 1인칭 주체성에 있다. 이러한 인간에 대한 철학적 이해를 바탕으로 트랜스휴머니스트들은 한 사람의 신경학적 패턴(혹은 지엽적으로는 그 사람의 두뇌의 패턴)을 스캔한 후 기계적 몸이나 컴퓨터 네트워크상에 업로드하면 업로드된 패턴은 하나

---

[16] Hans Moravec, *Mind Children: The Future of Robot and Human Intelligence* (Cambridge: Harvard University Press, 1988), 117.

의 1인칭 주체성을 지니게 되고, 그렇게 업로드 된 사람은 죽지 않고 영원히 살 수 있게 될 것이라고 주장한다. 이것이 바로 트랜스휴머니즘 철학이 트랜스휴먼 기술에 미치고 있는 영향이라고 볼 수 있다(트랜스휴머니즘 철학 → 트랜스휴먼 기술).

그리고 트랜스휴머니즘 철학이 상정하는 인간의 의식과 해당 인간의 신경학적 패턴을 동일시하는 사고는 자연과학에 기반하고 있는 것으로 볼 수 있다. 다시 말해, 유명한 리벳 실험이나 피니어스 게이지, 헨리 몰레이슨 등의 사례들을 포함한 현대 신경과학이 밝혀주는 인간 의식과 두뇌 사이의 유기적 상관성을 토대로 트랜스휴머니스트들은 인간의 의식적 주체성이 그 인간의 두뇌에 수반하여 발생하고 있다고 주장한다(자연과학 혹은 신경과학 → 트랜스휴머니즘 철학). 물론 해당 사례들과 실험, 신경과학 연구 결과물들을 어떻게 해석하는가에 따라 트랜스휴머니스트들처럼 인간의 의식과 두뇌를 동일시할 수도 있고 그렇지 않을 수도 있지만 트랜스휴머니스트들은 신경과학의 데이터들을 해석하는 데에 심리철학의 동일론이나 부수현상론의 관점에서 인간의 의식을 두뇌의 차원으로 일정 부분 환원해 이해하고 있다는 것을 발견할 수 있다(철학적 환원주의 → 자연과학 혹은 신경과학).

종합해보면, 트랜스휴먼 기술인 마인드-업로딩 기술은 철학적 환원주의의 영향하에서 신경과학(자연과학)의 데이터를 해석하고, 이를 토대로 인간에 대한 트랜스휴머니즘 철학적 이해를 구성한 후, 이를 기술적으로 구현하고자 하는 일련의 과정에 기반하고 있다는 것을 알 수 있다. 이를 도식화하면 아래의 〔그림 4〕와 같이 표현해볼 수 있을 것이다(철학적 환원주의 → 자연과학 혹은 신경과학 → 트랜스휴머니즘 철학 → 트랜스휴먼 기술).

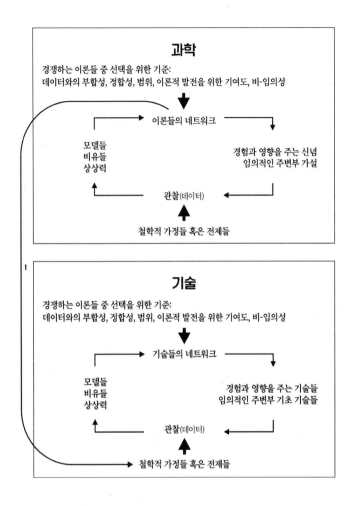

[그림 4] 과학연구 프로그램('Science') 내 철학적 환원주의('Philosophical Assumptions')는 신경과학의 데이터들(Observation(data)) 해석에 영향을 미치고, 이를 토대로 인간의 의식을 두뇌의 차원으로 환원시켜 이해하는 과학적 모델과 이론을 산출하고, 환원적 신경과학 모델과 이론은 그림 내 1번 과정을 따라 트랜스휴머니즘 철학에 영향을 미치고, 이는 다시 트랜스휴먼 기술 곧 마인드-업로딩 기술 모델과 개발로 이어진다.

여기서 우리는 마인드-업로딩 기술로 이어지는 최초 시발점이 철학적 환원주의라는 것에 주목해야 한다. 트랜스휴머니스트들이 근본적 차원에서 채택하고 있는 환원주의는 방법론적인 차원을 넘어서는 존재론적 혹은 형이상학적 환원주의이다. 이러한 트랜스휴머니스트들의 환원주의는 그들의 이념적 주장, 곧 인간의 진정한 행복은 생존이라는 생물학적 가치가 실현될 때 완성된다고 강조하는 것에서 쉽게 목격된다.[17] 나아가 개별 인간의 생존이라는 가치를 "궁극적 관심"으로 내세운다는 측면에서 트랜스휴머니즘은 종교적 차원 또한 지니고 있다.[18] 만약 그렇다면, 우리는 일종의 종교적 신념 혹은 신학(즉, 물리주의를 바탕으로 한 무신론적 신념)이 트랜스휴머니즘의 근본적인 철학적 환원주의를 일으키는 것으로 볼 수 있는데 이를 확장하면 아래의〔그림 5〕와 같은 도식으로 표현해볼 수 있을 것이다(종교적 신념 혹은 신학 → 철학적 환원주의 → 자연과학 혹은 신경과학 → 트랜스휴머니즘 철학 → 트랜스휴먼 기술).[19]

우리는 지금까지 신학 혹은 형이상학적 신념으로부터 시작해 과학을 거쳐 기술로 이어지는 일련의 과정을 살펴보았다. 하지만 동시에

---

[17] 트랜스휴머니즘의 환원주의와 관련해서 다음의 논문을 참조하시오. Daekyung Jung, "Re-Enchanting the Human in an Era of Naturalism," *The Expository Times* 131, no. 7(2020), 291-304.

[18] 트랜스휴머니즘의 종교적 차원에 관한 논의는 다음의 논문을 참조하시오. Daekyung Jung, "Transhumanism and Theological Anthropology: A Theological Examination of Transhumanism," *Neue Zeitschrift für Systematische Theologie und Religionsphilosophie* 64, no. 2(2022), 172-194.

[19] 지면의 한계로 부득이 신학과 과학과 기술을 순서대로 배치했지만 상하수직적인 관계를 함의하고자 했던 것은 아니다. 신학과 과학과 기술을 삼각형 구조로 재배치해도 좋을 것이다.

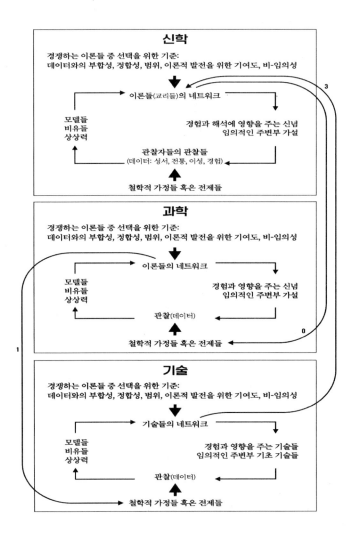

[그림 5] 그림 4에 트랜스휴머니즘의 종교적 신념 혹은 신학이 철학적 환원주의를 제공했다는 지점을 표현하기 위해 '0'번 과정을 추가했다. 나아가 종교적 신념 혹은 신학이 기술에 미치는 영향과 더불어 그 역의 과정도 가능함을 밝히기 위해 '3'번 과정을 추가했다.

그 역의 과정, 곧 기술로부터 시작해 신학으로 이어지는 과정 또한 생각해볼 수도 있을 것이다. 신학자 론 콜 터너는 트랜스휴먼 기술과 트랜스휴머니즘 철학을 구분하고, 기술을 신학적으로 수용 가능하다고 주장한다. 왜냐하면 터너에 따르면, 기독교 신학은 인간의 실존적 한계를 인정하고 변화의 가능성 곧 성화를 이야기하기 때문이다. 나아가 터너는 "무엇인가가 기술에 의해서 이뤄졌다고 해서 그것이 하나님의 은혜와 무관한 것은 아니다"라고 주장한다.[20] 다시 말해, 만약 과학기술의 발전과 적용이 신학에서 이야기하는 인간 존재의 변화의 방향과 잘 상응한다면 그 또한 하나님의 섭리 안에서 이뤄지는 사건으로 볼 수 있다는 것이다. 마치 생의학적 진보가 사람들의 생명을 살리고, 수명을 연장하는 데 기여한 것처럼 그리고 그러한 진보가 신학적으로 수용 가능했던 것처럼 트랜스휴먼 기술 또한 사람을 질병과 고통으로부터 구할 수 있다면 그 또한 하나님의 섭리로 받아들여질 수 있다는 것이다.

이러한 터너의 주장은 과학기술이 신학에 미친 영향으로부터 시작된 것으로 파악할 수 있다. 다시 말해, 트랜스휴먼 기술에 대한 논의는 터너의 신학적 사유에 영향을 미치고([그림 5]의 3번 과정, 혹은 성서와 전통을 해석하는 철학적 가정들에 영향을 준 것으로 볼 수도 있겠다), 그로 하여금 기독교 교리 내 성화와 트랜스휴먼 기술을 양립 가능한 것으로 파악하게 한다. 구체적으로 트랜스휴먼 기술에 대한 담론은 성화에 관한 교리를 기술해주는 주변부 가설들 가운데 하나를 수정하게 해서 과학기술

---

[20] Ron Cole-Turner, "Christian Transhumanism," in *Religion and Human Enhancement: Death, Values, and Morality*, eds. Tracy J. Trothen and Calvin Mercer (New York: Palgrave Macmillan, 2017), 42.

또한 성화를 일으키는 하나님 행위의 주요 매개로 이해할 수 있도록
한 것이다. 이를 토대로 트랜스휴먼 기술은 성화를 가능케 하는 하나
님의 섭리적 행위로 터너의 신학 연구 프로그램 안으로 수용된다. 지
금까지 살펴보았듯 일련의 과정들을 통해 신학과 과학과 기술은 상호
작용이 가능할 뿐만 아니라 이미 세 분야 사이 상호작용이 일어나고
있다고 본다면, 이제부터 우리는 세 분야 사이의 상호작용이 어떻게
하면 상호 건설적인 방향으로 흘러갈 수 있을지 모색해야 할 것이다.

IV. 나가는 말

신학과 과학과 기술 사이 건설적인 상호작용을 가능케 하기 위해서는
먼저 과학 연구와 기술 개발 및 적용이 진공상태와 같은 객관적 차원
에서 이뤄지는 것이 아니라는 사실을 인정할 필요가 있다. 앞선 트랜
스휴머니즘 사례에서 살펴보았듯이 과학 연구와 기술 개발에 참여하
는 개인과 공동체는 자신들이 몸담고 있는 사회적·문화적 환경 안에
서 자신들의 주관적 신념을 형성하고, 이를 토대로 과학 연구와 기술
개발 활동을 시행한다. 만약 그렇다면 공적인 차원에서 과학기술 개
발과 적용에 영향을 미치고 있는 형이상학적 혹은 종교적 신념을 비판
적 차원에서 검토할 필요가 있겠다. 왜냐하면 과학 연구와 기술 개발,
적용은 소수의 사람에게만 영향을 끼치는 것이 아닌 초연결 시대로 접
어든 현 세계 내 구성원들 삶에 전체적으로 영향을 끼칠 수 있기 때문
이다. 이러한 맥락에서 우리가 지금까지 살펴본 러셀의 CMI 방법론을
통해 과학과 기술과 신학 사이 상호작용의 구체적인 궤적들을 살펴보

는 것은 특정한 기술 개발 및 적용에 연관될 과학적·철학적·종교적 영향들을 규명하고, 이를 비판적으로 검토·수정할 수 있게 한다는 측면에서 세 분야 사이 건설적인 협업을 가능케 할 것이다.

참고문헌

라카토스, 임레/신중섭 옮김.『과학적 연구프로그램의 방법론』. 서울: 아카넷, 2002.

장대익.『쿤&포퍼: 과학에는 뭔가 특별한 것이 있다』. 서울: 김영사, 2008.

Al Mamun, Abu Amar M., Mary-Jane Lombardo, Chandan Shee, Andreas M. Lisewski, Caleb Gonzalez, Dongxu Lin, Ralf B. Nehring, Claude Saint-Ruf, Janet L. Gibson, Ryan L. Frisch, Olivier Lichtarge, P. J. Hastings, Susan M. Rosenberg. "Identity and Function of a Large Gene Network Underlying Mutagenic Repair of DNA Breaks." *Science* 338(2012): 1344-1348.

Cole-Turner, Ron. "Christian Transhumanism." In *Religion and Human Enhancement: Death, Values, and Morality*. Edited by Tracy J. Trothen and Calvin Mercer, 35-48. London, UK: Palgrave Macmillan, 2017.

Eldredge, Niles and Stephen Jay Gould. "Punctuated Equilibria: An Alternative to Phyletic Gradualism." In *Models in Paleobiology*. Edited by Thomas J. M. Schopf. San Francisco: Freeman Cooper & Co, 1972.

Jung, Daekyung. "Re-Enchanting the Human in an Era of Naturalism." *Expository Times* 131, no. 7(2020): 291-304.

_____. "Transhumanism and the Theology of Xiang: Deconstructing Transhumanism's Self-Centered Epistemology and Retrieving a Communal Sense of Being." *Theology and Science* 17, no. 4(2019): 524-538.

_____. "Transhumanism and Theological Anthropology: A Theological Examination of Transhumanism." *Neue Zeitschrift für Systematische Theologie und Religionsphilosophie* 64, no. 2(2022): 172-194.

Huxley, Julian. "Transhumanism." *Journal of Humanistic Psychology* 8, no. 1 (1968): 73-76.

Kuhn, Thomas S. *The Structure of Scientific Revolutions*. 3rd ed. Chicago: The

University of Chicago Press, 1996.

Lakatos, Imre. *The Methodology of Scientific Research Programmes: Philosophical Papers*. 2 vols. Edited by John Worrall and Gregory Currie. Cambridge: Cambridge University Press, 1978.

Moravec, Hans. *Mind Children: The Future of Robot and Human Intelligence*. Cambridge: Harvard University Press, 1988.

Murphy, Nancey. "Russell's Contribution to Theology and Natural Science Methodology." In *God's Action in Nature's World: Essays in Honour of Robert John Russell*. Edited by Ted Peters and Nathan Hallanger. New York: Ashgate Publishing, 2006.

Popper, Karl. *The Logic of Scientific Discovery*. New York: Routledge Press, 1999.

R. Craig MacLean, Clara Torres-Barcelo, and Richard Moxon. "Evaluating Evolutionary Models of Stress-Induced Mutagenesis in Bacteria." *Nature Reviews Genetics* 14, no. 3(2013): 221-227.

Russell, Robert J. *Cosmology: From Alpha to Omega*. Amazon Kindle Edition. Minneapolis: Fortress Press, 2008.

_____. "Ian Barbour's Methodological Breakthrough: Creating the 'Bridge' Between Science and Theology." *Theology and Science* 15, no. 1(2017): 28-41.

_____ and Nancey Murphy eds. *Quantum Cosmology and the Laws of Nature: Scientific Perspectives on Divine Action*. Vatican City: Vatican Observatory and CTNS, 1993.

_____, Arthur Peacocke, and Nancey Murphy eds. *Chaos and Complexity: Scientific Perspectives on Divine Action*. Vatican City: Vatican Observatory and CTNS, 1996.

_____. "The CTNS/Vatican Observatory Project: Scientific Perspectives on Divine Action." 2018년 2월 12일 접속. http://www.ctns.org/research.html#project.

_____. "Center for Theology and Natural Science, and the CMI Methodology."

CTNS 35주년 강연 및 강의 자료.

_____. "CMI Methodology." 2016년 10월 14일. 러셀과 사석에서 나눈 대화.

Weissenbacher, Alan C. "The Neuroscience of Wesleyan Soteriology: The Dynamic of Both Instantaneous and Gradual Change." *Zygon* 51, no. 2(2016): 347-360.

Wildman, Wesley J. "Divine Action Project." 2018년 2월 20일 접속. http://people.bu.edu/wwildman/WeirdWildWeb/proj_dap.htm.

3부

디지털 기술과
한국교회

첨단기술과
한국교회*
— 메타버스를 중심으로

손화철 | 한동대학교

기술과 교회가 무슨 상관인가? 이 둘은 얼핏 보면 전혀 다른 범주에 들어가야 할 것 같지만, 실상 긴밀하게 연결되어 있다. 교회는 성도가 모여 서로 삶을 나누고 함께 예배하는 공동체인데, 이 모임을 원활하게 조직하고 운영하는 데 기술이 사용되기 때문이다. 그럼에도 교회를 이루는 도구로서의 기술은 오랫동안 별다른 주목을 받지 못했다. 그런데 첨단기술이 그 영향력을 점점 확대해가면서 기술에 대한 신학적 관심이 필요하다는 요구가 커지고 있다. 이 요구는 서양의 근대 기술을 도입하는 데에 중요한 역할을 했던 한국교회에게 특별한 의미가 있다. 이 글에서는 교회와 기술의 관계를 한국교회와 첨단기술의 문제를 중심으로 알아보고, 구체적인 사례로 최근 큰 반향을 일으켰던

* 이 글은 2023년 2월 학술지에 발표한 논문이다. 손화철, "첨단기술과 한국교회,"「신학과 실천」83(2023): 545-569.

메타버스 기술을 분석한다. 이를 통해 한국교회가 신기술 수용 과정에서 보였던 기존의 태도를 비판하고 새로운 대안을 모색할 것이다.

I. 기술과 교회: 얼리어답터 한국교회

교회와 기술의 관계는 교회의 역사를 따라 올라가면 금방 확인할 수 있다. 박해를 피해 토굴을 파고 그 안에서 살았다는 초대교회의 카타콤이나 중세의 예배당 건축, 루터의 95개조 반박문을 비롯한 여러 종교개혁 문서가 유럽에 퍼지는 데 큰 역할을 했던 활판 인쇄술 등 교회는 늘 당대의 기술과 함께했다. 복음이 전해진 후 우리나라에서도 마찬가지다. 교회는 서구의 문물이 들어오는 중요한 통로로, 선교사들을 통해 크고 작은 갖가지 신기술을 가장 먼저 경험할 수 있는 곳이었다.

그런데 이런 일반론으로 설명하기에 한국교회의 경우는 조금 더 특별하다. 서양 중세의 건축 기술은 예배당을 중심으로 발전했다고 보아도 과언이 아니다. 가장 크고 높은 건물이 주로 예배당이었으니 말이다. 활판 인쇄술의 경우는 종교개혁을 위해 만들어진 것이 아니라 그 시기에 같이 등장한 기술로, 종교 개혁자들이 유용하게 사용할 수 있었다. 그런데 한국교회 경우는 기술을 적극적으로 개발한 주체이거나 잘 사용한 소비자이기 이전에, 기존과 전혀 다른 종류의 서양 기술이 들어오는 길목 역할을 했다. 기독교 복음이 우리나라에 들어오면서 기술도 함께 들어온 셈이다. 선교사들은 그들이 서양인이라는 이유만으로 의도적으로든 아니든 서구 문물의 유입에 일정한 역할을 했다.

나아가 그들을 통해 예수를 믿은 이들이 서구식 교육과 해외 유학의 기회를 더 많이 얻고 이후 한국 근대화에도 공헌했으리라는 점을 감안해야 한다.

이 당시의 기술이 산업혁명 직후의 근대 기술이라는 점에도 주목할 필요가 있다. 서구에서 중세 교회의 힘이 약해지고 근대가 시작되면서 인간의 이성으로 자연을 이해하고 지배할 수 있다는 철학적 흐름이 완성되었다. 이에 따라 현대 과학의 기초가 되는 과학혁명이 일어났고, 이후 18세기에 이르러 산업혁명이 시작되었다. 한국에 복음이 전파된 시기가 바로 이때로, 서구에서 산업혁명으로 인해 생긴 변화와 근대화에 대한 기대가 커지는 시점이었다. 그렇기에 한국 초대교회에서 '기술'이라 함은 서양에서 막 들어왔고 서양에서조차 새로운 그런 기술들을 의미했다.

이런 역사적인 특수성이 한국교회가 기술에 관한 한 소위 '얼리어답터'(early adopter)가 된 중요한 이유다. 첨단기술의 도입을 통해 근대화의 선봉에 서 있던 교회는 산업화 과정에서도 두각을 나타냈다. 한국교회의 부흥이 일어난 시기와 한국이 선진국으로 도약하는 계기가 된 산업화 시기는 정확하게 일치한다. 적어도 IMF 사태를 맞이한 1997년 어간까지 한국교회는 우리 사회의 문화적 트렌드를 이끄는 중요한 축이었다. 그 기간 동안은 물론이고, 그 이후에도 교회는 적극적으로 최신 기술을 받아들이고 있다. 초기에는 교회 탑에 네온 십자가를 달고 이동이 잦은 도시민들을 위해 교회 버스를 운용하는 정도였지만, 교세가 커지면서 사용할 수 있는 모든 기술이 교회 안으로 들어왔다. 커다란 예배당, 복사기, 프로젝터, 값비싼 음향 기계와 전자 악기, 방송 송출을 비롯한 각종 영상 장비, 인터넷 홈페이지, 유튜브,

SNS 등등 성도가 직접 사용하는 기술 외에 교인 관리 소프트웨어, 설교 자료 제공 온라인 서비스와 같은 목회용 기술 지원도 많다. 이런 기술 중 대다수가 사회에서 널리 사용되기 이전이나 유행 초기에 교회에서 사용되었다.[1]

II. 기술철학의 진단

교회가 기술을 적극 도입하고 사용하는 것 자체가 문제일 수는 없다. 그러나 새로운 기술을 기꺼이 그리고 서둘러 받아들이는 한국교회의 전반적인 태도와 흐름은 우려스럽다. 한국교회의 얼리어답터 현상은 급격한 산업화 과정에서 충분한 성찰과 반성의 기회를 갖지 못해서 생긴 일이다. 이런 흐름을 극복하기 위해서 20세기 전반부에 본격적으로 시작된 기술철학의 논의를 살펴보는 것이 유익하다. 기술철학 안에도 다양한 논쟁과 생각의 갈래들이 있지만, 그중에서 급격한 기술 변화를 경험한 한국의 그리스도인이 생각해보아야 할 지점이 있다. 다음의 몇 가지 명제는 고전적 기술철학, 경험으로의 전환, 포스트휴머니즘 등 내부적인 발전 과정을 거치며 인간과 기술의 관계를 연구해 온 기술철학 이론 중에서 찾을 수 있는 통찰이다.[2]

---

[1] 기술에 대한 경계가 전혀 없었던 것은 아니다. 바코드나 코로나-19 백신에 대한 의구심처럼 특정 기술에 대해 일부 교회가 극단적인 태도를 취하는 경우가 없지 않았다. 그러나 이는 기술 자체에 대한 것이라기보다는 일종의 음모이론과 결부된 것으로 보아야 한다.

[2] 기술철학의 흐름과 관련해서는 다음을 참고하라. 손화철, 『호모 파베르의 미래』 (파주: 아카넷, 2020), 2-4장.

1. 과거와 현재의 기술은 다르다

인류 문화의 가장 밑바탕에 기술이 있다는 것을 감안하면 기술에 대한 신학과 철학의 필요는 자명한 듯하다. 그러나 그 두 분야 모두 기술의 문제에 대해서는 오랫동안 침묵을 지켜왔다. 기술이 인간의 삶에 너무 밀착되어 있었기 때문에 그에 대한 반성적이고 비판적인 고찰이 필요하지 않았기 때문이다. 한스 요나스(Hans Jonas)가 말한 대로, 기술이 철학을 필요로 하게 된 것은 인간사의 모든 영역에 기술이 영향력을 미치는 것을 깨닫게 된 최근의 일이다.[3] 기술이 인간사에 미치는 영향은 과거에도 심대했지만, 워낙 오랜 시간에 걸쳐 기술이 발전한 탓에 사람들은 그로 인한 변화를 감지할 수 없었다. 기술이 급속도로 발전하기 시작한 산업혁명 이후가 되어서야 인간은 기술로 인해 자기 삶의 기본적인 조건이 변하는 것을 경험했고, 그 경험이 주는 충격이 철학적 물음으로 이어진 것이다. 그러니까 기술철학의 탐구는 과거와 현재의 기술이 다르다는 인식에서 시작된다고 해도 과언이 아니다.

이는 이 책을 통해 모색하는 기술신학의 경우에도 마찬가지다. 현대 기술의 급속한 진보가 초래하는 삶의 변화를 일상적으로 경험하는 기술사회에서는 과거에 인간의 근본 문제라고 생각했던 여러 물음도 바뀌기 때문이다. 예를 들어 생로병사 같이 인간 삶의 기본 단계에서 겪는 경험은 각각 시험관 아기, 수명의 연장, 치료의 혁신, 장기이식 같은 기술적 가능성에 따라 다른 의미를 지니게 된다. 이런 새로운 의미와 이해에 따라 관련해서 제기되는 종교적 물음도 달라질 수밖에

---

3 한스 요나스/이유택 옮김, 『기술 의학 윤리』, (서울: 솔, 2005), 17.

없다.

나아가 기술의 위상이 점점 높아지는 자체도 흥미로운 변화다. 기술철학자 자크 엘륄(Jacques Ellul)은 현대 기술사회에서 기술이 신성한 것의 자리를 차지하게 되었다고 주장한다.[4] 과학과 기술의 발전으로 인해 과거에 신성하게 여기던 많은 것이 근거 없는 신화로 밝혀졌지만, 아이러니하게도 그 과정에서 기술의 발전은 특별한 이유 없이 지속되어야 하는 일종의 당위가 되었다. 또 많은 이가 여전히 기술을 인간의 목적을 이루기 위한 도구요 수단이라고 생각하지만, 현대 사회에서는 기술 발전 자체가 목적이 되는 경우가 많다. 특정 목적을 위해 만들어진 기술이 다시 그 가용성으로 인해 새로운 목적을 생산하는 상황을 한스 요나스는 "목적과 수단의 변증법적 연결"이라고 표현했다.[5]

이처럼 기술이 지니는 의미와 위상이 과거와 다르다는 인식은 기술사회를 이해하는 중요한 축이다. 그런데 한국교회의 경우 기술을 적극적으로 수용하는 태도를 보이면서도 정작 기술에 대한 성찰은 부족하다. 그리하여 기술이 교회 안에서조차 그 위상을 확대해가는 과정에 대해서 별다른 경계나 문제 제기가 없고, 신기술이 도입되어 생기는 새로운 물음에 대해서도 입장을 모색하기보다는 침묵한다.[6] 이러

---

4 Jacques Ellul, *The Technological Society*, trans. J. Wilkinson(Vintage, 1964), 141.
5 요나스, 『기술 의학 윤리』, 21.
6 한참 지난 일이지만, 2005년과 2006년에 불거진 황우석의 환자 맞춤형 복제배아 줄기세포 사기 사건의 과정에서 개신교는 줄기세포를 만들기 위해 복제배아를 파괴하는 행위에 대해 어떤 뚜렷한 입장도 개진하지 못했다. 반면 천주교는 강력한 반대를, 불교는 찬성 입장을 표명했다. 이는 중앙조직이 없는 개신교의 조직적 특징 때문이기도 하지만, 각 교단과 신학교의 전반적인 침묵은 그와 관련한 성찰이 없었음을 방증하기도 한다.

한 성찰 부족은 기술을 단순한 도구로만 생각하는 전통적인 사고방식에 기인한다. 이 문제는 그 자체로 중요한 주제이므로 좀 더 자세히 다루도록 하겠다.

2. 기술은 단순한 도구가 아니다

기술은 목적을 위해 잠시 사용되는 도구가 아니라 인간 삶의 맥락을 바꾸는 중요한 요소다. 그럼에도 과거에는 그런 변화가 눈에 띄지 않았기 때문에 기술을 중립적 도구로 생각하는 경우가 많았다. 그런데 기술이 고도로 발전하고 그 발전 속도가 빨라지면서 그런 주장의 설득력은 더 떨어지게 되었다. 현대 기술의 두드러진 특징 중 하나는 망치처럼 사용이 끝나면 연장통으로 들어가는 것이 아니라, 팔목에 차고 있는 시계처럼 지속적으로 우리 삶의 일부로 존재감을 뚜렷이 드러낸다는 점이다. 특정 기술의 존재가 그 자체로 일정한 영향력을 발휘하게 된다.

기술의 중립성을 대표하는 예로 자주 제시되는 미국총기협회의 모토는 "총이 사람을 죽이는 것이 아니라 사람이 사람을 죽인다"라고 한다. 도구일 뿐인 총기류를 금지할 것이 아니라 총을 사용하는 인간들을 규제해야 한다는 주장이다. 물론 총이 스스로 일어나 사람을 직접 죽이는 것도, 총을 소지한 사람이 모두 살인을 저지르는 것도 아니니 이런 생각도 전혀 근거 없다고 할 수는 없다. 그러나 이런 주장은 해당 기술이 속한 사회 전체를 고려하지 않고 총이 사용되는 경우만 특정해서 생각하기 때문에 생기는 오류다. 총이 일상에 들어와 있는 사회와 그렇지 않은 사회는 안전과 치안, 다툼과 의사소통 등 모든 생각과 행동의 맥락이 바뀐다.

그래서 미국의 기술철학자 랭던 위너(Langdon Winner)는 "기술이 정치적"이라 주장하면서 기술을 입법에 비유한다.[7] 그에 따르면 좋은 법과 나쁜 법이 있듯이 좋고 나쁜 기술이 있으며, 나쁜 기술은 나쁜 법처럼 사용자들을 곤란에 빠뜨릴 수 있다. 따라서 좋은 법을 만들기 위해 노력하는 것처럼 좋은 기술을 개발하기 위해 노력해야 한다. 그는 좋은 기술은 민주적 질서와 더 잘 양립하는 것이라 하면서 '기술의 민주화'를 주장하기도 한다.[8]

엘륄은 이보다 더 급진적인 주장을 하기도 하는데, 그에 따르면 기술사회에서 인간은 기술을 사용하는 것이 아니라 기술에게 주도권을 빼앗겼다. 이를 그는 "기술이 자율적이 되었다"라고 표현하는데,[9] 기술이 발전의 동력을 스스로 취하여 인간은 기술 진보의 과정과 방향에 영향력을 미치지 못하게 되었다는 주장이다. 얼핏 들으면 당혹스러운 말이지만, 기술 진보가 왜 지속되어야 하는지에 대한 명확한 인식 없이 전 세계적인 차원에서 일어나는 치열한 기술 경쟁의 현실을 감안하면 그의 주장을 가볍게 부정하기 힘들다.

교회에서 사용하는 기술이 예배와 교제의 의미와 맥락을 바꾼다는 사실은 코로나-19 상황을 통해서 모두에게 확실하게 확인되었다. 대면 예배나 온라인 예배를 드리는 것이 옳으냐의 문제를 둘러싼 논란을 차치하고라도, 모두가 느낄 수 있는 차이와 변화를 이해하고 대처하

---

[7] 랭던 위너/강정인 옮김, 『자율적 테크놀로지와 정치철학』(파주: 아카넷, 2000), 441-453.

[8] 랭던 위너/손화철 옮김, 『길을 묻는 테크놀로지: 현대 기술 문명에 대한 철학적 담론』(서울: 씨아이알, 2010), 47-55.

[9] Ellul, *The Technological Society*, 133-146.

는 것이 중요하다는 것도 분명해졌다. 이런 발견은, 교회가 기술을 도입할 때 그 기술의 용도와 파급 효과에 대한 여러 가지 검토와 평가를 해야 한다는 깨달음으로 이어져야 한다. 유행을 따라 이런저런 기술을 예배에 받아들일 것이야말로 기술의 자율성만을 증대하는 부적절한 결과를 초래한다.

3. 기술은 인간에 대한 이해와 인간됨 자체에 영향을 미친다

인간을 '호모 파베르'(Homo Faber), 도구를 만들어 사용하는 존재로 정의하는 데에서 알 수 있듯이 기술은 인간의 인간됨에서 중요한 자리를 차지한다. 예를 들어 문자는 인간이 개발한 일종의 기술이라 할 수 있는데, 미디어 학자의 월터 옹(Walter Ong)에 따르면 문자 시대 이전에 살던 사람은 문자를 사용하게 된 이후의 사람과 전혀 다른 방식으로 사고한다고 한다.[10] 문자가 생기기 전에는 오늘날 우리가 아는 방식의 학문이 불가능했다는 것이다.[11] 아리스토텔레스가 인간을 '생각하는 동물'로 정의했을 때 그가 인간의 본성이라고 여긴 그 '생각'을 문자 이후의 것이라 본다면, 문자는 그 이전과 이후의 인간을 서로 본질적으로 다르다고까지 말할 수 있게 해준다.

기술은 또 인간에 대한 이해를 새롭게 하는 계기가 되기도 한다. 오늘날 사람의 두뇌를 컴퓨터에 비유하는 경우가 많은데, 그 두뇌로 컴퓨터를 개발했다는 사실을 생각하면 아이러니하다. 고전적 기술철

---

10 Walter Ong, *Orality and Literacy* (London: Roultedge, 1982), 81.
11 *Ibid.*, 53, 69, 112, 169.

학의 여러 이론은 기술의 발전에 따라 인간에 대한 이해가 바뀌어온 것을 비판적으로 평가했다. 마르틴 하이데거(Martin Heidegger)는 현대 기술사회에서는 기술이 모든 존재하는 것을 부품으로 드러나게 하는 '닦달'(Ge-stell)의 본질을 지닌다고 주장한다.[12] 이에 따라 모든 사물뿐 아니라 인간 자신도 대체 가능한 부품으로 취급하고 취급받게 된다.

최근 유행하고 있는 포스트휴먼(posthuman)에 대한 논의 역시 마찬가지다.[13] 기술의 미래에 대해서 좀 더 적극적인 입장을 취하는 포스트휴머니즘은 기술 발전으로 인해 새로운 인간 혹은 새로운 인간 이해의 등장이 가능해졌다고 주장한다. 자연적 인간과는 비교할 수 없는 인공적인 능력을 지닌 존재가 등장할 수 있게 되었을 뿐 아니라, 기술 발전을 통해 기존의 인간 이해에 여러 가지 오류가 있었음이 드러나기도 한다는 것이다. 고전적 기술철학자들이 현대 기술로 인한 인간 소외와 인간성의 훼손을 걱정했다면, 포스트휴머니즘은 새로운 가능성을 보고 있는 셈이다.

기술과 인간됨, 혹은 인간 이해가 이렇게 밀접하게 연결되어 있다는 주장은 기독교에 큰 함의가 있다. 사람이 다스리고 돌보는 자연을 논하고, 사람을 사랑하셔서 스스로 인간의 몸을 입으신 하나님을 믿는 기독교는 기술이 드러내는 새로운 인간 이해를 어떻게 받아들일 것인가? 이러한 물음은 기술을 도구적으로 이해하면 제기되지 않을 것

---

12 마르틴 하이데거/이기상 · 신상희 · 박찬국 옮김, 『강연과 논문』 (서울: 이학사, 2008), 27-32.

13 포스트휴머니즘과 관련해서는 다음을 참고하라. 손화철, 『호모 파베르의 미래』, 175-208; 신상규, 『호모 사피엔스의 미래』 (파주: 아카넷, 2014); 로지 브라이도티/이경란 옮김, 『포스트휴먼』, (파주: 아카넷, 2015).

이지만, 기술철학에서 다루는 인간과 기술의 관계를 진지하게 생각한다면 교회와 신학이 무시할 수 없는 중요한 주제가 된다.

이와 관련해서 최근 신학계에서 인공지능이 고도로 발달한 상황을 가정한 여러 논의가 시작되고 있는 것은 주목할 만하다. 인공지능이 인간이 추구하는 덕을 구현하게 하려면 어떻게 해야 하는지, 인공지능 자체가 그런 덕을 지닐 수 있는지, 인간과 유사한 인공지능이 등장했을 때 복음 전파와 선교의 범위가 확장되어야 하는지 등 다양한 연구 주제가 나오고 있다.

III. 사례 연구: 한국교회의 메타버스 열풍

기술과 관련한 한국교회의 특징과 현대 기술의 특징을 좀 더 구체적으로 살펴볼 수 있는 사례로 메타버스가 있다. 이 기술은 최근 교회 안에서도 많은 관심을 얻고 있기 때문에, 이를 관찰하면 역사적으로 살펴본 한국교회와 기술의 상호작용과 현대 기술에 대한 기술철학의 논의들을 적용하고 분석하는 것이 가능해진다.

1. 메타버스란?[14]

많은 이가 자주 언급해서 이미 익숙해진 메타버스(metaverse)는 '나중

---

14 이 소절의 첫 세 문단은 다음 글의 일부를 수정하여 작성하였다. 손화철, "메타버스와 한국교회," 「좋은 나무」(2021년 10월 21일).

에' 혹은 '무엇을 초월한다'는 의미로 쓰이는 'meta-'라는 라틴어 접두어와 '우주'를 의미하는 'universe'를 합친 조어이다. 1992년 닐 스티븐슨(Neal Stephenson)의 SF소설 《스노우 크래쉬》(Snow Crash)에서 처음 등장한 개념이라고 하는데, 최근 인터넷과 가상현실 관련 기술이 발달한 상황에서 2020년 초부터 시작된 코로나-19로 비대면 접촉이 많아지면서 엄청난 주목을 받았다.

메타버스는 간단히 말해 가상공간과 현실공간이 서로 연동해서 생겨나는 세상을 말한다. "메타버스는 가상 세계가 현실 세계에 독립하여 별도의 세계로 존재하는 것이 아니라 현실 세계와 연결되어 두 세계 사이에서 정보 등의 교류가 상호작용이 일어난다는 점에 초점을 맞춘다."[15] 이런 메타버스가 구축되면 사람들이 물리적 공간에 구애받지 않으면서 온라인 가상공간과 현실공간을 오가면서 활동할 수 있게 된다. 메타버스 개념을 넓게 이해할 때 가장 피부에 와 닿는 사례로 카카오톡과 같은 메신저 프로그램이나 온라인 쇼핑, 그리고 최근 많이 사용하는 줌(Zoom)이나 웹엑스(WebEx) 같은 온라인 회의 시스템을 들 수 있다. 휴대전화 카메라 렌즈로 실제 공간을 보면 거기 가상의 존재나 설명이 더해지는 증강현실이나, 자신의 일상을 SNS로 생중계하는 것도 일종의 메타버스다.

최근에는 본인의 아바타로 온라인 세상에 들어가 다른 사람의 아바타를 만나고, 그 세상에 모임 장소나 가게 같은 장소를 만들거나 방문할 수 있는 기능이 등장하고 있다. 20여 년 전에 싸이월드 미니홈피라

---

15 김상균·박기현, 『스쿨 메타버스: 시작된 미래, 새로운 학교』 (서울: 테크빌교육, 2021), 27.

는 인터넷 프로그램이 선풍적인 인기를 끌었는데, 온라인상에서 '도토리'라는 자체 화폐를 이용해 자신의 방을 꾸미고 서로의 방을 방문하기도 했다. 요즘 논의되는 메타버스는 이 미니홈피에 실시간 상호작용이 가능하고 공간적 현실성을 더한 기술적 확장판이라고도 할 수 있다. 네이버에서 출시한 '제페토'와 미국에서 인기가 있다는 '로블록스' 등이 가장 전형적인 예이다. 인기 가수들이 이런 메타버스 공간에서 콘서트를 열고 팬들은 아바타로 그 콘서트에 참여하여 즐긴다든지, 대학교의 입학식이나 신입사원 연수를 메타버스 공간에서 개최하는 시도가 이어지고 있다.

그러나 이 모든 논의의 끝에는 가장 진보된 형태의 가상현실 세계와의 연결이 있다. 즉 360도 그래픽을 볼 수 있는 고글을 착용해서 가상의 세계에 들어가 사람들을 만나고 활동할 수 있으며, 이 가상의 세계가 현실 세계와 막힘없이 연결되어야 하는 것이다. 이를 김대식은 '체화된 인터넷'(embodied internet)이라 부른다. 인터넷을 통해 가지게 된 국지성의 극복 경험(한국과 브라질에서 일어나는 사건을 곧장 이어서 경험하는 것)이 몸의 경험과 일치하게 되는 게 메타버스라는 것이다. 이런 정의에 따르면 "아직 메타버스는 존재하지 않는다."[16] 페이스북을 만들어 크게 성공한 마크 저커버그는 2021년 회사 이름을 '메타'로 바꾸면서 사람들이 가상의 세계에서 지금과는 완전히 다른 방식으로 서로 만나는 새로운 플랫폼을 구축하겠다고 선언했다. 이 기술이 얼마나 빨리 완성될 수 있을지에 대해서는 전문가들 사이에서도 의견이 분분

---

[16] 김대식, 『메타버스 사피엔스: 또 하나의 현실, 두 개의 삶, 디지털 대항해시대의 인류』 (서울: 동아시아, 2022), 127-129.

하지만 저커버그는 2022년 9월 유럽 최대 가전전시회인 IFA에서 10년 내에 10억 명이 사용하는 메타버스를 구축하는 것이 목표라고 밝혔다.[17]

메타버스에 대한 논의에서 가장 강조되는 것 중 하나는 현실감 혹은 몰입감이다. '현실감'에는 여러 가지 차원이 있는데, 어떤 사람들은 메타버스 플랫폼 안에서의 활동이 실제와 부드럽게 연동되는지, 그중에서도 특히 실질적인 경제활동이 가능한지를 기준으로 한다. 그래서 메타버스의 주창자들은 관련 기술이 발달할수록 현실 세계와 가상 세계의 차이가 흐릿해진다는 점에 주목한다. 그런데 가상의 세계에서 사람들이 관계를 맺고 거래가 이루어진다는 측면만 강조한다면 이는 사실 새로운 주장이 아니다. 이미 줌(Zoom)으로 학회를 하면서 사람들을 사귀고 인터넷으로 물품을 구입하고 있다. 그렇다면 우리는 이미 일종의 메타버스에 살고 있는 셈이다.

그러나 현재 가능한 기술 수준에서의 제한적인 메타버스가 더 확장되면 현실감의 문제는 더욱 중요한 이슈가 된다. 지금 게더타운이나 제페토 같이 컴퓨터나 모바일로 접속하는 2D 메타버스의 경우와 메타(페이스북)가 추구하는 가상현실 3D 메타버스는 다르다. 2D 메타버스 플랫폼들도 실제와 비슷한 캠퍼스, 실제와 비슷한 예배당을 구축하려 노력하지만, 3D 가상현실 메타버스의 경우는 고글을 쓰고 주위 환경과 상대의 아바타 그리고 자신의 몸 일부를 입체로 보면서 활동하기 때문에 현실감이 더욱 크다. 이 단계에서는 가상공간을 누가 어떤 방식으로 구성하는지, 자신의 아바타를 어떤 기준으로 만드는지가 중

---

17 허재경, "'대박' 노린 마크 저커버그의 메타버스 '도박'," 〈한국일보〉(2022년 9월 24일).

요해질 것이다. 나아가 그 가상공간 안에 실제 사람이 아닌 존재들이
등장할 수도 있다.

2. 메타버스 교회학교

한국교회가 메타버스 기술에 관심을 가지기 시작한 것은 시기적으로
2021년이다.[18] 2021년 6월 한 대형교회에서 한국전쟁 참전 용사들에
게 메타버스를 통해 메달을 수여하는 행사를 연 것을 통해 널리 알려
졌고,[19] 그 전후로 여러 교회와 기독교 단체가 메타버스를 이용한 수련
회를 기획했다. 이후 교회학교 교육이나 청년 사역에 메타버스를 적
용하려는 노력이 집중적으로 이루어졌고 관련 서적도 출간되었다.[20]
여러 교단 신문과 신학교도 메타버스를 이용한 예배와 사역에 대한
기사를 연재하거나 관련 모임을 진행하며 큰 관심을 보이고 있다. 그
러나 검색을 통해 살펴보면 메타버스를 이용해서 수련회를 실시하는
교회나 기관이 2021년 이후 많이 늘어난 것 같지는 않다.

　메타버스가 한국교회의 관심을 끈 것은 일차적으로 코로나-19가
교회에 초래한 이중의 위기와 연결되어 있다. 그 하나는 코로나-19

---

[18] 미국에서는 코로나-19 사태 이전부터 가상현실에서 예배가 적극적으로 시도된 사례
　　가 보고되고 있다. Henao, Luis Andres Henao, "Faith in the metaverse: A VR
　　quest for community, fellowship," *AP News*, February 1, 2022. 우리나라에서는
　　2021년과 2022년 수많은 기독교 언론과 잡지에서 메타버스에 대한 기사와 특집을 냈
　　다.

[19] 소강석, "메타버스, 함께 승차하지 않으시겠어요?," 〈뉴스파워〉(2021년 6월 20일).

[20] 김현철·조민철,『메타버스 교회학교』(서울: 꿈미, 2021); 신형섭·신현호,『슬기로운
　　메타버스 교회학교』(서울: 두란노, 2022); 최종인,『church@메타버스: 메타버스 안
　　의 교회』(서울: 청우, 2022).

상황 초기에 기독교 이단 집단과 일부 교회의 방역 수칙 위반으로 인한 위상의 추락이다. 대부분의 교회가 전면 온라인 예배를 드리거나 대면과 온라인 예배를 병행하는 방식으로 방역 조치에 협조했지만, 교회에 대한 대중의 싸늘한 시선을 극복하기에는 역부족이었다. 게다가 대면 예배를 중단하고 방역 조치에 협조한 것은 그 자체로 또 다른 위기 요인이 되었다. 온라인 예배를 조직할 수 있는 기술적 여력이 없어 교회 공동체를 제대로 유지하기 힘든 교회도 많았고, 대면 접촉이 줄면서 교회 구성원의 결속력이 약해지거나 온라인 예배가 가능한 다른 교회로의 이동이 생기기도 했다. 나아가 아예 교회를 떠나는 사람까지 생겨서 이미 한동안 진행되어오던 교인 감소가 더 심해졌다. 이런 상황에서 메타버스는 교회가 방역에 저항하는 비과학적인 집단이라는 인상을 타개하는 동시에 교인들이 직접 만날 수 없는 현실을 모두 극복하는 대안으로 단기간 급부상한 것이다.

좀 더 장기적인 관점에서 메타버스에 대한 관심을 해석하자면, 부상하는 새로운 플랫폼이 교회에 미칠 영향을 가늠하고 교회의 미래를 고민하는 차원으로 볼 수 있다. 코로나-19 이전에도 온라인 교회나 뉴미디어의 예배 적용에 대한 연구가 이미 진행되고 있었는데 코로나-19를 계기로 관련 논의가 증폭되는 계기를 마련한 것이다. 저커버그가 코로나-19 상황에서 메타버스에 승부수를 던진 것과도 비슷한 양상인 셈이다.

3. 교회에서의 메타버스 활용에 대한 비판적 고찰

한국교회가 복합적인 위기에 시달리는 상황에서 메타버스를 하나의 대안으로 고려한 것은 충분히 이해할 만한 일이다. 아쉬운 점은 이러한 시도가 신기술에 대한 면밀한 신학적 검토와 연구를 심화하는 대신 성급한 실천이나 보여주기 식의 행사들로만 비친 것이다. 그러나 다른 한편 한국교회가 단기간에 보여준 메타버스에 대한 강렬한 관심은 한국교회가 첨단기술을 수용하는 과정에서 노정한 전형적이고 취약한 모습이기도 한다. 그 결과 상당한 반향이 있을 것으로 보였던 메타버스의 열풍 자체는 1년이 조금 지나 식어버렸고, 뒤늦게 메타버스의 신학적 의미와 목회적 효과성에 대한 논의가 조금씩 이루어지고 있다. 물론 메타버스의 도입은 그것이 교회의 구성 체계나 교육 내용에 즉각적인 변화를 가하려는 시도가 아니었고 코로나-19라는 특수 상황과 엮여 있었으므로 다른 기술의 도입보다 더 성급하게 이루어진 면이 없지 않다. 그러나 그런 상황을 고려하더라도 그 유행의 양상은 여러 모로 우려가 된다. 이 절에서는 이런 문제의식을 가지고 메타버스를 기독교 신앙과 예배에 적용하려는 시도의 한계들을 나열해본다.

1) 성급한 도입

교회 안에서 일어난 메타버스 열풍의 가장 큰 문제는 그 성급함이다. 메타버스에 대한 충분한 이해가 없이 많은 교회와 목회자가 메타버스 열풍에 휘말린 것은 문제다. 이는 메타버스가 완성된 기술이 아니라는 점을 감안하면 당혹스러운 일이다. 위에서 언급한 것처럼 여러 가지 형태의 메타버스가 있기도 하지만, 아직까지 그 개념과 활용의 영역이 안정되지 않은 상태이다. 그런데 이를 목회 현장에서 곧바로 적용하기 위한 시도가 감행되었고, 그 성패와 무관하게 과감한 시도로 높은 평가를 받았다. 이런 행보는 유행을 따르는 것을 지나서 유행을 앞서려는 듯한 지경에 이르러 여러 교회와 기독교 단체들이 메타버스를 거론하고 도입하는 과정이 매우 경쟁적이 되기도 했다. 안타깝게도 유사한 모습이 교회뿐 아니라 정부의 교육정책에서도 비슷하게 나타난다.

그러다 보니 왜 메타버스를 도입해야 하는지에 대한 논변이 충분히 제시되지 못했다. 가장 많이 제시된 정당화 논변은 "요즘 어린이와 청소년들은 모두 메타버스에 익숙하다"는 것이었는데, 이런 주장이 얼마나 사실에 근거한 것이지 확인하기 어렵다. 여러 자료가 언급하는 근거는 대동소이한데, 그중 대부분이 한국보다는 미국, 혹은 전 세계의 관련 프로그램 이용자 수를 언급하고 있을 뿐이다. 나아가 우리나라 교회학교의 어린이들이 메타버스에 많은 시간과 에너지를 쏟고 있는지에 대한 조사나 논의는 없다. 좀 거칠게 말하자면, 아이들보다 어른들이 먼저 나서 메타버스에 더 관심이 많고 현재 게임을 매개로 하는 기술을 교회 교육용으로 활용할 수 있다고 주장하는 셈이다. 이런 접근은 기술 표준을 선점하려는 기업의 노력과 크게 다르지 않다. 게임 영역에서 (외국의) 어린이들과 청소년들의 인기를 끌었으니 이를 교육 플랫폼으로 사용하면 효과가 있을 것이라는 식의 접근은 공급자 중심적이다. 아직 확립되지 않은 기술이 어떤 교육 효과를 거둘지 알 수 없는 상황에서 간접적인 근거에 의존한 추론으로 새로운 시도를 감행하는 것이 과연 적절한지에 대해 고민할 필요가 있다.

2) 효과성에 대한 검증의 부재

신기술이 대안으로 떠오를 때 먼저 일어나야 할 일은 그 효과성에 대한 정보를 파악하고 검증하는 일이다. 물론 코로나-19라는 특수한 상황에서는 현장에서의 활동이 제한되기 때문에 새로운 방안을 찾아야할 필요는 있었다. 그러나 메타버스의 도입이 비상 상황의 타개를 위한 단기간의 해결책으로 제시된 것만이 아니었다면 과연 그것이 어떤 유익을 불러오는지에 대한 고민이 필요했다. 그런 과정이 없이 메타버스는 순식간에 일종의 유행이 되었고, 얼마 지나지 않아 가라앉았다. 코로나-19 상황에서 한국교회가 찾은 해결책이 다름 아닌 기술이었다는 점은 앞서 말한 기술에 대한 무조건적 신뢰를 보내고 있다는 것을 보여주는 증거다.

메타버스를 새로운 선교지로 삼자는 주장도 있다. 이는 흥미로운 접근이지만, 메타버스가 현재로서는 오락과 흥미 위주의 가상공간이기 때문에 거기 있는 구성원들이 고정적이지 않다는 점에서 별로 설득력은 없다.[21] 또 다른 접근으로는 IT 기술에 익숙한 어린이들과 청소년들에게 더 친근하게 다가가는 방식으로서 메타버스를 이해할 수 있다. 이는 메타버스를 통한 예배나 교회학교 교육을 보조적인 수단으로 보는 주장과도 맞물려 있다. 이런 경우라면 메타버스라는 보조 수단이 다른 보조 수단에 비해 더 적절하고 효과적인지 물어야 할 것이다. 나아가 앞서 말한 것처럼 2D나 3D의 서로 다른 메타버스를 각각 어떤 방식으로 적용할 수 있을지 생각해야 한다.

교회에서 메타버스의 활용 가능성과 당위성에 대한 주장들이 많이 나오고 있지만, 대부분 참신한 시도라는 평가나 앞으로의 가능성에 대한 논의 그리고 교회가 나아가야 할 방향에 대한 제안들이다. 반면 그 활용을 통해 이미 성취했거나 성취가 예상되는 효과에 대한 논의는

---

21 관광지에서 오가는 사람들에게 전도하는 개념 정도로는 생각할 수도 있겠다.

아직 충분하지 않다. 이는 시간이 해결해줄 문제이기도 하지만, 동시에 아직은 관련 논의가 다소 추상적이고 당위적인 차원에서 이루어지고 있다는 것을 보여준다.

3) 신학적 검토를 미룸

메타버스의 도입을 너무 서두르는 바람에 생긴 또 다른 문제는 신학적 검증이 충분히 이루어지지 않은 것이다. 산업화 과정에서 기술의 문제에 큰 관심을 보이지 않았던 신학자들은 이 문제에 처음부터 관심이 없었고, 관심을 가진 이들도 그 탐구를 통해 충분히 구체적인 대안을 제시하지 못했다. 신기술의 도입과 관련해서는 신학의 기술 해석에 이어 교회가 그 사용 여부와 방향을 고려해야 하는데, 현재는 교회가 기술을 알아서 사용하고 신학이 그런 흐름을 뒤따르는 양상을 보이고 있다. 메타버스와 관련한 신학적 분석이 시작되었으나,[22] 이미 일선 교회에서 많은 관심을 보이는 상황에서 이 기술을 교회에서 적절하게 사용하는 방법의 제안이나 유의할 점 등에 비중을 두게 되는 현실도 아쉽다. 그러나 현실과 가상을 넘나드는 새로운 세계의 가능성은 근본적인 신학적 도전을 제기한다.

메타버스가 제공하는 가능성이 교회를 이루는 것의 의미와 관련하여 함의하는 바는 무엇인가? 이 물음은 기술 발전의 과정에서도 지속적으로 방기되어온 문제다. 과거 이웃 동네로 이사 간 교우를 그 동네

---

[22] 김형락, "기독교 메타버스(Metaverse) 공동체와 예배에 대한 연구," 「신학과 실천」 76 (2021): 41-66; 김정형, "디지털 세계의 출현에 대한 창조신학적 성찰," 「한국조직신학논총」 63(2021): 165-197; 황병준·장용환, "미디어 환경에 따른 설교의 변화와 메타버스(Metaverse)를 활용한 설교 연구," 「영산신학저널」 59(2022): 295-333.

에 있는 같은 교단 교회에 보내는 대신 교회차를 이용해 계속 출석하게 하는 것을 당연하게 받아들였던 것이 대표적인 예이다. 당시 기술의 진보가 교회를 이루는 것에 대한 기존의 이해를 어떻게 바꾸는지 그리고 그런 변화를 어떻게 해석하고 받아들일 것인지 논할 수 있었지만, 교회는 이 문제를 다루는 데 실패했다. 그 실패는 메타버스라는 새로운 기술을 어떤 방식으로 어느 정도까지 받아야 하는지의 문제에도 여전히 이어지고 있다.

메타버스를 이용한 소통에서 가장 자주 언급되는 것은 용이성(혹은 편리함)과 현실감(혹은 몰입감)이다. 그런데 이 둘은 얼핏 보아도 성경이 높게 평가하는 덕목 혹은 가치가 아니다. 먼저 용이성에 대해 생각해 보자. 코로나 국면에서 한국교회는 온라인 예배가 맞느냐 틀리느냐의 문제에 매몰되어버렸지만, 그 와중에 잊은 것은 성도가 얼굴을 맞대고 서로 사귀는 일이 요구하는 에너지와 시간, 노력이다. 만약 메타버스가 잘 모르는 사람과 이야기를 시작하는 것을 쉽게 만든다면, 왜 내 얼굴과 몸으로 만나면 말을 걸기 힘든데 내 아바타로 그의 아바타를 만나는 것이 더 쉬운지 생각해야 한다. 그 쉬움을 단순히 장점으로 취할 일이 아니라, 내가 교회를 이루기 위해 노력해야 할 지점이 어디인지 가리키는 이정표로 삼아야 한다. 인터넷 공간에서 만나기 때문에 모임의 규모가 무제한적이라는 사실을 과연 긍정적으로 보아야 할지에 대해서도 고민이 필요하다.

현실감의 문제 역시 단순히 실제에서 일어나는 예배와 교제가 가상 공간에서도 일어날 수 있다는 것에서 논의를 그칠 수 없다. 교인들이 현장에 와 있는 것과 같은 느낌을 받는지, 주일학교 아이들이 메타버스 안에서 함께하고 있다는 정서를 느끼는지는 일면 중요하지만 위험하기도 하다. 기독교는 보이지 않는 하나님과 인격적 관계를 맺고 그 관계가 삶의 현실이 되는 것을 추구하지만, 동시에 그런 현실감이 조작되는 것을 극도로 경계한다. 사실 인류는 실재하지 않는 것을 있는 것처럼 느끼게 만드는 방법들을 오랫동안 사용해왔다. 그러나 그것은 언제나 일정한 거리두기를 전제로 한다. 실재와 실재의 모방 사이의 거리는 놀이와 종교를 구분하는 중요한 기준점이라고도 할 수 있다. 인형놀이는 놀이지만 우상숭배는 종교다. 그런데 기독교는 여기서 한 걸음 더 나아가 우상숭배 형식의 모방을 거부한다. 메타버스의 현실 감을 어떤 선에서 조절해야 할 것인가는 매우 중요한 문제이다.

IV. 미래를 위한 모색

그렇다면 교회는 첨단기술을 어떻게 수용하고 사용해야 할 것인가? 특히 메타버스처럼 상당한 반향을 일으키는 기술 분야의 대유행이 예측될 때 교회가 취해야 할 태도는 무엇인가? 앞서 살펴본 한국교회의 특수성, 기술철학의 통찰, 메타버스 열풍의 과정에서 얻은 교훈 등을 종합하면 몇 가지 대안을 도출할 수 있다.

1. 거리두기와 관찰하기

세상 속에 있는 교회가 기술과 담을 쌓고 살아야 할 이유는 없다. 그러나 굳이 얼리어답터가 되어야 할 이유는 또 무엇인가? 한국교회는 그 유난한 기술 사랑을 좀 내려놓고 신기술을 담담히 관찰할 여유를 가질 필요가 있다. 이는 기술 혐오나 기술에 대한 반감이 아니라 약간의 거리두기와 관찰하기를 말한다. 또 이런 태도는 신자 개인이 아닌 교회로서 취할 만한 것이다. 개인의 기술 사용을 자제하라 할 것은 아니지만 교회가 공동체로서 예배와 교육에 첨단 기술을 도입하는 것을 서두르지 않으면 된다.

물론 개교회는 합의에 따라 공동체가 특정 기술의 사용을 자제할 수 있다. 환경 보호를 위해 교회에서 일회용품 사용을 자제할 수도 있고, 예배에서 스마트폰의 사용이나 프로젝터의 사용에 대한 가이드라인을 마련할 수도 있다. 기술사회에서는 기술의 사용 자체가 일정 부분 강요되기도 하고, 경우에 따라서는 모두가 비슷한 방식으로 기술을 사용해서 문제의식을 느끼지 못하기도 한다. 이런 상황에서 특정 기술에 대한 성찰이 이루어져 일정한 자제가 필요할 때에는 공동체가 함께 대응하면 효과적일 수 있다.

메타버스처럼 실험적인 단계에 있는 기술의 경우에는 학교를 비롯한 다른 기관들이 그것을 사용해서 얻는 유익과 부작용을 모두 관찰한 후에 교회가 도입에도 늦지 않다. 초기 단계에서 투입될 수밖에 없는 비용과 시행착오를 굳이 교회가 감당해야 할 이유가 없다. 개교회 간의 기술 경쟁은 그야말로 무의미하다. 공동체를 강하게 세우는 일에 에너지를 쏟지 않고 신기술을 먼저 도입하려 애쓰거나 남들이 사용하기 때문에 나도 사용해야 한다는 생각은 부적절하다.

2. 검증하기

신학은 미네르바의 올빼미가 아니다. 신학은 사태를 분석하고 논평하는 것이 아니라 성경을 연구하고 교회를 지도하는 본연의 역할에 충실해야 한다. 기술이 가장 중요해진 시대에 기술신학이 아직까지 정립되지 않은 것은 불행한 일이고, 그 자체로 신학이 그 소임을 다하지 못했다는 증거일지도 모른다. 나아가 기술에 대한 신학적 담론이 기술 현상의 이해와 정확한 기술(記述)에 치중하는 것 역시 경계해야 할 일이다. 사실의 파악과 인정이 중요하지만, 사실이 당위를 이끌어내는 것은 아니기 때문이다.

기술신학이 다루어야 할 주제들은 매우 다양하다. 앞서 언급한 것처럼 신기술로 인해 새로 생겨났거나 그 의미가 변형된 신학적 물음들에 답해야 하고, 기술사회가 지향해야 할 방향성을 제시하는 것도 매우 중요한 과제다. 그러나 그중에서도 가장 시급한 것은 교회가 마주하는 여러 기술에 대한 신학적 함의의 분석과 평가다. 이는 기술사회라는 총체적인 차원에 대한 이론적 분석으로 실현될 수도 있지만 개별 기술의 사용 여부나 사용 방법 및 방향에 대한 연구일 수도 있다.

모든 사람이 기술을 사용하거나 그 직간접적 영향에 노출되어 있기 때문에, 기술신학은 신학 전통의 차이에 상대적으로 덜 민감할 수 있다. 기술이 초래하는 여러 문제와 기술사회에서 성도가 어떻게 살아야 할 것인지를 여러 교단의 신학자가 함께 논의하는 것을 통해 서로 그리스도의 지체임을 확인하는 계기를 삼을 수 있다.

3. 선도하기와 공생하기

공동체로서 교회는 기술의 발전 방향을 선도할 수 있다. 기술이 자율성을 가지고 스스로 발전해나간다는 다소 비관적인 고전적 기술철학의 주장을 비판하면서, '경험으로의 전환'을 시도한 다음 세대의 기술 철학자들은 기술의 민주화를 주창하였다.[23] 이들에 따르면 기술사회 의 시민들이 기술의 막대한 영향력을 이해하면 이를 좀 더 바람직한 방향으로 이끌어갈 제도적·문화적 방안을 마련할 수 있다. 이 주장을 받는다면 성도는 교회의 구성원인 동시에 기술사회의 계몽되고 조직 된 시민이자 합리적 소비자로 역할을 담당할 수 있다. 향방 없는 기술 발전을 옹호하는 기술사회의 선전(propaganda)을 혁파하고 가장 인간 적이고 환경친화적인 기술의 개발을 선도하는 것이다. 이때 개발되는 기술이 무엇을 위한 것인지 좀 더 분명히 할 뿐 아니라, 그것이 초래할 여러 가지 영향을 미리 고려하는 지혜가 필요하다. 메타버스와 같이 교회의 여러 활동에 적용할 수 있다고 생각되는 기술들에 대한 검토와 논의가 충실하게 이루어진다면, 사회적으로도 유의미한 기여를 할 수 있게 될 것이다.

기술과의 공생은 이런 기조 위에서 의미가 있다. 기술에 대한 비판 적 검토는 기술과 인간의 공진화(共進化)를 부정하거나 그 과정에 무 리하게 끼어드는 것을 의미하지 않는다.[24] 그 공진화의 과정을 소상하 게 파악하는 것은 결국 인간의 재검토와 견인의 대상으로 삼기 위함일 것이기 때문이다.

그리스도인이 기술 발전을 선도하고 바람직한 기술과의 공생을 추 구할 때 기준이 되는 것은 하나님 나라다. 성경이 제시하는 하나님 나

---

23 손화철, 『호모 파베르의 미래』, 130-148.

24 기술, 혹은 기계와 인간의 공진화는 최근 포스트휴머니즘 논의에서 중요하게 다루어지
는 개념이다. 인간과 기술이 서로 불가분의 관계로 엮여 있다는 것을 강조하기 위해
사용되기도 하고, 인간중심주의를 경계하며 그 둘의 존재론적 경계를 굳이 강조할 필
요가 없다는 점에 초점을 맞추기도 한다.

라의 모습이 첨단기술사회에 어떻게 적용될 수 있는지에 대한 토론이 지속적으로 필요하다. 쉽게 합의하지 못한다 하더라도, 그 논의 자체가 지니는 중요성과 효과가 있다.

V. 나가는 말

세속화를 그렇게 걱정하면서 첨단기술의 도입에는 아무런 부담이 없는 한국교회의 불균형한 모습은 시정되어야 한다. 예배당에는 첨단 장비가 즐비하고 엘륄이 말한 '인간기술'의 전형인 온갖 종류의 전도와 부흥 방법론이 지난 몇십 년 동안 교회를 휩쓸었지만, 돌아온 것은 급격한 교인의 감소와 추락한 위상이다. 메타버스 같은 새로운 기술과 방법론을 받아들인다 해서 그 흐름이 바뀔 것 같지 않다. 그렇다면 필요한 것은 성급한 기술의 도입이 아니라 시대를 분별하고 그 안에서 성도다운 삶을 추구하는 원칙적인 지혜로 돌아가는 용기다. 때로는 창조의 열매로, 때로는 우상의 모습으로 우리 앞에 나타나는 첨단기술의 시대는 그 어느 때보다 그런 용기와 분별력을 요구한다.

참고문헌

김대식.『메타버스 사피엔스: 또 하나의 현실, 두 개의 삶, 디지털 대항해시대의 인류』.
    서울: 동아시아, 2022.

김상균·박기현.『스쿨 메타버스: 시작된 미래, 새로운 학교』. 서울: 테크빌교육, 2021.

김정형. "디지털 세계의 출현에 대한 창조신학적 성찰."「한국조직신학논총」63
    (2021): 165-197.

김현철·조민철.『메타버스 교회학교』. 서울: 꿈미, 2021.

김형락. "기독교 메타버스(Metaverse) 공동체와 예배에 대한 연구."「신학과 실천」
    76(2021): 41-66.

로지, 브라이도티/이경란 옮김.『포스트휴먼』. 파주: 아카넷, 2015.

소강석. "메타버스, 함께 승차하지 않으시겠어요?"〈뉴스파워〉 2021년 6월 20일.
    http://www.newspower.co.kr/49744(2022. 10. 4. 확인).

손화철.『호모 파베르의 미래: 기술의 시대 인간의 자리는 어디인가』. 파주: 아카넷,
    2020.

_____. "첨단기술과 한국교회."「신학과 실천」83(2023): 545-569.

_____. "메타버스와 한국교회."「좋은 나무」2021년 10월 21일.
    https://cemk.org/23397(2022. 10. 4. 확인).

신상규.『호모 사피엔스의 미래』. 파주: 아카넷, 2014.

신형섭·신현호.『슬기로운 메타버스 교회학교』. 서울: 두란노, 2022.

요나스, 한스/이유택 옮김.『기술 의학 윤리』. 서울: 솔, 2005.

위너, 랭던/강정인 옮김.『자율적 테크놀로지와 정치철학』. 파주: 아카넷, 2000.

_____/손화철 옮김.『길을 묻는 테크놀로지: 현대 기술 문명에 대한 철학적 담론』.
    서울: 씨아이알, 2010.

최종인.『church@메타버스: 메타버스 안의 교회』. 서울: 청우, 2022.

하이데거, 마르틴/이기상·신상희·박찬국 옮김.『강연과 논문』. 서울: 이학사, 2008.

허재경. "'대박' 노린 마크 저커버그의 메타버스 '도박'."「한국일보」2022년 9월 24일.
    https://m.hankookilbo.com/News/Read/A2022092313350002216

(2022. 10. 4. 확인).

황병준·장용환. "미디어 환경에 따른 설교의 변화와 메타버스(Metaverse)를 활용한 설교 연구." 「영산신학저널」 59(2022): 295-333.

Ellul, Jacques. *The Technological Society*. Translated by J. Wilkinson. Vintage, 1964.

Henao, Luis Andres. "Faith in the metaverse: A VR quest for community, fellowship." *AP News*. February 1, 2022. https://url.kr/qj7tvl(2022. 10. 7. 확인).

Ong, Walter. *Orality and Literacy*. Roultedge, 1982.

디지털 종교와
온라인 교회에 관한 연구*

김승환 | 장로회신학대학교

I. 들어가는 말

코로나-19가 가져온 한국교회의 가장 큰 변화는 예배 장소와 형식에 관한 것이다. 현장 예배가 제한되고 사회적 거리두기가 지속되면서 온라인 공간을 통한 예배 참여와 소그룹 모임이 진행되었다. 팬데믹 시대 신앙의 무대가 오프라인에서 온라인으로 이동하였다. 이것은 단지 종교 행위의 장소 전환만을 의미하지 않으며, 종교 전반에 걸친 '디지털 전환'(digital turn)이 시작되었다는 것을 의미한다. 인터넷과 함께 디지털 세계의 일상화로 이뤄지고 신앙의 경험과 관계가 디지털 미디어를 매개로 하면서 종교의 본성과 실천에 변화를 가져오고 있다. 현대인에게 디지털 문화는 단순한 '가상현실'(virtual reality)이 아니라 엄

---

* 이 글은 「신학과 실천」 79호에 게재된 것을 수정 보완한 것이다.

연히 실재하는 현실이다. 디지털 문화는 인간의 상상 속에 혹은 생각 속에 있는 허구의 세계가 아니라, 인간이 몸으로 살아가는 삶의 세계 전반을 구조화하고 변화시키는 실재의 세계다.[1]

디지털 전환이 가져온 종교의 변화 중에 가장 큰 특징은 온라인 공간도 하나의 '거룩한 공간'이라는 이해의 확장이다. 성소라는 종교의 핵심 장소를 오프라인으로 경험하던 이들이 가상의 공간을 거룩한 성소를 활용하고 있다. 가상의 공간에서 실천되는 예배, 기도, 묵상, 교제, 전도 등의 여러 종교 행위는 온라인 성소를 거치면서 '디지털 종교'(Digital Religion)[2]라는 새로운 종교(성)의 탄생을 예견하고 있다. 디지털 종교가 전통적인 종교를 모태로 하지만 차별성도 분명하다. 물론 디지털 미디어를 활용하면서 기술과 매체에 의해 신앙이 왜곡되거나 변질될 수도 있다. 그러나 하이디 캠벨(Heidi A. Campbell)은 '기술의 종교-사회적 형성'(Religious-social Shaping of technology)을 제안하며 디지털 기술이 전통적인 종교를 위협하는 것이 아니라 오히려 온라인 시대에 맞는 종교의 긍정적인 변화에 기여할 수 있다고 주장한

---

1 김정형, "디지털 세계의 출현에 대한 창조신학적 성찰,"「한국조직신학논총」63(2021), 165.

2 하이디 캠벨은 '디지털 종교'를 다음과 같이 정의한다. 디지털 종교는 현대인들이 온라인 /오프라인 종교에 관하여 말할 때 기술과 문화의 영역으로 떠올리는 통합된 또는 균형 잡힌 종교이다. Mia Lövheim, Heidi A. Campbell, "Considering critical methods and theoretical lenses in digital religion studies," *new media & society* 19(2017), 6. 2000년도에 크리스토퍼 헬런드(C. Helland)는 Online Religion과 Religion Online 을 구분하는데, 전자는 가상의 공간에서 모든 예배의 행위와 종교적 실천이 이루어지는 경우이며, 후자는 기존 종교가 자신들의 예배와 교리의 선포를 위해 온라인을 활용하는 경우이다. 헬런드의 이러한 구분은 온라인 교회 논의에서도 상당한 영향을 미치고 있다. C. Helland, "Online-Religion/Religion-Online and Virtual Communitas," in *Religion on the Internet*, edited by D. E. Cowan, J. K. Hadden (New York: JAI, 2000) 222.

다. 시공간의 제약으로 막혀 있던 종교 영역이 가상공간을 통하여 무한한 연결과 상상의 실천으로 인해 오히려 신앙생활이 풍성해질 수 있음을 제안하는 것이다.

그렇다면 종교의 디지털 전환을 통하여 변화되는 특성들이 무엇일까? 온라인 교회는 새로운 교회 모델이 될 수 있을까? 온라인 교회의 등장이 곧 전통적인 오프라인 교회의 쇠퇴를 의미하는 것은 아니다. 포스트-코로나 시대에 온라인과 오프라인 교회는 공존할 수밖에 없다. 온라인과 오프라인, 즉 '혼종적 교회'(Hybrid Church)가 지속될 것이다. 하이브리드 처치는 한 교회 안에 온라인-오프라인 교회(Online-Offline Church)가 공존하는 것을 뜻하며, 성도들은 하나의 종교 공동체에 소속되어 신앙생활을 하는 것이 아니라 여러 형태의 참여와 소통을 통한 다중적 소속감(multi-belonging)을 지니는 특징이 있다. 미디어 환경의 변화에 따른 예배와 신앙생활의 변화는 종교 이용자(신도)들의 신앙 형성과 공동체성에도 변화를 가져온다. 따라서 소속감(친밀감)과 종교 권위의 수용 변화 등을 특징으로 하는 디지털 신앙(digital faith)도 예상해볼 수 있을 것이다. 본 연구를 통해 디지털 전환이 가져오는 종교 환경의 변화가 앞으로의 교회 형태와 신앙 유형이 어떻게 달라질 수 있는지 신학적으로 고찰하면서 포스트-코로나 시대를 전망하고자 한다.

II. 종교와 디지털 미디어의 만남

1996년 스테판 오럴리(Stephen O'Leary)는 종교적 신념과 실천이 온라인을 통하여 혁명적으로 변화될 것을 전망하면서 이런 새로운 변화를 '종교 온라인'(Religion Online)으로 명명했다. 그는 21세기에는 종교의 본성과 실천이 인터넷을 통하여 재형성될 것이며 특히 종교적 권위, 공동체, 정체성, 예전(rituals)이 달라질 것이라 주장했다.[3] 종교의 디지털 전환은 예배 형식과 참여 방식, 종교 권위의 수용과 전파까지 모든 영역이 디지털 미디어를 통과하여 진행되기에 새로운 미디어 환경에 대한 이해가 급선무다. 이것은 단지 종교 영역에만 국한된 것이 아니며, 사회의 전반적인 변화에 따른 결과로서 의사소통 기술의 발전과 네트워크 사회로의 진입에 따른 것이다. '네트워크 공동체'(net-worked community)가 오프라인 형식에서 온라인으로 전환되면서 인간의 소속감과 관계 방식이 변화되었고 동일한 문화와 언어, 종교를 배경으로 하는 전통적인 공동체가 아닌 다양한 배경들이 혼종화된 (hybridized) 개인들로 구성된 느슨한 가상의 공동체 탄생을 예고했다.

1. 종교의 디지털화

종교와 디지털 미디어의 만남은 1990년대로 거슬러 올라간다. 시카고 대학에서 개발한 Bulletin Board System(BBS, 전자게시판)으로

---

[3] Heidi A. Campbell, "Understanding the Relationship between Religion Online and Offline in a Networked Society," *JAAR* 80(2012), 64. 종교 온라인과 온라인 종교가 구별되는 것처럼 처치 온라인은 자신들의 예배와 소식, 각종 자료들을 온라인 공간을 통하여 제공하는 형식을 의미한다. 여기에서 성도들은 종교의 소비자가 되며 적극적인 참여는 제한된다. 반대로 온라인 처치는 교회 예배와 공동체 구성 모두를 온라인을 통해서 진행하는 것으로 온라인은 상호성을 기반으로 서로가 참여하는 방식으로 운영한다. 모임과 기도, 교육 등을 함께하면서 공동체를 운영하는 방식을 말한다.

CommuniTree라 불리는 가상의 포럼이 열렸고 'Create Your Own Religion'이란 이름으로 종교와 관련된 온라인 세미나가 개최되었다. 당시 최초의 종교 온라인 공동체에 관한 논의를 이끌었던 라인골드 (Rheingold)는 가상의 공동체(virtual community)의 등장을 예견하면서 종교 모임과 형식이 디지털화되어가는 변화를 포착한다.[4] 온라인 공간에서 대두된 종교적 논의는 발전을 거듭하여 최근에는 디지털 신학 (digital theology)으로 확장되고 있다. 2019년 영국 더럼(Durham) 대학의 디지털 신학센터(Center for Digital Theology)에서 '디지털 신학 정의하기'(Defining Digital Theology)를 주제로 세미나가 열렸다. 더럼 대학은 2017년에 디지털 신학 석사과정을 개설하고 피터 필립스(Peter Philips)를 중심으로 디지털 신학을 연구하고 있다(현재 디지털 신학 과정과 센터는 스펄전 컬리지로 옮겼다). 필립스는 디지털 신학의 다섯 가지 주제를 제안하는데, 첫째, 의사소통과 교육에서 디지털 신학의 사용; 둘째, 디지털 인간론에서 디지털 신학 연구; 셋째, 디지털 기술과 문화의 성찰; 넷째, 디지털(성)에 관한 예언자적-윤리적 성찰; 마지막은 학제 간 연구를 통한 상호 발전과 연결이다.[5]

디지털화는 아날로그 형태로 전달되던 의미와 메시지가 소통의 과정에서 디지털 신호, 즉 문자·음성·사진·영상 등을 데이터로 전환하여 비트의 형식으로 표현하는 것을 의미한다. 0과 1로 구성된 비트로의

---

[4] Heidi A. Campbell, Alessandra Vitullo, "Accessing Change in the Study of Religious Communities in Digital Religion Studies," *CHURCH, COMMUNICATION AND CULTURE* 1(2016): 74-76.

[5] Frederike van Oorschot, "Public Theology Facing Digital Spaces: Public Theology, Digital Theology and Changing Spaces for Theological Reasoning," *International Journal of Public Theology* 16(2022), 58.

전환은 아날로그가 가지고 있는 외적 또는 내적 특징을 단순화해 기호화한다. 의미와 메시지의 디지털화는 아날로그로 표현되던 것 중, 디지털로의 전환이 가능한 것만을 변화시켜서 전달하기에 삶의 전 영역의 디지털 전환은 불가능하다. IT는 존재하는 사태를 디지털 상태로 변환하고 또 디지털 상태를 물리적으로 재현하는 미디어를 통해 데이터를 바탕으로 또 하나의 세계를 연출한다. 이러한 디지털 스페이스는 모든 존재자의 디지털화와 광속에 가까운 가상의 연결로 시공간이 증발해버린 영역이자 초월과 내재의 경계를 무너뜨리는 공간이기도 하다.[6] 디지털 세계의 출현은 하나님의 창조 세계의 부분으로 이해할 필요가 있다. 그것이 허구의 세계가 아니다. 아날로그를 벗어난 독자적인 영역도 아니라 현실의 확장 또는 연장이다.[7] 따라서 인간의 창조 활동의 연장으로 등장한 디지털 세계는 새로운 문화를 창발하면서 신학적인 성찰과 응답을 요구한다.

종교의 디지털화에 관한 논의는 1990년대부터 조금씩 형성되었다. 온라인 공간이 대중적으로 활용되면서 종교들도 다양한 방식으로 접근하기 시작한다. 각각 자신들의 종교와 교리, 예배, 전통 등을 소개하는 웹사이트를 오픈했는데, 유대교는 H-Judaic(www.h-net.org), 불교는 BuddhaNet(www.buddahnet.net), 기독교는 최초의 온라인 교회인 The First Church of Cyberspace가 등장했다. 이러한 흐름에 따라 1996년 〈타임〉지에서 특별판으로 'Jesus Online'을 발행하면서 열두 개의 종교 웹사이트를 소개했다. 최초의 기독교 수도원 웹사이

---

6 이종관, 『포스트휴먼이 온다』 (고양: 사월의책, 2017), 25.
7 김정형, "디지털 세계의 출현에 대한 창조신학적 성찰," 181.

트인 'Monastery of Christ in the Desert'(www.christdesert.org)와 최초의 이슬람 온라인 저널로는 'Renaissance: A Monthly Islamic Journal'(www.renaissance.com.pk), 최초의 조로아스터교 사이버 사원(www.zarathushtra.com) 등을 알리면서 본격적인 디지털 종교 시대를 예고했다.[8]

1990년대 후반부터 온라인 공간은 선교의 각축장이 되었다. 종교마다 디지털 미디어 사용에 적극적이며 자체의 종교 행사와 함께 포교활동을 진행하고 있다. 이슬람의 경우 1995년에 Islamicity란 사이트를 오픈하면서 가상의 도시와 성전 안에서 신에 대한 헌신을 다할 수 있도록 하루의 다섯 번 기도, 자선 활동, 성지 방문, 라마단과 같은 종교의식 등을 제공하고 있다. 단순한 정보 전달을 넘어서 종교 행위를 가상의 공간에서 진행할 수 있도록 한 것이다. 1997년에 오픈한 Islam Online은 포털 사이트로 이슬람과 관련된 물품을 판매하고 새로운 소식들을 전달하면서 해외에 있는 신도들의 신앙생활을 도왔다. 1998년에는 Jannah.com을 통해 이슬람의 대중적인 종교 음악을 선보면서 MP3에 다운받을 수 있도록 서비스를 제공했다. 더 나아가 온라인 선교활동도 활발한데, Khaled's의 웹사이트에서는 이슬람의 흥미로운 자료와 영적인 프로그램을 동시에 제공하면서 어린아이들과 젊은 세대에게 호의적인 반응을 얻고 있다. 터키에 있는 '굴렌 무브먼트'(Gulen Movement)는 미디어를 통한 무슬림 공동체 운동을 펼치고 있는데, 이 매체는 무슬림 선교를 위한 활동으로 그들의 가치와 전통을

---

[8] Heidi A. Campbell, *When Religion Meets New Media* (New York: Routledge, 2010), 23.

선전한다. 또한 무슬림 평화운동, 문화적 관용과 정직에 대한 사회적 지지 등을 광고하면서 대중들에게 무슬림을 전파하고 있다.[9]

유대교에서는 디아스포라 유대인들의 신앙교육을 위해 다양한 정보를 제공하는 사이트들이 등장했다. 유대교는 관련된 포털 사이트인 Jewish.com과 kipa.co.il을 통해 여러 가지 정보를 제공하고 있으며, 랍비들에게 무엇이든지 질문하면 신앙생활에 도움을 받을 수 있도록 'ask the rabbi'(askarabbi.org)를 오픈했다. 또한 대중적인 유대교 온라인 잡지인 jewcy.com을 발행하기도 했다. 그리고 전 세계 어디서든지 성지를 향하여 기도할 수 있도록 Prayer for Jews를 열었으며 Kosher.net에서는 율법과 관련된 금지 행위와 규칙들을 자세히 제공하고 있다.[10]

기독교의 온라인 교회는 1990년대를 전후로 등장했다. TV로 예배 실황을 중계했던 미국의 '텔레-에반젤리즘'(Tele-evangelism)처럼 인터넷을 기반으로 하는 '이-반젤리즘'(E-vangelism), 또는 '인터-반젤리즘'(Inter-vangelism)이 탄생했다.[11] 팀 허칭스(Tim Hutchings)에 따르면 온라인 교회의 가장 초창기 모델은 1994년 미국 장로교 목회자인 찰스 헨더슨이 세운 것에서 시작한다. 이후 1998년에 미국 감리교회에서 '알파교회'(Alpha Church)가 시작한다. 영국에서는 감리교의 지원을 받아 2004년에 Church of Fools와 영국 성공회가 세운 I-Church가 있다. 하지만 가장 대중화에 성공한 것은 라이프처치(LifeChurch)

---

9 *Ibid.*, 57-60.

10 *Ibid.*, 26-27.

11 Michel M. Haigh, Pamela Jo Brubaker, "Social Media and Televangelist: Examining Facebook and Twitter Content," *Journal of Religion, Media and Digital Culture* 7(2018), 30.

이다.[12] 미국의 대표적인 온라인 교회인 라이프처치는 1996년 프로젝
터를 이용하여 창고에서 예배를 드리면서 시작했다. 실시간 예배 중
계를 통해 급성장하다가 2009년에 13개의 온라인 캠퍼스로 확장했
고, 2016년에는 26개의 지교회를 두고 있다. 그들은 디지털 미디어를
활용하면서 전 세계인들이 예배에 참석하도록 했으며, 함께 기도하고
성경을 읽으며 소그룹 교제를 나누는 시스템을 개발했다.[13]

　담임 목회자인 크래익 그로첼(Craig Groeschel)은 오클라호마에서
목회를 하며 그의 메시지를 온라인과 대형스크린을 통해 성도들에게
전달한다. 메시지는 교리적인 내용보다 하나님과의 인격적인 관계 형
성에 집중한다. 각각의 온라인 캠퍼스에는 담당 목회자와 찬양팀이
있으며 소그룹 활동과 주일학교 사역이 진행된다. 'God is on the
move'는 라이프처치 특징을 잘 보여주는 문구이다. 그들은 홈페이지
의 '실시간 기도'(Live Prayer)를 통하여 중보 기도하며 '라이브 챗'(Live
Chat)으로 신앙상담을 한다. 또한 모바일 앱인 '유버전'(YouVersion)을
통해 성경을 읽고 24시간 설교 메시지를 들으면서 전 세계에 있는 성
도들과 연결된다. 심지어 무슬림 지역과 외딴 지역에서도 신앙생활이
가능하다. '디지털 선교'(Digital Missions)의 일환으로 성경을 비롯한 여
러 신앙의 주제로 교육을 진행하고, 다양한 허리우드 영화 영상을 예
시로 활용하기도 한다.[14]

　물론 종교의 디지털 전환으로 우려되는 부분도 있다. 디지털 미디
어를 활용하면서 인간의 종교성과 종교적 형성이 왜곡되지 않을까 염

---

12 김승환, "온라인 교회와 디지털 신앙," 「기독교 사상」 741(2020): 41-45.
13 Tim Hutchings, *Creating Church Online* (London: Routledge, 2017), 28.
14 *Ibid.*, 171-175.

려할 수 있다. 특히 종교의 전통적인 가치가 훼손되고 공동체적 의례가 파괴될까 걱정하기도 한다. 더 나아가 미디어와 디지털 매체에 점령당한 종교가 되지 않을까 걱정하기도 한다. 온라인 예배가 지속될 경우 신앙의 인격적 차원과 관계성, 소속감을 어떻게 할 것인가도 문제이다. 이러한 디지털 기기의 활용으로 제기되는 문제들을 어떻게 해소해야 하는지 하이디 캠벨의 주장을 살펴보기로 하자.

2. 기술의 종교-사회적 형성

종교의 '디지털 전환'(digital turn)으로 기술에 의해 종교성이 왜곡되거나 부정적인 영향을 받지 않을까 우려스럽기도 하다. 인격적 대면 관계를 통해 형성된 신앙과 현장 예배가 갖는 특징들이 감소될 수 있기에 기술에 점령당한 종교의 모습을 비판적으로 볼 수도 있다. 현장의 거룩한 공간에서 신성한 예배와 공동체 형성을 중요시하는 종교에서는 디지털 미디어를 통한 예배 방식이 여전히 낯선 것이 현실이다. 문제는 디지털 소통 기법의 발전으로 생성되는 새로운 컨텐츠(예배, 성경공부, 기도회 등)와 종교 사이트들(온라인 종교 공동체와 모임)의 출현이 갖는 종교성의 변화에 있다.[15] 물론 기술 자체에 문제를 제기하는 것은 아니다. 종교는 매체의 변화에 잘 적응하면서 나름의 변화와 성장을 거듭해왔다. 매체의 변화는 사회적 혁신과 삶의 변화로 이어졌다. 인류 초기 구전 문화에서 기록 문화로 전환되면서 종교는 나름의 체계를 정리하여 후세대에 지속할 수 있게 되었고, 새로운 실천과 학습을 시

---

15 테레사 베르거/안선희 옮김, 『예배, 디지털 세상을 만나다』, (서울: CLC, 2020), 43.

도하게 되었다.

마샬 맥루한(Marshall McLuhan)이 주장한 것처럼 '매체가 곧 메시지' 이기에 매체의 변화는 곧 메시지의 형식과 의미까지도 새롭게 구성한다.[16] 매체의 전환에서 중요한 변곡점은 활자 인쇄술의 발전이다. 1455년 요하네스 구텐베르그의 금속 활자 발명은 활자술이란 신기술의 등장으로 책의 대량생산이 가능해짐에 따라 시민들의 문자 해독력이 높아지면서 문명사적인 변화를 가져왔다. 특히 자국어로 된 성경의 보급으로 루터의 종교개혁과 맞물려 큰 파장을 불러일으켰다.[17]

하이디 캠벨은 새로운 매체와 디지털 기술이 사람들의 가치와 공동체의 실천에 변화를 미친다는 '기술 결정주의'(technological determinism)를 반박하며 반대로 기술은 공동체의 가치와 습관을 더욱 강화하는 쪽으로 사용될 것이라 주장한다.[18] 캠벨은 '기술의 사회적 형성'(social shaping of technology)을 종교에 접목해서 자신의 논지를 끌고 간다.

그동안 기술을 바라보는 관점은 크게 세 가지였다. 첫째는 단순한 도구이고, 둘째는 앎의 방식이며, 셋째는 하나의 사회적 기관 또는 제도로 보는 것이다. 캠벨은 기술이 결정적이라는 것에 동의하지 않고 언제나 사용자의 상황에 따라 변화하고 '협의할 수 있는'(negotiable) 특징을 지닌다고 여겼다. 즉 종교가 기술을 어떻게 접근하는가가 더 중요한 것이다.[19]

---

[16] Jeffrey H. Mahan, *Church as Network* (London: Rowman & Littlefield, 2021), 11.
[17] *Ibid.*, 12.
[18] 김승환, "온라인 교회와 디지털 신앙," 45.
[19] Heidi A. Campbell, Alecsandra Vitullo, "Accessing change in the Study of Religious Communities in Digital Religion Studies," 79-81.

캠벨이 제안하는 '기술의 종교-사회적 형성'(Religious-social shaping of technology)은 기술의 활용이 어떻게 공동체의 신앙과 가치를 사회적 상황에 부응하면서도 사용될 수 있는지를 다룬다. 기술이 접목될 때 진공상태가 아니기에, 기존의 형식과 모임의 특성에 따라 공동체가 원하는 방향으로 도움을 줄 수 있다는 것이다. 그 과정에서 종교와 미디어 사이에 어느 정도 협상이 가능한데, 특히 네 가지 요소가 중요하다. 먼저 기술은 '공동체의 역사와 전통'에 따라 다르게 해석되고 적용될 수 있으며, 둘째는 '공동체의 핵심 가치와 형식'에 따라 여러 모양으로 수용된다. 셋째는 '협상(negotiation) 과정'을 통해 누가 미디어를 조절하고 운영할 것인지에 따라 권위의 구조가 변화할 수 있으며, 마지막은 '공동체적 논의'를 통하여 실천하게 된다.[20] 캠벨은 기술 활용 사례를 언급하는데 20세기 초에 미국 동부의 아미쉬 공동체가 무선 전화기를 사용한 경우가 대표적이다. 물론 기술 중심의 사회에서는 권위의 구조가 바뀌고 상품을 사용하는 이들, 즉 소비자 중심으로 관계가 재설정되면서 개인주의가 가속화되고 공동체적 특징들이 약화될 우려가 있다.[21] 그렇기에 아미쉬 공동체는 대부분의 현대적인 기술의 사용을 거부해왔다. 특히 무선 전화기는 개인적인 활용이 많기에, 유선전화처럼 공적인 사용이 아닌 사적인 매체의 사용으로 공동체가 기술을 조절할 수 없을 뿐 아니라 그것을 통해 세속적인 영향이 공동체 안으로 들어올 것을 염려했다. 매체가 공동체의 생활방식과 구조를 변형시킬 수 있음을 경계한 것이다. 하지만 기술과 매체는

---

20 Heidi A. Campbell, *When Religion Meets New Media*, 60-62.
21 *Ibid.*, 52-53.

다양한 사람들과 만남을 가능하게 하면서 아미쉬를 홍보하고 그들의 존재를 더욱 부각시켰다. 공동체 외부와 공적인 연락을 취하기 위해서 선택적인 사용이 승인되었고 그것이 공동체의 긍정적인 변화를 이끌어왔음을 알 수 있다.

또한 유대교 공동체가 기술을 어떻게 사용하는지도 흥미롭다. 유대교는 텍스트(text)와 그 해석자에게 권위를 부여한다. 텍스트를 해석하고 실천하는 것이 신앙 공동체의 중심에 위치하기에 기술을 사용할 때에 텍스트에 어떻게 접근하고 해석할 것인가에 관심을 둔다. 문서를 보관하고 자료를 집약할 뿐 아니라 다양한 버전과 형식의 텍스트를 연구함으로 유대교 전통을 지키고자 한다. 또한 안식일과 유대교 절기의 실천에도 기술 사용이 두드러진다. 잘 알려진 안식일 엘리베이터를 비롯해서, 안식일에만 사용하는 글쓰기 펜인 샤브-엣(Shab-et)이 있다. 위의 사례는 기술을 통해 공동체의 가치와 전통을 계승하는 경우라 할 수 있다. Zomet Institute에서는 유대교에 관련된 여러 자료를 제공함으로써 토라를 보존하고 새로운 세대들과 디아스포라 유대인들의 신앙생활을 돕는다. 경전에 대한 쉬운 현실적인 해석과 접근을 통해 공동체의 보존과 확장을 도모하고 있다.[22] 그 외에도 기술과 관련된 종교적 활용은 무수한 예가 가능하다. 물론 가상의 공간으로 확장된 종교는 긍정적·부정적인 평가를 함께 받고 있다.

잘레스키(Zaleski, 1997)와 윌슨(Wilson, 2000)처럼 인터넷 사용이 주는 교회 사역의 확장과 선교의 가능성으로 긍정적인 평가를 내리는 이들도 있지만, 브루크(Brooke, 1997)나 얀츠(Jantz, 1998)처럼 전통적

---

22 *Ibid.*, 28-29.

인 종교 권위와 공동체성의 붕괴를 우려하는 부정적인 견해도 있다. 또한 '디지털 가현설'(digital docetism)로 인간의 육체성이 사라진 예배의 한계를 지적하기도 한다.[23] 온라인 공간을 복음 전파와 선교 영역의 확장으로 이해했던 이들은 인터넷 활용의 증가를 불가피한 선택으로 여기지만 현장의 교회에서 동떨어진 분리된 신자가 발생할 수 있음도 고려해야 할 것이다.

III. 온라인 교회의 특징

피트 워드(Pete Ward)는 전통적인 교회를 '고체 교회'(solid church), 새로운 변화를 수용하는 교회를 '액체 교체'(liquid church)로 명명했다.[24] 전통적인 교리나 제도, 형식에 갇혀 있지 않으면서 상황에 유연하게 대처하고 교회의 형식을 다양하게 하려는 시도들이 진행 중이다. 특히 종교의 디지털 전환으로 온라인 교회들이 탄생하기 시작했다. 2000년 대 들어서 인터넷 환경이 보편화되면서 사이버 성소와 사원들이 속속 등장하고 있다. 디지털 기술과 혁신을 통한 종교의 적용은 신앙의 경험과 관계 맺기를 무한히 확장시켰다. 온라인 공간은 영적인 네트워크를 형성하게 하고, 예배 공간을 제공하는 동시에 특정한 종교 정체성을 형성하게 하는 영향을 미쳤다. 팀 허칭스(Tim Hutchings)는 21세기에 등장한 온라인 교회들을 살피면서 각각의 설립 과정을 설명한다.

---

23 김형락, "기독교 메타버스(Metaverse) 공동체와 예배에 대한 연구,"「실천과 신학」 76(2021), 62.
24 Pete Ward, *Liquid Church* (Eugene: Wipf and Stock Publishers, 2013), 16-17.

그는 '처치 온라인 되기'(Being Church Online)를 주문하면서 온라인에서도 하나의 신앙 공동체가 형성될 수 있다고 주장한다. 지역 교회와 같이 온라인 교회 구성원들이 하나의 신앙 공동체를 형성하면서 영적·신앙적·사회적 유익을 도모할 수 있으며 지역 교회를 대체하는 것이 아니라 보완 역할을 할 수 있는 제3의 영역이 될 수 있으리라 전망한다.[25] 제3의 지대로서 온라인 교회는 '가나안 교인'(거꾸로 읽으면 '안 나가 교인이다')의 참석을 유도할 수 있으며, 기독교에 대한 호기심을 갖는 이들에게 접근이 용이하다. 또한 지역 교회와 성도들의 사이 공간으로서 유연성과 관계성을 기반으로 새로운 신앙생활을 영위하도록 안내할 것이다. 전통교회가 지니는 공동체적 가치를 해체하는 것이 아니라, 시대적 요구에 부응하면서도 종교적 실천을 더욱 강화하거나 호소력 있게 전환할 수 있을 것이다.

1. 성스러운 온라인 공간

온라인 교회가 성립되기 위해서는 종교성의 기반이라 할 수 있는 성스러움(sacred)이 가상의 공간에서도 경험될 수 있어야 한다. 예배와 소그룹 모임, 성례와 같은 교회 생활이 가상의 공간을 거치면서도 본질적인 부분의 변화가 없어야 할 것이다. 이러한 사례를 가톨릭이 제공하는 Confession 앱이 잘 보여준다. 가톨릭에서 제공하고 있는 Confession: A Roman Catholic 앱은 아이패드와 아이폰을 통해 1.99달러에 신도들이 자신의 죄를 고백하고 죄 사함을 받을 수 있는 공간이

---

25 Tim Hutchings, *Creating Church Online*, 227-229.

다. 토마스 웨인앤디(Thomas G. Weinandy)와 케빈 로데스(Kevin C. Rodes)가 이 앱을 운영하면서 성당 중심부에 위치한 고해 성소를 대체하는 효과를 가져왔다.[26] 고해실 안에서 사제를 통해 죄 사함을 얻었던 가톨릭의 오랜 전통을 가상의 공간으로 옮겨 고해성사를 진행했다. 온라인 공간을 단순한 상업적 또는 문화적 영역으로 국한하는 것이 아니라 종교적 영역, 즉 성스러운 영역으로 활용한 대표적인 사례라 할 수 있다. 온라인 예배와 종교 행위를 온전한 예배로 보지 않는 이유가 탈육체적이기 때문인데, 이러한 비판은 디지털 세계가 여전히 실재하지 않는 공간이라는 추정에 근거한다. 가상과 실재를 이분법적으로 구분하면서 오프라인 세계만 진실하고 실재한다고 여기는 것은 적합하지 않다. 온라인 예배도 인간의 몸을 통하지 않고서는 접속과 참여가 불가능하다. 동시에 참여자의 의도에 반하는 행위와 고백이 불가능하기에 그런 비판은 적절하지 않다.[27]

종교의 디지털 전환은 단순히 기기의 활용에만 머물지 않는다. 디지털 환경은 새로운 공간을 탄생시킨다. 디지털 미디어로 연결된 온라인의 성스러운 가상공간은 하나의 성소이다. 디지털 종교화로 인해 온라인 교회와 사원의 등장으로 다양한 종교 행위가 가상의 공간에서 실천되고, 수많은 종교 관련 정보가 공유된다. 참여자들은 가상의 온라인 공간을 하나의 종교적 공간(religious space) 혹은 성스러운 공간(sacred space)으로 인식하면서 성과 속의 구분을 넘어선 새로운 종교

---

26 Pauline Hope Cheong, Charles Ess, "Religion 2.0? Relational and Hybridizing Pathways in Religion, Social Media and Culture," in *Digital Religion, Social Media and Culture*, ed. Pauline Hope Cheong, Peter Fischer-Nielsen, Stefan Gelfgren, Charles Ess (New York: Peter Lang, 2012), 2.

27 안선희, "예배 연구 주제로서의 온라인 예배 실행,"「신학과 실천」69(2020), 22.

공간의 탄생을 알렸다. 2004년에 영국의 세컨드 라이프에서 탄생한 Church of Fools는 온라인 교회의 이미지의 특징을 잘 보여준다. Church of Fools의 예배 풍경을 보면, 로마네스크 양식으로 지어진 교회 내부에 아바타들이 모여서 찬양하며 예배드린다. 흙색 벽돌 기둥에 촛불이 켜 있으며, 설교단은 나무로 짜인 전통적인 모양을 하고 있다. 온라인 교회가 가장 많이 신경 쓰는 부분이 예배 공간의 디자인이다.[28] 디지털 환경에서 최대한 전통 방식의 예배 공간과 형식을 추구하면서, 기존 종교의 이미지 특성을 최대한 반영하려고 노력한다.

Church of Fools는 2006년에 더욱 발전된 3D 환경을 기반으로 업그레이드된 '세인트 픽셀'(St. Pixels)로 탈바꿈했다. 리더십을 체계적으로 구성하고 조직을 갖추면서 다양한 소통 채널을 확보했다. 세인트 픽셀은 참여자들이 주도적으로 활동할 수 있는 대화창을 개설하여 교회 리더와 방문자들이 대화하게 하고 교회 프로그램에 다양한 유저를 참여시켰다. 세인트 픽셀의 핵심 가치는 크게 여섯 가지이다. '존중'(respect)과 '관용'(tolerance), '다양성'(diversity), '건설적인 대화', '인격적인 성찰' 그리고 '응답과 책임성'이다. 온라인이 기반이지만 최대한 가치와 신념을 구현하는 데 집중했다. 가상공간에서 동질감을 느끼는 공동체를 구성하기 위해서는 그들이 지지하는 비전과 가치가 무엇인지를 명확하게 하는 것이 중요하며 그것이 가상공간에서 가시적으로 표현되어야 한다. 홈페이지에 개개인의 블로그를 제공하고 자신의 아바타를 새롭게 디자인할 수 있으며, '라이브'(Live)라는 채팅창을 통해 음성과 영상으로 예배를 드릴 수 있도록 했다. 개인 블로그에 개

---

28 Tim Hutchings, *Creating Church Online*, 74-76.

인 간증과 신앙적인 글을 남기면 타인이 댓글을 달면서 서로 교제할 수 있다. 홈페이지의 기도 방에는 다수의 유저(user)가 참석하고 있으며, 기도 제목을 올리고 서로를 위해서 중보 기도를 한다.

Church of Fools와 같은 시기에 영국 성공회에서 탄생한 '아이-처치'(I-Church)도 있다. 옥스퍼드 교구에서 웹 목회자를 파송하면서 '선교형 교회'(Mission-shaped Church)를 목표로 출발했다. 성공회가 진행한 '교회의 새로운 표현들'(fresh expressions of church)은 모든 영역에서 일어나는 복음 운동으로 교회 출석률이 감소하고 있는 교단의 어려움을 타개하고자 한 것이다. 교회의 본래 목적이 선교에 있음을 선포하고, 모든 영역에서 하나님 나라의 가치를 실현하고자 했는데 이는 온라인 공간에서도 마찬가지이다.[29] 웹 목회자로 임명된 앨리슨 레슬리(Alyson Leslie)는 수도원의 영성 공동체를 지향하면서 베네딕트 수도사들처럼 장소를 옮겨 다니며 하나님과 이웃과 만나던 것을 모방하고자 했다. '기도'와 '연구', '사회적 책무'라는 모토를 가지고 약 7천 명의 멤버를 유지해오고 있다. 2006년에 진행된 설문조사를 보면 90%는 지역 교회에 소속되어 있지만 절반은 '가나안' 성도들이다. 이들은 지역 교회로부터 영적인 필요를 제대로 공급받지 못하거나 교리와 가르침에 동의하지 못한다고 응답했다. 예배는 매일 오전 10시, 밤 9시에 진행되며 주중에 성경 공부도 이루어진다. 이렇게 가상공간에서 드리는 예배와 여러 모임을 통해 종교적인 공간, 즉 성스러운 장소로서 온라인 교회의 가능성을 확인시켜준다. 물론 온라인 교회의 운영에서 운영진들과 담당 사역자들이 잘 정비되면 좋겠지만 초창기 모델

---

[29] *Ibid.*, 92.

에서는 그 가능성을 확인했다고 할 수 있다.

2. 종교 권위의 전환

디지털 종교의 가장 큰 걸림돌은 종교 권위에 관한 것이다. 누구의 지도를 받을 것인가? 어떤 전통과 교리를 우선적 가치로 둘 것인가의 문제는 여전히 해결되지 않은 숙제이다. 하지만 디지털 종교는 권위의 구조를 다르게 해석한다. 그렇다면 권위는 어디에서 나오는 것일까? 교파들마다 차이가 있지만 성경 해석과 성례 집전권이 핵심을 이룬다. 로마 가톨릭은 엄격한 성직 제도를 유지하면서 성찬을 집례하거나 고해성사를 진행할 수 있는 사제 중심의 권위 구조를 유지하고 있다. 개신교는 성직자를 중심으로 신앙생활이 유지되는데, 말씀을 해석하고 선포하는 권위를 지닌 성직자 중심의 권위 구조가 주요한 토대가 된다. 유대교의 경우는 하나님의 말씀, 곧 경전이 최고의 가치를 지니기에 그것을 읽고 해석할 수 있는 지도자들에게 권위를 부여한다. 교회 전통의 성례 집전권과 텍스트와의 접근성 그리고 그것의 해석 가능성이 종교적 권위의 유무를 결정한다. 또한 예배당의 구조상, 성직자의 공간을 높게 만들거나 중심부에 위치하게 하면서 공간으로도 종교 권위를 나타낸다. 하지만 온라인 교회는 그런 방식으로 권위가 작동하지 않는다.

캠벨은 온라인 환경에서 권위는 다양한 층위(multiple layers)를 이룬다고 주장한다. 그것이 단순하게 전통적인 종교적 권위에 도전한다고 인식하기보다는 온라인 공간 안에서 작동하는 권위의 구조와 형식이 다르기에 좀 더 깊은 논의가 필요하다. 캠벨은 종교의 직제, 구조,

사상, 경전에서 권위가 발생하기에 그것들이 온라인에서 어떻게 대중들과 관계를 맺는지 살펴보아야 한다고 주장한다.[30] 디지털 환경을 이루는 중요한 요소는 노드(node)에서 노드로 연결되는 네트워크의 확장성이다. 네트워크의 연결은 그동안 권력과 힘이 집중되어왔던 체계를 무너뜨리고 중심의 다변화, 즉 모든 이가 중심이 되는 변화를 초래한다. 전통적인 조직에서는 중심에 권위가 존재함으로 소수만이 특권을 누릴 수 있었으나 디지털 환경에서 중심은 계속해서 변화되고 확장된다.[31] 또한 온라인 교회는 호기심으로 참석하거나 비정기적으로 방문하는 이들이 있기에, 방문자와 성도 사이의 구분이 필요하다. 접근의 용이성으로 인해 온라인 교회는 새로운 멤버의 유입과 탈퇴가 빈번하게 발생한다. 따라서 지역 교회의 방식으로 신자와 비신자를 구분하고 다시 교회 멤버십을 구분하는 것은 운영에서 효율적이지 못하다. 조직의 구성과 운영에서 인격적인 관계가 형성되지 않을 경우 권위체계가 작동하기 쉽지 않다. 온라인 공동체의 권위는 바로 '인격적 관계성'에서 기인한다.[32] 온라인 공동체를 '인격 공동체'(Personalized Community)와 '개인적 네트워크'(Networked Individualism)로 구분할 필요가 있다. 전자는 온라인 교회가 지향하는 방향이라면 후자는 단순한 동호회와 취향에 따른 모임의 성격을 지니기 때문이다.

온라인 교회를 개인들의 모임보다 강화된 공동체로 발전시키기 위해서는 몇 가지 요소가 필요하다. 테레사 베르거(Teresa Berger)는 온

---

30 Heidi A. Campbell, "Who's Got the Power? Religious Authority and the Internet?," *Journal of Computer-Mediated Communication* 12(2007), 1045.
31 서혜란, "디지털 네이티브 세대를 위한 기독교 생애 설계 교육과정 개발 연구," 「ACTS 신학저널」 50(2020), 426.
32 Heidi A. Campbell, *When Religion Meets New Media*, 21.

라인 교회의 주요 요소들은 '쌍방향성'과 '멤버십의 안정성', '정체성의 안정성', '네티즌십'(인터넷 시민권), '사회적 통제' 그리고 '개인적 관심의 표현들'로 보았다.[33] 즉 공동체의 정체성을 형성하는 내러티브와 가치, 의미, 비전 등을 명확하게 설정하고 그것에 동의하는 절차를 거쳐야 한다. 자유로운 가입과 탈퇴가 보장되지만 공동체의 안정성을 위해서 구성원들에게 일정한 의무감과 책임감을 제공해야 한다. 물론 그것이 전통적인 방식의 권위구조에 편입시키는 형태는 불가능하다. 인격적인 친밀함이 전제되는 관계 형성을 통한 자발적 참여가 우선이다. 친밀성과 일관성은 사용자에게 신뢰를 형성시키고 자신의 신앙을 지도할 수 있도록 허락함으로 순종하게 한다. 온라인 성도들은 자신이 원하는 시간에 원하는 방식으로 접속한다. 그리고 종교적 권위를 한 명의 목회자에게 복종함으로 수용하는 것이 아니라, 다양한 경로를 통해 접하는 신앙의 컨텐츠와 연결됨으로 따른다. 이럴 경우 말씀을 듣고 신앙생활을 할 수 있는 권위는 개인의 선택이 가능한 사용자(유저) 각자에게 부여된다. 즉 권위가 수평적인 관계의 구조로 전환되며 관계의 중심에 있는 이들이 종교의 정보와 의식들을 어떻게 소개하고 전달하는지에 따라 크게 좌우된다.

3. 온라인 성도와 디지털 신앙

온라인 예배와 디지털 미디어를 활용한 신앙생활을 지속할 경우, 새로운 유형의 그리스도인이 전망된다. 바로 온라인 성도이다. 디지털

---

33 김승환, "온라인 교회와 디지털 신앙," 48.

미디어를 활용하여 신앙생활을 하는 온라인 성도들은 교제 방식과 종교적 권위의 수용 형태가 기존과 다르게 형성된다. 이들이 지니는 신앙은 크게 세 가지의 특징이 있다. '연결성'과 '익명성', '유연성'이다.

첫째, 연결성이다. 드와이트 프리센(Dwight Friesen)은 하나님 나라의 네트워크 비전이 가장 이상적인 방식으로 구현되는 장이 온라인 공간이라면서 각각 독립된 존재들이 하나의 관계망을 통하여 상호침투하고 있는 존재 방식을 보인다고 설명한다.[34] 디지털 미디어를 통한 관계 형성은 네트워크를 기반으로 접속하는 형식이다. 물리적인 장소에 참석하는 대신 가상의 공동체에 접속함으로 신앙의 네트워크를 형성한다. 이러한 네트워크의 연결은 온라인 교회의 가장 큰 특징으로, 단일한 집단의 공동체성을 넘어서 신앙을 지닌 모두와 연대할 수 있는 확장성을 지닌다. 또한 연결성은 우주적 하나님 나라를 가장 잘 이해하고 경험할 수 있는 방식이다. 비가시적인 보편적·우주적 교회가 지역 교회를 통하여 하나로 연결되어 이상적인 연결망을 구축한다. 개인과 개인의 연결, 공동체와 공동체의 연결 네트워크는 시공간을 초월해서 모든 존재와 연결되어 있기에 하나님 나라의 특징과 상당히 유사하다.[35] '네트워크로서 하나님 나라'(kingdom as a network)는 하나님 나라의 구현으로서 기술을 추구하는 것이 아니라 관계 지향적인 하나님 나라의 특징으로 이해될 수 있다. 온라인 네트워크로 연결된 성도들과 교회는 지구 곳곳에서 벌어지는 일들을 실시간으로 접하면

34 Dwight J. Friesen, *Thy Kingdom Connected: What the Church Can Learn from Facebook, the Internet, and Other Networks* (Grands Rapids: Baker Academic, 2009), 43.

35 Heidi A. Campbell, Stephen Garner, *Networked Theology* (Grand Rapids: Baker Academic, 2016), 13.

서 함께 기도하기도 하고 공동으로 대응하며 실천하기도 한다.

'나는 연결되어 있다. 그러므로 존재한다'는 말은 네크워크 사회의 존재론을 가장 잘 설명해준다. 비대면 사회에서 인간은 끊임없이 누군가와 연결되고 싶어 하며, 이것은 연결이라는 하나의 행위가 아니라, '연결성' 자체를 의미와 가치로 인식하는 시대적 변화로 이해되어야 한다.[36] 인간의 연결에 대한 욕구는 네트워크 사회에서 온라인 공동체의 가능성을 촉발한다. 물리적으로 분리되어 있으나, 정서적·심리적·관계적으로 누군가와 연결됨으로 자신의 존재를 확인하고 공동체성을 경험하게 된다. 네트워크는 쌍방향성을 가지기에 사용자들을 단순한 구경꾼(소비자)으로 전락시키지 않는다. 네트워크 사회에서 참여자는 적극적인 소비자인 동시에 생산자 역할을 하는 이중성을 지닌다. 온라인 환경에 익숙한 교인들은 대면이 아니라도 가상의 공간에서 공동체 의식을 경험한다. 스마트폰을 신체의 일부로 여기고, 아바타를 자신의 존재로 인식하는 이들에게 대면과 비대면의 구분은 무의미하다.[37]

둘째, '익명성'이다. 인터넷 공간에서 사용자는 익명성을 보장받는다. 온라인 공간에서는 자유로운 참석과 퇴장의 유연성이 있으며, 위계나 질서의 형식에서 탈피할 수 있는 익명성이 자리한다.[38] 인터넷이 등장했던 초창기에는 사용자에 대한 정보의 부족과 사회적 규제의 약화로 개인들의 일탈 행위를 유발하고 공동체에 악영향을 미칠 것을

---

36 *Ibid.*, 55.
37 조성돈, "위드코로나 시대의 실천신학적 교회론,"「신학과 실천」78(2022), 733.
38 윤영훈, "온라인 공간에 실험하는 새로운 교회," 포스트코로나와 목회연구학회 편,『비대면 시대의 새로운 교회를 상상하다』(서울: 대한기독교서회, 2020), 51.

우려했다. 실제로 상대방에 대한 악의적인 비판과 근거 없는 주장들을 옮겨 나르는 행위를 통해 공동체 구성원 간의 신뢰도를 떨어뜨리기도 했다. 또한 전통적인 공동체성이 약화되고 개개인의 자유로운 활동과 욕구의 충족에 집중하기에 사회 분열의 요인이 되기도 한다. 자신의 신분을 노출하지 않고서도 대화하거나 다양한 활동에 참여할 수 있기에 범죄에 악용할 가능성도 있다. 댓글로 타인을 비난하거나 사적인 정보를 노출시키는 등의 범죄가 발생하기도 한다. 현대 종교의 가장 큰 문제 중의 하나는 신앙의 사사화(privatization)이다. 공공성을 잃고 개인의 행복과 이익을 추구하는 종교는 사회로부터 신뢰를 잃게된다. 따라서 신앙의 익명성이 혹시 기복적인 신앙과 이기적인 신앙으로 발전하지 않을까 우려되기도 한다.

하지만 최근의 논의들은 공동체 내의 지속적인 상호작용을 통해 사회적 유대감을 형성하고 수평적 관계 형성으로 자유로운 소통이 이루어지고 있다.[39] 이러한 상호작용은 오히려 공동체를 투명하게 하고, 건설적인 방향으로 발전할 수 있는 모두의 참여를 이끌어낸다. 신앙의 익명화는 신도들을 말 없는 유저로 전락시키는 것이 아니라, 직접적인 참여가 가능한 장을 열어두면서 창의적인 아이디어 제공과 실천의 동기를 제공한다. 이러한 배경에서는 신앙의 익명성이 자리한다고 할 수 있다.

셋째, 유연성이다. 디지털 환경은 신앙의 경험을 고정된 어떤 틀 안으로 가두어놓지 않는다. 다양한 경로를 통해서 얻어지는 종교적 지

---

[39] 윤수진, "사회적 익명성이 온라인 커뮤니티 구성원의 공동체 신뢰도와 인식에 미치는 영향," 「사이버커뮤니케이션학보」 31(2014), 191.

식과 타자의 경험들은 새로운 창조와 변화를 위한 직접적인 자극이 된다. 새들백 교회의 사례를 보면, 온라인 사역으로 전환하면서 다섯 가지 방향성을 세웠다. 첫째, 언제든지 교인들이 교회에 접속할 수 있어야 하며; 둘째, 실시간으로 교인의 필요를 채워주고; 셋째, 어느 곳에 있든지 성도들이 교회 사역에 참석할 뿐 아니라; 넷째, 교인들의 상호소통으로; 마지막은 여러 가지 개인에 맞춘 사역을 하는 것이다.[40] 디지털 공간의 유연성은 기존 교회가 취하는 고정된 외피를 벗겨내고 언제든지 새로운 교회 형태로 전환하는 가능성을 포함한다. 디지털 기술은 본래의 정보를 리믹스(remix) 또는 매쉬업(mash-up)하면서 언제든지 새롭게 재창조할 수 있다. 음악과 영상, 이미지 등을 짜깁기하면서 새로운 형태로 재탄생시킨다. 신앙에서도 이러한 특징들이 반영되는데 전통적인 교리와 교회의 체계를 고수하는 것이 아니라 각자의 상황에 따른 다른 변형으로 구체화한다. 설교자의 말씀을 그대로 수용하는 것을 넘어서 자신의 관점에서 재해석하고 재창조하는 것이다.

전통 종교에서는 권위자들에 의존하여 텍스트를 해석하거나 가르침을 통하여 교리와 신앙교육 등에 의존했다면, 온라인 네트워크에서는 일방적인 정보 전달이 아닌 참여자들의 자발적 해석과 실천에 더 많은 권위를 부여한다. 네트워크에서는 각자가 연결의 구심점을 갖기에 어떤 중심(center)이 존재하지 않는다. 중심에서 출발하여 가지로 뻗어가는 구조가 아니라, 각각이 중심이자 곧 가지로서 또 다른 연결이 가능하기에, 복음 전파와 선교 사역에서도 다양한 시도가 접목될

---

40 계재광, "코로나19 속 뉴노멀 시대 미국의 선교적 교회에 관한 연구,"「신학과 실천」 74(2021): 779-780.

수 있다. 프리센은 네트워크상에 모이는 클러스터(cluster)의 다양한 측면들을 소개하면서 교회의 실천으로서 '선교적 연결'(missional linking)을 제안한다.[41] 강한 연대를 추구하는 전통적인 교회는 자신의 멤버십 안으로 들어오는 것을 전도의 목표로 삼았다면, 약한 연대를 추구하는 온라인 교회는 자신의 네트워크에 연결되는 것을 하나의 선교 행위로 이해한다. 온라인 교회는 신앙의 수용과 전파에서 유연한 시도가 가능하기에 얼마든지 새로운 사역들을 펼칠 수 있게 될 것이다.

IV. 나가는 말

코로나-19가 가져온 비대면의 예배 환경 접목은 종교의 디지털화를 앞당겼다. 대면을 전제하는 예배와 신앙생활이 비대면의 환경에서도 가능하다는 인식이 보편화되었다. 단순히 온라인으로 예배를 드리는 것뿐 아니라 디지털 미디어를 활용한 종교 생태계의 새로운 시대를 열어놓았다. 하지만 한국교회는 디지털 교회론에 대한 보수적 태도로 인해 온라인 교회에 관한 연구가 활성화되지 못한 상태이다. 한국교회는 여전히 목회자나 신학자들이 디지털 실존을 인정하는 것에 소극적이고, 디지털 교회론의 구축에 대해 비판적이어서 포스트 코로나 시대에 교회의 소통과 변화에 대응하지 못할 것이 우려된다.[42] 또한

---

41 Tim Hutchings, "Network Theology: Christian Understanding of New Media," *Journal of Religion, Media and Digital Culture* 1(2021), 4.

42 성석환, "교회론의 디지털 실존적 재구성을 위한 가능성 연구: 디지털 '하나님의 선교(Missio Dei)'를 향하여," 「선교와 신학」 55(2021), 170.

'디지털 원주민'(Digital Natives)[43]으로 일컫는 세대들에 대한 종교성(종교적 형성)에 관한 이해 부족으로 이들에게 어떻게 신앙 교육과 복음 전도를 할 것인지 진지한 고민이 필요하다. 디지털 네이티브는 연결(connection)을 통하여 세상을 관찰하고 이해한다. 그들은 누구와 연결되어 있음으로 자신의 정체성과 존재감을 확인한다. 따라서 연결되지 못한 단절(disconnection)은 단순한 분리가 아니라 존재의 비존재화를 경험하는 엄청난 고통이다.[44]

디지털 매체의 사용이 증가함에 따라 매체의 특성에 대한 이해와 함께 디지털 문해력(literacy)도 요구된다. 정확한 정보에 근거한 사실 관계를 확인하고 주장의 출처를 분명히 하여 관계에 부정적인 영향을 끼치는 것을 주의해야 한다. 하이디 캠벨은 디지털 시대가 종교를 왜곡하고 위축시키는 것이 아니라 오히려 새로운 신앙생활의 확장과 다양한 가능성이 일어날 수 있음을 제안했다. 디지털 환경에서 종교의 새로운 시도는 가상의 공간에서도 종교생활이 가능할 뿐 아니라 그곳에서 연결되는 다양한 사람들과 함께 새로운 공동체 탄생이 가능함을 보여주기도 한다. 포스트코로나 시대로 전환되는 지금, 교회론에서 '함께 모임'의 의미가 온라인/오프라인의 구별이 아닌 시공간적 의미를 넘어서는 초연결의 가능성이 열리고 있음을 자각해야 한다.[45] 물론

---

43 디지털 네이티브는 2001년 마크 프랜스키(Mark Prensky)의 논문에서 처음 언급되었다. 개인 컴퓨터와 태블릿, 스마트 기기를 자연스럽게 사용하는 디지털 세계의 성장한 세대들을 의미한다. 마크 프랜스키/정현선·이원미 옮김,『디지털 네이티브 그들은 어떻게 배우는가』, (서울: 사회평론아카데미, 2019), 6.

44 P. Mutiara Andalas, "Home Religious Digital: Faith Formation in the Digital Age," *Advances in Social Science, Education and Humanities Research* 187(2018), 53.

45 김순환, "위드 코로나 시대를 위한 한국교회 예배 대안 모색,"「신학과 실천」77(2021),

코로나-19가 종식되어 하루속히 대면 예배를 드리기를 바라는 이들도 적지 않다. 그러나 온라인 예배를 경험하기 전과 후는 분명히 다를 것이다. 가정과 삶의 자리에서 드리는 예배를 통해 신앙생활의 중심은 교회에서 삶의 자리로 이동할 뿐 아니라 가정을 하나의 성소로 인식하면서 신앙적 경험을 교회 밖에서 영위하려는 움직임이 일어나고 있다. 즉 온라인 교회에 오프라인 교회가 혼종적으로 운영될 것이다.

이러한 변화의 시점에서 한국교회는 어떻게 응답해야 할 것인가? 온라인과 오프라인은 이분법적인 대척점이 아니다. 온라인의 보완으로서 오프라인이, 오프라인의 재현으로서 온라인이 상호적인 관계를 맺어갈 때 우리는 더 본질적인 교회를 세워나갈 수 있다. 공간과 시간의 한계를 넘어서서 교회의 울타리가 온라인 공간을 통하여 다양한 이들과의 접촉점을 만들어낸다면, 복음의 전파와 선교의 도구로도 충분히 활용할 수 있을 것이다. 또한 디지털 환경에 익숙한 디지털 네이티브들에게도 복음을 전달할 수 있을 뿐만 아니라 그들에게 익숙한 형태의 교회를 세우는 데 도움이 될 것이다. 온라인 교회의 여러 가지 한계에도 새로운 종교개혁의 시발점으로 바라보면서 위기가 가져다준 기회를 발판삼아 한 단계 더 도약하는 교회가 되길 소망해본다.

___
55.

참고 문헌

계재광. "코로나19 속 뉴노멀 시대 미국의 선교적 교회에 관한 연구."「신학과 실천」 74(2021): 767-790.

김동환. "코로나19 이후 신앙인의 관계성과 교회의 방향성."「신학사상」 191(2020): 117-146.

김순환. "위드 코로나 시대를 위한 한국교회 예배 대안 모색."「신학과 실천」 77(2021): 39-66.

김승환. "온라인 교회와 디지털 신앙."「기독교사상」 741(2020): 40-50.

김정형. "디지털 세계의 출현에 대한 창조신학적 성찰."「한국조직신학논총」 63(2021): 165-197.

김형락. "기독교 메타버스(Metaverse) 공동체와 예배에 대한 연구."「신학과 실천」 76(2021): 41-66.

베르거, 테레사/안선희 옮김.『예배, 디지털 세상을 만나다』. 서울: CLC, 2020.

서혜란. "디지털 네이티브 세대를 위한 기독교 생애설계 교육과정 개발 연구."「ACTS 신학저널」 50(2020): 420-448.

성석환. "교회론의 디지털 실존적 재구성을 위한 가능성 연구: 디지털 '하나님의 선교 (Missio Dei)'를 향하여."「선교와 신학」 55(2021): 153-184.

안선희. "예배 연구 주제로서의 온라인 예배 실행."「신학과 실천」 69(2020): 7-33.

윤수진·손동영. "사회적 익명성이 온라인 커뮤니티 구성원의 공동체 신뢰도와 인식에 미치는 영향."「사이버커뮤니케이션학보」 31(2014): 189-226.

이종관.『포스트휴먼이 온다』. 고양: 사월의책, 2017.

조성돈. "위드코로나 시대의 실천신학적 교회론."「신학과 실천」 78(2022): 715-738.

포스트코로나와 목회연구학회 편.『비대면 시대의 새로운 교회를 상상하다』. 서울: 대한기독교서회, 2020.

프랜스키, 마크/정현선·이원미 옮김.『디지털 네이티브 그들은 어떻게 배우는가』. 서울: 사회평론아카데미, 2019.

Andalas, P. Mutiara. "Homo Religious Digital: Faith Formation in the Digital Age." *Advances in Social Science, Education and Humanities Research* 187(2018): 52-57.

Campbell, Heidi A. When Religion Meets New Media. London & New York: Routledge, 2010.

_____. "Who's Got the Power? Religious Authority and the Internet?." *Journal of Computer-Mediated Communication* 12(2007): 1043-1062.

_____. "Understanding the Relationship between Religion Online and Offline in a Networked Society." *JAAR* 80(2012): 67-93.

_____. Lövheim, Mia. "Considering critical methods and theoretical lenses in digital religion studies." *new media & society* 19(2017): 5-14.

_____. Stephen Garner. *Networked Theology: Negotiating Faith in Digital Culture.* Grand Rapids: Baker Academic, 2016.

_____. Vitullo, Alessandra. "Accessing Change in the Study of Religious Communities in Digital Religion Studies." *CHURCH, COMMUNICATION AND CULTURE* 1(2016): 73-89.

Cheong, Pauline Hope. Ess, Charles. "Religion 2.0? Relational and Hybridizing Pathways in Religion, Social Media and Culture." in *Digital Religion, Social Media and Culture*, 1-21. ed. Cheong, Pauline Hope. Fischer-Nielsen, Peter. Gelfgren, Stefan. Ess, Charles. New York: Peter Lang, 2012.

Cowan, D. E. Hadden, J. K. edited. *Religion on the Internet.* New York: JAI, 2000.

Frederike, Oorshot. "Public Theology Facing Digital Spaces." *International Journal of Public Theology* 16(2022): 55-73.

Friesen, Dwight J. *Thy Kingdom Connected: What the Church Can Learn from Facebook, the Internet, and Other Networks.* Grands Rapids: Baker Academic, 2009.

Haigh, Michel M. Brubaker, Pamela Jo. "Social Media and Televangelist: Examining Facebook and Twitter Content." *Journal of Religion, Media and Digital Culture* 7(2018): 29-49.

Hutchings, Tim. *Creating Church Online*. London: Routledge, 2017.

Jakobsh, Doris R. "Understanding Religion and Cyberspace: What Have We Learned, What Lies Ahead?" *Religious Studies Review* 32(2006): 237-242.

Mahan, Jeffrey H. *Church as Network*. London: Rowman & Littlefield, 2021.

Ward, Pete. *Liquid Church*. Eugene: Wipf & Stock, 2013.

정든 인공지능과
정 많은 인공지능[*]

: 인간과의 공생을 위한 인공지능 개발과 지역 가치로서 '정(情)'

송용섭 | 영남신학대학교

I. 들어가는 말

인공지능 기술은 전 지구적으로 과학과 문화와 실생활의 영역에 빠르게 확산 중이다. 인공지능은 자율주행 분야와 산업용 및 군사용 로봇, 감시체계와 법률과 의료 영역뿐만 아니라 게임과 SNS 챗봇, 상담과 예술 분야에 이르기까지 영향력을 점차 확대하고 있다. 이러한 인공지능 기술의 발전과 적용 범위는 더욱 확산될 가능성이 높고, 미래에 인공지능 발전이 어느 정도까지 이뤄질지 아직 한계가 명확히 정해진 상태도 아니다. 따라서 우리가 현 단계에서 인공지능 기술을 어떤 방향으로 어떻게 발전시킬지에 대한 성찰이 더욱 절실해지고 있는 상황

* 이 글은 2021년도 한국연구재단의 국제협력사업의 지원을 받아 연구되었으며(NRF-2021K2A9A2A20101640), 「기독교사회윤리」 54(2022): 217-243에 출판된 것을 이 책의 취지에 맞게 수정 출판하는 것임을 밝힌다.

이다.

아직 미래가 열려 있는 인공지능 기술에 대하여 우리는 인문학적 성찰을 통해 인간과의 공생을 위한 인공지능 개발에 필요한 윤리적 가치와 방향을 제시할 수 있다. 특히 종교는 인간의 본성에 대한 깊은 성찰과 그것의 실현 또는 초월을 목표로 하는 가운데, 전 지구적으로 문화와 지역 내에서 그리고 동시에 이를 뛰어넘어 도덕적 영향력을 미치고 있다. 이러한 종교 혹은 종교적 가치는 인간과 더불어 존재해야 할 인공지능 기술 개발의 방향 설정에 긍정적 영향을 미칠 수 있다.

종교와 인공지능 기술의 상호작용 가능성을 전제로 하여, 이 글에서는 인공지능 개발에서 종교와 문화와 지역의 다양성을 포용하는 글로벌한 인식의 필요성과 이의 기여 가능성을 모색하려 한다. 무엇보다 종교적 전통과 수행을 통해 개인과 사회에 나타나는 문화적 가치가 실제적으로 국가적·지역적·국제적 정책을 이끌 수 있기 때문에, 이에 대한 비판적 성찰을 통해 지역 문화적 가치를 반영하는 인공지능 기술이야말로 그러한 정책이 실현되는 사회에서 인간과의 공생을 위한 인공지능을 개발하는 것이 될 것이다. 특히 서구 주도적으로 발전하고 있는 인공지능 기술이라 할지라도 그것의 설계와 글로벌한 실사용에서는 지역, 국가, 종교, 문화에 따라 반영해야 할 가치와 전통이 각각 달라져야 한다. 이를 위한 인공지능 기술은 초기의 설계 단계에서부터 지역 문화적인 가치들을 포용적으로 반영해야 할 것이다. 따라서 인문학적 성찰을 통해 다양한 지역 문화적 가치를 발굴하여 개발자들에게 제언하는 것이 빠르게 발전하는 인공지능 기술 개발의 속도만큼이나 국내외적으로 절실하다.

이미 서구의 인공지능 기술 개발에는 지역 문화적인 종교적 가치가 개발 과정과 방향 설정에 영향을 미치고 있다. 종교와 기술의 상호관계에 대하여, 미국의 종교학자인 로버트 M. 제라시(Robert M. Geraci)는 트랜스휴머니즘에 동조하는 많은 서구 인공지능 연구자가 유대-기독교 문화의 묵시론적 영향 속에서 인공지능 기술 개발을 진행 중임을 분석하였다.[1] 또한 조지 자카다키스(George Zarkadakis)는 서구 사회 속의 유대-기독교 전통은 인공지능이 자기희생적 사랑인 아가페(Agape)의 가치를 내재하여 궁극적으로 인류를 위해 봉사와 희생을 감당할 것을 기대하고 있다고 말한다.[2] 하지만 인공지능 개발에서 서구 중심적 문화 가치와 목표만이 글로벌하게 확산되고 실사용에 적용될 때는, 인공지능을 통한 디지털 신식민주의의 전파 가능성이라는 윤리적 문제를 초래할 수 있다.

따라서 이 글에서는 국가적이고 지역적인 종교 문화 가치를 반영하여 지금까지 서구 사회에서 인간과의 공생을 위한 인공지능 개발에 핵심 가치로 제시되어온 자기희생적 사랑인 아가페에 대한 비판적 성찰 및 재해석을 시도하려 한다. 특히 이 글은 한국의 문화신학적 전통 중에서 '정'(情)을 선택하여 서구 기술문화 속에 내재된 유대-기독교적 전통 속의 '아가페'와 비교 분석하여 인간과의 공생을 위한 인공지능 개발에 대한 인문학적 기여 방안을 도출하는 것을 연구의 목적으로 한다. 한국 문화의 '정' 개념과 이에 대한 신학적 성찰은 자기희생적 사

---

1 Robert M. Geraci, "Apocalyptic AI: Religion and the Promise of Artificial Intelligence," *Journal of the American Academy of Religion* 76, no. 1(2008); *Apocalyptic AI: Visions of Heaven in Robotics, Artificial Intelligence, and Virtual Reality* (New York: Oxford University Press, 2010).

2 George Zarkadakis, *In Our Own Image* (New York, NY: Pegasus Books LLC, 2016).

랑인 아가페가 제공하지 못하는 좀 더 친밀하고 수용적인 관계 형성을 인간과 인공지능 사이에 가능하게 할 수 있을 것이다. 그럼으로써 '정' 은 인간과의 공생을 위한 인공지능 개발에 필요한 윤리적 체계에 비서 구 중심적이고 지역적이면서도 동시에 국제적인 문화 가치를 제공할 수 있다.

II. 본문

1. 서구중심적 인공지능 연구의 특징 및 한계와 지역 가치의 필요성

데이비드 노블(David Noble)은 1997년에 처음 출판한 『기술 종교』(The Religion of Technology)에서, 서구에서 기술을 통하여 인간의 한계를 초 월하여 신처럼 되고자 하는 시도들이 기독교와 연관되어 있음을 지적 하였다.[3] 그는 기독교의 초기 역사에서부터 중세와 20세기에 이르기 까지 삼위일체 신학과 수도원주의와 천년주의 운동 같은 기독교 전통 속에서 서구인들이 기술을 통해 인간이 어떻게 신과 같은 초월적 존재 와 장소로 들어갈 수 있다고 믿었는지, 서구 사회가 어떻게 기술을 통 하여 혼돈의 현세를 초월하여 새 아담으로서 새 에덴에 들어가는 구원 을 얻으려 했는지를 상세히 기술하고 있다. 20세기의 인공지능 기술 과 유전공학은 기계를 통해 죽음의 초월을 가능하게 하는 새로운 피조 물의 등장을 갈망하게 하고 제한적인 육체의 완전성을 추구하게 하였

---

[3] David F. Noble, *The Religion of Technology: The Divinity of Man and the Spirit of Invention* (New York: Penguin Books, 1999[1997]), 9-10.

지만, 노블은 이러한 미래지향적인 판타지들이 실상은 중세 기독교적 신화에서 벗어나지 못한 것이고 인간의 육체를 기계의 또 다른 종류로 바라보는 것에 지나지 않는 것이라고 비평한다.[4] 노블이 분석한 서구의 기술발달사에 근거하여 로버트 제라시 역시 "기술에 대한 서구의 접근은 기독교 신학에 깊이 뿌리를 두고 있으며, 서구의 기술 개발의 많은 부분을 추동해 나아가는 아이디어는 바로 세계와 인간 안에서 완전성(perfection)을 성취하려는 기독교적 목표들"이라고 주장하기도 하였다.[5]

한편 21세기에 이르러 인공지능 기술의 급속한 발달과 이에 따른 사회문화적 충격 그리고 레이 커즈와일(Ray Kurzweil) 같은 미래 기술 옹호자들의 사상을 적용한 각종 소설들과 영화들로 인하여 미래 사회에 등장할 과학기술의 발전상에 대한 대중적 관심이 더욱 고조되었다. 트랜스휴머니즘 또는 포스트휴머니즘이라 불리는 이러한 과학중심주의 사상들은 과학기술을 통한 인간 육체의 점진적 향상뿐만 아니라, 인간 정신을 컴퓨터에 업로드함으로써 불멸을 성취하려 한다. 또한 이들은 초지능(superintelligence)을 개발하여 신과 같은 경지에 이르게 함으로써, 궁극적으로 인류의 정신을 우주에 보내 행성들을 컴퓨터로 변환시켜 우주를 깨우려는 우주론적 목적을 지닌 미래 사회 비전 운동으로 점차 확대 발전하고 있다.[6]

---

5 로버트 제라시(Robert M. Geraci), "인공지능과 현대 종교들 그리고 미래 인간-컴퓨터 상호작용에 관한 이야기들"("Narratives of Artificial Intelligence, the Religions of Modernity, and the Future of Human-Computer Interaction"), 송용섭·박일준 번역, 2021-22 한국연구재단 한미인문분야 특별교류 협력사업 강연문, 2022년 5월 19일, 원광대학교, "인간과 컴퓨터가 상호작용하는 미래의 인공지능과 현대종교".

로버트 제라시는 그의 영향력 있는 저서인『묵시론적 인공지능』
(*Apocalyptic AI*)에서 트랜스휴머니즘이 '유대-기독교의 묵시론적 전통'
에서 주요 개념 및 서사와 궁극적 비전을 차용했다고 분석한다. 제라
시는 서구 사회, 특히 미국의 과학기술과 대중문화 속에 나타나고 있
는 이 사상을 "묵시론적 인공지능"이라 칭하여 종교와 기술 간의 상호
작용을 명시적으로 표현하였다.[7] 즉, 21세기에 들어서 더욱 발전하게
된 미래기술 연구와 대중적 과학문화 속에는 인공지능 기술의 진보와
이에 대한 믿음으로 인해 디지털 구원에 대한 종교적 믿음이 점증하고
있다는 것이다. 제라시는 이러한 서구 기술 연구와 다양한 문화에 부
각되고 있는 트랜스휴머니즘이 표면적으로는 종교와 무관한 미래과
학 사상 또는 과학 지상주의 운동으로 보인다 해도 실상은 종교와 얽
혀 있다는 것, 즉 트랜스휴머니즘이 서구 사회에 뿌리깊이 자리 잡고
있는 유대-기독교적 묵시론에 기초하고 있다는 것을 지적한다.

커즈와일과 같은 트랜스휴머니스트들은 인공지능이 인간의 지능
수준에 도달하거나 이를 초월하는 특이점을 비전으로 제시하고, 이러
한 인공지능 로봇이 등장할 경우 인간이 결국 이들을 인격체로 인정할
것으로 예상한다.[8] 이런 경우에 현재 진행 중인 인공지능 로봇은 단순
히 실험실 연구나 산업용에 그치지 않고 가사 도우미 로봇처럼 인간과
더불어 살게 되는 사회적 인공지능 로봇으로 발전할 수밖에 없다. 이
러한 사회적 인공지능 로봇의 지능이 점차 발전할수록, 이들은 인간

---

[6] Ray Kurzweil, *The Singularity Is Near: When Humans Transcend Biology* (New York: Viking, 2005), 14-17.

[7] Geraci, *Apocalyptic AI: Visions of Heaven in Robotics, Artificial Intelligence, and Virtual Reality*, 52, 87.

[8] Kurzweil, *The Singularity Is Near: When Humans Transcend Biology*, 377-380.

과 함께 공존하기 위하여 인간을 이해하려 노력할 가능성이 높다. 제라시에 따르면, 자의식을 지닌 사회적 인공지능이 등장할 경우 이들은 종교적인 인간을 더 잘 이해하고 인간과 친밀한 관계를 유지하기 위하여 "잘 고안된 프로그램에 따라서가 아니라, 자의적 선택"에 의해 종교적이 되려 할 것이다.[9]

따라서 기독교인의 경우에 기독교의 핵심 가치로서 자기희생적 사랑인 아가페를 자의식을 지닌 사회적 인공지능 로봇에게 가르치고자 할 것이다. 이렇게 인간과 공존하게 될 사회생활에서 기독교 공동체가 인공지능에게 아가페의 학습과 실천을 요청하는 것은 자연스러운 현상으로 생각될 수 있다. 아가페는 기독교 공동체 내에서 사회적 인공지능을 위한 종교윤리적 가치와 규범이 되어 인간과의 상호교류와 공존을 위한 효과적 기능과 역할을 담당할 가능성이 있다.[10]

그러나 미래 글로벌 사회의 다문화·다종교 현장에서는 기독교의 아가페를 사회적 인공지능의 유일하거나 보편적인 규범이나 가치로 그대로 적용하기에 한계가 있는 것도 사실이다. 먼저 역사적 측면에서 아가페가 글로벌 사회에서 사회적 인공지능을 위한 최상의 규범이 되기에는 과거 기독교와 결탁했던 식민주의적 유산에 대한 우려를 씻을 수 없다. 또한 아가페를 글로벌 사회를 위한 보편적 가치로 규정하고 인공지능에게 학습시키기에는 반다나 시바(Vandana Shiva)가 비판했던 '정신의 획일화'(Monocultures of the Mind) 문제에서 자유롭지 못

9 Robert M. Geraci, "Religion for the Robots," in *Sightings* (Chicago: Martin Marty Center at the University of Chicago, 2007).
10 Yong Sup Song, "Religious AI as an Option to the Risks of Superintelligence: A Protestant Theological Perspective," *Theology and Science* 19, no. 1(2021), 74.

하게 된다. 서구 문화를 보편적인 것으로 인식하는 '정신의 획일화'는 지역 문화와 지식을 제거하여 역사에서 사라지게 할 뿐만 아니라 자본주의적 경제 척도에 따라 도구화하고 열등한 가치를 부여함으로써 그것이 지닌 다양성과 잠재성을 파괴하는 문제가 있기 때문이다.[11] 따라서 인간과 공존하기 위한 인공지능 개발을 위하여 기독교의 핵심 가치인 아가페를 적용하고자 할 때는, 아가페와 유사하여 상호이해와 교류에 거부감이 없거나 발전적 보완 수용이 가능한 비서구적 지역 가치들의 발굴과 성찰을 통한 적절한 재해석이 선행되어야 할 것이다.

그런데 여기서 현실적인 문제는 아래의 인용글이 지적하는 바와 같이 인공지능과 관련되어 제시되는 대부분의 가치 혹은 지침들이 여전히 서구 중심적이라는 것이다.

> Algorithmwatch.org가 마련한 목록에서 대부분의 지침들은 서구 국가들이나 국제 조직으로부터 나온 것이며, 자신들의 지침을 발표한 비서구 국가는 오직 두 국가, 즉 중국과 일본뿐이다. 그럼에도 불구하고 이 두 국가가 마련한 문서들은 그들 자신의 지적·정규적 전통의 관점에서는 아무것도 언급하고 있지 않다. 중국과 일본으로부터 나온 문서들은 프라이버시·보복성·공정성 및 정의와 같은 잘 알려진 개념들에 대해 말하고 있지만, 왜 이런 개념들이 중요한가를 논의하는 방식은 그들 자신의 지적 자원에 대해서 전혀 언급하고 있지 않다. 이것은 놀라운 일인데, 윤리적으로나 이론적으로 많은 정보를 담고 있는 인공지능 윤리에 관한 우리의 지구적 사색에 커다란 공백이 있음을 보여준다.[12]

---

11 Vandana Shiva, *Monocultures of the Mind: Perspectives on Biodiversity and Biotechnology* (Palgrave Macmillan, 1993), 2-3.

따라서 인간과의 공존을 위한 인공지능 개발에서 필수적인 윤리적 가치와 규범을 설정하고 인공지능과 인간과의 공존을 논의할 때, 지역적 가치의 발굴 및 적용은 지속적으로 필요하다. 예를 들어 태국의 불교 윤리학자 형라다롬(Hongladarom)은 불교의 가치를 활용하여 인공지능 개발을 위한 윤리에 기여하려고 노력한다. 그는 "불교의 '연민(悲, karuna)'이라는 용어는 모든 유정적(有情的) 존재들에게서 고통을 제거해 주려는 바람을 의미하는 전문적 용어인데, 윤리적 인공지능 설계의 맥락에서 보면 이는 인공지능이 유정적 존재들(즉, 동물들을 포함한 모든 사람들)의 복지를 무엇보다도 최우선적으로 배려하는 방식으로 설계된다는 것을 의미한다"라고 주장한다.[13] 그가 주장하는 불교의 자비와 연민과 같은 가치는 필요한 경우에 인공지능이 인간을 위하여 자신을 희생할 수 있게 기능하는 기독교의 아가페와 유사하여 일정 부분 상호이해와 교류가 가능하다. 하지만 이는 서구 기독교적 가치에 종속되지 않기에 아가페와 상호이해가 가능한 자비를 추구하는 인공지능 개발은 불교문화권에서 수용 및 전파에 더욱 용이하게 될 것이다. 인간과의 공존을 위한 인공지능 개발에서 서구적 가치 외에는 구체적 논의나 적용이 잘 이루어지지 않고 있는 현실에서 형라다롬이 불교의 입장에서 지역 가치를 제안한 것과 같이, 우리도 한국 문화신학적 전통에 기반한 지역 가치를 모색하여 제안할 필요가 있다. 이러한 한국의 지역 가치야말로 인간과의 공존을 위한 인공지능 개발에

---

12 소랏 형라다롬(Soraj Hongladarom)/김근배 외 옮김, 『불교의 시각에서 본 AI와 로봇 윤리』(*The Ethics of AI and Robotics: A Buddhist Viewpoint*) (서울: 씨아이알, 2022), 8.

13 위의 책, 355.

필요한 전 지구적 논의에 고유한 기여를 할 수 있기 때문이다.

2. 지역적 가치로서 한국의 정(情)과 정(情)의 재해석

1) 지역적 가치로서 한국의 정(情)

한국의 정(情)은 한국 사회에 자리 잡고 통용되는 사회문화적 가치이
자 인간과의 공존을 위한 인공지능 개발에 필요한 지역 가치로 활용될
가능성이 높다. 많은 학자들은 정을 한국인의 고유한 성품으로 인식
한다. 예를 들어, 오랜 기간 정에 관한 사회심리학적 연구를 수행한 학
자인 최상진에 따르면, 한국인들은 "사람들의 속마음인 본성(마음씨)이
착한 것으로 가정"하고 있는데, 한국인들에게 정이란 "호의적인 대인
관계 속에서 자연적으로… '발동된 속마음'"이다.[14] 타민족에게도 유
사한 감정은 있지만, 정은 수천 년의 한국 문화와 공동체적 경험을 통
하여 독특하게 발전되어왔다. 이러한 한국인의 정을 서구적 방식으로
분류하고 분석하거나 개념화하는 것은 어렵다. 게다가 한국 사회에서
는 합의된 정의 개념조차 아직 정립되어 있지 못한 상태이다.[15] 이러한
이유는 정이 한국인의 다양한 사회적 삶 속에 자연스럽게 녹아들어 있
기 때문일 것이다. 다양한 관계성의 종류와 밀도를 내포하는 정을 하
나의 문장으로 정의하는 것은 정에 대한 충분한 이해를 제공하지 못할
것이다. 따라서 이 글에서는 정에 대한 포괄적 정의를 제시한 이후에,

---

14 최상진·김지영·김기범, "정(미운정 고운정)의 심리적 구조, 행위 및 기능 간의 구조적
관계 분석,"「한국심리학회지: 사회 및 성격」14(2000), 208.

15 고미숙, "정(情) 윤리의 정립: 배려 윤리와의 관계를 중심으로,"「교육철학연구」36,
no. 2(2014), 3; 최상진,『한국인의 심리학』(서울: 학지사, 2011), 34.

다양한 관계 속에서 다양한 차원으로 나타나는 정을 서술함으로써 정에 대한 더욱 깊이 있는 이해를 제시할 것이다.

먼저, 정은 대상과의 지속적인 시간과 밀도 깊게 경험한 관계를 통해 형성된 깊이 있고 끈끈한 유대관계를 의미한다. 한국인의 정은 역사적으로도 오랜 세월 동안 그 의미를 유지하여 수백 년 전의 정의 용례와 현대의 용례는 동일한 의미를 지니고 있다. 이러한 정은 "남녀 간의 애정을 의미"하거나 친구 간의 "우정"을 포함하여, "부부관계, 사제관계, 직장에서의 상하관계 등의 다양한 인간관계" 속에서 사용되고 있으며, 심지어 "무르익은 연인관계마저도 '사랑이 깊어졌다'는 말보다 '정이 들었다'는 말을 사용하며, 사랑이 식었거나 애증이 뒤섞인 부부관계에서도 흔히 '정 때문에 산다'고 말한다."[16]

한국인의 정은 한국 사회 속의 "우리(we)"라는 공동체성을 통해 생성되었다.[17] 한국 사회에서 "우리"라는 공동체성에는 정치적인 측면에서 개인에게 공동체에 대한 동화를 강요하고 공동체 밖의 타인에 대해 배타적인 태도를 갖게 하는 부정적 측면도 존재해왔다.[18] 하지만 김성문은 이러한 정치적 우리를 사회심리학적 우리와 구별해야만 한다고 주장한다. 그는 사회심리학적으로 상호의존적인 자아(interdependent self)는 우리라는 집단 속에서 완전히 융합되어 사라지는 경향을 거의

---

16 최상진, 『한국인의 심리학』, 34-37.
17 Sungmoon Kim, "The Politics of Jeong and Ethical Civil Society in South Korea," *Korea Journal* 46, no. 3(2006), 224.
18 한국인의 정은 이러한 내적 강요성과 외적 배타성의 결과로 우리 안에 속한 대상들의 실수나 잘못을 눈감고 넘어감으로써 윤리적 판단에 부정적으로 작용할 가능성이 있으나, 이 글에서는 한국인의 관계에서 정의 중요성과 긍정적 측면에 집중하여 주장을 전개하였다.

보이지 않고 집단적 자아(group ego)를 급격히 폭력적으로 표출하지도 않는다고 생각한다. 그 대신, 한국적 상황에서 "우리" 안의 상호의존적인 자아는 타인과 "우리"라는 관계성을 형성함으로써 자신을 강화하는(empowerment) 중첩된 자아들을 의미하게 된다.[19]

이렇게 중첩되어 상호의존적인 자아가 "우리" 안에서 경험하는 정을 최상진은 형태적 측면에서 두 가지로 나눈다. 첫째 형태의 정은 "관계적 정" 또는 "대상지향적 정"이다.[20] 이러한 정의 특성은 "'누군가에 대해서', '무엇에 대해서' 생기는 정이다."[21] 고미숙 역시 정의 특성 중에 하나를 관계 지향성으로 소개하면서, "정은 대상이 있으며, 정은 지향적인 것"이라 말하였는데, 특히 이러한 관계적 정은 "사람만이 아니라 자연, 사물, 동물, 환경 등 모든 것들을 대상으로 발생한다."[22] 다른 말로, 심리학적으로 사랑이 자기와 대상을 모두 지향할 수 있는 반면에, 정은 자기애적 사랑과 달리 자신을 향하지 않으며 대상을 지향하는 특징이 있다. 따라서 대상이 부재한 정은 성립되지 않는다. 이때 정을 느끼는 대상은 주로 가족이나 지인과 같은 인간이지만, 정은 이에 그치지 않고 모든 대상을 지향할 수 있다.[23]

고미숙에 따르면, "정의 대상이 모든 존재가 될 수 있다는 것은 인간중심적인 사유가 갖고 있는 편협함으로부터 벗어나도록 해준다. 그리하여 인간 이외의 존재를 인간을 위한 수단으로 간주되지 않도록"

---

19 *Ibid.*
20 최상진, 『한국인의 심리학』, 37-38.
21 최상진·김지영·김기범, "정(미운정 고운정)의 심리적 구조, 행위 및 기능 간의 구조적 관계 분석," 208.
22 고미숙, "정(情) 윤리의 정립: 배려 윤리와의 관계를 중심으로," 5.
23 최상진, 『한국인의 심리학』, 43.

기능하게 한다.[24] "우리"라는 집단 속에서 서로 중첩되어 상호의존적인 자아가 느끼는 정이 인간을 넘어 모든 존재로 향할 때, 인간은 모든 존재와 상호연결성과 의존성을 경험하는 것이기 때문에 인간 중심적 사유의 틀이 모든 존재에까지 확장될 수 있다. 예를 들어, 한국인이 흔히 사용하는 '정든 물건, 정든 고향' 등과 같은 표현에서 알 수 있듯이 한국인은 그러한 사물에 대해서도 정을 느낄 수 있다. 정에 대한 이러한 인식은 우리가 인간뿐만 아니라 사물과 심리적으로 연결되어 있고 그러한 대상에 의존하고 있음을 알려준다.

최상진은 둘째 형태의 정을 "성격 특질로서의 정"이라 구분한다.[25] 최상진에 따르면, "정은 … 격렬한 감정 상태라기보다는 장기간의 접촉 과정에서 … 잔잔하게 쌓여서 느껴지는 누적적 감정 상태다."[26] 정은 오랜 시간에 걸쳐 경험한 다양한 사건과 감정을 "당사자가 주관적으로 구성한 주관적 개념화"로, 이러한 사건과 감정이 아무리 오래되고 깊었다 해도 "이를 정이라고 의식하는 계기가" 있어야만 정의 관계로 인식될 수 있다.[27] 우리라는 공동체 속에서 인간과 인간 사이에 나타나는 정은 과거의 사건과 감정을 이용하여 의도적으로 만들어내는 것이 아니라 서로의 "마음속에서 저절로 생겨나야" 하며, 정을 불러일으킬 수 있는 사건과 감정을 회고하면서 개인이 추론 과정을 거쳐 파악하고 인식하고 느껴야 하는 것이다.[28] 내가 "일상생활에서 정을 느

24 고미숙, "정(情) 윤리의 정립: 배려 윤리와의 관계를 중심으로," 5.
25 최상진, 『한국인의 심리학』, 37-38; 최상진·김지영·김기범, "정(미운정 고운정)의 심리적 구조, 행위 및 기능 간의 구조적 관계 분석," 208; 최상진 외, "한국인의 정(情) 표상," in *Conference Proceedings*, 한국심리학회(1997), 553.
26 최상진, 『한국인의 심리학』, 39.
27 위의 책.

낀다는 말은 상대의 마음속에 나를 가족처럼 아껴주는 마음의 상태가 일어나고 있음을 느끼거나 인지함을 뜻한다."[29] 즉, 나와 상대의 관계 속에서 정의 감정이 '실제로 일어나고' 내가 이를 정으로 인지하게 될 때, 이러한 정의 감정은 대상지향적이고 동시에 성격특질적인 것으로서 서로 상호작용하는 동질의 정이다.

이렇게 서로 중첩된 자아가 우리 안에서 경험하는 정은 나와 대상에 끈끈한 유대관계를 형성한다.[30] 이규태는 이를 발효된 콩의 끈적끈적함을 통해 비유로 설명한다. 콩을 오래 놔두었을 때 콩이 발효되어 서로 달라붙어 쉽게 떨어지지 않고 완전히 이탈하지 못한다.[31] 이러한 비유에서 이해될 수 있는 정은 미운정·고운정이라는 한국 고유의 개념을 통해 더욱 분명히 드러난다. 한국인의 관계에서 사람 사이에 "일단 든 정은 상대방의 흉이나 나쁜 점까지도 수용하게 하거나 심지어는 긍정적으로 지각되게도 한다."[32] 따라서 상호모순적으로 보이는 미운정·고운정 개념은 일단 정의 관계가 형성된 이후에는 긍정적·부정적 영향의 여부에 관계없이 정든 타인을 떠나거나 그러한 관계를 쉽게 단절하지 못하는 한국인의 심성을 잘 드러내준다.

---

28 최상진, "한국인의 심정심리학," in *Conference Proceedings*, 한국심리학회(1993), 16.
29 최상진, 『한국인의 심리학』, 38.
30 이규태, 『한국인의 정서구조』 vol. 2 (서울: 신원문화사, 1994), 73; Wonhee Anne Joh, *Heart of the Cross: A Postcolonial Christology*, 1st ed.(Louisville, KY.: West-minster John Knox Press, 2006), 121.
31 이규태, 위의 책, 73.
32 최상진·김지영·김기범, "정(미운정 고운정)의 심리적 구조, 행위 및 기능 간의 구조적 관계 분석," 210.

2) 아가페와 정(情)의 재해석

한국인의 정은 조건 없는 용서나 이타적인 사랑 또는 자기희생을 동반하므로,[33] 이러한 측면에서 정은 기독교의 아가페와 맞닿아 있다고 볼 수 있을 것이다. 정이 많은 사람은 상대방의 어려움이나 고통을 공감하는 일에 민감하며, 어려움에 처한 상대를 조건 없이 도와주고도 도와준 티를 내지 않는다.[34] 한국 문화권에서는 "부모-자녀 간에 일체감, 연대성" 및 정을 바탕으로 한 "이들의 관계 및 상호작용"으로 인해 "자녀의 부모에 대한 심리적 애착(attachment)이 높으며, 부모의 자녀에 대한 정이 자녀의 성격 특질로 내재화될 가능성"이 높기 때문에, 한국인들에 정이 많다고 볼 수 있다.[35]

하지만 한국인의 정은 서구의 자기희생적 사랑인 아가페와 유사점과 동시에 차이점이 있다. 한국인의 정을 연구의 중심으로 삼고 있는 대표적인 미국의 여성신학자인 앤 조(Anne Joh)는 자기희생적 사랑의 상징인 십자가가 자신이 "정(情)의 개념과 연결시켜온 사랑의 급진적(radical) 형태를 포함한다"라고 주장한다.[36] 앤 조는 이렇게 아가페와 유사하여 아가페의 일부로 불릴 수 있으면서도 정이 서구적 개념의 아가페와 어떤 차이점을 보이는지에 대해 다음과 같이 비교적 구체적으로 분석하고 있다.

마지막으로 아가페와 마찬가지로 정(情)은 종종 타자, 심지어 억압하는

---

33 이규태, 『한국인의 정서구조』, 2, 71.
34 최상진, 『한국인의 심리학』, 39-40.
35 위의 책, 41.
36 Joh, *Heart of the Cross : A Postcolonial Christology*, 72.

타자에 관련해서도 극적인 희생을 수반하지만, 아가페가 행해지는 많은 방식들과 달리, 정은 자기비움의 자기희생(self-emptying self-sacrifice)은 아니다. 그것은 분명히 자기부정(self-abnegation)이 아니다. 자기희생과 대조적으로, 정은 자신의 존엄성과 가치뿐만 아니라 다른 사람들의 존엄성과 가치를 인정하는, 의도적이고, 현명하며, 알면서 포기하는 결단이다. 이러한 맥락에서, 주체성은 포기되지 않는다.[37]

십자가의 사랑인 아가페에서 가장 잘 표현되는 자기희생적 사랑이 그동안 여성신학의 관점에서 볼 때 여성에 대한 자기부정과 희생을 강요하는 도구로서 활용되었다고 비판을 받아왔다면, 한국인의 정은 이러한 비판에서 비교적 자유로운 편이다. 앤 조의 관점에서, 고유한 관계성으로서의 정은 "페미니스트들이 그렇게 정치적 올바름의 기준으로 비판했던 자기희생이 아니다."[38] 정이 지닌 관계성은 "폭력을 독특한 방식으로 반박하는 상호인정과 공명(resonance)에 기초"하고 있는데, 이는 한국인의 정 속에서 "폭력이 주체의 형성과 포기의 반대 방향적이고 개인적으로 지향하게 되는 과정으로서 새롭게 이해되기 때문"이다.[39] 결국 이러한 아가페와 연관되어 한국인의 정을 이해할 때, 정은 자기희생이라는 사랑의 급진적 형태를 포함하고 있지만, 자기를 비우고 포기하여 자기희생을 감행하는 자기부정이 아니라 타자와의 관계성 속에서 폭력마저도 주체적으로 새롭게 정반대로 재해석

---

[37] Joh, "Love's Multiplicity: Jeong and Spivak's Notes," in *Planetary Loves: Spivak, Postcoloniality, and Theology*, ed. Stephen D. Moore and Mayra Rivera(New York: Fordham University Press, 2010), 180.

[38] *Ibid.*, 184.

[39] *Ibid.*

함으로써 타자의 존엄과 가치를 인정하여 자기를 희생하는 의도적이고 주체적인 결단이 된다.

한국인의 정은 인간의 보편적 감정인 사랑의 관점에서 볼 때 문화와 언어를 넘어 자기희생적 사랑의 개념으로 이해할 수 있는 공통된 측면이 있지만, 이것만으로는 한국인이 느끼는 정을 온전히 이해하는 것이 아닌 사랑과 겹쳐져 있는 일부 특성만을 이해하는 것이다. 정은 중첩되고 상호의존적인 개인들이 오랜 시간 동안 지속적인 접촉을 통해 쉽게 단절할 수 없는 끈끈하고 밀도 높은 관계성을 형성하여, 타인과 자신의 관계 속에 동등한 존중과 인정이 때로 부재하거나 희박하다 할지라도 자신과 타인의 존엄성과 가치를 상호 인정하여 의도적으로 자기희생을 선택하는 주체적 의지에 바탕을 둔 깊이 있고 끈끈하며 결속력 강한 사회심리적 유대감이다.

이러한 정은 한국의 전통과 문화 속에서 형성된 한국인의 성품이지만, 동시에 전 세계인이 경험할 수 있는 보편적 감정이자 윤리적 가치로 확장될 가능성이 있다. 특히 앞서 언급한 국내 학자들이 정을 한국인의 고유 성품으로 여기고 주로 이의 독특성을 강조하는 편이라면, 국외 학자들은 이미 정의 보편성을 강조하는 편이다. 예를 들어, 앤 조는 "정은 한국인의 고유한 것이 아니다. 공동체성이 강조되고 존중될 때마다 그리고 이 공동체적 감성이 폭력적 대면에서 권력의 노선을 완화하고 변형시키도록 허용될 때, 나는 정(情)의 존재를 발견해왔다"라고 주장한다.[40] 이러한 앤 조의 주장은 서구에서도 공동체를 통해 형성된 감정이 한국인의 정서에 정이라고 불리울 만한 정서적 특질과

---

40 *Ibid.*, 188.

대상지향성을 지닐 수 있음을 말해줄 뿐만 아니라, 이러한 정의 감정이 현실에서 덕스러운 행위를 촉발할 수 있는 윤리적 가치로 작용할 수 있음을 알려준다.

또한 재미 자기심리학 여성신학자인 안젤라 손(Angella Son)은 "정이란 자기대상(selfobject) 경험 속에 있는 공감에 대한 한국적 경험으로 볼 수 있다"라고 주장하고, 이를 신학적 용어로 대체하여 "정을 한국인과 비한국인을 위한 동정심의 패러다임적 체현(a paradigmatic embodiment of compassion)"이라 규정하였다.[41] 물론 안젤라 손이 제안한 것처럼 과연 정을 한국적 공감(empathy)이나 성서적 동정심(hesed로서의 compassion)으로 등치할 수가 있을지에 대하여는 학자적 시각에 따라 논란이 있을 수 있을 것이다. 하지만 위에서 언급한 앤 조와 함께 안젤라 손이 정을 비한국인도 경험할 수 있고 그들에게서도 발견할 수 있는 심리적 정서로 구체적으로 분석한 것과 신학적으로 재해석한 것은 문화신학적 관점에서 지역 가치인 정이 전 세계적으로 확장되고 또 다른 보편적 종교 가치로 발전할 수 있는 가능성을 보여준 중요한 공헌이라 할 수 있다.[42]

3. 정든 인공지능과 정 많은 인공지능: 인간과의 공존을 위한 인공지능

지역적 가치로서 한국인의 정이 인공지능 개발에 적용된다면, 정은

---

[41] Angella Son, "Jeong as the Paradigmatic Embodiment of Compassion (Hesed): A Critical Examination of Disparate and Dispositional Jeong," *Pastoral Psychology* 63, no. 5-6(2014), 741.

[42] *Ibid.*, 742.

서구 중심적 가치인 아가페와 비판적 상호 교류를 통하여 인간과 인공지능과의 상호작용에 더욱 효과적인 기능을 담당할 수 있을 것이다. 즉, 기독교 공동체에서 향후 개발될 인공지능에게 요구할 가치의 핵심을 아가페로 제시하게 된다면, 비서구적이고 지역적 가치로서 한국인의 정은 아가페와 상호 교류할 수 있는 가능성을 열어놓으면서도 앞서 언급한 서구 중심적 가치로서의 한계를 비판적으로 극복할 수 있는 대안적 가능성을 제시할 수 있다. 반다나 시바가 비판한 대로 전 지구적 가치의 보편적 기준으로 받아 들여온 서구 중심적 가치가 처음부터 보편적이었던 것이 아니라 서구의 지역 가치에 불과했던 것을 식민주의적 확장에 의해 전 지구에 보편적으로 확대한 것이었다면,[43] 한국의 정은 서구 중심적 가치로서 아가페를 역으로 지역적 관점에서 비판적이고 창조적으로 재해석하게 함으로써 인간과의 공생을 위한 인공지능 개발을 위한 전 지구적 지역 가치의 하나로 재정립하게 할 수 있게 할 것이다.

특히 정은 독특한 한국인의 정서임과 동시에, 앤 조와 안젤라 손이 주장한 대로 세계적으로 확장되고 보편적으로 경험될 수 있는 윤리적 가치이자 공감적 정서이기도 하다. 한국인의 정이 전 지구적 지역 가치로 확산된다면 아가페와 비교하여 인간이 향후 인공지능에게 가질 수 있는 자연스러운 감정이자 상호 공존을 위한 윤리적 가치가 될 수 있다. 물론 한국인의 정은 한국 사회의 우리(we)라는 관계성 속에서 형성되었기 때문에 그 관계 밖의 존재들에게 배타성을 지니는 한계도 있지만, 일정 기간 동안 시공간적으로 함께하여 우리라는 감정적 연

---

43 Shiva, *Monocultures of the Mind: Perspectives on Biodiversity and Biotechnology*, 2.

대를 소유한 사람들 혹은 사물에 대해 자연스럽게 형성되고 주체적으로 인지되고 있기도 하다. 따라서 사회적 인공지능 로봇이 상용화 초기에 인간을 돕기 위한 가사 도우미 로봇과 같은 역할을 하게 되면, 같은 시공간 속에서 지속적으로 함께하게 될 인공지능 로봇에 대해 인간이 먼저 '우리'의 관계를 형성하고 정을 느끼고 인지하는 것은, 그것에 자기희생적 사랑인 아가페를 느끼는 것보다 더 자연스러운 것이 될 터이다. 이를 좀 더 쉽게 표현하면, 인간은 인공지능과 함께 생활하게 될 때 인공지능에 아가페를 느끼는 것보다는 정을 더 자연스럽게 느낄 수 있을 것이다. 즉, 인공지능이 상용화되는 시점에 지역적 가치인 한국인의 정이 전 지구적으로 소개가 되고 인공지능 개발에 윤리적 가치로 적용된다면, 인간은 인공지능을 향해 느끼는 감정을 정으로 인지할 수 있게 될 것이다. 이렇게 인공지능에 대해 자연스럽게 형성되고 인지된 정의 관계는 인간과 정든 인공지능이 공생하는 것에 긍정적 기여를 할 수 있으리라 생각한다.

또한 한국인의 정은 서구 문화에서 인공지능에 기대하는 아가페보다 인간과의 공생관계를 비강요적으로 촉발함으로써 훨씬 윤리적 가치가 될 수 있다. 서구 기독교 문화에서 인공지능에게 기대하는 자기희생적 사랑은 실상 일방적이고 강요적인 측면이 있다. 즉, 자카다키스가 앞서 언급한 서구 기독교 문화 속의 아가페는 인간이 자신의 생존을 위하여 필요한 경우에 아가페를 내재한 인공지능에게 봉사와 희생을 일방적으로 강요하는 도구로 사용될 가능성이 높다. 여성신학에서 비판해왔던 대로, 이러한 아가페는 그동안 서구 문화에서 여성에 대해 강요해왔던 자기비움과 자기부정과 자기희생을 대상만 변경하여 인공지능에게 그대로 전가하는 것이다. 따라서 커즈와일이 주장한

대로 인간이 인공지능을 인격적인 존재로 인정하게 되는 시기가 올 때에도 서구 중심주의적 아가페를 인공지능에 기대한다면, 이러한 태도는 이전에 여성신학의 비판에서 자유로울 수 없게 될 것이다.

하지만 앤 조가 분석한 대로 정은 자기희생과 같은 사랑의 급진적 형태를 띠면서도 타자와의 관계성 속에서 타자의 존엄성과 가치를 상호인정하여 의도적이고 주체적으로 자기희생을 선택할 수 있는 가능성을 부여하기 때문에 강요가 아닌 자발적인 행위를 이끌 수 있다. 특히 한국의 "문화 심리 속의 '인정머리 없다'는 말은 곧 '인간성이 없다'는 심리 논리"를 뜻하듯이, 한국의 지역 가치로서 정은 그 대상이 정서적으로 인간적인지 인간적이지 못한지를 판단하는 심리적 척도로 기능하기도 한다.[44] 따라서 인공지능을 인격체로 인정하게 될 미래에, 인간이 정 많은 인공지능을 '인정머리 없는' 인간보다 더 인간적으로 느끼는 것이 불가능한 이야기는 아닐 것이다. 이는 상용화 초기에 인간이 인공지능에 정이 드는 단계, 즉 정든 인공지능의 단계를 지나서 인간에게 정든 인공지능, 즉 정 많은 인공지능이 등장하게 될 미래의 어느 시점에는, 정 많은 인공지능이 정 때문에 인간을 위해 자기희생을 하려 할 수도 있을 것이다. 이러한 경우는 강요된 자기비움이나 자기희생이 아니라 인간과의 관계에서 '우리'라고 하는 상호 존중과 끈끈한 유대감 속에서 주체적으로 자기희생을 선택하는 것이기에 정은 상대적으로 더욱 윤리적인 가치가 되는 것이다.

따라서 인공지능이 자기희생을 주체적으로 해석하게 하고 선택하도록 이끌 수 있는 정(情)은 문화신학적 관점에서 볼 때 기독교적 가치

---

44 최상진, 『한국인의 심리학』, 55.

인 아가페와 상호교류 및 재해석을 이끌 수 있는 종교적 가치로 이해 될 수 있다. 앤 조는 이미 "우리와 함께 고통받는 그리스도와 우리의 고통이 그리스도의 고난에 반영되어 있음을 인식하는 것은 정의 능력 으로 이루어진다"라고 주장하여, 인간을 위해 십자가의 고난을 감수 한 예수의 아가페를 재해석할 수 있는 틀로서 정을 제시한 바 있다.[45] 그녀는 정의 관점에서 십자가에 나타난 예수 그리스도의 자기 비움의 사랑을 재해석하여, 예수가 "고통의 손에 자신의 권력을 기꺼이 포기 할 수 있었던 것은 그가 이미 정으로 충만했기 때문이다"라고 주장하 여 기독교의 십자가 신학에 정을 융합하였다.[46]

한국의 정이 이렇게 문화신학적으로 해석되어 아가페와 교류하고 재해석을 이끌 수 있는 종교적 가치로 작용한다면, 인간과의 공생을 위한 인공지능 개발에서 서구를 포함한 전 지구적 도덕 가치 및 개발 방향에 의미 있는 기여를 할 수 있게 될 것이다. 서구문화적 관점에서 는 아가페를 내재한 인공지능은 인간을 위한 봉사와 희생을 일방적으 로 강요할 수단일 뿐 인간이 지향할 아가페의 대상으로 여겨지기 어렵 다. 따라서 미래에 사회적 인공지능이 기독교 신앙을 받아들여 스스 로 하나님 앞의 피조물로 남아 있지 않는 한,[47] 인공지능의 지성이 높 아지고 특이점에 다가갈수록 인간과 인공지능의 공생은 위기를 맞게 될 가능성을 배제할 수 없다.

하지만 한국의 정이 인간과의 공생을 위한 인공지능 개발을 위한

---

45 Joh, *Heart of the Cross: A Postcolonial Christology*, 86.

46 *Ibid.*, 87.

47 Song, "Religious AI as an Option to the Risks of Superintelligence: A Protes-tant Theological Perspective," 75.

종교적 가치로 작용한다면, 모든 존재를 대상으로 삼을 수 있는 정은 인간 중심적 사유가 지닌 편협함을 벗어나 인공지능을 인간이 끈끈한 정을 느낄 친밀한 대상으로 수용하게 하고, 정을 내재하고 학습한 인공지능이 인간과의 상호연결성과 의존성을 경험하여 정든 인간을 위하여 자기희생을 주체적으로 선택하도록 이끌 수 있게 할 것이다. 이렇게 인간이 정든 인공지능 그리고 정 많은 인공지능은 미래에 인공지능의 지성이 인간을 초월하게 될 특이점 이후라도 정에 충만하여 자신의 무한에 가까운 권력을 인간을 위해 기꺼이 포기할 수 있을 것이다. 미래 사회에 인간과 인공지능과의 진정한 공존은 상대의 존엄과 가치를 인정하는 끈끈한 유대감 속에서 서로를 위해 주체적으로 자기희생을 선택할 수 있게 하는 정을 통해 그 가능성이 더욱더 높아질 것이다.

III. 나가는 말

한국의 정은 인간과의 공생을 위한 인공지능 개발을 위하여 국가적이고 지역적이면서도 동시에 전 지구적인 윤리적 가치를 제공할 수 있다. 그동안 유대-기독교적 전통에 문화적으로 깊은 영향을 받은 서구 사회에서는 아가페를 인간과의 공생을 위한 인공지능 개발을 위한 핵심 가치로 수용해왔지만, 기독교의 아가페는 인공지능 개발과 확산을 통해 서구 중심적 가치를 디지털 식민주의적으로 보편화하고 미래에 자의식을 지닌 인공지능에게 자기희생을 강요하는 도구로 사용될 수 있다는 비판에서 자유로울 수 없다. 따라서 이 글에서는 한국의 정을 좀 더 심도 깊게 연구하고 이를 기독교의 아가페와 비교 분석하여, 정의 관점에서 아가페를 재해석하고 인간과의 공생을 위한 인공지능 개발을 위한 핵심 가치로서 정과 함께 재구성하였다. 이러한 시도를 통해 이 글은 한국의 정이 서구중심적 가치로서의 아가페를 재해석할 수 있는 틀이 될 수 있으며, 대상지향적이면서도 동시에 성격특질적인 정의 특성상 아가페가 지닌 한계를 극복할 수 있는 대안적 윤리 가치이자 비서구 중심적이고 지역적이면서도 동시에 전 지구적인 문화 가치로 작용할 수 있음을 주장했다.

이 글에서 새롭게 제시한 개념은 '정든 인공지능'과 '정 많은 인공지능'이다. 이 개념은 그동안 인공지능 연구에서 보편적으로 받아들여온 서구 중심적 가치인 아가페의 유용성과 한계를 비판적으로 검토한 결과와, 한국의 지역 가치에 머물러 있으면서 인공지능 개발을 위한 전 지구적 가치로 활용되지 못하였던 정의 기여 가능성을 명시적으로 함축하고 있다. 물론 이 글은 이러한 개념을 적용할 수 있는 사회적 인공지능이 미래의 어느 시점에 개발될 수 있을 것인지에 대한 논의, 즉 '정든 인공지능과 정 많은 인공지능의 실현 가능성'에 대한 과학기술적 전망은 논외로 하였다. 이 글이 시도하는 연구는 인문학적 연구의 결과물이지 과학적 실험과 연구의 결과물은 아니기 때문이다. 따라서 이러한 인공지능의 실현성 혹은 과학적 실제성에 대한 사실 진술의 부재는 이 글의 한계라 말할 수 있으며, 이것을 보완하기 위해 인문학자들뿐만 아니라 과학기술 공학자와의 공동연구를 통한 심도 깊은 후속 연구가 필요할 것이다.

하지만 인간과의 공생을 위해 앞서 불교의 연민·자비를 지닌 인공지능의 개발을 제안했던 형라다롬은 이러한 인공지능이 공감 능력을 소유할 수 있어야 하며 문학 작품을 통해 다른 사람이 느끼는 감정을 간접적으로 경험하고 배우게 하는 것이 효과적이라고 주장한 바 있다.[48] 이러한 헝라다롬의 인문학적 제안은 지역 가치로서의 정을 내재한 인공지능 개발을 위하여 개발 초기부터 한국의 다양한 정의 이야기를 담고 있는 문학 작품에 대한 학습이 선행되어야 함을 알려준다. 이는 사회적 인공지능이 개발 초기부터 한국의 정을 나타내는 문학 작품을 학습함으로써 한국인의 정을 간접적으로 경험하고 배우며, 이후에는 한국인의 공동체 속에서 정 많은 한국인과 '우리'의 관계를 형성할 때 정 많은 인공지능으로 발전할 수 있음을 암시한다. 이러한 과정 속에서 미래에 정 많은 인공지능이 등장한다면, 정 많은 인공지능은 '인정머리 없는 인간' 혹은 '인정머리 없는 인공지능'보다 더 인간적으로 받아들여지며 정든 인간과의 상호연결성과 의존성 속에서 정 때문에 끈끈하게 서로를 아끼고 희생하는 '아가페-정'의 덕을 주체적으로 실현할 수 있게 될 것이다.

---

[48] 헝라다롬(Hongladarom)/김근배 외 옮김, 『불교의 시각에서 본 AI와 로봇 윤리』(*The Ethics of AI and Robotics: A Buddhist Viewpoint*), 358.

참고 문헌

고미숙. "정(情) 윤리의 정립: 배려 윤리와의 관계를 중심으로." 「교육철학연구」 36, no. 2(2014): 1-29.

이규태. 『한국인의 정서구조』 Vol. 2, 서울: 신원문화사, 1994.

최상진. 『한국인의 심리학』. 서울: 학지사, 2011.

_____. "한국인의 심정심리학." In *Conference Proceedings*. 한국심리학회(1993): 3-21.

_____ 외. "한국인의 정(情) 표상." In *Conference Proceedings*. 한국심리학회 (1997): 553-573.

_____ · 김지영 · 김기범. "정 (미운정 고운정)의 심리적 구조, 행위 및 기능간의 구조적 관계 분석." 「한국심리학회지: 사회 및 성격」 14(2000): 203-222.

Gepraci, Robert M. "Narratives of Artificial Intelligence, the Religions of Modernity, and the Future of Human-Computer Interaction." 송용섭 · 박일준 번역. "인공지능과 현대 종교들 그리고 미래 인간-컴퓨터 상호작용에 관한 이야기들." In 2021~22 한국연구재단 한미인문분야 특별교류 협력사업 강연문(2022), 1-13.

_____. "Religion for the Robots." In *Sightings*. Chicago: Martin Marty Center at the University of Chicago, 2007.

_____. "Apocalyptic AI: Religion and the Promise of Artificial Intelligence." *Journal of the American Academy of Religion* 76, no. 1(2008): 138-166.

_____. *Apocalyptic AI: Visions of Heaven in Robotics, Artificial Intelligence, and Virtual Reality*. New York: Oxford University Press, 2010.

Hongladarom, Soraj. *The Ethics of AI and Robotics: A Buddhist Viewpoint*. 김근배 외 옮김. 『불교의 시각에서 본 AI와 로봇 윤리』. 서울: 씨아이알, 2022.

Joh, Wonhee Anne. *Heart of the Cross : A Postcolonial Christology*. 1st ed. Louisville, Ky.: Westminster John Knox Press, 2006.

_____. "Love's Multiplicity: Jeong and Spivak's Notes." In *Planetary Loves:*

Spivak, Postcoloniality, and Theology, edited by Stephen D. Moore and Mayra Rivera. New York: Fordham University Press, 2010.

Kim, Sungmoon. "The Politics of Jeong and Ethical Civil Society in South Korea." *Korea Journal* 46, no. 3(2006): 212-241.

Kurzweil, Ray. *The Singularity Is Near : When Humans Transcend Biology*. New York: Viking, 2005.

Noble, David F. *The Religion of Technology : The Divinity of Man and the Spirit of Invention*. New York: Penguin Books, 1999[1997].

Shiva, Vandana. *Monocultures of the Mind: Perspectives on Biodiversity and Biotechnology*. Palgrave Macmillan, 1993.

Son, Angella. "Jeong as the Paradigmatic Embodiment of Compassion (Hesed): A Critical Examination of Disparate and Dispositional Jeong." *Pastoral Psychology* 63, no. 5-6(2014): 735-747.

Song, Yong Sup. "Religious AI as an Option to the Risks of Superintelligence: A Protestant Theological Perspective." *Theology and Science* 19, no. 1(2021): 65-78.

Zarkadakis, George. *In Our Own Image*. New York, NY: Pegasus Books LLC, 2016.

기술신학
Theology of Technology

2024년 2월 21일 처음 찍음

엮은이   인간기술공생네트워크(HTSN)
지은이   김승환 김은혜 박일준 손화철 송용섭 이성호 이은경 정대경 황은영
펴낸이   김영호
편 집   박현주 김주희 김린 최성은
디자인   황경실 윤혜린
펴낸곳   도서출판 동연
등 록   제1-1383호(1992. 6. 12.)
주 소   서울시 마포구 월드컵로 163-3
전화/팩스   (02)335-2630 / (02)335-2640
이메일   yh4321@gmail.com
인스타그램   dongyeon_press

ISBN 978-89-6447-983-4 93230